Dynamic Capabilities und Wettbewerbsfähigkeit durch Cloud Computing

Marc Roman Franke

Dynamic Capabilities und Wettbewerbsfähigkeit durch Cloud Computing

IT-Wertbeitrag bei zunehmender IT-Industrialisierung

Mit einem Geleitwort von Prof. Dr. Markus Bick

Marc Roman Franke
Berlin, Deutschland

Dissertation, ESCP Europe Wirtschaftshochschule Berlin, 2016

ISBN 978-3-658-16622-9   ISBN 978-3-658-16623-6   (eBook)
DOI 10.1007/978-3-658-16623-6

Die Deutsche Nationalbibliothek verzeichnet diese Publikation in der Deutschen Nationalbibliografie; detaillierte bibliografische Daten sind im Internet über http://dnb.d-nb.de abrufbar.

Springer Gabler
© Springer Fachmedien Wiesbaden GmbH 2017
Das Werk einschließlich aller seiner Teile ist urheberrechtlich geschützt. Jede Verwertung, die nicht ausdrücklich vom Urheberrechtsgesetz zugelassen ist, bedarf der vorherigen Zustimmung des Verlags. Das gilt insbesondere für Vervielfältigungen, Bearbeitungen, Übersetzungen, Mikroverfilmungen und die Einspeicherung und Verarbeitung in elektronischen Systemen.
Die Wiedergabe von Gebrauchsnamen, Handelsnamen, Warenbezeichnungen usw. in diesem Werk berechtigt auch ohne besondere Kennzeichnung nicht zu der Annahme, dass solche Namen im Sinne der Warenzeichen- und Markenschutz-Gesetzgebung als frei zu betrachten wären und daher von jedermann benutzt werden dürften.
Der Verlag, die Autoren und die Herausgeber gehen davon aus, dass die Angaben und Informationen in diesem Werk zum Zeitpunkt der Veröffentlichung vollständig und korrekt sind. Weder der Verlag noch die Autoren oder die Herausgeber übernehmen, ausdrücklich oder implizit, Gewähr für den Inhalt des Werkes, etwaige Fehler oder Äußerungen.

Gedruckt auf säurefreiem und chlorfrei gebleichtem Papier

Springer Gabler ist Teil von Springer Nature
Die eingetragene Gesellschaft ist Springer Fachmedien Wiesbaden GmbH
Die Anschrift der Gesellschaft ist: Abraham-Lincoln-Str. 46, 65189 Wiesbaden, Germany

Geleitwort

Cloud Computing bietet Unternehmen nun die Möglichkeit, IT-Ressourcen nicht mehr selbst anzuschaffen und zu betreiben, sondern diese als Dienstleistung zu beziehen und bedarfsgerecht zu skalieren. Hieraus ergeben sich zum einen Potenziale für Kosteneinsparungen, zum anderen kann die Agilität und Innovationsfähigkeit gesteigert werden. Viele wissenschaftliche Beiträge diskutieren die Vor- und Nachteile von Public Cloud Computing. Inwiefern diese die Assimilation beeinflussen, d.h. den Prozess vom initialen Interesse an einer Innovation über die Adoption bis hin zum routinierten und wertbringenden Einsatz in der Organisation, wurde jedoch noch nicht ausreichend empirisch untersucht. Gleiches gilt für unternehmensinterne und –externe Effekte, den generellen Status Quo der Assimilation von Public Cloud Computing sowie die Analyse industriespezifischer Unterschiede.

Vor diesem Hintergrund untersucht Herr Franke in der vorliegenden Arbeit das Phänomen Public Cloud Computing in Unternehmen aus verhaltenswissenschaftlicher Perspektive. Neben der Identifizierung von Faktoren, welche die Entscheidung für Public Cloud Computing beeinflussen, werden Wirkungszusammenhänge untersucht, die zur Steigerung von Dynamic Capabilities und der Wettbewerbsfähigkeit von Unternehmen führen könnten. Der erreichte Modellumfang bei der Zusammenführung unterschiedlicher Themengebiete - Adoptionsforschung, Organisationstheorie und IT-Wertbeitragsforschung - in einem ganzheitlichen Modell ist in diesem Forschungsfeld selten. Drei umfassende Literaturrecherchen, qualitative Experteninterviews sowie eine quantitative Fragebogenerhebung (n=178) liefern empirische Daten zu den benannten Forschungsfragen. Die hohe Teilnehmerzahl seiner Studien ist insbesondere unter dem Gesichtspunkt äußerst beachtenswert, dass hierbei obere Führungskräfte bis hin zu Vorständen von Unternehmen befragt werden. Als Auswertungsmethodik kommen die logistische Regression sowie die varianzbasierte Strukturgleichungsmodellierung (PLS) zum Einsatz.

Bei der von Herrn Franke untersuchten Problemstellung handelt es sich insgesamt um eine äußerst anspruchsvolle, zugleich aktuelle und relevante Thematik, deren Bearbeitung nicht nur ein fundiertes Wissen in den jeweiligen Themenbereichen, sondern auch eine umfassende methodische Kompetenz verlangt. Der Autor erbringt den Nachweis, dass Public Cloud Computing signifikant positiv auf die Wettbewerbsfähigkeit von Unternehmen – insbesondere auf die Innovationsfähigkeit – einwirkt. Dieser Effekt entsteht indirekt durch die Entwicklung von IT-befähigten Dynamic Capabilities. Gleichfalls ist es mit der vorliegenden Arbeit gelungen, Vorteile und Barrieren von Public Cloud Computing nachzuweisen und deren Einfluss auf verschiedene Stadien der Assimilation zu bestimmen. Gezielte Gruppenvergleiche führen zu interessanten Erkenntnissen, z.B. den unterschiedlichen Perspektiven auf das Thema Public Cloud Computing von Mitarbeitern der Fachabteilungen und ihren Kollegen aus der IT-Abteilung. Insbesondere versteht es Herr Franke, die theoretischen Erkenntnisse auf konkrete Implikationen für Anwender und Anbieter von Public Cloud Computing Dienstleistungen sowie staatliche Institutionen abzuleiten.

Mit der Dissertationsschrift von Herrn Franke liegt eine Arbeit vor, die das Potenzial besitzt, zu neuen Erkenntnissen und Gestaltungsoptionen beizutragen. Nicht nur deswegen stellt die von Herrn Franke vorgelegte Arbeit als Ganzes eine hervorragende wissenschaftliche Leistung dar.

Berlin, September 2016   Prof. Dr. Markus Bick

Danksagung

Es war mir beim Berufseinstieg vergönnt, die Themen meiner Diplomarbeit direkt praktisch in einem Unternehmen umsetzen zu können. Hieraus ist meine Überzeugung entstanden, dass der stetige Austausch von Theorie und Praxis hohen Wert stiftet und insbesondere mich persönlich begeistert und motiviert. Die Idee des Promotionsvorhabens war geboren. Sie konnte letztendlich nur mit der Unterstützung vieler Menschen verwirklicht werden, denen ich hier aufrichtig danke.

Ausdrücklicher Dank gebührt meinem Doktorvater Prof. Dr. Markus Bick. Seit dem Kennenlernen im Herbst 2009 hat er mich hervorragend durch die vielen Abschnitte des Promovierens geführt. Er hat mir viel Raum für Kreativität und die thematische Ausgestaltung gelassen und gleichfalls zu den richtigen Momenten für den Fokus gesorgt. Lieben Dank hierfür. Weiterhin danke ich meinem Zweitgutachter Prof. Dr. Rüdiger Zarnekow von der Technischen Universität Berlin für die kompetente Betreuung, das gute Feedback und den stets sympathischen Austausch. Den weiteren Professoren der ESCP Europe Wirtschaftshochschule Berlin möchte ich ebenso meinen Dank aussprechen. Die gute Lehre im Rahmen des optimal organisierten Promotionsstudiums war eine spannende Bildungsreise. Zudem haben die konstruktiven Diskussionen im Kolloquium deutlich zur Steigerung der Qualität meiner Arbeit beigetragen.

Herzlichst möchte ich meinem Freund, Kommilitonen, Kollegen, Reisepartner und Trauzeugen Dr. Malte Martensen danken. Dieser Dank geht weit über die inhaltlichen Anregungen und praktischen Tipps im Rahmen der Promotion hinaus. Malte steht mir auch menschlich stets zu Rate und ist für mich zu einem Weggefährten geworden. Wir zwei sind auch übereingekommen, dass sich das Denken "outside the box" häufig an eher untypischen Orten einstellt – von Burkina Faso bis zum Pamirgebirge. Kerngedanken unserer Arbeit könnten hier entstanden sein. Ebenbürtiger Dank gilt meiner geliebten Frau Melanie, die mich mit ihrem nonchalantem Witz und humorvoll klarem Blick fürs Wesentliche immer wieder auf den Boden der Tatsachen bringt und mit ihrem Urvertrauen dafür sorgt, dass ich versuche, grundentspannt zu sein.

Entlang all den Jahren von Diplom, Berufseinstieg und Promotion bis jetzt, gab und gibt es Menschen, die mich immer unterstützt, mir guten Rat gegeben und mit mir Dinge verwirklicht haben. Dies geht von der eher philosophischen Suche nach dem

Big Picture bis hin zur konkreten Hilfe bei der Akquise von Interviewpartnern. Einer Namensliste bedarf es nicht, diejenigen wissen um meinen ausdrücklichen Dank. Auch möchte ich ganz besonders meinen Arbeitgebern danken. Durch das hohe Vertrauen von meinen Vorgesetzten bei Bearing Point konnte ich sehr früh als Analyst eine große Industriestudie durchzuführen, wodurch sich mein grundsätzliches Interesse am Promovieren zu einem festen Plan manifestiert hat. Bei Accenture wurde mir durch flexible Arbeitsmodelle und viel interne personelle Unterstützung der Freiraum zuteil, überhaupt berufsbegleitend promovieren zu können. Die Boston Consulting Group schlussendlich hat mir in der Phase der Finalisierung und bis zur Verteidigung unbürokratisch viele Freiheiten ermöglicht.

Schließlich gebührt der herzlichste Dank – und dies seit jeher – meinen Eltern, die mich in allen Phasen des Lebens stets motiviert, an mich geglaubt und mir auch bei Unsicherheiten das nötige Selbstbewusstsein gegeben haben. Dabei vermitteln Sie mir vor allem stets die richtigen Werte im Leben. Tausend Dank hierfür.

Berlin, September 2016 Marc Roman Franke

Inhaltsverzeichnis

Abbildungsverzeichnis XIII

Tabellenverzeichnis XV

Abkürzungsverzeichnis XVII

Symbolverzeichnis XX

1 Einführung 1
   1.1 Wertbeitrag durch Informationstechnologie 2
      1.1.1 Globaler Wettbewerb im digitalen Zeitalter 3
      1.1.2 Ressourcen und Fähigkeiten 6
      1.1.3 IT-Wertbeitrag & IT-Industrialisierung 9
   1.2 Zielsetzung & Forschungsfragen 12
   1.3 Theoretische und methodische Einordnung 14
   1.4 Aufbau der Arbeit 20

2 Grundlagen 23
   2.1 Cloud Computing 23
      2.1.1 Outsourcing von IT-Services 25
      2.1.2 Begriffserklärung des Cloud Computings 34
      2.1.3 Abgrenzung zu verwandten Technologien 52
      2.1.4 Entscheidungs- und Implementierungsprozess 57
      2.1.5 Marktentwicklung und Wettbewerbssituation 60
      2.1.6 Forschungsagenda 66
   2.2 Adoption von Informationstechnologien 69
      2.2.1 Definition von Innovation und IT-Innovation 69
      2.2.2 IT-Akzeptanzforschung 75
      2.2.3 IT-Diffusionsforschung 77
      2.2.4 IT-Assimilationsforschung 85
      2.2.5 Stand der IT-Adoptionsforschung 90
   2.3 Dynamic Capabilities Ansatz 94
      2.3.1 Begriffserklärung und Ansätze 95
      2.3.2 Dynamic Capabilities Component Factors 100

		2.3.3	IT-enabled Dynamic Capabilities (ITDC)	109
	2.4	Forschungsbedarf		118
3	LITERATURRECHERCHEN			121
	3.1	Dynamic Capabilities & IT-Wertbeitrag		123
		3.1.1	Dynamic Capabilities als Konsequenzen	125
		3.1.2	Dynamic Capabilities als Antezedenzien	127
		3.1.3	Dynamic Capabilities als Mediator	130
	3.2	Benefits & Barriers von Cloud Computing		133
		3.2.1	Perceived Benefits als Assimilationsprädiktoren	135
		3.2.2	Perceived Barriers als Assimilationshürden	144
		3.2.3	Stand der Cloud Computing Adoptionsforschung	156
	3.3	IT-Assimilationsfaktoren		163
		3.3.1	Technological Factors	165
		3.3.2	Organisational Factors	165
		3.3.3	Environmental Factors	169
	3.4	Zusammenfassung der Literaturrecherchen		178
4	FORSCHUNGSMODELL & DATENERHEBUNG			179
	4.1	Grundlagen der Modellentwicklung		179
		4.1.1	Theorie der Modelloperationalisierung	180
		4.1.2	Herausforderungen der Wertbeitragsforschung	189
		4.1.3	Fragebogendesign	194
	4.2	Experteninterviews & Modellvalidierung		199
		4.2.1	Qualitative Sozialforschung	200
		4.2.2	Experteninterviews	202
		4.2.3	Forschungsmodell & Hypothesen	206
	4.3	Datenerhebung		219
		4.3.1	Stichprobendesign	220
		4.3.2	Pretest	222
		4.3.3	Datenauswertung & -bereinigung	225
	4.4	Zwischenfazit		230
5	PUBLIC CLOUD COMPUTING ASSIMILATION			231
	5.1	Stufenbasierte Logistische Regression		231
	5.2	Gütebeurteilung des Messmodells		233

5.3	Status Quo der Assimilation	236
5.4	Perceived Benefits & Barriers	239
5.5	Modellschätzung	240
5.6	Kontrollvariablen & Stakeholder	245

6 BUSINESS VALUE OF CLOUD COMPUTING 251

6.1	Strukturgleichungsmodellierung	251
6.2	Gütebeurteilung des Messmodells	255
6.3	Auswertung des Strukturmodells	258
6.4	Mediatoren und Moderatoren	263
6.5	Leistungsfähigkeit nach Assimilationsstufe	270

7 FORSCHUNGSERGEBNISSE 273

7.1	Beantwortung der Forschungsfragen		273
7.2	Limitationen		278
	7.2.1	Definierte Limitationen im Forschungsdesign	278
	7.2.2	Limitationen durch angewandte Forschungsmethoden	281
7.3	Implikationen		283
	7.3.1	Wissenschaftlicher Beitrag	284
	7.3.2	Praktische Relevanz und Adressaten	285
	7.3.3	Anregung zur weiterführenden Forschung	286

8 ANHANG 289

8.1	Online-Befragung	289
8.2	Pretest-Auswertung	294
8.3	Industrien & Industrie-Cluster	296
8.4	Kreuzladungen im Messmodell	298

9 LITERATUR 299

ABBILDUNGSVERZEICHNIS

Abbildung 1.1: IT Resources: Assets & Capabilties 8
Abbildung 1.2: Übersicht der Forschungsfragen 13
Abbildung 1.3: Forschungsdisziplinäre Einordnung 16
Abbildung 1.4: Methodenprofil der Wirtschaftsinformatik 17
Abbildung 1.5: Struktur der Dissertationsschrift 22
Abbildung 2.1: Cloud Computing Kontext 36
Abbildung 2.2: Cloud Computing unterstützende Technologien 36
Abbildung 2.3: Ebenen der Cloud Computing Servicemodelle 41
Abbildung 2.4: Cloud Services Deployment Model 43
Abbildung 2.5: Public Cloud Services Market Taxonomy 45
Abbildung 2.6: Dienstmodelle: Outsourcing und Cloud Computing 47
Abbildung 2.7: Systeme mit/ohne Virtualisierung 54
Abbildung 2.8: Softwarekauf vs. ASP vs. SaaS 57
Abbildung 2.9: Anwendungseignung für Cloud Sourcing 59
Abbildung 2.10: B2B-Marktvolumen von Cloud Computing 61
Abbildung 2.11: UTAUT-Forschungsmodell 76
Abbildung 2.12: Variablen der Innovationsfähigkeit 80
Abbildung 2.13: Technology-Organisation-Environment-Framework 81
Abbildung 2.14: TOE-Model mit Perceived Benefits-Ansatz 83
Abbildung 2.15: Messmodelle der IT-Adoption und IT-Assimilation 89
Abbildung 2.16: Dynamic Capabilities nach TEECE ET AL. (1997) 95
Abbildung 2.17: Forces driving organisational agility 104
Abbildung 2.18: Absorptive Capabilities 108
Abbildung 2.19: IT als Enabler von Dynamic Capabilities 111
Abbildung 2.20: Digital Options - Process/Knowledge-Reach/Richness 115
Abbildung 3.1: Arten und Wertbeitrag von Dynamic Capabilities 124
Abbildung 3.2: Forschungsmodell nach Liu et al. 2009 132
Abbildung 3.3: Forschungsmodell nach Pavlou & Sawy 2006 132
Abbildung 3.4: Perceived Benefits & Barriers von Cloud Computing 134
Abbildung 3.5: Über- oder Unterkapazitäten ohne Elastizität 143

Abbildung 3.6: Zusammenfassung der Literaturrecherchen 178
Abbildung 4.1: Initiales Forschungsmodell 181
Abbildung 4.2: Reflektives und Formatives Messmodell 184
Abbildung 4.3: Mehrdimensionale Messmodelle zweiter Ordnung 186
Abbildung 4.4: Moderations- und Mediationseffekte 188
Abbildung 4.5: Finales Forschungsmodell 209
Abbildung 4.6: Resultat des SurveyGizmo Diagnose-Tests 219
Abbildung 4.7: Antwortverteilung über Erhebungszeitraum 222
Abbildung 4.8: Plausibilitäts-Check über PuCC-Assimilation 226
Abbildung 4.9: Demographische Studienauswertung (n=178) 228
Abbildung 4.10: Unternehmensrolle der Studienteilnehmer 228
Abbildung 4.11: Industrie der teilnehmenden Unternehmen 229
Abbildung 5.1: Assimilation von Public Cloud Computing 238
Abbildung 5.2: Auswertung der Perceived Benefits & Barriers 240
Abbildung 5.3: Assimilationskurve 241
Abbildung 5.4: Auswertung der logistischen Regression 244
Abbildung 5.5: Formel zur Berechnung von Gruppeneffekten 246
Abbildung 6.1: Strukturgleichungsmodell 253
Abbildung 6.2: Pfaddiagram – BVCC-Modell 262
Abbildung 6.3: Validierung der kausalen Nachlagerung von FIP 263
Abbildung 6.4: Antwortverteilung über Fach- und IT-Abteilung 265
Abbildung 6.5: Leistungsparameter (ø) nach Assimilationsstufe 271

TABELLENVERZEICHNIS

Tabelle 2.1: Dimensionen des IT-Sourcing 28
Tabelle 2.2: Motivatoren und Risiken beim Outsourcing 33
Tabelle 2.3: Everything-as-a-Service Modelle 40
Tabelle 2.4: Cloud Computing Liefermodelle 44
Tabelle 2.5: Unterschiede - IT-Outsourcing und Cloud Computing 46
Tabelle 2.6: Selektierte Vor- und Nachteile von Cloud Computings 51
Tabelle 2.7: 3-Stufiges Modell für die CC-Entscheidungsfindung 57
Tabelle 2.8: Forecast Public Cloud Services Spending 61
Tabelle 2.9: Umsatzquellen bei Cloud-basierten Plattformen 62
Tabelle 2.10: Cloud Computing Forschungsagenda 68
Tabelle 2.11: Kategorien von IT-Innovation 73
Tabelle 2.12: Strömungen der Innovationsforschung 74
Tabelle 2.13: Perceived Barriers in der IT-Adoptionsforschung 85
Tabelle 2.14: Definitionen und Stufen von IT-Assimilation 86
Tabelle 2.15: Individuelle vs. Organisationale Adoptionsforschung 91
Tabelle 2.16: Missstände in der IT-Adoptionsforschung 93
Tabelle 2.17: Vergleich von Dynamic Capabilities Ansätzen 97
Tabelle 2.18: Means for enhancing business agility 105
Tabelle 2.19: Definitionen für IT-Agilität und -Flexibilität 114
Tabelle 2.20: Forschungslücken und Forschungsfragen 119
Tabelle 3.1: Dynamic Capabilities als Konsequenzen 126
Tabelle 3.2: Dynamic Capabilities als Antezedenzien 128
Tabelle 3.3: Dynamic Capabilities als Mediator 131
Tabelle 3.4: Anforderungen zur Sicherstellung des Datenschutzes 148
Tabelle 3.5: Fields of Standardisation in Cloud Computing 151
Tabelle 3.6: Forschung über die Adoption von Cloud Computing 157
Tabelle 3.7: Prädiktoren der Adoption von Cloud Computing 162
Tabelle 3.8: TOE-Assimilationsfaktoren 164
Tabelle 4.1: Unterschiede: Reflektive und Formative Spezifikation 183
Tabelle 4.2: Messansatz der Leistungsfähigkeit von Unternehmen 190

Tabelle 4.4: Aufbau des initialen Fragebogens ... 199
Tabelle 4.5: Leitfaden für Experteninterviews ... 203
Tabelle 4.6: Konsultierte Experten zur Modellvalidierung ... 204
Tabelle 4.7: Verwendete Skalen der Modelloperationalisierung ... 208
Tabelle 4.8: Forschungshypothesen ... 211
Tabelle 4.9: Definitionen der Variablen des Forschungsmodells ... 213
Tabelle 4.10: Operationalisierung des finalen Forschungsmodells ... 215
Tabelle 4.11: Gütekriterien des Messmodells ... 223
Tabelle 4.12: Ergänzende Perceived Benefits und Barriers ... 230
Tabelle 5.1: Entfernte Indikatoren – APCC-Modell ... 235
Tabelle 5.2: Auswertung der reflektiven Messmodelle – APCC-Modell ... 236
Tabelle 5.3: Diskriminanzvalidität – APCC-Modell ... 236
Tabelle 5.4: Service Model & Business Process Support Korrelation ... 239
Tabelle 5.5: Assimilationsstufen und Industrie-Cluster ... 242
Tabelle 5.6: Gütekriterien der logistischen Regression ... 243
Tabelle 5.7: Hypothesen-Auswertung des APCC-Modells ... 245
Tabelle 5.8: Stufenabhängige Effekte – Unternehmensgröße ... 247
Tabelle 5.9: Stufenabhängige Effekte – Länder ... 247
Tabelle 5.10: Stufenabhängige Effekte – Fachseite vs. IT ... 248
Tabelle 5.11: Test der Kontrollvariablen – APCC ... 248
Tabelle 5.12: Entscheider beim Public Cloud Computing ... 249
Tabelle 6.1: Varianz- und Kovarianzanalytischer Ansatz ... 254
Tabelle 6.2: Auswertung der formativen Messmodelle – BVCC-Modell ... 255
Tabelle 6.3: Entfernte Indikatoren – BVCC-Modell ... 256
Tabelle 6.4: Auswertung der reflektiven Messmodelle – BVCC-Modell ... 257
Tabelle 6.5: Diskriminanzvalidität – BVCC-Modell ... 258
Tabelle 6.6: Gütekriterien der Strukturmodellüberprüfung ... 260
Tabelle 6.7: IT-enabled Dynamic Capabilities als Second-Order Modell ... 260
Tabelle 6.8: Strukturmodell – BVCC-Modell ... 261
Tabelle 6.9: Test auf Interaktionseffekte der Quasi-Moderatoren ... 263
Tabelle 6.10: Test der Kontrollvariablen - BVCC ... 265
Tabelle 6.11: Test der Industrie-Cluster-Unterschiede - BVCC ... 267
Tabelle 6.12: Sobel Test auf Signifikanz von Mediationseffekten ... 270

ABKÜRZUNGSVERZEICHNIS

Abkz.	Abkürzung, abgekürzt
ABC	Absorptive Capabilities
ADC	Adaptive Capabilities
APCC	Assimilation von Public Cloud Computing
API	Application Programming Interface
ASP	Application Service Provisioning
BCG	The Boston Consulting Group
BIF	Banking, Insurance & Financial Services (Industrie)
BIS	Business Information Systems
Bsp.	Beispielsweise
BVIT	Business Value of Information Technology / IT-Wertbeitrag
BVCC	Business Value of (Public) Cloud Computing
CC	Cloud Computing
CEN	Centralisation
CHT	Communication & High-Tech (Industrie)
CLS	Cloud Strategy
CMR	Consumer Goods (Industrie)
CSL	Consulting Services & IT-Services (Industrie)
CoBIT	Control Objectives for Information and Related Technology
COM	Competitive Pressure
CPR	Business Process Support (by PuCC)
CPT	Perceived Competitiveness
CSM	Service Model Support (by PuCC)
DAB	IT-enabled Absorptive Capabilities
DAD	IT-enabled Adaptive Capabilities
DC	Dynamic Capabilities
DEV	Durchschnittlich extrahierte Varianz
DIN	IT-enabled Innovative Capabilities
DOI	Diffusion of Innovations
Dt.	Deutsch, zu Deutsch

ebd.	Ebenda (Verweis auf vorherige Referenz)
EDI	Electronic Data Interchange
Engl.	Englisch, in Englisch
ENV	Environmental Uncertainty
ERP	Enterprise Resource Planning
EU	Europäische Union
FF	Forschungsfrage
FIP	Perceived Firm Performance
FIN	Financial Resources
GmbH	Gesellschaft mit beschränkter Haftung
GOV	Government Support
GPS	Government & Public Services (Industrie)
Hyp	Hypothese
IaaS	Infrastructure as a Service
IBM	International Business Machines Corp.
IKT	Informations- und Kommunikationstechnologien
INC	Innovative Capabilities
INS	Institutional Pressures
IS	Informationssysteme
ISG	Information Security Governance
ISI	IS Infrastructure
IT	Informationstechnologie
ITDC	IT-enabled Dynamic Capabilities
ITE	IT Expertise
ITIL	IT Infrastructure Library
ITP	Overall IT Performance
KMO	Kaiser-Meyer-Olkin Kriterium
Kom	Kommunalität
LISREL	Linear Structural Relations System
LOG	Logistische Regression
LVS	Latent Variable Scores
MAN	Manufacturing & Automotive (Industrie)
MIM	Mimetic Effects
MIS	Management Information Systems

PaaS	Platform as a Service
PAR	Partner Readiness
PAT	Principle-Agent-Theorie
PBA	Perceived Barriers
PBE	Perceived Benefits
PCI	Perceived Characteristics of an Innovation
PHM	Pharmaceuticals & Healthcare (Industrie)
PLS	Partial Least Squares
PrCC	Private Cloud Computing
PuCC	Public Cloud Computing
RES	Resources & Utilities (Industrie)
RFID	Radio Frequency Identification
RWH	Retail & Wholesale (Industrie)
SaaS	Software-as-a-Service
S.D.	Standard Deviation, dt: Standardabweichung
SEM	Structural Equation Modeling (siehe SGM)
SGM	Strukturgleichungsmodellierung
SIZ	Organisation Size
TAM	Technology Acceptance Model
TBP	Theory of Planned Behavior
TKT	Transaktionskosten-Theorie
TMS	Top Management Support
TRA	Theory of Reasoned Action
TRL	Transportation & Logistics (Industrie)
UNC	Environmental Uncertainty
UTAUT	Unified Theory of Acceptance and Use of Technology
VAF	Variance Accounted For
VEN	Vendor Support
VIF	Variance Inflation Factor
VPN	Virtual Private Network
v.s.	Versus
WI	Wirtschaftsinformatik

SYMBOLVERZEICHNIS

x		Indikatorvariable der latenten exogenen Variablen
y		Indikatorvariable der latenten endogenen Variablen
ξ	Ksi	Latente exogene Variable
δ	Delta	Fehler im Messmodell der exogenen latenten Variablen
η	Eta	Latente endogene Variable
ε	Epsilon	Fehler im Messmodell der endogenen latenten Variablen
λ	Lambda	Pfadkoeffizient im reflektiven Messmodell
μ	My	Pfadkoeffizient im formativen Messmodell
γ	Gamma	Pfadkoeffizient zwischen latenten Variablen
ζ	Zeta	Fehler der endogenen Variablen im Strukturmodell
$\sum$	Sigma	Summe

1 Einführung

Die disruptive Innovation des Cloud Computings etabliert sich als Substitut der Beschaffung und Nutzung von Informationstechnologie (IT[1]). Unternehmen[2] sind jetzt nicht mehr an investitionsintensive IT-Ressourcen gebunden oder müssen Implementierungs- und Wartungsaufwände selbst aufbringen. Sie beziehen IT-Dienstleitungen als Cloud Computing über das Internet und von mehreren Lieferanten[3]. Vor allem das Liefermodell des Public Cloud Computing steht für kapazitativ unlimitierte und bedarfsgerecht skalierfähige IT (Mell & Grance 2009, McAfee 2011). Dies schafft Potenziale für Kosteneinsparungen bei gleichzeitiger Steigerung der Agilität und Innovationsfähigkeit (Iyer & Henderson 2012). Aufgrund dieser Wertversprechen gilt es als strategisches Handlungsfeld bei Führungskräften von IT-Abteilungen sowie der Geschäftsseite (BITKOM 2013). Durch Cloud Computing entstehen neue Märkte und der Wettbewerb von Akteuren[4] im Umfeld der IT im Unternehmen verändert sich maßgeblich. Dieser sozioökonomische Stellenwert rechtfertigt die Klassifikation als disruptiv (Christensen 1997, Etro 2009, Sultan & Bunt-Kokhuis 2012). Gleichzeitig werden Befürchtungen bei Themen wie der IT-Sicherheit geäußert. Rechtsfragen in Bezug auf die Datenhoheit und Haftung sind ebenfalls weitestgehend ungeklärt (Christmann et al. 2010). Diese und weitere Punkte manifestieren sich zu Barrieren bei der Einführung von Cloud Computing und dessen Durchsetzung am Markt (Armbrust et al. 2010). Der Einfluss dieser Barrieren sowie des wahrgenommen Nutzens auf die Assimilation[5] sind

---

[1] Folgend wird IT als Abkürzung für Informationstechnologie verwendet. Dieser Begriff wird synonym verwendet für IKT (Informations- und Kommunikationstechnologien), IS (Informationssysteme) oder MIS (Management Information Systems). IT umfasst die strukturelle und prozessuale Organisation von Information und hierzu verwendeter Technologien (Chandler & Munday 2011).

[2] In der vorliegenden Arbeit stehen profitorientierte Unternehmen im Fokus der Untersuchung. Wenn von „Organisation" gesprochen wird, z.B. bei der „organisationalen Adoptionsforschung", ist dies stets auf Unternehmen bezogen zu verstehen. Ebenso wurden die englischen Originalbezeichnungen „organisation(s/al)" oder „organization(s/al)" in Zitaten und bei Items beibehalten – erneut ist dies auf Unternehmen zu beziehen. Ungeachtet dessen ist unter Organisation auch die Ablauf- und Aufbauorganisation zu verstehen, d.h. Arbeitsprozess und statische Strukturen, d.h. Einheiten wie Abteilungen oder personelle Stellen (siehe auch Kieser & Ebers 1995).

[3] Cloud Computing ist vornehmlich eine ressourcenorientierte IT-Leistung durch die Bereitstellung von IT-Systemen und Rechenkapazität. Dies wird in Kapitel 2.1.1 ausführlich dargelegt.

[4] Bezeichnungen sind in der vorliegenden Schrift stets als Geschlechterneutral zu verstehen.

[5] Assimilation ist definiert als „process within organisations stretching from initial awareness of the innovation, to potentially, formal adoption and full-scale deployment" (Fichman 2000, S. 15) und beschreibt Prozess von dem initialen Interesse an einer Innovation über deren Moment der Adoption bis hin zum routinierten und wertbringenden Einsatz im Unternehmen (siehe Kapitel 2.2.4).

bislang wenig erforscht (Marston et al. 2011). Auch unternehmensinterne und -externe Effekte sind nur ungenügend analysiert. Ferner wird die Diskussion geführt, ob die Industrialisierung von IT, z.B. durch Cloud Computing den Wert von IT als strategische Ressource untergräbt (Carr 2003). Ist IT keine „strategische Waffe", d.h. kein Faktor der Wettbewerbsfähigkeit[6] für Unternehmen mehr (Ives & Learmonth 1984)? Oder bietet Cloud Computing Nutzenpotenziale, damit Unternehmen jene Fähigkeiten aufbauen können, um global wettbewerbsfähig zu bleiben (Sambamurthy et al. 2003, D'Aveni 2010, Carr 2009, Brynjolfsson 2010)?

Der Beantwortung dieser Wertbeitragsfrage von Cloud Computing sowie dessen Assimilation widmet sich die vorliegende Arbeit. Es wird hierbei auch untersucht, ob die Dynamic Capabilities-Theorie (Teece et al. 1997, Wang & Ahmed 2007) eine Schlüsselrolle einnimmt. Es folgt in Kapitel 1.1 die Einführung zur IT-Wertbeitragsforschung (engl. Business Value of IT Research, Abk. BVIT), um den thematischen Rahmen dieser Arbeit herauszustellen. Dazu werden die Wettbewerbsfähigkeit im Allgemeinen, der Beitrag von IT, die Implikationen des Technologiewandels und die Historie der Forschungsströmung erklärt. Aus identifizierten Forschungslücken im Zusammenhang mit Cloud Computing ergeben sich Zielsetzung und Forschungsfragen der Arbeit (1.2). Im Anschluss an die wissenschaftstheoretische und forschungsmethodische Einordnung (1.3) endet das Kapitel mit Struktur und Argumentationsverlauf der Arbeit (1.4).

1.1 Wertbeitrag durch Informationstechnologie

Durch die zunehmende Globalisierung und den rapiden Technologiewandel erfahren Unternehmen einen sich stetig verschärfenden Wettbewerb. Ihnen wird neben der Bedienung bisheriger Anforderungen an Produktqualität und Kosteneffizienz abverlangt, innovationsfähig und adaptiv zu sein (Yoo et al. 2010, Gibson & Birkinshaw 2004). Der Einsatz von IT zur Effizienz- und Effektivitätssteigerung des Kerngeschäftes und vollständig IT-basierte Geschäftsmodelle sind zu einem Wettbewerbsfaktor geworden.

Gleichzeitig nivelliert die IT-Industrialisierung den Einsatz von IT als Kernkompetenz, so dass Unternehmen sich nicht mehr im Wettbewerb durch gute IT-Kompetenz abgrenzen können. Dies gilt insbesondere für IT im Sinne technischer Produkte wie etwa Speicherplatz, Software oder Rechenkapazität. Diese werden aufgrund eines zuneh-

---

[6] Mit dem Begriff „Wettbewerbsfähigkeit" wird die Fähigkeit in Unternehmen betitelt, um stetig und nachhaltig Vorteile gegenüber Wettbewerbern zu schaffen (Piccoli & Blake 2005, 4.1.2).

menden Standardisierungsgrades replizierbar und durch Cloud Computing jedem Unternehmen zugänglich. Gleichzeitig kann Cloud Computing eben jene Fähigkeiten von Unternehmen steigern, welche für neue Herausforderungen am Markt benötigt werden. Die Leitfrage dieser Arbeit lautet daher:

„*Wird Cloud Computing Fähigkeiten im Unternehmen steigern, welche zum neuen Differenzierungsmerkmal im Wettbewerb werden?*"

Zur Beantwortung dieser Frage ist der IT-Beitrag auf die Wettbewerbsfähigkeit genauer zu verstehen. In Kapitel 1.1.1 werden der Wandel von Wettbewerb und IT im *Digital Ecodynamics* Zeitalter (Sawy et al. 2010) aufgezeigt. Kapitel 1.1.2 differenziert die unter dem Begriff *IT-Resources* gesammelten *IT-Assets* und *IT-Capabilities* und „IT-Industrialisierung" wird vertieft. Abschließend wird in 1.1.3 die IT-Wertbeitragsforschung als Strömung der Wirtschaftsinformatik vorgestellt. Das Kapitel schließt mit Erkenntnissen aus der bisherigen Forschung und wirft neue Fragen im Zusammenhang mit den Forschungsinhalten dieser Arbeit auf.

1.1.1 Globaler Wettbewerb im digitalen Zeitalter

Profitorientierte Unternehmen stehen im Absatzwettbewerb ihrer Produkte und Dienstleistungen und streben unter anderem an, eine höhere Produktqualität, bessere Kundenorientierung oder günstigere Absatzpreise gegenüber Wettbewerbern zu realisieren (Hill & Jones 2010). Sie bedienen sich hierfür etwa ihren langjährig entwickelten Kernkompetenzen (Hamel & Prahalad 1990), haben Zugang zu wertvollen und schwierig imitierbaren Ressourcen (Barney 1991), sind innovationsfähig (Schumpeter 1984), effizient in der Beschaffung und Produktion ihren Waren (Penrose 2009, Piccoli & Blake 2005), fokussieren sich auf ein Marktsegment und bauen hier Markteintrittsbarrieren auf (Porter 1985), oder sie können ihre Produkte besonders früh zur Marktreife bringen (Stalk & Hout 1990). Bei geringem Wandel und stabilem Wettbewerbsumfeld („moderately dynamic", Eisenhardt & Martin 2010, S. 1106) können Unternehmen ihre Arbeitsroutinen beibehalten und dennoch ihre Marktposition über einen längeren Zeitraum halten (ebd.). Ein anderes Umfeld liegt vor bei sogenannten „Hypercompetitive markets" (D'Aveni 1994). Dieses ist insbesondere geprägt von hoher Unsicherheit der Marktentwicklungen, Fluktuation in der Nachfrage, steigendem

Wettbewerb, zunehmender Globalisierung[7], Industrialisierung, Marktderegulierung, technologischem Wandel und immer schnelleren Produktlebenszyklen (ebd., Kriz at al. 2014). Laut WEERDT (2009[8]) ist seit Dekaden ein Anstieg dieser Wettbewerbsintensität festzustellen. Unternehmen können daher nicht mehr auf die Beständigkeit ihrer Wettbewerbsvorteile vertrauen. Sie müssen diese stetig erneuern, um sich kontinuierlich als temporär schwierig imitierbarer Marktführer gegenüber Wettbewerbern zu behaupten (Kriz et al. 2014, D'Aveni 2010).

Nach GIBSON & BIRKINSHAW (2004) ist die Schlüsselkompetenz hierzu Adaptabilität. Hierdurch sind Unternehmen in der Lage, Ressourcen und Aktivitäten zu rekonfigurieren, um sich stetig nach wandelnden Kunden- und Marktanforderungen auszurichten. Zudem müssen Unternehmen agil sein, um auf unerwartete Ereignisse zeitnah reagieren zu können (Patten et al. 2009). Für diese geforderten Fähigkeiten hat sich der Begriff *Dynamic Capabilities* etabliert (2.3), definiert als (Teece at al. 1997, S. 516):

"*The firm's ability to integrate, build and reconfigure internal and external competencies to address rapidly changing environments.*"

Rolle der IT für die Wettbewerbsfähigkeit

Die Informationstechnologie (IT) zur Unterstützung von Unternehmen bei der Entwicklung und Realisierung von Strategien nimmt einen hohen Stellenwert ein. Auch finden strategische Neuorientierungen gepaart mit einer Neuorganisation des Unternehmens selten losgelöst von IT statt, sondern sind durch ein begleitendes und erfolgskritisches Technologiewandel-Management gekennzeichnet (Markus 2004). Die IT im Unternehmen gilt dann als strategische Ressource, falls sie schwierig imitierbar und idiosynkrasisch[9] ist sowie einen Beitrag zur Wettbewerbsfähigkeit für das Unternehmen leistet. Dieser Beitrag kann in der Effizienzsteigerung bei der Prozessbewältigung (Barney 1991, Melville et al. 2004) liegen und in der Effektivität des Wirtschaftens, z.B. durch bessere Informationstransparenz für die Entscheidungsfindung. PRAHALAD (2008) sieht einen idealen Einsatz von IT bei der Flexibilisierung von Ge-

---

[7] Begriff zur Beschreibung der zunehmenden Verflechtung von Handel, Politik, Technologie und Kultur über Staaten hinweg (Ritze & Atalay 2010). Lee & Collin (2005) definieren: „A set of global processes that are changing the nature of human interaction across a wide range of social spheres including the economic, political, cultural and environmental" (S. 3).
[8] Der Autor verweist darauf, die Inhalte mit Ernst Verwaal und Henk Volberda erarbeitet zu haben.
[9] *Spezifisch*, hier Unternehmensspezifisch, also genau an jene angepasst und zwar dadurch, dass das als idiosynkrasich betitelte Objekt (hier die IT-Ressource) nicht durch eine externe Partei genau für dieses Unternehmen ausgestaltet wurde, sondern sich historisch mit ihr im Verlauf entwickelt hat.

schäftsprozessen sowie den globalen Zugang zu Informationsressourcen. Oft werden an IT gegenteilige Anforderungen gestellt. So soll sie standardisiert und kostengünstig sein, dabei gleichzeitig in hohem Maße flexibel und der Treiber von Innovation sein (Prahalad & Krishnan 2002). Dies ist eine große Herausforderung.

Die IT-Landschaft hat sich fortentwickelt und deren Rolle gewandelt, hervorgerufen durch Trends wie Social Media, Big Data Analytics, Digitalisierung, Mobility, Consumerization und Cloud Computing (Andriole 2012, Praxmarer 2014). Zuerst war IT ein isoliert bedienbares System in den 1980er Jahren und dann zuständig für die Integration von Prozessen ab 1990. Daher wurde IT lange als strategische Ressourcen erachtet. Seit dem hat sich IT zu einem globalen sozio-ökonomischen System entwickelt, dessen gezielter Einsatz im dynamischen Wettbewerb zur strategischen Kompetenz avanciert (Merali et al. 2012). In vielen Bereichen hat IT also das soeben beschriebene Spannungsfeld überwunden und zeichnet sich gleichzeitig durch Standardisierung und Adaptivität aus (Fitzgerald & Wynn 2004). Zukünftig sind Geschäftsmodelle nicht nur IT-unterstützt, sondern IT-getrieben und werden auf neuen Möglichkeiten der Informationsverarbeitung basieren (Kagermann et al. 2010). Dafür liegen ein innovatives Klima (Watts & Henderson 2006) und die Bereitschaft zum IT-induzierten Wandel (Patten et al. 2009) dem Wertbeitrag zugrunde.

Zwischenfazit

Damit Unternehmen ihre Wettbewerbsvorteile strukturell ausschöpfen können und gleichzeitig innovativ und agil sind, helfen Dynamic Capabilities. Bislang hat IT als langwierig aufzubauende Ressource gedient, um Wettbewerbsvorteile zu generieren und dabei weniger zu Dynamic Capabilities beigetragen. Neue IT-Potenziale, z.B. IT-induzierte Adaptabilität und Innovationsfähigkeit, ermöglichen Unternehmen, ihre Dynamic Capabilities zu steigern und so stetig temporäre Wettbewerbsvorteile zu generieren. SAWY ET AL. (2010) sprechen über diesen Zusammenhang auch als „Digital Ecosystem" („… defined as the holistic confluence among enrivonmental turbulence, dynamic capabilities, and IT systems,…", S. 835). Für diese mehrdimensionalen Fähigkeiten bietet sich der Begriff der *IT-enabled Dynamic Capabilities* an. Auch die IT selbst ist im Wandel. Sie muss hoch effizient sein, d.h. kostengünstig im Betrieb und gleichzeitig den Unternehmen dienen, damit diese an Agilität und Innovation gewinnt.

Dabei werden IT-Ressourcen zunehmend austauschbarer durch die zunehmende Standardisierung und Industrialisierung (1.1.3). Die Fragen lauten daher:

- Steigern IT und insbesondere die neuen Möglichkeiten durch Cloud Computing signifikant die Dynamic Capabilities, sodass jene den steigenden Wettbewerbsanforderungen adäquat begegnen können?
- Ist IT bereits so sehr industrialisiert, dass dessen Vorhandensein und die neuen Möglichkeiten durch Cloud Computing kein Differenzierungsmerkmal und keine Strategie zur Schaffung oder Aufrechterhaltung von Wettbewerbsvorteilen mehr bieten?

Zur Beantwortung der Fragen ist ein tieferes Verständnis um IT als Ressource unabdingbar. Insbesondere ist zu differenzieren zwischen dem IT-Produkt und durch IT ermöglichte Fähigkeiten, wie in Folge ausgeführt.

1.1.2 Ressourcen und Fähigkeiten

PENROSE (2009) sieht die Knappheit von Ressourcen als die hauptsächliche Hürde für Wachstum von Unternehmen. Gleichfalls argumentiert WERNERFELDT (1984), dass ein hoher Ressourcenbestand eines Akteurs gleichzeitig eine Wettbewerbsbarriere konstatiert. Die in puncto Ressourcen besser ausgestatteten Unternehmen können aufgrund von Skaleneffekten, Beschaffungskonditionen und Expertise im Ressourceneinsatz neue Akteure stets bei den Kosten und der Qualität überbieten (siehe auch Bharadwaj 2000). Diese Überzeugung ist in der Theorie des ressourcenbasierten Ansatzes (RBA, engl. resource-based view) verankert und diese ist ein dominantes Paradigma der IT-Wertbeitragsforschung (Kapitel 1.1.3) (Barney 1991, Nevo & Wade 2012). Ressourcen weisen der Theorie zufolge ein strategisches Potenzial aus, wenn sie erheblich zur Effizienz und Effektivität des Unternehmens beitragen. Die vier folgenden Eigenschaften, auch als VRIN-Kriterien abgekürzt, bestimmen dieses Potenzial (Barney 1991, S. 105ff):

- Wertvoll (*Valuable*) ist eine Ressoure, falls sie geeignet ist, den Wettbewerbsvorteil maßgeblich zu erzeugen und nachhaltig zu bestimmen.
- Selten (*Rare*) ist eine Klassifizierung der relativen Unerreichbarkeit durch Wettbewerber im Sinne einer geringen Verfügbarkeit.
- Nicht-Imitierbarkeit (*Inimitability*) liegt vor, falls die Ressource nur unter erheblichen Kosten und Aufwand duplizier- oder imitierbar wäre.
- Nicht Substituierbar (*Non-Substitutability*) heißt, dass keine andere Ressourcen an deren Stelle einen äquivalenten Wertbeitrag leisten kann.

1.1 Wertbeitrag durch Informationstechnologie

IT-Ressourcen – Assets, Capabilities & Capabilities Lifecycle

Eine *IT-Ressource*[10] beinhaltet *IT-Assets*[11] und *IT-Capabilities*, also durch IT ermöglichte Fähigkeiten und Prozesse, Wissen und Know-how (Rivard et al. 2006). Aufgrund der Spezifizität und Einbindung in die Unternehmenskultur[12] seien Capabilities entgegen Assets nicht transferierbar und dadurch strategisch wertvoller (Rival et al. 2006). MAKADOK (2001, S. 388) definiert diese *Capabilities* als:

„*[...] a firm's capacity to deploy resources, usually in combination, using organisational processes to effect a desired end. They are information-based tangible or intangible processes that are firm-specific and are developed over time through complex interactions [...]*"

ARAL & WEILL (2007) unterteilen *IT-Capabilities* in zueinander komplementären *Competencies* und *Practices* (Abbildung 1.1). *Competencies* sind personen- oder gruppengebundene Fähigkeiten zur Verwaltung oder Durchführung von Tätigkeiten, welche durch Lernen und wiederholtes Ausführen professionalisiert werden. *Practices* sind Routinen, in denen Wissen und das effektive Ausführen von Tätigkeiten gespeichert sind. Dies wirken vermittelnd bei der Anwendung von Kompetenzen. Es entsteht ein Kreislauf aus dem Erlernen von Competencies durch Practices, gefolgt vom richtigen Anwenden und der Weiterentwicklung von Practices, sobald entsprechend Competencies ausgebildet sind (Aral & Weill 2007).

IT-Capabilities befinden sich in einer "routinierten Evolution", genannt *Capacity Lifecycle* nach HELFAT & PETERAF (2003). Kontinuierlich ist zu evaluieren, ob neue Fähigkeiten zu erwerben oder zu verändern sind (Lavie 2006). Hierzu muss deren Bedarf richtig antizipiert werden, was schwierig zu professionalisieren ist. Dazu sind auch die CIO[13] gefordert, um Anforderung der Fachseite vorherzusehen und die Ausbildung IT-bezogener Fähigkeiten voranzutreiben (McDonald 2007)[14].

---

[10] Im Folgenden seien die Begriffe *Ressource*, *Asset* und *Capabilities* als IT-bezogen zu verstehen.
[11] IT-Assets: "[...] widely available, off-the-shelf or commodity-like information technologies that are used to process, store, and disseminate information" (Nevo & Wade 2010, S. 164).
[12] Nach Kutschker & Schmid (2010) ist Kultur hier bezogen auf die soziale Einheit der Organisation, „die Gesamtheit der Grundannahmen, Werte, Normen, Einstellungen und Überzeugungen einer sozialen Einheit, die sich in einer Vielzahl von Verhaltensweisen und Artefakren ausdrückt und sich [...] im Laufe der Zeit herausgebildet hat" (S. 674).
[13] Chief Information Officer, Geschäftsleitung für Themen der Informationstechnologie.
[14] „CIOs and the IT-organisation will evolve to have greater business impact by deploying new capabilities, expanding the use of information and intelligence, and opening new markets" (S. 180).

IT Resources	
IT Assets: IT Investments for strategic purposes • **Infrastructure IT** as foundation and base • **Transactional IT** to automate processes • **Informational IT** for managing analysis accounting, reporting, planning, etc. • **Strategic IT** as a new service or product	**IT Capabilities:** Practices and competencies to complement IT • **Competencies** such as IT skills and IT management quality • **Practices** and routines such as how to use IT and store knowledge

Abbildung 1.1: IT Resources: Assets & Capabilties[15]

IT-Industrialisierung – Veränderung von IT als Ressource

Der beschriebene Charakter von IT als Ressource unterliegt einer Veränderung. Technologien zur Virtualisierung physischer IT-Ressourcen, modulare und serviceorientierte Architekturen und vor allem die Möglichkeiten durch das Internet, z.b. Cloud Computing, haben die Effizienz von IT und den Zugang zu IT maßgeblich verändert (Plummer 2011, Pyke 2009). CARR (2003, 2006) vertritt über diese Entwicklung – IT-Industrialisierung – in seinem Artikel „IT doesn't matter" den folgenden Standpunkt:

- Ähnlich wie bei Infrastrukturtechnologien wie der Eisenbahn, Telefonie oder Elektrizität entwickle sich auch IT zu einem Massenprodukt einhergehend mit automatisierter Produktion und sinkenden Stückkosten.
- Die Kopierbarkeit und fallende Preise sowie ein stetig abnehmender Zusatznutzen während der Technologieevolution werden den Beitrag der IT zur Schaffung von Wettbewerbsvorteilen deutlich verringern.
- IT böte daher kein Potenzial mehr für den Aufbau von Wettbewerbsvorteilen. Der sich hierüber formierte Begriff lautet *IT-Industrialisierung*[16].

Industrialisierung im Allgemeinen ist ein Prozess, welcher „das Aufkommen von hochproduktiven industriellen Methoden umfasst und dadurch wesentliche gesellschaftliche Änderungen mit sich bringt" (Becker et al. 2011, S 346). Der Begriff IT-Industrialisierung im Speziellen ist definiert als „Automatisierung und Standardisierung des IT-Leistungserstellungs-prozesses durch Übertragung bewährter Methoden und Prozesse aus dem Bereich der industriellen Fertigung" (Fröschle & Strahringer 2007, S. 114). IT-Industrialisierung zeichnet sich u.a. aus durch die Vermarktung von IT-Dienstleistungen als Produkt, hochstandardisierte Prozesse, die Möglichkeit kun-

---

[15] Aral & Weill (2007), S. 765.
[16] Siehe auch HMD 256 zum Thema „IT-Industrialisierung" (Fröschle & Strahringer 2007).

denindividueller Massenproduktion und die automatisierte Leistungserstellung. Außerdem sei eine hohe Sourcing-Quote ein Indiz dafür, dass ein gewichtiger Teil der Leistung fremdbezogen werde.

Einen Kritikpunkt am Gedanken der IT-Industrialisierung äußern BRYNJOLFSSON ET AL. (2010). Sie weisen auf den Unterschied zwischen bedeutsamen Daten und Informationen[17] gegenüber bedeutungslosen Elektronen hin. Konkret würden mit Daten und Informationen gehaltvolle und nicht substituierbare Inhalte übertragen im Gegensatz zum einfachen Strom. Da zudem Aspekte der Interoperabilität, Komplementarität und Sicherheit bei IT völlig anders zu beurteilen wären, sei diese mit wirklichen Massengütern bzgl. Industrialisierbarkeit nicht vergleichbar. Zudem sei die Nutzung von IT und IT-Innovationen nach STRATOPOULOS (2010) persistent. Dies bedeutet, dass sie nicht einfach replizier- oder industrialisierbar ist, sondern auf langjähriger Unternehmenskompetenz im Einsatz von IT basiert.

Zwischenfazit
Bei IT-Ressourcen sind IT-Assets und IT-Capabilities zu unterscheiden. In Studien wurde nachgewiesen, dass IT-Assets keinen direkten Effekt auf die Wettbewerbsfähigkeit ausüben, wohl jedoch IT-Capabilities (Bhatt & Grover 2005). WU (2010) hat sich der Fragestellung nach dem Einfluss von Assets und Capabilities bei variierender Volatilität der Unternehmensumwelt gewidmet. Sind Produktlebenszyklen kurz, die strategische Vorausplanung ungenau, Wettbewerberaktivitäten unvorhersehbar und ist das Geschäftsfeld durch einen rapiden Technologiewandel gekennzeichnet, dann sind IT-Capabilities besonders relevant für die Wettbewerbsfähigkeit. Der Annahme, dass eben diese Rahmenbedingungen und Annahmen im Zeitalter der Globalisierung und des rapiden Technologiewandels vorliegen (Kapitel 1.1.1), liegt dieser Arbeit zugrunde. Heißt IT leistet genau dann einen Wert, wenn sie zu IT-Capabilities beiträgt.

1.1.3 IT-Wertbeitrag & IT-Industrialisierung

US-amerikanische Unternehmen investieren pro Jahr zwischen 300 bis 500 Millionen USD in ihre IT-Ressourcen, was etwa 3-4% ihres Jahresumsatzes entspricht (Stratopoulos & Lim 2010). Die jährlich veröffentlichten Key IT Metrics des Marktforschungsinstituts Gartner Research zeigen, dass dieser Prozentsatz abhängig ist von der

---

[17] Für eine Abgrenzung zwischen Daten, Information und Wissen siehe Aamodt & Nygard (1995).

Branche und ob in dieser Branche IT maßgeblich das Kerngeschäft bestimmt. So weisen die Industrien *Construction*, *Retail* und *Food & Beverage* nur Werte um 1% aus wohingegen *Financial Services* sowie *Media & Entertainment* zwischen 5 und 7 % ihres Umsatzes in ihr jährliches IT-Budget einplanen (Guevara et al. 2011). Das CIO Magazin veröffentlichte in Jahr 2011 Daten über das IT-Budget deutscher Unternehmen. Spitzenreiter sind hier die Deutsche Telekom AG mit 4,2 Mrd. EUR und die Siemens AG mit 2,7 Mrd. EUR (Ellermann 2010). An diese Investitionen sind Erwartungen gebunden. Wie geschildert dient IT zur Kostensenkung, dem Aufbau von Markteintrittsbarrieren, ist ein Innovationstreiber und fördert das Wissensmanagement, Kollaboration und Produktivität. Tatsächlich ist der quantifizierte Nachweis dieser Vorteile bislang nicht vollständig erbracht, obgleich sich eine Großzahl von Untersuchungen dieser Frage gewidmet haben, im Rahmen der IT-Wertbeitragsforschung, welche im Folgenden vorgestellt wird (Schryen 2010). Entstanden ist diese Strömung als Folge des um 1987 proklamierten IT-Produktivitätsparadox (Solow 1987), wonach trotz hoher Investitionen in IT die Mitarbeiter-Produktivität in den USA sogar gesunken sei. BRYNJOLFSSON (1993) vermutete die Ursachen dieser unglaubwürdigen Erkenntnis bei Messfehlern, bzw. der generellen Messbarkeit von Input-Output-Beziehungen von IT auf Produktivität. Er betont, dass durch IT-Innovation angestoßene Änderungen im Unternehmen erst umgesetzt und notwendige Lernprozesse durchschritten werden müssten. Deshalb erfolge die Realisation von Wertpotenzialen zeitlich verzögert und dies sei im Forschungsdesign zu bedenken. Die Probleme bei der Quantifizierbarkeit des IT-Wertes liege zudem darin begründet, dass verursachte Kosten und generierter Nutzen woanders im Unternehmen auftreten und ein Kosten-Nutzen-Verhältnis kaum aufgezeigt werden könne (Buchta et al. 2009).

Eine weitere Schwierigkeit der Greifbarkeit von IT liegt in ihrer Rolle als *General Purpose Technology* (Lipsey, Carlaw & Bekar 2005) begründet. IT ist in hohem Maße komplementär zu existierenden Technologien und findet durch einen großen Nutzerkreis Anwendung. Zudem wird sie neben ihrer Unterstützungsrolle im Unternehmen auch in Produkten und Prozessen integriert und kann hier nicht isoliert gemessen werden. Daher ist IT universeller Natur und übe dennoch einen überdurchschnittlichen Einfluss auf das ökonomische Wachstum aus (Brynjolfsson & Saunders 2010).

Damit sind bereits drei Problemfelder der BVIT-Forschung aufgezeigt, die Messbarkeit, die Zeitverzögerung sowie die Quantifizierung. Dennoch wird versucht, den Effekt von IT direkt auf monetäre Output-Größen, Produktivitätskennzahlen oder den

Marktwert zu erheben, was theoretisch und methodisch nicht ohne entsprechende Kritik bleibt (Schwarz et al. 2010). Zur Auflösung des Nachweisproblems fordert STRECKER (2009) einen erweiterten Nutzenbegriff für IT und kritisiert die vorherrschende enge monetäre und finanzwirtschaftliche Betrachtung von Wert. Er sieht bei IT einen integrativ-interpretativ zu verstehenden Wert gegeben, welcher durch den Diskurs in dem Kontext eines Unternehmens entsteht. Viele Autoren nehmen sich deshalb der Frage an, welche Zusammenhänge zwischen IT und komplementären Ressourcen, Prozessen oder Strukturen im Unternehmen bestehen und wo Synergien bestehen:

- Das externe Umfeld, also makro-ökonomische Rahmenbedingungen oder die Wettbewerbssituation sind relevant (Dedrick et al. 2003).
- Der Wertbeitrag unterscheidet sich je Untersuchungsobjekt, d.h. Individuum, Firma oder Industrie (Nagm & Cecez-Kecmanovic 2009).
- Neben der komplementären Rolle von IT kann diese auch für den Aufbau von *IT-enabled Resources* dienen und dadurch Wettbewerbsvorteile generieren, dass Ressourcen IT-befähigt werden (Nevo & Wade 2011).
- TALLON ET AL. (2000) bestätigen den IT-Beitrag entlang von Wertschöpfungsketten und betonen mögliche Effizienz- und Effektivitätsgewinne.
- RAVICHANDRAN & LERTWONGSATIEN (2005) erkennen, dass Fähigkeiten des IT-Managements, etwa bei der IT-gestützten Planung indirekt der Unterstützung von Kernkompetenzen im Unternehmen zu Gute kämen.
- Dem *IS Success Model* (DeLone & McLean 2003[18]) nach führen Systemeigenschaften zur Nutzung, woraus dem Nutzer Vorteile entstünden, welche als rückkoppelnde Schleife die Nutzung wiederum beeinflussen.
- Der *Task-Technology-Fit* Ansatz (Goodhue & Thompson 1993) untersucht den Abgleich zwischen der Funktionalität eines Informationssystems für die von Nutzer zu erfüllende Tätigkeit.
- Das *Strategic Alignment Model* findet Anwendung bei der Frage, ob die strategische Ausrichtung der Anforderungen der Fachseite[19] mit deren Bedienung durch die IT (Henderson & Venkatraman 1995) harmoniert, auch bekannt als *IT/Business-Alignment* Thematik (Teubner 2006).

---

[18] Der originäre Beitrag von den Autoren zu dieser Theorie stammt aus dem Jahr 1992.
[19] Unternehmenseinheiten und dessen Mitarbeiter, welche die Prozesse zur Ausführung des Geschäftsbetriebes und die Anforderungen für deren technologische Unterstützung definieren.

- BRYNJOLFSSON & SAUNDERS (2010) haben die Rolle von IT als *Intangible Asset*[20] betrachtet. Ein Meta-Review als Synthese von 22 Literaturrecherchen[21] der Jahre 1989 bis 2008 (Schryen 2010) hat ergeben, dass genau diese Forschungsfrage noch ungenügend untersucht wurde.

KOHLI & GROVER (2008) fassen die wichtigsten und hier angesprochenen Erkenntnisse aus der BVIT-Forschung wie folgt zusammen:

- Ausreichend Studien bestätigen den BVIT, entweder durch die Steigerung von finanzorientierten Parametern, intermittierend über Prozessverbesserungen oder zumindest als Wahrnehmung im Unternehmen.
- BVIT ist ein komplementärer Effekt von IT auf Prozesse, Menschen, strategische Steuerungsfunktionen, Kultur oder Wissensvermittlung.
- IT kreiert Optionen und Flexibilität für zukünftige Entscheidungen. Auch dies spiegelt den Aspekt der Zeitverzögerung vom BVIT wider.
- Differenzierung und nachhaltige Wettbewerbsvorteile durch IT bedürfen bei der zunehmenden Industrialisierung weiterer Erforschung.

Dem komplementären Effekt von IT, hier Cloud Computing, auf die Entwicklung von IT-Capabilities, widmet sich die vorliegende Arbeit.

1.2 Zielsetzung & Forschungsfragen

Das Forschungsprojekt verfolgt das Ziel, die im vorherigen Kapitel aufgeworfene Leitfrage nach dem IT-Wertbeitrag und der IT-Industrialisierung zu beantworten. In der Recherche über das Forschungsobjekt des Cloud Computings wurden weitere Forschungslücken identifiziert. Seit dem Jahr 2008 proklamieren viele wissenschaftliche Beiträge die Vorteile und Risiken von Cloud Computing (Merrifield et al.2008, Foster et al. 2008, Willis 2009, Armbrust et al. 2009). Es fehlen jedoch Metastudien, um die vielversprechendsten Vorteile dieser Innovation als auch die gravierendsten Risiken zu akkumulieren und einer empirischen Untersuchung zu unterziehen (Wang et al. 2011). Gleiches gilt für die Erhebung des Status Quo der Assimilation dieser sich aufgrund der Neuheit in den Anfangsstadien befindenden Technologie (Marston et al. 2011). Vergangene Studien hierzu sind entweder nur konzeptionell, industrie- oder landesspezifisch, methodisch fragwürdig oder deskriptiv-statistischer Natur (Nuseibeh 2011,

---

[20] Immaterieller Vermögensgegenstand, z.B. auch Rechte, Konzenssionen, Lizenzen oder Patente.
[21] Zur Erläuterung der Methode der Literaturrecherche wird verwiesen auf Kapitel 3.

1.2 Zielsetzung & Forschungsfragen

Stoica & Mircea 2010, Conboy et al. 2011). Insbesondere das Liefermodell des Public Cloud Computing ist bislang wenig erforscht, da es höhere Risiken birgt als dedizierte Cloud Umgebungen, z.B. beim Private Cloud Computing, oder selbst getriebene IT-Lösungen (Armbrust et al. 2010, Gartner 2013a). Eine weitere Unzulänglichkeit von Adoptionsstudien ist die Vernachlässigung von vergleichenden Industriebetrachtung (Chiasson & Davidson 2005) sowie rollen-perspektivischer Unterschiede im Antwortverhalten (Zhu et al. 2006). Bezugnehmend auf das Kapitel 1.1 zum IT-Wertbeitrag war die im Folgenden durchgeführte Untersuchung über mediierende Effekte mehrerer Typen von Dynamic Capabilities (Wang & Ahmed 2007) bislang ebenfalls eine Forschungslücke (Barretto 2010, Son & Lee 2011).

Die Zielsetzung dieser Arbeit konkretisiert sich daher auf die Untersuchung einer mehrstufigen Kausalkette um die Frage, welche Vorteile von Public Cloud Computing neben organisationalen[22] und externen Faktoren die Assimilation fördern und welche Barriere bestehen. Der weitere Teil der Kausalkette widmet sich der Leitfrage um die Mediation des Wertbeitrags von Public Cloud Computing durch IT-enabled Dynamic Capabilities. Aus den identifizierten Forschungslücken leiten sich sieben Forschungsfragen ab, welche entlang des Forschungsprozesses durch Anwendung mehrerer Methoden (Kapitel 1.3) beantwortet werden (Abbildung 1.2):

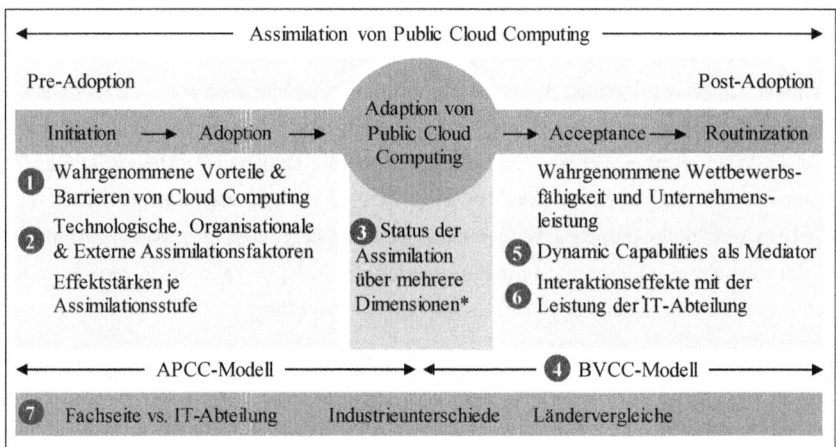

Abbildung 1.2: Übersicht der Forschungsfragen

---

[22] In dieser Arbeit sind Unternehmen das Forschungsobjekt.

- FF1: Welche erwarteten Vorteile und Risiken von Cloud Computing dominieren die Diskussion in Wissenschaft und Praxis? (Kapitel 3.2)
- FF2: Wie ist der Status der Assimilation von Public Cloud Computing in Unternehmen, hinweg über mehrere Dimensionen? (Kapitel 0)
- FF3: Welchen je nach Adoptionsstufe potenziell anderen Einfluss haben dedizierte technologische, organisationale[23] und externe Faktoren auf die Assimilation von Public Cloud Computing? (Kapitel 5.4 und 5.5)
- FF4: Besteht ein Kausalzusammenhang zwischen der Assimilation von Public Cloud Computing, IT-enabled Dynamic Capabilities und der Wettbewerbs- und Leistungsfähigkeit von Unternehmen? (Kapitel 6.3)
- FF5: Wird der Einfluss von Public Cloud Computing auf die erwartete Wettbewerbsfähigkeit vollständig oder partiell mediiert durch drei Arten von IT-enabled Dynamic Capabilities, der Innovative Capabilities, Adaptive Capabilities und Absorptive Capabilities? (Kapitel 6.4)
- FF6: Welchen Einfluss übt die Overall IT Performance im Unternehmen auf IT-enabled Dynamic Capabilities aus und liegt ein Interaktionseffekt vor mit der Assimilation von Public Cloud Computing? (Kapitel 6.4)
- FF7: Welche weiteren und moderierenden Einflüsse bestimmen die zur Beantwortung der Forschungsfragen untersuchten Modelle? (Kapitel 6.4)

Als wissenschaftsorientierte Zielgruppe der vorliegenden Arbeit sind Forscher zu nennen aus den Disziplinen der Wirtschaftsinformatik, der Management- und Organisationsforschung. Ein konkreter Beitrag ist hierbei in den Strömungen um IT-Adoption und IT-Wertbeitrag gegeben sowie der der Dynamic Capabilities-Theorie (Wang & Ahmed 2007) Bzgl. der praxisorientierten Zielgruppe sind nach MARSTON ET AL. (2011) vier Cloud Computing bezogenen Adressaten hervorzuheben: Nutzer, Anbieter, Vermittler und regulierende Einrichtungen. Jede Zielgruppe kann einen jeweils anderen Erkenntnisnutzen ziehen, wie in Kapitel 7.3.2 ausgeführt.

1.3 Theoretische und methodische Einordnung

In der Disziplin der *Information Systems Research* ordnet sich das Forschungsprojekt den Strömungen *IS for Competitive Advantage* und *IS Adoption* zu (Abbildung 1.3)[24],

---
[23] Hier bezogen auf Unternehmen.
[24] Verweis auf Fußnote 1 (S. 1) bzgl. der äquivalenten Verwendung von IT und IS.

1.3 Theoretische und methodische Einordnung

damit zum einen der strategischen Ausschöpfung der Potenziale von Informationssystemen (IS) bei deren Nutzung sowie dem verwaltenden Umgang mit IS allgemein. Für beide Strömungen liegen wiederum eigene Forschungsagenden vor. Innerhalb der IT-Wertbeitragsforschung (Kohli & Grover 2008) tragen die Ergebnisse zu einer theoretischen Anreicherung darüber bei, inwiefern Fähigkeiten im Unternehmen das Bindeglied zwischen der IT und dem wirtschaftlichen Erfolg von Unternehmen sind. Damit wird hauptsächlich das Feld *IT-Embeddedness* diskutiert, wobei hier keine scharfe Abgrenzung zu *Value Expansion* vorliegt, welches auch die Messung finanzorientierter Messzahlen abdeckt. Zweitens und auf das Forschungsobjekt Cloud Computing und dessen Agenda bezogen (Marston et al. 2011), wird hier ein Beitrag geleistet zu den spezifischen Herausforderungen während der Adoption im Unternehmen und ex-post Implementierung (*Technology Adoption & Implementation*). Auch hierbei werden weitere Themen der Agenda angeschnitten, etwa die Unterstützung von Regierung und Institutionen für die Adoption von Cloud Computing (*Government*) als auch die Frage, welche *IS Policies* tatsächlich von Relevanz sind und Einfluss auf die Innovationsbereitschaft von Unternehmen pro Cloud ausüben.

Klassifizierung der Forschung

Forschung ist in dreifacher Weise zu klassifizieren, hinsichtlich der wissenschaftstheoretischen Einordnung, des Forschungsparadigmas sowie des wissenschaftlichen Methodenspektrums. Bei der Wissenschaftsphilosophie stehen sich der positivistische und der interpretative Ansatz gegenüber. Der Positivismus, begründet durch COMTE und populär in seiner Ausprägung des Kritischen Rationalismus nach POPPER (Comte & Fetscher1994, Popper & Fleischmann 1995), folgt der Überzeugung, die soziale Wirklichkeit wäre objektivistisch und lasse sich damit formell abbilden und wissenschaftlich ordnen. LEE (1991) definiert (S. 343f): "In a nutshell, the positivist approach involves the manipulation of theoretical propositions using the rules of formal logic and the rules of hypothetico-deductive logic, so that the theoretical propositions satisfy the four requirements of falsifiability, logical consistency, relative explanatory power, and survival". Demzufolge manifestieren sich theoretische Annahmen mit Fakten und Bedingungen zu Hypothesen (*logical consistency*), welche durch kontinuierliche Beobachtung, jedoch stets temporär (*survival*) zu bestätigen oder alternativ zu widerlegen (*falsifiability*) sind, wobei bei Bestätigung die Theorie ausreichend Erklärungskraft für Vorhersagen über ein Phänomen aufweisen muss (*relative explanatory power*).

Classification Scheme for SIS Research (Gable 2010)	Themes for IT Value Research (Kohli & Grover 2008)	Cloud Computing Research Agenda (Marston et al. 2011)
IS for Strategic Decision Making • Strategic Planning • Information Planning • Decision Support **Strategic Use of IS** • Alignment of IT and Business • Lifecycle for Strategic Use • IS and Globalization • E-Commerce • IS for Competitive Advantage • Internal Strategic Efficiency • Knowledge Management Use **Strategies for IS Issues** • IS Management • IS Planning • IS Organization • IS Development Methods • Application Service Provisioning • IS Implementation • IS Evaluation • IS Adoption	**IT-based Co-Creation of Value** • Better information flows and integration among partners **IT-Embeddedness** • IT investment leads to capabilities which leads to performance • How can we digitize various dynamic business capabilities in order to increase business value? **Information Mindset** • Business Intelligence, Data Mining • How can we create information capablilities that enhance digital business capabilities? **Value Expansion** • IT value is manifested in financial outcomes • What are the indirect and intangible paths to economic value that can be influenced by IT capabilities and how do we foster them?	**Economics** • Cloud Service Pricing Strategy **Strategy** • Partnership / 3rd Party Relationship Impact **IS Policies** • Optimal Risk Transfer & SLA Contract Design • Consistent Policies across multiple Providers • Security Standards & Issues • Design of IT Auditing Policies, Forensics & Evidence Gathering Methods • Internal Regulation and Policy **Technology Adoption & Implementation** • Optimal set of rules to implement Adoption • Research best of breed Industry Solutions • Rules to decide the Types of Applications to move to a Cloud • Risk Access Methodology from Adoption **Government** • Identification of pertinent issues to be addressed as created by cloud computing

Abbildung 1.3: Forschungsdisziplinäre Einordnung

Der interpretative Ansatz dagegen, insbesondere stringent in der Ausprägung des radikalen Konstruktivismus (Glaserfeld & Köck 1996), erachtet die Naturwissenschaft als kein adäquates Mittel zum Studium sozialer Realitäten (Lee 1991), sondern erforscht Bedeutungen, welche intersubjektiv und differenziell vorliegen. Diese könnten nur durch Beobachtung und nicht durch faktische Abstraktion erkannt werden. In diese Arbeit wird positivistisch geforscht, da mithilfe der quantitativen Überprüfung von zuvor theoretisch hergeleiteten Hypothesen allgemeine Gesetzmäßigkeiten erkannt werden sollen. Hieraus können dann Vorhersagen, konkret über den zu erwartenden Nutzen durch Cloud Computing, getroffen werden.

1.3 Theoretische und methodische Einordnung

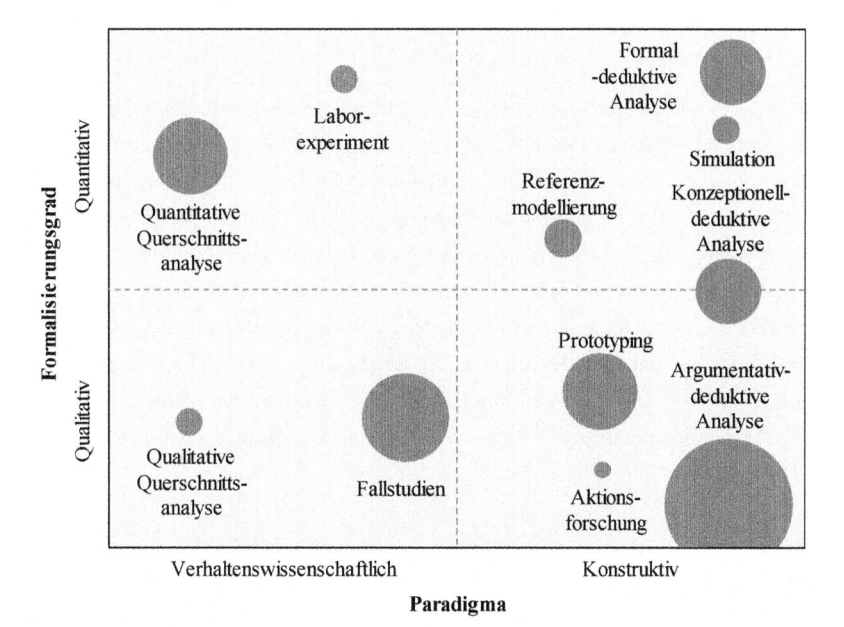

Abbildung 1.4: Methodenprofil der Wirtschaftsinformatik[25]

Die zweite Klassifizierung trennt das verhaltenswissenschaftliche (Behavioral Science) vom konstruktionsorientierten (*Design Science*) Forschungsparadigma (Becker & Pfeiffer 2006). HEVNER ET AL. (2004) definieren (S. 75): "The behavioral science paradigm seeks to develop and verify theories that explain or predict human or organisational behavior. The design-science paradigm seeks to extend the boundaries of human and organisational capabilities by creating new and innovative artifacts." Gegenüber der am Ingenieurwesen orientierten, durch die praktische Lösung eines Problems motivierten und dabei meist auf die technische Entwicklung von IT-Artefakten[26] fokussierten Design Science, steht die behavioristische Forschung für die Theoriebildung und dessen empirischer und hypothesen-getriebenen Überprüfung (Becker et al. 2006, Hevner et al. 2004). Bezogen auf die Wirtschaftsinformatik qualifiziert die Verfolgung des theoriebildenden Paradigmas diese Disziplin letztendlich als Wissenschaft, wobei

---
[25] Wilde & Hess (2007), S. 284.
[26] Umfassender Begriff für Produkte, welche im Rahmen der Analyse, des Entwurfs und Implementierung von Informationssystemen entstehen (Becker et al. 2006, Hevner et al. 2004).

jedoch beide Paradigmen komplementär und pragmatisch einzusetzen sind und forschungsmethodischer Pluralismus gefragt ist (ebd.).

Dieser Arbeit liegt die Verhaltenswissenschaft zugrunde und es dominieren im Rahmen der quantitativen Sozialforschung die Methoden der quantitativen Querschnittsanalyse. Diese dienen der Ermittlung und Erklärung von logischen und determinierbaren Ursache-Wirkungs-Zusammenhängen. Hier wurden per Fragebogen Individuen als Repräsentanten von Unternehmen befragt, um einen Querschnitt über diese Stichprobe zu bilden und Rückschlüsse auf die Grundgesamtheit zu ziehen. Dieses Vorgehen ist deduktiv und dient dem Test auf Generalisierbarkeit (Wilde & Hess 2007). Bei den Methoden der qualitativen[27] Forschung steht die Orientierung am Individuum im Kontext bezogen auf ein Phänomen im Vordergrund, dabei die Interpretation und Konstruktion von Wirklichkeit und das Verständnis kontextueller Zusammenhänge (Bortz & Döring 2006, Flick et al. 2012).

Anwendung von Forschungmethoden
Forschungsmethoden (Abbildung 1.4) sind gezielt anzuwenden und müssen für das Forschungsziel und die Fortentwicklung des Forschungsstadiums zweckdienlich sein. EDMONDSON & MCMANAUS (2007) stellen eine Orientierung zur Verbesserung des *Methodological Fit* vor und separieren Forschung in drei Archetypen: *Nascent, Intermediate* und *Mature*. Im Status *Nascent* (dt.: aufkeimend, im Entstehen sein) läge das Ziel auf der Theorieentwicklung, Mustererkennung und der interpretativen Annäherung an ein Phänomen. Hierbei finden ausschließlich Methoden qualitativer Art Anwendung. Der zweite Archetyp *Intermediate* (dt: fortgeschritten, Zwischenglied) basiere bereits auf einem Forschungswerk und theoretischer Fundierung, jedoch sind die Beziehung von Konstrukten noch sehr vage oder höchstens antizipativ und bedürfen daher einem explorativen Forschungsparadigma (ebd.). An dieser Stelle setzt der Forschungsprozess der vorliegenden Arbeit ein. Das Forschungsobjekt Cloud Computing, sowie Dynamic Capabilities als auch die IT-Wertbeitragsforschung sind eindeutig definiert. Jetzt ist das Ziel, Symbiosen und Interaktionen zu identifizieren. Hierzu kommen die Methoden der Literaturrecherche, methodologisch orientiert an WEBSTER & WATSON (2002) sowie Experteninterviews nach GLÄSER & LAUDEL (2010) zum Einsatz. Letztere dienen schon der Validierung des Modells und Fragebogens und sind

---

[27] Siehe Kapitel 4.2.1 mit einer kurzen Einführung in die qualitative Sozialforschung.

1.3 Theoretische und methodische Einordnung

damit nur noch bedingt dem intermediären, sondern quasi bereits dem dritten Archetyp *Mature* (dt: ausgereift, entwickelt, wohlüberlegt) zugehörig. Diese hybride Form zwischen qualitativer und quantitativer Forschung ist typisch für *Intermediate Research*. Im dritten Stadium *Mature* sind die Beantwortung konkreter Fragen und das formale Testen von in den ersten Stadien entwickelten Forschungshypothesen das Ziel. Die die Forschung der Wirtschaftsinformatik dominierende Methode (Palvia et al. 2003) sind Querschnittsanalysen als Umfragen und dessen quantitativ-statistische Auswertung. Dazu kommen in der Arbeit die multivariaten Analyseverfahren der logistischen Regression (Aldrich & Nelson 2006) sowie die Kausalanalyse (Jöreskog 1973) im Partial Least Squares (PLS)[28] Ansatzes (Wold et al. 1984) zum Einsatz.

Rigor vs. Relevance

Mit Vorausblick auf Umfang und Komplexität[29] des in dieser Arbeit empirisch untersuchten Forschungsmodells soll hier in puncto Methodik noch auf das Spannungsfeld von *Relevance vs. Rigor* hingewiesen werden. ALLENDE (2004) beschreibt *Rigor* (dt: Präzision, Härte, Genauigkeit, Stringenz) als "the disciplined application of reason to subjects related to knowledge [...], dissatisfaction with uncertainty, with inaccurate answers, with unprecise measurements [...], methodical commitment [...], strict adherence to the truth [...],to disrobe ourselves of our prejudices and enthusiasm when we interpret our results [...], an attitude that contrasts with the weaknesses of human nature [...], accepting a result that demonstrates the fallacy of our most precious hypothesis" und als finales Statement "Rigor is the essence of scientific work".

Relevance (dt.: Sachdienlichkeit, Bedeutung, Belang) dagegen ist " related to the value, a research contribution provides to business practice, mainly helping with solving problems" (Winter & Baskerville 2007[30]). Häufig würde falsch geschlussfolgert, dass methodisch stringente Forschung automatisch relevante Ergebnisse hervorbrächte. Dabei sei der Umkehrschluss zutreffender. Erzwungen methodisches und nicht notwendigerweise zielführendes Vorgehen könne hinderlich für den Gewinn von relevanten Erkenntnissen sein. Aus übertriebener Vorsicht präsentierte daher die Disziplin *Infor-*

---

[28] Varianzbasiertes Verfahren der Strukturgleichungsmodellierung, einer multivariat-statistischen Analysemethode zur Auswertung von Kausalmodellen (Erläuterung erfolgt auf S. 260).
[29] Hier sei das Wort Komplexität noch einmal erläutert als quantitativer Wert, der sich sowohl aus der Anzahl der Elemente in einem System bestimmt als auch über dessen Beziehungen zueinander.
[30] Im Beitrag "Relevance of research implies relevance to researcher" von Ulrich Franke auf S. 404f.

mation Systems leider häufig Ergebnisse, die ohnehin intuitiv verständlich und offensichtlich sind (ebd.). In der vorliegenden Arbeit wird argumentiert, dass *Rigor* eine notwendige Bedingung konstatiert, da sich Erkenntnisgewinne nur aus methodischer Stringenz ergeben. Um generalisierbare Aussagen treffen zu können, sind systematische Fehler zu minimieren und unsystematische Fehler zu kontrollieren. Die Kriterien zur Gewährleistung von Relevanz sind ergänzend zu erfüllen und bestimmen Forschungsfragen und Zielsetzung. Nach BENBASAT & ZMUD (1999) solle ein interessantes, aktuelles Problem der Adressaten der Forschung diskutiert werden, hier Forscher der Wirtschaftsinformatik und Akteure im Umfeld des Cloud Computings. Die Ergebnisse sollten dazu nützlich, zukunftsträchtig und anwendbar sein und nicht vor einem *Context-rich body of research* (dt. Umfangreichen Forschungsmodell) zurückweichen. Dieses Forschungsprojekt sieht sich dem Anspruch beider Paradigmen unterworfen. Es wurde angestrebt, relevante und aktuelle Probleme zu hinterfragen und diese methodisch stringent zu erforschen.

Zwischenfazit

Diese Forschungsarbeit geht in methodischer Hinsicht keine neue Wege sondern reiht sich in die populären Forschungsdesigns der zumeist in angelsächsischen Journals publizierten Artikeln ein (Vessey et al. 2002, S. 32f, Becker et al. 2006, Wilde & Hess 2007). Das bedeutet, dass die Management- und nicht die Technologie-Perspektive auf die Informationstechnologie eingenommen wird (*Reference Discipline*), das Unternehmen den *Level of Analysis* konstatiert und der *Technology Transfer* in der Form der Assimilation einer Technologie untersucht wird, dieses im deduktiven Ansatz und per Umfrage. Diese Konsistenz ermöglicht gleichsam Vergleichbarkeit und Rigor und geht einher zur Relevanzfrage. Da es die Forderung bedient nach Methodological Fit im intermediären bis reifen Archetyp und hier Theorien auf Generalisierbarkeit überprüft werden sollen, waren methodische Experimente nicht erforderlich.

1.4 Aufbau der Arbeit

Im Anschluss an diese Einführung dient Kapitel 2 als Grundlagenkapitel über das Forschungsobjekt Public Cloud Computing (2.1), der IT-Adoptionsforschung auf der Agenda der Wirtschaftsinformatik (2.2) sowie für die Managementtheorie des Dynamic Capabilities Ansatzes (2.3). Ein besonderes Augenmerk in 2.2 gilt der IT-Assimilation als mehrstufigem Prozess von der Kenntnisnahme bis zur erschöpfenden

1.4 Aufbau der Arbeit

Nutzung einer Innovation. Das zweite Kapitel schließt mit der Präsentation der Forschungsfragen folgend den in den Kapiteln identifizierten Forschungslücken.

In Kapitel 3 über die Dynamic Capabilities wurde recherchiert, welche Rolle sie als Antezedenzien, Konsequenzen oder Mediator zwischen IT und der Wettbewerbsfähigkeit von Unternehmen einnehmen (3.1). Die zweite Literaturrecherche im Kontext des Cloud Computings hat dessen meist diskutieren wahrgenommenen Vorteile und Barrieren offengelegt (3.2) und in Kapitel 3.3 wird die Literaturrecherche über Faktoren vorgestellt, welche aus technologischer, organisationaler[31] und externer Perspektive einen signifikanten Einfluss auf die Adoption von IT ausüben. Im Ergebnis des Kapitels 3 steht das abstrakte Forschungsmodell der vorliegenden Arbeit, die Kausalkette von Assimilationsfaktoren von Public Cloud Computing, über dessen tatsächliche Assimilation und Wirkung auf IT-enabled Dynamic Capabilities, welche ihrerseits einen Beitrag zur wahrgenommenen Wettbewerbsfähigkeit von Unternehmen leisten (3.4).

Die konkrete Modellausarbeitung (4.1), dessen Validierung durch Experteninterviews (4.2) sowie die Datenerhebung, -bereinigung und demografische Auswertung (4.3) sind Inhalt des Kapitels 4. Infolgedessen finden zwei multivariate Analysemethoden Anwendung. Zum einen wird eine stufenbasierte logistische Regression durchgeführt für die Auswertung des Assimilationsmodells (Kapitel 5), zum anderen wird der varianzbasiertes Partial-Least-Squares-Ansatz zur Auswertung eines Strukturgleichungsmodells angewendet. Bei letzterem wird der mediierende Effekt gemessen von IT-enabled Dynamic Capabilities, welcher zwischen der Assimilation von Public Cloud Computing und dem wahrgenommenen Wettbewerbsfähigkeit und Leistungsfähigkeit von Unternehmen auftritt (Kapitel 6). Die Arbeit schließt mit Kapitel 7 und der Darstellung und kritischen Evaluation der Forschungsergebnisse (7.1). Dabei werden die Limitationen durch das methodische Vorgehen, die Stichprobe und die zugrundeliegenden Annahmen herausgestellt (7.2). Zudem werden die Implikationen für Wissenschaft und Praxis präsentiert (7.3) sowie Anregung gegeben für zukünftige Forschungsvorhaben in den hier explizierten Disziplinen.

---

[31] In dieser Arbeit sind Unternehmen das Forschungsobjekt.

1	**EINFÜHRUNG**	
	• IT-Wertbeitragsforschung • Zielsetzung & Forschungsfragen	• Theoretische & Methodische Einordnung • Aufbau der Dissertationsschrift

2	**GRUNDLAGEN**		**2.4 Forschungsfragen**
	2.1 Cloud Computing • (IT)-Outsourcing • Definition & Abgrenzung • Markt & Praxis • Forschungsagenda	**2.2 IT-Adoption** • (IT)-Innovation • IT-Akzeptanz, -Diffusion und -Assimilation • Forschungstand	**2.3 Dynamic Capabilities** • Definition • Component Factors • IT-enabled Dynamic Capabilities

3	**LITERATURE REVIEWS**		**3.4 Zusammenfassung**
	3.1 Dynamic Capabilities Dynamic Capabilities als • Consequences • Antecedents • Mediator	**3.2 Cloud Computing** • Perceived Benefits • Perceived Barriers • Stand der Cloud Com. Adoptionsforshung	**3.3 IT-Adoption** • Technological Factors • Organizational Factors • Environmental Factors

4	**FORSCHUNGSMODELL & DATENERHEBUNG**		**4.4 Kapitelabschluss**
	4.1 Modell & Fragebogen • Initiales Modell • Theorie der Modell-operationalisierung • Fragebogendesign	**4.2 Modellvalidierung** • Qualitative Sozialforschung • Experteninterviews • Finales Modelll	**4.3 Datenerhebung** • Stichprobendesign • Pretest • Datenauswertung • Datenbereinigung

5	**FAKTOREN UND ASSIMILATION VON PUBLIC CLOUD COMPUTING** • Stufenbasierte logstische Regression • Messmodell und Auswertung • Status der PuCC-Assimilation • Moderatoren & Entscheider	**6**	**KAUSALANALYSE - BUSINESS VALUE OF PUBLIC CLOUD COMPUTING** • Strukturgleichungsmodellierung • Messmodellle und Auswertung • Second-Order Modell • Mediatoren und Moderatoren

7	**SCHLUSSBETRACHTUNG** • Forschungsergebnisse • Implikationen für Forschung und Praxis • Bewertung & Limitationen • Anregung für zukünftige Forschung

Abbildung 1.5: Struktur der Dissertationsschrift

2 Grundlagen

Dieses zweite Kapitel legt die theoretischen Grundlagen für das im Einführungskapitel benannte Forschungsobjekte des Cloud Computings, der wissenschaftlichen Strömung der IT-Adoptionsforschung sowie der Dynamic Capabilities-Theorie als Fortentwicklung des ressourcenorientierten Ansatzes. Beginnend mit Cloud Computing findet zuerst ein Diskurs um das Thema IT-Outsourcing statt (2.1.1), um Cloud Computing hierin einzuordnen, dessen Begrifflichkeiten zu erklären (2.1.2), von anderen Technologien abzugrenzen (2.1.3) und Inhalte über die Entscheidung und Implementierung von Cloud Computing zu präsentieren (2.1.5). Marktdaten und eine Vorstellung von Anbietern von Cloud Computing (2.1.5) werden die Relevanz des Forschungsobjektes verdeutlichen sowie einen Praxisbezug herstellen. Kapitel 2.1 schließt mit der Forschungsagenda (2.1.6). Kapitel 2.2 widmet sich den Varianten der IT-Adoptionsforschung und beginnt mit einer Einführung zu Innovation im Allgemeinen und IT-Innovation im Speziellen (2.2.1). Über die IT-Akzeptanz- (2.2.2) und IT-Diffusionsforschung (2.2.3) wird sich der IT-Assimilationsforschung (2.2.4) als dem dieser Arbeit zugrundeliegenden Forschungsansatz angenähert. Ausführungen zum Stand der IT-Adoptionsforschung (2.2.5), welche eine kritische Diskussion um methodische Herausforderungen sowie Ansätze zu deren Mitigierung beinhalten, runden das zweite Grundlagenkapitel ab. Im dritten Teil (2.3) steht der Dynamic Capabilities Ansatz im Fokus. Nach einer Darstellung der chronologischen Entwicklung des Ansatzes (2.3.1) wird sich auf die drei Dimensionen des Component Factors-Ansatz von WANG & AHMED (2007) konzentriert (2.3.2). Gezielt auf die Forschungsfragen der Arbeit ausgerichtet, widmet sich Kapitel 2.3.3 dem Beitrag von IT zur Steigerung von Dynamic Capabilities. Das Kapitel 2 schließt mit dem Forschungsbedarf (2.4).

2.1 Cloud Computing

Cloud Computing bezeichnet eine neue Lieferform von IT-Dienstleistungen, welche die IT-Industrialisierung und -Kommodifizierung vorantreibt und somit IT als strategische Ressource nivelliert (Carr 2003). Gleichzeitig eröffnet sie ein hohes Potenzial für Kosteneinsparungen und die Steigerung der Agilität und Innovationsfähigkeit im Unternehmen (Carr 2009, Iyer & Henderson 2012). CC ist sowohl eine nachhaltige als zugleich auch disruptive Innovation (Sultan & Bunt-Kokhuis 2012). Nachhaltige Innovationen stellen Verbesserungen bestehender Technologien dar und folgen in ihrer Entwicklung etablierten Pfaden. Disruptiv sind unerwartet auftauchende Innovationen mit erheblichem Wertbeitragspotenzial, die entweder neue Märkte konstituieren oder bestehende Märkte und deren Akteure erheblich beeinflussen (Christensen 1997). Als konsequente Fortentwicklung von Virtualisierung und Grid Computing, und damit dem Konzept des Ressourcenteilens, kommt CC nicht gänzlich unerwartet. Dennoch verringert CC Wettbewerbsbarrieren, transformiert die IT-Welt von der Infrastruktur bis zur Anwendungslandschaft und initiiert die Externalisierung der IT im Unternehmen. Aufgrund dieser Ambivalenz ist CC in Wissenschaft und Praxis gegenwärtig populär. Siehe hierzu die folgenden Punkte:

- In der ITK-Branchenumfrage des Marktforschungsinstituts BITKOM[32] wird CC im Jahr 2013 als wichtigster Technologie- und Markttrend für Unternehmen und Privatanwender betitelt (BITKOM 2013).
- Das Marktforschungsunternehmen Gartner hat im Jahr 2013 bereits den fünften Hype Cycle[33] speziell für CC publiziert. Dieser listet mehr als 40 mit CC assoziierten Konzepte und Technologien auf, welche bereits Marktreife erlangt haben oder in bis zu zehn Jahren von potenzieller Relevanz für CC oder CC-nahe Technologien sein könnten (Gartner 2013c).
- ETRO (2009) berechnet einen makroökomischen Effekt von 300.000 bis zu 1,5 Millionen zusätzlich geschaffenen Arbeitsplätzen durch CC bis zum Jahr 2015 in der Europäischen Union, trotz etwaiger Substituierungseffekte und Personalabbau in der IT-Abteilung durch CC.

CC wirft durchgängig über die IT-Wertschöpfungskette Fragen hinsichtlich des Nutzens, der Adoption und dabei zu beachtender Risiken auf. Insbesondere das Liefermodell des Public Cloud Computing, welches im Fokus dieses Forschungsvorhabens steht, wurde bislang nur selten untersucht. Vor dessen weiterer Abhandlung werden jedoch kurz dessen kontextuelle Themen, konkret IT-Dienstleistungen und IT-Outsourcing, erläutert.

---

[32] Abkz. für Bundesverband Informationswirtschaft, Telekommunikation und neue Medien e.V.
[33] Das Produkt *Hype Cycle* von Gartner zeigt eine Prognose im Adoptionsverhalten von jeweils thematisch verwandten Technologien. Es ordnet diese ein nach der erwarteten Dauer bis zur Marktreife als auch dem Grad der Erwartungserhaltung. Der Hype Cycle wird jährlich aktualisiert.

2.1.1 Outsourcing von IT-Services

Eine Dienstleitung (DL) ist laut Definition im Gegensatz zum Sachgut ein immaterielles Ergebnis von Produktionsprozessen, in welche der DL-Nehmer aktiv einen Faktor zur Transformation einbringt (Fandel & Blaga 2004). Man unterscheidet in standardisierte DL für eine breite Nachfrager-Sicht und individuelle DL für einen konkreten Kunden, wobei die Beteiligung des Kunden sowie das Einbringen eines Faktors bei letzterem höher sind. Beispiele von DL sind ärztliche Untersuchungen, Lehrberufe, Finanz- oder Transport-DL, Beratungsleistungen oder industrienahe DL wie der Vertrieb oder die Produktwartung. Gemessen wird die Leistung als Service-Qualität, Dienstgüte oder Dienstleistungsqualität. Die Motivation der Inanspruchnahme einer DL entsteht daraus, dass der Dienstleister durch seine Spezialisierung diese meist kostengünstiger oder höherwertiger leisten kann als der DL-Nehmer selbst. Eine Erklärung hierfür liefern Skalen-, Verbund- und Spezialisierungseffekte (Biggeleben et al. 2009). Skaleneffekte beim Dienstleister führen durch die Degression von Stückkosten bei hohen Kapazitäten und Auslastungen zu einer effizienteren Leistungserbringung. Dieser Effekt resultiert daher, dass die sogenannten Fixkosten, welche unabhängig von der Stückanzahl auftreten und je Stück anteilig verrechnet werden, bei höheren Stückzahlen relativ geringer ausfallen. Verbundeffekte entstehen durch das Angebot komplementärer oder das Kernprodukt erweiternden Dienstleistungen. Das „wesentliche Argument für die Vergabe von Fremdleistungen" (Biggeleben et al. 2009, S. 578) sind jedoch Spezialisierungsvorteile des Dienstleisters durch seine hohe Prozessbeherrschung und Kernkompetenz. Von IT-Dienstleistungen (IT-DL) spricht man, „ [...] wenn das Leistungsergebnis auf die Planung, Entwicklung, Bereitstellung, Unterstützung und/oder das Management von IT-Systemen oder durch IT-Systeme ermöglichte Geschäftsaktivitäten abzielt" (Böhmann & Kcrmar 2005, S. 14). Bei IT-DL ist das Einbringen eines Faktors gegeben durch die Anwendung der vom IT-DL bezogenen IT-Systeme, oder wenn ein Dienstleiter eine Leistung an der bestehenden Systemlandschaft beim Kunden durchführt (ebd.). Die folgenden Arten von IT-DL werden unterschieden, abnehmend in Bezug auf den Standardisierungsgrad und zunehmend bezogen auf Kundenindividualität, bzw. Geschäftsorientierung (Zarnekow et al. 2005):

- *Ressourcenorientierte IT-Leistungen*, z.B. CPU[34]-Zeit, Speicherplatz, IT-Personentage oder Anzahl von durchgeführten Transaktionen.
- *Lösungsorientierte IT-Leistungen*, vor allem bei der Anwendungsentwicklung zu finden, z.b. Controlling-, Produktions- oder CAD[35]-Systeme.
- *Geschäftsprozessunterstützende IT-Produkte* beinhalten bereits begleitende Managementleistungen, etwa bei der ausgelagerten Abwicklung von Personal- oder Finanzprozessen, z.b. der Lohnabrechnung.
- *Geschäftsproduktunterstützende IT-Produkte* sind direkt in das Geschäftsprodukt eingebunden. Beispiele sind elektronische Module im Automobil, Telekommunikations-Endgeräte oder mediale Inhalte.

ZARNEKOW ET AL. (2005) trennen IT-DL folglich in IT-Produkte als eine für den Kunden definierte und nutzenstiftende Leistung mit dessen Hilfe „ein Geschäftsmodell oder ein Geschäftsprodukt des Leistungsnehmers unterstützt wird" (S. 18) und IT-Leistungen, welche „standardisiert im Sinne einer kundenanonymen Massenfertigung oder individuell im Sinne einer kundenspezifischen Einzelfertigung erstellt werden." (ebd., S. 20). Neben dem Begriff der IT-Dienstleistung hat sich das englische Pendant *IT-Service* auch im deutschen Sprachraum etabliert. Im IT Infrastructure Library Standard (ITIL), einem Regel- und Definitionswerk zur Umsetzung eines IT-Service-Managements in Unternehmen, ist ein IT-Service in der offiziell deutschen Übersetzung wie folgt definiert (o.V. 2015):

„Ein IT Service wird durch eine Kombination von Informationstechnologie, Menschen und Prozessen gebildet. Ein kundengerichteter IT Service unterstützt direkt die Geschäftsprozesse eines oder mehrerer Kunden und seine Service Level Ziele sollten in einem Service Level Agreement definiert werden. Andere, unterstützende Services genannte IT Services werden nicht direkt durch das Business genutzt, werden aber durch den Service Provider benötigt, um kundengerichtete Services zu liefern." (ebd., S. 66)

Zusammengefasst existieren IT-Services folglich in der gesamten Leistungsbreite von technischen und sehr standardisierten IT-Leistungen bis zu geschäftsprozess- und kundenspezifischen IT-Produkten. Sie werden als Kombination aus menschlicher Kompetenz, Prozessen und technischen Komponenten erstellt und im Sinne der Dienstleistung umgehend konsumiert. Der Grund für den externen Bezug von IT-Services sind

---

[34] Abkz. für engl. Computing Processor Unit.
[35] Abkz. für engl. Computer Aided Design.

u.a. Kosteneinsparungspotenziale sowie der Zugang zu ergänzenden DL und das Profitieren von der Kernkompetenz des Dienstleisters. Der externe Bezug selektiver oder vollumfänglicher IT-Services fällt unter den Begriff *IT-Outsourcing*. Im verbleibenden Unterkapitel werden dieses IT-Outsourcing sowie weitere Theorien vorgestellt, die der Motivation und potenziellen Risiken zum Outsourcing zugrunde liegen. Die Einordnung von CC in das IT-Outsourcing erfolgt im nächsten Unterkapitel 2.2.2 nach der Definition von CC und dessen spezifischen Servicemodellen.

IT-Outsourcing

DEARDEN (1987) verweist auf die zunehmende Spezialisierung externer Anbieter auf Informationsverarbeitung und den Trend, IT-DL an diese auszulagern oder neue Leistungen von diesen zu beziehen[36]. Er sieht hierdurch langfristig die Wettbewerbsfähigkeit der IT im Unternehmen gegenüber diesen schwinden und prognostiziert, dass der Betrieb dieser internen IT-Abteilung langfristig aufgegeben werde (Dearden 1987, S.89). Insbesondere um Kosten zu sparen entwickeln Unternehmen die Bereitschaft, vor allem nicht wettbewerbsrelevante IT-Lösungen in einer standardisierten und weniger unternehmensspezifischen Weise zu akzeptieren, um gleichzeitig mehr Ausgaben in strategisch relevante Technologien zu tätigen (Bates et al. 2003). Nicht wettbewerbsrelevante IT sind etwa Speicherplatz, der Druckerbetrieb im Bereich IT-Infrastruktur, das Testen von Anwendungen während deren Entwicklung aber auch durch IT-unterstützte Geschäftsprozesse wie die Lohnabrechnung oder Rechnungsstellung. Generell und im eigentlichen Sinn versteht man unter Outsourcing eine Reduktion der Wertschöpfungstiefe durch „die Übertragung von Aufgaben, Ressourcen und Verantwortung an einen oder mehrere rechtlich unabhängige Dienstleister", genannt *externes Outsourcing*, wobei „der Dienstleister nicht nur rechtlich, sondern auch finanziell unabhängig ist vom auslagernden Unternehmen" (Strahringer 2005, S. 114). Bei *IT-Outsourcing* handelt es sich um einen „Oberbegriff, unter dem viele Varianten des Fremdbezugs von IT-Leistungen fallen" (ebd., S. 114). IT-Outsourcing ordnet sich ein in die von JOUANNE-DIEDRICH (2004) präsentierten Dimensionen des *IT-Sourcing* (Tabelle 2.1). IT-Sourcing ist prozessual interpretiert die Beschaffung von IT-DL und

---

[36] Anekdotische Anmerkung: Bereits zwei Jahre nach dem Artikel von DEARDEN, im Jahr 1989, schließt Eastman Kodak einen 250 Millionen USD Vertrag über den Betrieb ihres Rechenzentrums durch IBM, was als der wirtschaftliche Startschuss gilt für das *IT-Outsourcing* (Rao 2004).

IT-Produkten sowie strukturell die für die „eingesetzten Koordinationsmechanismen ihre konkrete organisationale sowie rechtlich-finanzielle Ausgestaltung" (Strahringer 2005, S. 114). Im weiteren Kontext sind die beschriebenen Sourcing-Objekte und *Grade der Geschäftsorientierung* vom JOUANNE-DIEDRICH relevant (Gadatsch 2006).

Tabelle 2.1: Dimensionen des IT-Sourcing[37]

Dimension	Aspekt	Erklärung
Standort des Dienstleisters	• Onshore • Nearshoring • Offshoring	Externe, lokal ansässige Unternehmen Geografisch nahegelegenen Ländern Anbieter sitzt im entfernten Ausland
Anzahl Dienstleister	• Single Sourcing • Multi Sourcing	Exklusiver Outsourcing-Partner Mehrere Outsourcingpartner
Leistungs-umfang	• Totales Insourcing • Selektives Sourcing • Totales Outsourcing	Unter 20% der Leistungen intern erbracht Ausgewogener Outsourcing-Grad Über 80% der Leistungen extern erbracht
Sourcing-Objekt	• Infrastruktur Outsourcing • Application Outsourcing • Business Process Outsourcing	Auslagerung technischer Komponenten, z.B. Rechenzentrum, Netzwerk oder PC-Geräte Betrieb von Standardsystemen (SAP, Lotus Notes, etc.) durch den externen Anbieter Verlagerung von Geschäftsprozessen einschließlich der benötigten Technik
Strategische Aspekte	• Transitional Outsourcing • Value-added Outsourcing	Auslagerung von Alttechnik während der Einführung neuer interner Systeme Joint-Venture mit dem Einbringen von Kernkompetenzen
Zeitlicher Aspekt	• Insourcing • Outsourcing • Backsourcing	Neue Leistungen werden intern erbracht Externalisierung intern erbrachter Leistungen Rückholung ausgelagerter Leistungen
Finanzielle Abhängigkeit	• Internes Outsourcing • Joint Ventures • Externes Outsourcing	Nutzung des konzerninternen Dienstleisters In Teilbesitz des auslagernden oder gegründet durch mehrere auslagernde Unternehmen Nutzung externer Dienstleister

Infrastruktur-Outsourcing (IO) umfasst technische Komponenten, Systeme und Netzwerke entsprechend der ressourcenorientierten IT-Leistungen (Zarnekow et al. 2005). *Application Outsourcing* (AO) ist der Fremdbezug von IT-Anwendungen, zumeist Standardsoftware oder Enterprise Resource Planung (ERP[38]) Systeme, die bis zu einem gewissen Grad an die spezifischen Geschäftsanforderungen anpassbar sind (*Customi-*

---

[37] Jouanne-Diedrich (2004), referenziert durch Schwarze & Müller (2005), Gadatsch (2006).
[38] Häufig bezogen auf das Softwarepaket SAP R/3 der SAP AG.

zing). Zu trennen ist hierbei zum einen das *Application Operations Outsourcing* als externer Betrieb der Anwendungen, zudem auch das *Application Service Provisioning* (ASP) gehört als Bereitstellung einer Anwendung für mehrere Kunden über das Internet. Zum anderen das *Application Development Outsourcing*, als die externe Bereitstellung von Ressourcen (Menschen, Prozesse, Technik) zur individuellen Anwendungsentwicklung (Design, Build, Test) oder zwecks Customizing von Standardsoftware. Bezogen auf ZARNEKOW ET AL. (2005) umfasst AO lösungsorientierte IT-Leistungen. *Business Process Outsourcing* (BPO) als drittes Sourcing-Objekt und geschäftsprozessunterstützendes IT-Produkt ist die Auslagerung nicht-Kerngeschäftrelevanter Geschäftsprozesse, z.b. die bereits angeführte Lohnabrechnung (Jouanne-Diedrich 2004). Die von STRAHRINGER (2005) erwähnten Varianten des IT-Outsourcings entsprechen der Sourcing-Objekte nach JOUANNE-DIEDRICH (2004), dem Grad der Geschäftsorientierung nach GADATSCH (2006), bzw. den IT-DL-Kategorien von ZARNEKOW ET AL. (2005). Nach der Einführung von CC und die Einordnung in das IT-Outsourcing wird Bezug genommen, dahingehend welche Servicemodelle des CC zu diesen korrespondieren.

Motivation für das Outsourcing

Die *Transaktionskostentheorie*[39] (TKT*)* und der Kernkompetenzansatz, welcher im Ressourcenbasierten Ansatz *(*RBA*)*[40] verankert ist, sind Erklärungsansätze des Outsourcing-Phänomens (Dibbern & Heinzel 2009, Schwarze & Müller 2005). Die TKT entspringt der Neuen Institutionenökonomik, wonach formelle und informelle Regeln, genannt Institutionen und hier im Speziellen die Institutionen der Wirtschaft, das Verhalten von Individuen in Transaktionen beschränken (Coarse 1937). Eine Transaktion bezeichnet den Austausch von sogenannten Verfügungsrechten an Gütern und Dienstleistungen zwischen mindestens zwei Vertragspartnern. Hierbei entstehen neben den Produktionskosten noch sogenannte Transaktionskosten durch die Abwicklung des Austausches, sowohl ex-ante, z.B. durch Verhandlungen oder Vertragsgestaltung als auch ex-post durch deren Kontrolle, Durchsetzung und Klärung etwaiger Abweichungen (Williamson 1985, Brocke & Buddendick 2004). Vor dem Hintergrund der beschränkten Rationalität, der Annahme opportunistischen Verhaltens und der Unterstel-

---

[39] Für umfangreiche Ausführungen wird verwiesen auf Ebers & Gotsch (1995).
[40] Siehe Kapitel 1.2.3.

lung der Risikoneutralität der Akteure, werden die Transaktionskosten durch drei Charakteristika beeinflusst (Williamson 1985, Ebers & Gotsch 1995): Faktorspezifität (*Asset Specificity*), Unsicherheit (*Uncertainty*) und Häufigkeit (*Frequency*). Faktorspezifität sagt aus, inwiefern eine DL oder ein Produkt unternehmensspezifisch sind und damit entsprechende Qualifikationen oder Investitionen benötigen, die bei Fremdvergabe z.B. die spätere Wechselfähigkeit einschränken (Ebers & Gotsch 1995). Unsicherheit besteht sowohl bzgl. Umweltveränderungen als auch über das zukünftige Verhalten des Vertragspartners. Die Absicherung dagegen im Vertrag steigert sowohl die Erstverhandlungs- sowie die Kontrollkosten. Mit steigender Häufigkeit von Transaktionen als dritte Charakteristika treten die beschriebenen Skaleneffekte in Kraft und verringern die Kosten (ebd.). In Bezug auf IT verstehen DIBBERN & HEINZEL (2009) unter Transaktionskosten jene Kosten zur „Planung, Anpassung und Kontrolle der Aufgabenerfüllung in den einzelnen Funktionen der Informationsverarbeitung" (ebd., S. 120). Die Autoren exkludieren materielle IT-Güter wie Hardware und Standardsoftware, die sie als nicht spezifisch betrachten, rechtfertigen die TKT jedoch mit Bezug auf spezifische und unternehmensinterne Kenntnisse und Fähigkeiten der Mitarbeiter. BENLIAN (2009) hat den Effekt der TKT auf IT-Outsourcing speziell auf Software-as-a-Service untersucht. Er konnte zeigen, dass vor allem Umweltunsicherheit[41] einen negative Effekt auf das Outsourcing von Software-Anwendungen hat, gefolgt von der Anwendungsspezifität[42]. Die Nutzungshäufigkeit hatte nur einen geringen Effekt bei klein- und mittelständischen Unternehmen. Es lässt sich folglich mit der TKT erklären, dass Outsourcing dann Zuspruch findet, wenn es sich um wenig spezifische und standardisierte IT-Services handelt, das Verhältnis mit dem Dienstleister durch Verlässlichkeit und wenig Unsicherheit geprägt ist und kein geschäftskritisches System mit hohen Koordinationsaufwand ausgelagert werden soll.

Die Idee der Kernkompetenzen als weiterer Erklärungsansatz basiert auf PRAHALAD & HAMEL (1990). Kernkompetenzen sind dem RBA nach wertvoll für den Betrieb des Geschäftsmodells und wegen der schwierigen Imitierbarkeit entscheidend für dessen langfristige Differenzierung gegenüber Wettbewerbern. Die Kompetenzen können technischer Natur sein, in Kunden- und Lieferantenbeziehungen oder in der Produktentwicklung und Prozessbeherrschung liegen. IT-Kernkompetenzen sind im Unternehmen bei der Unterstützung von geschäftskritischen Prozessen angesiedelt, z.B.

---

[41] Bspw. technische Anfälligkeit oder ökonomische Abhängigkeit bei Preismodelländerungen.
[42] Bspw. Individualität der Anwendungen und durch sie unterstützte Prozesse.

beim Betrieb des Warenwirtschaftssystem und werden nicht ausgelagert (Schwarz & Müller 2004)[43]. Beim IT-Outsourcing greift der Kernkompetenzansatz in zweifacher Weise, indem sich Unternehmen stärker auf ihre Kernkompetenzen konzentrieren und dort Ressourcen einbringen und zweitens, indem sie von Kernkompetenzen des Dienstleisters profitieren. Weitere Motivatoren für das Outsourcing sind der Ausgleich von fehlenden Kompetenzen im eigenen Unternehmen, die Beschleunigung der Marktreife von neuen Produkten (engl. Time-to-Market) sowie das durch den Dienstleister gewünschte Einnehmen einer objektiven Außenperspektive auf ein zu lösenden Problem (Lacity et al. 2009, Oshri & Kotlarsky 2011). Unternehmen sind vor allem zum IT-Outsourcing motiviert, da sie signifikante Einsparungen bei den IT-Kosten erwarten. Dies kann realisiert werden durch die im Rahmen eines Outsourcing-Vorgangs durchgeführte Konsolidierung und Komplexitätsreduzierung von historisch gewachsenen IT-Landschaften aus Unternehmenszukäufen. Ebenso eröffnet die Variabilisierung von IT-Kosten einen Bedarfsabgleich durch die entsprechend dem Preismodell vom Outsourcer angebotene verbrauchsorientierte Abrechnung der IT-Ressourcen-Nutzung (Lacity et al. 2009, Buchta, Eul & Schulte-Croonenberg 2009). Unternehmenspolitisches oder strategisches Handeln sowie die Hoffnung, durch den Outsourcer langfristig Zugang zu dessen Markt zu erlangen ergänzen die Liste der Motivatoren für das IT-Outsourcing (Lacity et al. 2009, siehe auch Tabelle 2.2 auf S. 33).

Risiken beim Outsourcing

Es bestehen auch potenziell nachteilige Effekte während der Dienstleistungs- und speziell der Outsourcing-Beziehung, welche theoretisch erklärt werden können durch die *Kulturelle Vergleichsforschung*[44] und *Prinzipal-Agenten-Theorie*[45], welche ebenfalls der Neuen Institutionsökonomie entstammt. Demzufolge schränkt die asymmetrische Informationsverteilung zwischen einem Auftraggeber (Prinzipal) und einem Auftragnehmer (Agent) während eines Vertrages die Urteilsfähigkeit über das Handeln der jeweils anderen Partei bei gleichzeitiger Unterstellung von Opportunismus ein (Jensen & Meckling 1976). Im Rahmen dieser Intransparenz können divergierende Ziele und

---

[43] Welche Prozesse sich gegenwärtig eignen, um durch in die Cloud ausgelagerte IT-Services unterstützt zu werden, wird detaillierter im folgenden Unterkapitel ausgeführt.
[44] Siehe zur Kulturforschung allgemein Hofstede (2001) und zu kulturellen Einflüssen im IT-Outsourcing u.a. Krishna et al. (2004), Winkler et al. (2007), Bruhin (2008) und Tsotra (2010).
[45] Theoretische Fundierung und Diskussion bei Jensen & Meckling (1976) und Eisenhardt (1989).

unterschiedliche Risikobereitschaften den Agenten dazu veranlassen, verborgene Absichten zu verfolgen und nicht im Interesse des Prinzipals zu handeln (Eisenhardt 1989). Praktische Phänomene der PA-Theorie beim Outsourcing sind das Vortäuschen von Kompetenz, versteckte Kosten, mangelnde Vertragserfüllung, das Etablieren eines Abhängigkeitsverhältnis und der Aufbau von Wechselbarrieren (McLaughlin & Peppard 2006, Schwarze & Müller 2005). Inzentivierungen wie eine Gewinn- oder Risikobeteiligung, Reputationsverluste und Bürokratie schränken den Handlungsspielraum des Agenten ein (Eisenhardt 1989). Weitere Herausforderungen erleben Unternehmen durch kulturelle Unterschiede, die sich in einer anderen Arbeitsweise zwischen den Outsourcing-Parteien widerspiegeln. WINKLER ET AL. (2007) haben Schwierigkeiten mit Outsourcern in Indien untersucht und eine hohe Machtdistanz, geringes Kritiküben und unterschiedliche Gewichtungen zwischen Qualität und Pragmatismus in der Anwendungsentwicklung als Ursachen von Missverständnissen und Konflikten identifiziert. Neben diesen Differenzen sind länderübergreifende Rechts- und Datensicherheitsproblem zu bewältigen (Rao 2004, Söbbing & Wöhlermann 2005). MARTENS & TEUTEBERG (2009) sehen Risiken in der Aufstellung der sogenannten *Retained Organisation*[46] begründet, jener Funktion der verbliebenen internen IT-Abteilung, die sich für die Steuerung und Koordination des Dienstleisters verantwortlich zeigt (Strahringer 2005). Unklare Verantwortlichkeiten, mangelhaftes Projekt- und Kostenmanagement sowie die Abwanderung von kompetentem Personal können die Kunde-Dienstleister-Beziehung trüben und erhoffte Vorteile nivellieren. Technische Hürden liegen in unverlässlichen Datenverbindungen oder hohen Latenzzeiten bei der Datenübertragung. Diese Probleme haben zum *Backsourcing* beigetragen, der Wiedereingliederung ausgelagerter IT-Ressourcen nach Ende des Outsourcing-Vertrages oder bei vorzeitigem Vertragsausstieg (McLaughlin & Peppard 2006). In Tabelle 2.2 sind die Motivatoren und Risiken von IT-Outsourcing zusammenfasst.

---

[46] Martens & Teuteberg sprechen nicht explizit von *Retained Organisation*, beschreiben in Ihrer Literaturrecherche zu Risiken im IT-Outsourcing jedoch genau jene Probleme, die im Zusammenhang mit der *Retained Organisation* (siehe Strahringer 2005, S. 114) stehen.

Tabelle 2.2: Motivatoren und Risiken beim Outsourcing[47]

Erwartete Vorteile & Motivation	Potenzielle Risiken & Hürden
• Kosteneinsparungen • Konzentration auf Kernkompetenzen • Fehlende Kompetenz in-house • Produktivitätsgewinne • Zugang zu innovativen Technologien • Mobilität & Flexibilität • Politische Ursachen • Deligieren von Transformationen • Zugang zu Methodik und Wissen • Erhoffter Zugang zur Outsourcer-Markt • Business-IT-Alignment • Mittel zur Mitarbeiterreduzierung • Beschleunigte Projektlieferung • Generierung von Cash durch Verkauf von IT-Assets and DL zwecks Rückmietung • Geringere Kapitalbindung • Erhöhung der Sicherheitsstandards	• Interne Resistenz oder Resignation • Vertragsbruch durch Dienstleister • Probleme durch kulturelle Differenzen • Exzessive Transaktionskosten • Probleme der Retained Organisation mit der Steuerung entfernter Teams • Schlechtes Lieferantenmanagement • Unflexible, schwer kündbare Verträge • Abstoßung von Eigentumsrechten • Wenig Einfluss bei IT-Entscheidungen • Qualitätsverluste durch Minderleistung • Technische Übertragungsfehler • Datenverlust oder –spionage • Interner Kompetenzverlust • Mitarbeiterwechsel beim Dienstleister • Abhängigkeit vom Dienstleister • Insolvenz des Dienstleister

Im Jahr 2010 haben der Markt des ITO einen Wert von 270 Mrd. USD und der des BPO von 160 Mrd. USD erreicht. Die prognostizierten jährlichen Wachstumsraten liegen beim ITO bei 5-8% und beim BPO bei 8-12% (Oshri & Kotlarsky 2011). Die am häufigsten ausgelagerten Funktionen sind absteigend das IT Infrastrukturmanagement, IT-Beratungsleistungen, Implementierung und Wartung von ERP-Systemen, Unterstützende Geschäftsprozesse z.b. im Finanz- und Personalwesen gefolgt von Anwendungsentwicklung und -test (ebd., S.9). Insbesondere Niedriglohnländer (*IT-Offshoring*) sind aus Kostengründen als Standort interessant sowie zunehmend auch an Europa näher gelegene Regionen (*IT-Nearshoring*) als Kompromiss zwischen Kostenvorteil, Qualität, Zuverlässigkeit, kultureller Nähe und Abstimmungsaufwand (Gadatsch 2006). Neben bereits stark erschlossenen Standorten wie Indien, den Philippinen und China werden für das Offshoring zunehmend weitere Länder aus dem asiatisch-pazifischen Raum attraktiv, z.B. Indonesien, Malaysia, Vietnam oder auch Neuseeland. Kostenvorteile stehen jedoch deutlich im gegenläufigen Verhältnis zu Gesichtspunkten der politischen Stabilität, der Datensicherheit sowie der zu erwartenden kulturellen Kompatibilität (Pütter 2010).

---

[47] Lacity et al. (2009) und Oshri & Kotlarsky (2011).

2.1.2 Begriffserklärung des Cloud Computings

Bereits 1969 fiel der Begriff der *Computer Utilities* durch KLEINROCK am Advanced Research Projects Agency Network (ARPANET), dem Vorläufer des Internets, als zukünftiges Szenario von Computernetzwerken (Kleinrock 2005). *Utilities*[48] sind Verbrauchsgüter des täglichen Bedarfs, gleich Wasser, Elektrizität, Gas oder Telefon, die jederzeit unkompliziert zugänglich und verfügbar, also ubiquitär sind (Buyya et al. 2009, Rappa 2004). Computer Utilities sind folglich IT-Dienstleistungen, die ebenfalls jederzeit zugänglich und nicht besessen, sondern direkt konsumiert werden. Sie unterscheiden sich von einem herkömmlichen Verbrauchsgut durch die Verarbeitung und Speicherung potenziell sensibler Information, wodurch gegenüber sonstigen Utilities besondere Anforderungen an Sicherheit und Privatsphäre gefordert sind (Katzan 2010). Dennoch ist der Vergleich treffend, da erstens Ressourcen nur dem Bedarf nach bezogen und im Sinne einer Dienstleistung gleichzeitig verbraucht werden und zweitens, die physische Herkunft der Ressourcen irrelevant ist, solange diese in Abrechnung mit dem Anbieter steht. Utility Computing fungiert aus der Konsumentenperspektive als Netzwerk von Netzwerken und als ein wahrnehmbar endlos großer Computer zur Bereitstellung dieser Ressourcen. Hieraus entstand die Metapher mit einer Wolke (engl. Cloud). FINGAR (2009) sehen diese Cloud an als „...the real internet or what the internet was really meant to be in the first place". Der Begriff erlangte Popularität in 2006 durch eine Aussage des damaligen CEO von Google, Eric Schmidt:

"[...] there is an emergent new model, and you all are here because you are part of that new model. [...] It starts with the premise that the data services and architecture should be on servers. We call it cloud computing."[49] *(Willis 2009)*

ARMBRUST ET AL. (2010) betonen drei neue Aspekte durch CC für die IT-Ressourcenbereitstellung und -abrechnung. Die Vorstellung, bei Bedarf umgehend über scheinbar unendliche Ressourcen verfügen zu können, eliminiere den Zwang der langfristigen Vorausplanung. Zudem böte die Unverbindlichkeit der CC-nutzung die Möglichkeit, mit dem Bezug weniger Ressourcen zu beginnen, um diese später bedarfsgerecht aufstocken zu können. Drittens inzentiviert die Abrechnung z.B. nach Prozessorstunden oder Speicherplatz pro Tag die Abstoßung nicht mehr benötigter IT. CC wird eine Neuausrichtung der klassischen IT-Abteilungen zur Folge haben. Deren fachlicher Schwerpunkt wird sich verändern von der Entwicklung und dem Betrieb der

---

[48] Dt.: Betriebsmittel, als Utility (einzahl) auch den Energieversorger bezeichnend.
[49] Transkript der Paneldiskussion unter: http://www.google.com/press/podium/ses2006qa.html.

2.1 Cloud Computing

IT weg, hin zu einem Multilieferantenmanagement mit der Aufgabe, Cloud-Anbieter auszuwählen, Preis- und Service-Level-Verhandlungen zu führen und die Integration zwischen CC und Legacy[50]-Systemen sicherzustellen (Repschläger et al. 2010).

ARMBRUST ET AL. (2010) sehen den Ursprung von CC als Folge vom Bau großer Datenzentren für die Bereitstellung von IT-Dienstleistungen an Standorten mit Niedrigkosten. Durch Skaleneffekte könnten so Einsparung in der Größenordnung von Faktor fünf bis sieben erzielt werden im Gegensatz zum Eigenbetrieb in Unternehmen. Dem Magazin Economist zufolge gab es im Jahr 2008 ca. 7.000 dieser eigenbetriebenen Datenzentren in den USA, welche einer Studie von McKinsey & Company nach im Schnitt nur zu 6% ausgelastet sind, wobei 30% der noch gewarteten und betrieben Server faktisch gar nicht genutzt würden (Pyke 2009, Forrest, Kaplan & Kindler 2008). Eine weitere CIO-Studie der Boston Consulting Group hat aufgezeigt, dass sich bei Anwendungen nach der Migration in die Cloud der Virtualisierungsgrad und die Fernwartungsrate[51] in etwa verdoppeln, ebenso wie der Anteil jener Anwendungen mit Mehrmandanten-Fähigkeit (Dean, Saleh & Brock 2012). Zusammengefasst hat CC also das Potenzial, die Ressourcenauslastung zu steigern, damit Kosten zu senken und hierbei zudem einen Beitrag zu IT-Nachhaltigkeit zu leisten. Maßgeblich für diese Entwicklung sind neueste Mikroprozessoren, die den Betrieb von Virtuelle Maschinen ermöglichen. Hierdurch können Anwendungen sowohl von der zur Ausführung notwendigen Infrastruktur also auch von anderen virtuellen Maschinen abgekapselt werden (Buyya et al. 2009). Dies ermöglicht, dass die Ressourcen der Endnutzer-Anwendung über die mittlere Schicht aus Betriebssystemen und Datenbanken bis zur Basis aus Rechenleistung und Speicherplatz optimal zueinander zugeordnet und entsprechend von Bedarfsschwankungen wieder entzogen werden können. IYER & HENDERSON (2010) sprechen diesbzgl. von einer „Plug-and-Play Enterprise IT Architecture" (S. 118). CC ist eine technologische Evolution und wurde erst möglich durch andere Technologien, welche hierfür die Voraussetzung geschaffen haben wie im Folgenden aufgeführt (Abbildung 2.1 und 2.2).

---

[50] Alte Computersysteme auf überholter Technologiebasis, deren Ablösung z.B. aufgrund von Geschäftskritikalität oder fehlendem Migrations-Know-How sehr kompliziert oder teuer wäre.
[51] Engl.: Remote Support, z.B. die Administration und Fehlerbehebung.

Client-Server-Architekturen	• Trennung von Programmausführung (Server), –bedienung sowie –darstellung (Client Device)
Anwendungskomposition	• Einzelnen Funktionsblöcke durch Objektorientierte Programmierung und Serviceorientierte Architekturen
Application Service Provisioning	• Nutzung einer durch Anbieter zentral bereitgestellte Standardanwendungen dediziert je Nutzer über ein Netzwerk per Leasing oder Mietvertrag
Grid Computing	• Bündelung verteilter Rechenkapazitäten zur effektiven Bearbeitung rechenintensiver Prozesse
Utility Computing	• Bezug von IT-Services über das Internet

Abbildung 2.1: Cloud Computing Kontext [52]

Low-Cost Access & Computing Devices (LCACD)	• Günstige Endgeräte mit Netzwerkadapter und Browsern zur Bedienung und Darstellung
Parallel Programming	• Rechenleistung mit Multi-Core CPUs, d.h. simultane Rechenoperationen mit mehreren Prozessoren
Virtualisierung	• Ressourcenteilung mehrerer Betriebssysteme und Anwendungen in einer physischen Umgebung
Autonomic Computing	• Sich selbst konfigurierende, optimierende, messende und reparierende Systeme, z.B. in Großrechenzentren
Communication Networks	• Aufbau von Hochgeschwindigkeitsnetz-werken, häufig durch die öffentliche Hand verantwortet und finanziert

Abbildung 2.2: Cloud Computing unterstützende Technologien [53]

Definition von Cloud Computing

Bis zum Jahr 2011 war keine in der wissenschaftlichen Diskussion allgemein akzeptierte Standarddefinition für CC gegeben, sondern nur solche von CC-Anbietern, Beratungs- und Marktforschungsunternehmen (Leimeister et al. 2010). VAQUERO ET AL. (2009) zogen einen Vergleich mit Grid Computing, wo bislang eine allgemein akzeptierte Definition fehle und damit die Diskussion über Vor- und Nachteile erschwere. GEELAN (2009) präsentiert 21 Zitate über CC als Versuch der Präzisierung dieses Phänomens und bezeichnet CC als „infrastructural paradigm shift that is sweeping across the Enterprise IT" sowie als "phenomenon that currently has as many definitions as there are squares on a chess-board" (S. 1). PYKE (2009) beschreibt 14 Szenarien, bei denen die Antwort lautet „it's not a cloud". Wenn man es beispielsweise nicht mit einer Kreditkarte kaufen kann, es länger als 10 Minuten von der Bestellung zur

---

[52] Pelzl et al. (2012) und Iyer & Henderson (2010).
[53] Dwivedi & Navonil (2010) und Buyya (2011).

Lieferung dauert, man für die Verwendung Anwendungen installieren muss oder der genaue Ort der IT-Infrastruktur bekannt sei, sei es nicht CC. ARMBRUST ET AL. (2009) sehen CC als einen kollektiven Begriff aus der IT-Infrastruktur in Datenzentren und den hierauf basierenden Anwendungen, welche verbrauchsabhängig über das Internet geliefert werden. Sogenannte *Private Clouds*, die in Verlauf dieses Kapitels erläutert werden, schließen die Autoren jedoch aus dem Begriff des CC aus, da diese unternehmenseigen seien und damit nicht der Öffentlichkeit zur Verfügung stünden.

Die Annäherung an eine Definition über die Zusammenfassung jener Eigenschaften, die CC-typisch seien und dieses konstituieren, vagen LEIMEISTER ET AL. (2010) und IYER & HENDERSON (2010). Erstere haben aus wissenschaftlichen Artikeln einen Katalog von Schlagworten erstellt, von denen besonders häufig erwähnt wurden: Service, Hardware, Pay-per-use, Scalability, Virtualisation und Internet. Hieraus definierten die Autoren CC als „[…] an IT deployment model, based on virtualisation, where resources, in terms of infrastructure, applications and data are deployed via the internet as a distributed service by one or several service providers. These services are scalable on demand and can be priced on a pay-per-use basis" (Leimeister et al. 2010, S. 4). IYER & HENDERSON (2010) haben per Netzwerkanalyse über 55 CC-Anbieter und deren Geschäftsbeziehungen ein Ökosystem von 631 CC-Geschäftspartnern recherchiert. Dieses wurde gesichtet mit dem Ziel, die zentralen Leistungspotenziale von CC herauszuarbeiten, auf welchen die Geschäftsbeziehungen basierten. Die folgenden sieben *Cloud Computing Capabilities* wurden hierbei identifiziert:

- *Controlled Interface*: Gewährleistung der Interoperabilität.
- *Location Independence*: Keine notwendige Kenntnis oder Fixierung des Standortes von Daten, Infrastruktur und Anwendungen.
- *Sourcing Independence*: Bedarfsweiser Vertrags- oder Anbieterwechsel möglich zur Kostenreduktion oder der Bedienung neuer Anforderungen.
- *Ubiquitous Access*: Plattform- und Endgeräte-unabhängiger Zugang
- *Virtual Business Environments*: Bereitstellung von nahtlos integrierten IT-Funktionalitäten in virtuellen Arbeitsumgebungen.
- *Addressability & Traceability*: Nachverfolgung des Nutzungsverhaltens.
- *Rapid Elasticity*: Möglichkeit der schnellen, transparenten und selbstständig durchgeführten Auf- und Ab-Skalierung von IT-Ressourcen.

Bis hierhin lässt sich zusammenfassen, dass CC der Bezug von IT-Produkten als Dienstleistung ist, welche verbrauchsabhängig abgerechnet wird und deren Umfang bedarfsorientiert umgehend angepasst werden kann. Ferner ist der genaue Bezugspunkt des Dienstes nicht lokalisierbar. Das National Institute of Standards and Technology des U.S. Department of Commerce hat in 2011 die seitdem als Standard geltende Definition für CC veröffentlicht, welche nach HOBERG ET AL. (2012) hohe Akzeptanz fände im wissenschaftlichenm sowie im betriebswirtschaftlichen Diskurs:

> "Cloud computing is a model for enabling ubiquitous, convenient, on-demand network access to a shared pool of configurable computing resources that can be rapidly provisioned and released with minimal management effort or service provider interaction. This cloud model is composed of five essential characteristics, three service models, and four deployment models." (Mell & Grance 2011)

Fünf essentielle Charakteristika sind in diese Definition eingebunden. *On-demand Self Service* bedeutet, dass ein Nutzer jederzeit Rechenkapazitäten oder Speicherplatz ohne Interaktion mit einem Mitarbeiter des CC-Anbieters einkaufen oder abbestellen kann. *Broad Network Access* bedingt die Verfügbarkeit von CC über den Zugriff durch standardisierte Schnittstellen mit Großrechnern, Desktop-PC, Laptop, Tablet-PC, Mobiltelefon oder sonstigen technischen Geräten. *Resource Pooling* beschreibt die Zusammenlegung aller physischen und virtualisierten IT-Ressourcen[54], mit dem Zweck, diese dynamisch und nachfrageorientiert allen in der Cloud befindlichen Kunden bereitzustellen. Diese hat weitreichende Implikationen. Die Datenverarbeitung (CPU[55]) und -übertragung (Netzwerk), die temporäre (RAM[55]) oder permanente Datenspeicherung (Storage) ist in der Cloud nicht eindeutig lokalisierbar, sondern lässt sich nur auf den Standort des Anbieter-Rechenzentrums oder einen Server einschränken. Die hierbei auftreten rechtlichen Fragestellungen werden bei den Risiken des CC erörtert. *Rapid Elasticity* ist von großer Attraktivität für Stoßzeiten, in denen zumeist für eine kurze Zeit ein hoher Ressourcenbedarf besteht gegenüber dem Normalbetrieb. Dieser Bedarf kann über die Cloud bedient werden, denn der Kunde hat jederzeit einen nahezu unbegrenzten Pool an Ressourcen zu Verfügung. *Measured Service* als letzter Punkt ist das transparente Ausweisen und Abrechnen der Ressourcen auf verbrauchsbasierter Basis (engl. pay-per-use), also aufwandsgerecht und entsprechend dem vereinbarten Preis-

---

[54] Die Beschreibung von Virtual Computing erfolgt in Kapitel 2.2.2.
[55] Abkz. für engl.Central Processing Unit und Read-Access-Memory.

modell. HOBERG ET AL. (2012) haben infolge einer Literaturrecherche vier weitere Gestaltungsprinzipien ermittelt:

- *Virtualisation:* Isolierbarkeit von Funktionalitäten und der zu deren Ausführung benötigten darunterliegenden Infrastrukturressourcen.
- *Service Interface and Description:* Hohe Standardisierung von Schnittstellen zur Interoperabilität von CC mit unternehmensinterner IT.
- *Limited Customizability:* Geringe Anpassungsmöglichkeit an spezifische Anforderungen durch einen hohen Standardisierungsgrad im CC.
- *Security and Privacy:* Hohe Komplexität der Administrationen zur Gewährleistung von Datenschutz und IT-Sicherheit.

Diese Prinzipien sind jedoch nicht eineindeutig CC spezifisch und grenzen CC nicht gegenüber alternativen Technologien ab. Daher wird in dieser Arbeit der NIST Definition von CC gefolgt mit den fünf grundsätzlichen Charakteristika. Da diese für sämtliche Servicemodelle gelten, welche im Folgenden erläutert werden, wird im Forschungsmodell keine Trennung nach diesen vorgenommen, jedoch bzgl. der Liefermodelle ein Fokus auf Public CC gesetzt. Diese Entscheidung wird im Abschnitt zu den Liefermodellen und bei der Modellentwicklung gerechtfertigt.

Servicemodelle

IT-Dienstleistungen, die standortunabhängig im Betrieb für mehrere Kunden gleichzeitig im Angebot sind, werden stets mit der Endung *as-a-Service* betitelt, stellvertretend für Everything-as-a-Service, abgekürzt auch als XaaS (Eurich et al. 2011). LINTHICUM (2009) und RIMAL ET AL. (2011) stellen verschiedene Varianten vor (siehe Tabelle 2.3). JESTER (2010) spricht über diese Entwicklung kritisch vom Trend der *Hyperdigitisation*. Durchgesetzt haben sich die drei Servicemodelle *Software-as-a-Service* (SaaS), *Infrastructure-as-a-Service* (IaaS) und *Platform-as-a-Service* (PaaS) (BITKOM 2009, Mell & Grance 2009) (Abbildung 2.3). Ein viertes Modell, *Business-Process-as-a-Service* (BPaaS) „wird durch eine stärkere Nähe zum Geschäftsprozess charakterisiert" (BITKOM 2010, S.16), geht allerdings aus SaaS hervor und wird daher nicht weiter thematisiert. Zur Interaktion der Servicemodelle zeigt Abbildung 2.3 eine Hierarchie. So kann SaaS selber auf einer PaaS Plattform aufgesetzt sein, deren Ressourcen durch IaaS bereitgestellt werden. Ebenso kann man auf einer IaaS- oder

PaaS-Umgebung eigenentwickelte oder kommerzielle Anwendungen installieren, ein gängiges Vorgehen von SaaS-Anbietern, um ihrerseits zu skalieren.

Tabelle 2.3: Everything-as-a-Service Modelle[56]

Autor	IT-Dienstleistungen als „as-a-Service"-Model			
Linthicum (2009)	• Storage • Information • Process	• Platform • Security • Application	• Database • Management • Testing	• Integration • Governance
Rimal et al. (2011)	• Desktop • Collaboration • Business	• Mashups • Framework • Middleware	• Identity & Policy Management • Modeling & Metamodeling • Enterprise	

Software-as-a-Service

SaaS ist "die Bereitstellung von gemeinsam genutzten Anwendungen auf nicht eindeutig zugeordneten IT-Ressourcen über Netzwerk" (BITKOM 2010, S. 16). Entgegen einem Kauf mit Eigeninstallation und –betrieb vor und zur eigentlichen Nutzung, liegt bei SaaS „eine klare Trennung zwischen Nutzung und Betrieb vor" (Biggeleben et al. 2009, S. 580). Das Geschäftsmodell eines SaaS-Anbieters ist die Bereitstellung, Betreuung und der Betrieb einer Anwendung, jedoch nicht zum Zweck des Produkt- oder Lizenzverkaufs, sondern zur Abrechnung z.B. per Aufruf. Der Kunde kann durch diese Lieferform eine Anwendung nutzen über ein Thin Client Interface oder einen Web Browser von verschiedenen Endgeräten und -typen aus, z.B. Desktop-PC, Tablet-PC oder Smartphone (Mell & Grance 2012). Ein potenzieller Nachteil bei SaaS liegt in dem hohen Standardisierungsgrad der bezogenen Anwendung und damit einhergehend geringeren Möglichkeiten der Anpassung oder Integration (BITKOM 2010). Vor allem Office- und Kollaborationsanwendungen wie Microsoft O365 oder Google Apps eigen sich durch ihren hohen Standardisierungsgrad für den Bezug über die Cloud (McAfee 2011). Der bekannteste Anbieter von SaaS ist das Unternehmen SalesForce.com, welches im Segment der Vertriebs- und Marketinganwendungen seit Gründung im Jahr 1999 eine marktführende Position erreicht hat (Marston et al. 2011). SaaS bedingt jedoch nicht notwendigerweise, dass eine vollständige Anwendung als SaaS bezogen werden muss. Die Einbindung von Google Maps Anwendungen der Immobilienwirtschaft oder e-Commerce-Funktionalitäten zur Abwicklung von Online-Bestellungen sind ebenso SaaS-Beispiele (Cusumano 2010).

---

[56] Linthicum (2011) und Rimal et al. (2011).

2.1 Cloud Computing

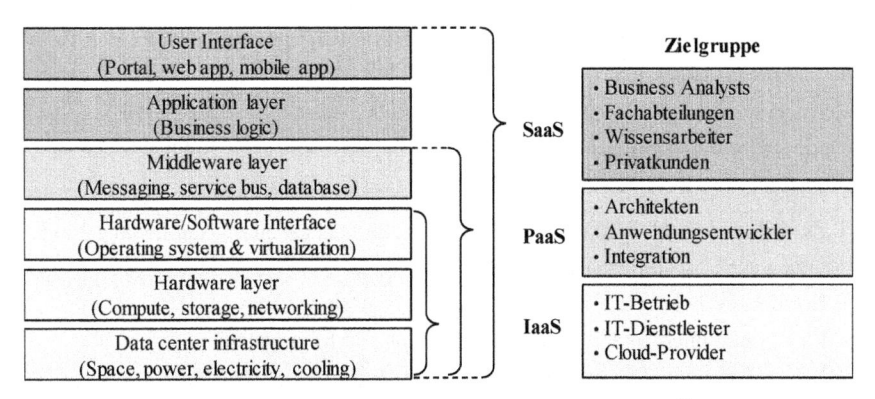

Schichten	Servicemodell	Zielgruppe
User Interface (Portal, web app, mobile app)	SaaS	• Business Analysts • Fachabteilungen • Wissensarbeiter • Privatkunden
Application layer (Business logic)		
Middleware layer (Messaging, service bus, database)	PaaS	• Architekten • Anwendungsentwickler • Integration
Hardware/Software Interface (Operating system & virtualization)		
Hardware layer (Compute, storage, networking)	IaaS	• IT-Betrieb • IT-Dienstleister • Cloud-Provider
Data center infrastructure (Space, power, electricity, cooling)		

Abbildung 2.3: Ebenen der Cloud Computing Servicemodelle[57]

Platform-as-a-Service

PaaS ist "die Bereitstellung von gemeinsam nutzbaren Laufzeit- oder Entwicklungsplattformen auf nicht eindeutig zugeordneten IT-Ressourcen über Netzwerk" (BITKOM 2010, S. 16). Diese Plattformen beinhalten Datenbanken, Programmiersprachen, Funktionsbibliotheken und Tools zur Anwendungsentwicklung. Damit sind die Zielgruppe von PaaS Softwareanbieter, Anwendungsentwickler und Value Added Resellers[58], die Anwendungen neu entwickeln, bestehende Dienste erweitern und fertige Lösungen auf der Plattform betreiben, ohne eigene IT-Kapazitäten vorhalten zu müssen (BITKOM 2009). Da es sich um Plattformen handelt, sind diese Plattform-spezifisch. Entwickler beziehen z.B. zur Programmieren für Google Apps, die Google App Engine als PaaS oder Force.com für Anwendungen der SalesForce.com Produktpalette (Goncalves & Ballon 2011).

Infrastructure-as-a-Service

IaaS wird durch die BITKOM (2010) definiert als „die Bereitstellung einer skalierbaren IT-Infrastruktur auf nicht eindeutig zugeordneten IT-Ressourcen über Netzwerk" (S. 16), wobei eine IT-Infrastruktur Rechenleistung, Speicherplatz und Netzwerkkapazitäten beinhaltet sowie Basisbetriebssysteme zur deren Verwaltung umfasst. Es wird keine dedizierte und individualisierte IT-Infrastruktur permanent vorgehalten für den

---

[57] In Anlehnung an Morgan Stanley (2011), S. 60, BITKOM (2009).
[58] Anbieter von spezifischen Zusatzprodukten zu bestehenden Softwarepaketen.

Kunden, sondern per Bedarf an Volumen und Zeit diese aus einem Pool von geteilten Ressourcen parat gestellt (Morgan Stanley 2011). REPSCHLÄGER ET AL. (2012) präsentieren einen Klassifizierungsrahmen für IaaS als Maßstab zum Vergleich von IaaS-Anbietern und –Diensten. Diesem zufolge sind sechs Aspekte für Kunden wichtig:

- IT Sicherheit & Compliance[59]: Technische Sicherheit, Datenschutz
- Zuverlässigkeit & Vertrauenswürdigkeit: Notfallmanagement, Auditierung, Einhaltung von SLAs, Redundanz, Anbieter-Reputation
- Kosten: Preiswertigkeit, Zahlungsoptionen, Transparenz
- Flexibilität: Interoperabilität, Automatisierung, Vertragsdynamik
- Leistungsumfang: Dienstgüte, Zusatzdienste, Technische Ausstattung
- Service Management: Support, Reporting, System-Management

Diese Aspekte stellen Anforderungen an die CC-Anbieter dar und entsprechen im weiteren Sinne den erwarten Vorteile und Risiken bei der CC-Nutzung und während der Adoptionsentscheidung. Daher werden diese in der Literaturrecherche über CC (Kapitel 3.2) auch bestätigt und finden Einzug in das zu untersuchende Adoptionsmodell.

Liefermodelle

Die NIST Definition (Mell & Grance 2012) spricht von den vier Liefermodellen *Public Cloud, Private Cloud, Community Cloud* und *Hybrid Cloud*, wobei ein Liefermodell den Ort, Besitz und Betreiber der physischen Server für den Betrieb der Cloud bezeichnet sowie die Exklusivität der Nutzung. Die im Markt dominierenden Modelle sind Private und Public CC, die der Branchenverband IDC in fünf im Folgenden erläuterte Untermodelle granularer ausdifferenziert (Abbildung 2.4 und Tabelle 2.4). *Private Cloud Computing* (PrCC) wird exklusiv genutzt durch ein einzelnes Unternehmen und die IT-Infrastruktur ist zumeist physisch *(Dedicated)* oder in einer virtualisierten Umgebung durch Verschlüsselungstechnologie logisch von anderen Nutzern getrennt (*Virtual*). PrCC wird innerhalb des Unternehmens durch Landeseinheiten oder Abteilungen gemeinschaftlich genutzt. Nicht notwendigerweise ist PrCC im Besitz des Unternehmens und lokal installiert (*Self-run*), sondern kann über CC-Anbieter bezogen werden (*Hosted*). Ein mögliches Szenario ist der Betrieb und die Verwaltung der am

---

[59] Sicherstellung der Erfüllung gesetzlicher und regulatorischer Vorgaben in Bezug auf IT und bei IT-unterstützten Geschäftsprozessen, z.B. bei den Themen: Datenschutzes, Aufbewahrungspflichten, Transparenz, Risikomanagement oder Wirtschaftsprüfung (Strasser & Wittek 2012).

2.1 Cloud Computing

Standort des Unternehmens installierten PrC durch externe IT-Dienstleister, ohne dass dieser im Besitz der IT-Infrastruktur wäre (*Managed*) (Mell & Grance 2012).

Customer Site			Service Provider Site		
			Hosted Private Cloud		
Self-run Private Cloud	Managed Private Cloud	Dedicated Private Cloud	Virtual Private Cloud	Public Cloud	
Dedicated/single-tenant delivery platform			Shared/multi-tenant delivery platform		

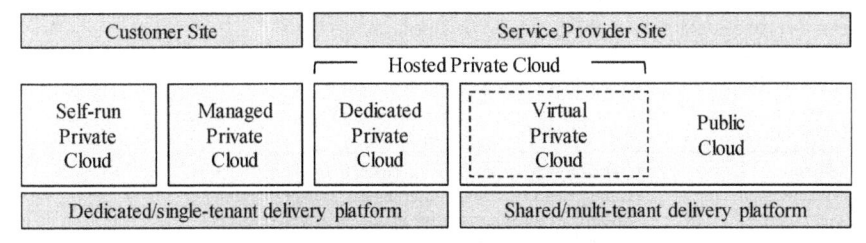

Abbildung 2.4: Cloud Services Deployment Model[60]

Public Cloud Computing (PuCC) ist eine Plattform, die für die Öffentlichkeit, Unternehmen sowie Privatpersonen, bereitgestellt wird und auf welcher sich die Akteure die Ressourcen stets teilen. Betrieben wird PuCC durch einen Anbieter und ist damit stets *off-premise* (ebd.). Eine *Community Cloud* steht exklusiv für eine Gemeinschaft mit einem gleichen Anliegen bereit, z.b. Nutzungsabsicht oder Sicherheitsanforderungen. Sie kann durch die Gemeinschaft oder durch Drittparteien administriert und on-premise, also von einem Mitglied eigens oder off-premise durch einen externen Anbieter betrieben werden (ebd.). Ihre Vorteile liegen in der Autonomie der von den Nutzern jeweils bereitgestellten Ressourcen, dem meist geringeren Anspruch an Verfügbarkeit und dem im Ansatz demokratisch intendierten System der gegenseitigen Kontrolle durch die Gemeinschaft (Marinos & Briscoe 2009). Eine *Hybride Cloud* ist nach MELL/GRANCE (2009) die Orchestrierung von mindestens zwei anderen Liefermodellen miteinander, realisiert durch eine Kopplung über Schnittstellen. Laut BUYYA (2011) solle hierbei das grundlegende Modell eine PrCC sein, welche durch temporäre Kapazitäten in Stoßzeiten durch eine PuCC erweitert würde (*Cloud Bursting*).

Abbildung 2.5 zeigt die Taxonomie der durch PuCC lieferbaren IT-Dienste. Obgleich der von Gartner leicht abweichenden Begrifflichkeit gegenüber der NIST Definition, liegt eine eineindeutige Zuordnung vor von *Application Services* zu SaaS, *Application Infrastructure Services* zu PaaS sowie *System Infrastructure Services* zu IaaS. Wegen seiner Relevanz für die IT-Industrialisierung und Nutzenpotenzial gegenüber den an-

---
[60] IDC (2012a), S. 10.

deren Liefermodellen ist PuCC das Forschungsobjekt dieser Arbeit. Es wird wie bereits geschildert bzgl. seiner grundsätzlichen Charakteristika und Bedeutung für die IT-Industrialisierung untersucht und daher keine separate Betrachtung für die einzelnen Servicemodelle IaaS, PaaS, SaaS vorgenommen.

Tabelle 2.4: Cloud Computing Liefermodelle[61]

Liefermodell	Charakteristik
Self-run Private Cloud	• Eigenbetrieb der im eigenen Besitz befindlichen Cloud. • Häufig historisch entstanden aus der Transformation des bisherigen Rechenzentrums in ein CC-Servicemodell
Managed Private Cloud	• Cloud Umgebung im vollem, exklusivem Besitz durch den Kunden • Betrieb erfolgt durch externe Dienstleister, Kundenstandort
Dedicated Private Cloud	• Kunden-exklusiver Betrieb durch eine physisch isolierte Cloud Umgebung, jedoch ansässig (gehostet) beim Cloud Anbieter • Beispiele: Amazon EC2 Dedicates Instances, SAVVIS Symphony Dedicated oder RackSpace Cloud: Private Edition
Virtual Private Cloud[62]	• Premiumdienst mit erhöhten Sicherheitsleveln (VPN[63], Firewall, Virtualisierung) und mehr Kontrolle durch den Kunden • Keine physische Trennung gegen andere Kunden in der PuCC • Ökonomische Vorteile werden vollständig realisiert
Public Cloud	• Die Cloud Umgebung wird gemeinschaftlich und gleichzeitig durch eine hohe Anzahl von Kunden genutzt

Cloud Computing als IT-Outsourcing

Laut einer Studie des Branchenverbandes IDC über Outsourcing und CC, äußerten zwei Drittel der 157 befragten Fach- und IT-Führungskräfte, dass sich CC bis spätestens 2016 maßgeblich etablieren oder die Beschaffung von IT sogar revolutionieren wird (Thorenz & Zacher 2013). CC führe einen Wechsel herbei von der bisherigen Auslagerung von Arbeitskraft zur Bewältigung dedizierter IT-bezogen Dienstleistungen hin zum Bezug der gesamten IT-Systeme von externen Anbietern. Hierdurch verändern sich die Rollen in der Outsourcing-Beziehung (ebd.). Bezogen auf die Dimensionen des IT-Sourcing (Tabelle 2.1, S. 28) ist PuCC ein multiples, selektives, externes IT-Infrastruktur- (IO) und Application-Outsourcing (AO). Dies bedeutet, dass ein Unternehmen von mehreren Anbietern Cloud-Services bezieht für selektierte Bereiche

---

[61] IDC (2012a), S. 9f.
[62] Eine ausführliche Schilderung dieses Liefermodells findet sich in Furth (Hg.) (2010), Kapitel 3.
[63] Abkz. für engl. Virtual Private Network: Ein durch verschlüsseltem Zugriff quasi privates Teilnetz innerhalb einer ansonsten nicht exklusiven Netzwerkumgebung, z.B. dem Internet.

2.1 Cloud Computing

der Infrastruktur und bislang noch nicht-geschäftskritische Anwendungen. *Externes Outsourcing* bezieht sich hier auf den Forschungsfokus des *Public CC*, bei welchem die Cloud extern betrieben wird. Entsprechend rechtlicher, strategischer oder technischer Anforderungen liegt der Standort der Cloud On-, Near- oder Offshore.

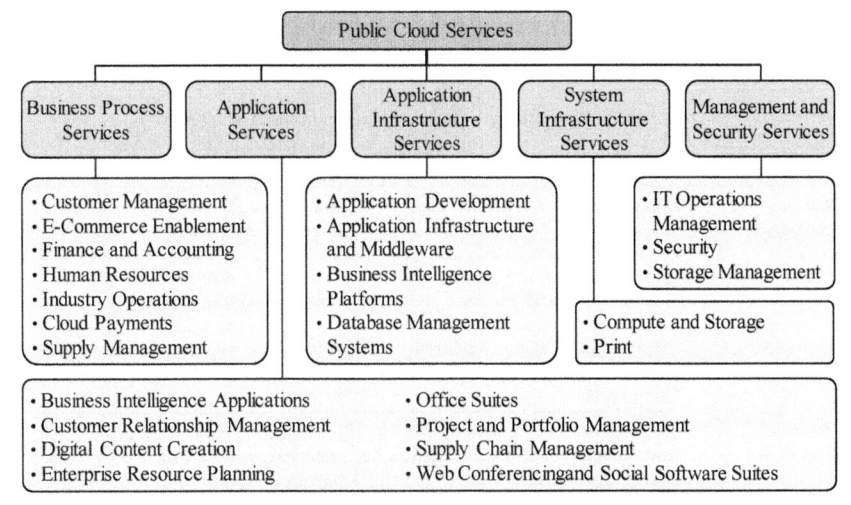

```
                          Public Cloud Services
     ┌──────────┬──────────┬──────────┬──────────┬──────────┐
  Business    Application  Application  System    Management and
  Process      Services    Infrastructure Infrastructure Security Services
  Services                 Services    Services
```

Business Process Services	Application Services	Application Infrastructure Services	System Infrastructure Services	Management and Security Services
• Customer Management • E-Commerce Enablement • Finance and Accounting • Human Resources • Industry Operations • Cloud Payments • Supply Management		• Application Development • Application Infrastructure and Middleware • Business Intelligence Platforms • Database Management Systems		• IT Operations Management • Security • Storage Management • Compute and Storage • Print
• Business Intelligence Applications • Customer Relationship Management • Digital Content Creation • Enterprise Resource Planning		• Office Suites • Project and Portfolio Management • Supply Chain Management • Web Conferencing and Social Software Suites		

Abbildung 2.5: Public Cloud Services Market Taxonomy[64]

Deutlich wird im Vergleich mehrerer Aspekte von IT-Outsourcing gegenüber CC, dass diese Beziehung nicht mehr von Individualität, Langfristigkeit, spezifischer Expertise und mit einem Fokus auf Anwendungsentwicklung geprägt ist, sondern von Kosteneffizienz, Flexibilität, Standardisierung und einer hohen Anforderung an Verfügbarkeit bei der Bereitstellung von IT-Services (Tabelle 2.5). Dennoch korrespondieren die vorgestellten Servicemodelle des CC mit den Sourcing-Objekten im IT-Outsourcing und bedienen ebenfalls die gesamte Leistungstiefe der IT (Abbildung 2.6).

Auf Ebene der Technologie greift der Kunde beim IaaS auf eine virtualisierte, skalierbare und mit anderen Kunden geteilte Infrastruktur zu, anstatt jedoch wie im Outsourcing nach individuellen Ansprüchen einen Teil der Infrastruktur auszulagern (Zarnekow et al. 2005). Auf Anwendungs-Ebene bedient PaaS die Anforderung nach einer

---

[64] Gartner (2013), S. 4.

CC-basierten Entwicklungsumgebung und korrespondiert somit zu der Auslagerung der Entwicklung im Application Development Outsourcing. Beim externen Anwendungsbetrieb kann SaaS den bisher ausgelagerten Betrieb für standardisierte Anwendungen ersetzen oder zumindest ergänzen. Geschäftsprozesse sind gegenwärtig noch nicht CC-fähig und damit ist BaaS noch ein theoretisches Konstrukt (ebd.). Es wurde daher aus dem Fokus der Untersuchung des Phänomens PuCC exkludiert und wird der Zielsetzung der vorliegenden Forschungsarbeit folgend nicht weiter thematisiert.

Tabelle 2.5: Unterschiede - IT-Outsourcing und Cloud Computing[65]

Aspekt	IT-Outsourcing	Cloud Computing
Anbieter-kompetenz	Anbieter ist führend bei Software-Entwicklung & Testmanagement	Anbieter ist führend bei operativer Exzellenz und Sicherheit
Customizing	Hohe Anpassung an Kundenanforderungen und -prozesse	One-to-many-Prinzip heißt: nur wenig Anpassung ist möglich
Entwicklung	Kundenindividuell durchgeführte Entwicklungen und geplantes Release-Management	Zeit und Umfang der Weiterentwicklung unabhängig von den Anforderungen der Kunden
Prozess-Spezifizität	Sourcing von Infrastruktur oder Anwendungsentwicklung für dedizierte Geschäftsprozesse	Sourcing von IaaS oder PaaS als generelle genutzte Plattformen für IT-übergreifende Nutzung
Metriken	Messung der Delivery im Sinne der vereinbarten Lieferobjekte	Messung der " als die Verfügbarkeit des IT-Services
Ressourcen-überlassung	Häufig temporäre Überlassung von Ressourcen (auch Personal)	Kein Übergang von Personal oder IT-Ressourcen an den Anbieter
Preis-Modelle	Individuelle Verträge, häufig mit Risiko/Gewinn-Beteiligung	Standardmodelle und meist Abrechnung nach Pay-per-use
Vertragslänge	Langfristig orientiert, komplexer und mit hohen Kosten verbunden	Kurzfristige, einfache und unkompliziert kündbare Verträge

---

[65] Joint & Baker (2011) und, Thorenz & Zacher (2013).

2.1 Cloud Computing

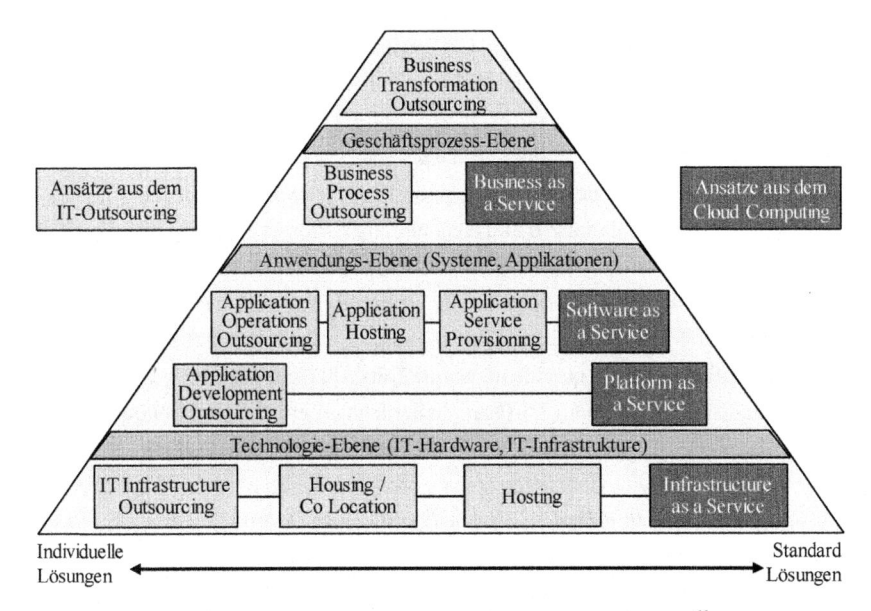

Abbildung 2.6: Dienstmodelle: Outsourcing und Cloud Computing[66]

Nutzen & Risiken

Die Charakteristika von CC gegenüber alternativen Technologien führen zu spezifischen Nutzen- und Risikopotenzialen, welche in diesem Kapitel kurz angesprochen werden. Die bei der Literaturrecherche als die Diskussion dominierenden identifizierten Faktoren werden entsprechend an jeder Stelle ausführlich erläutert (Kapitel 3.2). Der Fokus wird hier auf die Nachfrager-Sicht gelegt, also Unternehmen, welche ihre IT-Ressourcen in die Cloud auszulagern oder planen, hierüber neue beziehen.

Potenzieller Nutzen durch Cloud Computing

CC eröffnet neue Geschäftsfelder, etwa durch die Unterstützung interaktiver, standort- und kontextabhängiger Dienste. So können Informationen, etwa von Sensordaten von Gynoskopen in mobilen Endgeräten sowie externe Daten wie vom Deutschen Wetterdienst in Echtzeit analysiert werden (Marston et al. 2011). Dieses wird ermöglicht durch der reduzierten Ausführungsdauer komplexer Rechenoperationen mit der paral-

---
[66] Repschläger & Zarnekow (2011), S. 8.

lelen Verarbeitung über verbundene Großrechner. Ebenso können immense Datenmengen analysiert werden, z.B. um Kunden- und Kaufverhalten zu studieren, Risiken zu bewerten oder Lieferketten zu optimieren (ebd.). CC verringert technologiebegründete Wachstumshürden. So können weniger finanzstarke klein- und mittelständische Unternehmen von dem Zugang zu kostengünstigen, jedoch funktionsreichen Anwendungen profitieren (Schikora 2012). Dabei entfallen erforderliche Investitionen in Basis-IT-Infrastruktur wie Rechenzentren oder Netzwerke, was gerade im Zeitalter schnellerer Produktlebenszyklen und stetig steigen Rechenanforderungen bislang eine Innovationsbarrieren konstituierte. Jedoch auch Großunternehmen verbessern ihre Wettbewerbsfähigkeit und beschleunigen die Dauer bis zur Marktreife Ihrer Produkte (engl. time-to-market) durch CC. Pharmaunternehmen etwa nutzen hohe Rechenleistungen temporär zur Auswertung von Medikamententests und Handelsunternehmen optimieren den Abgleich des Lieferantenangebots mit der Kundennachfrage über zentrale und CC-basierte Informationssysteme (Durowoju et al. 2011).

CC ermöglicht Kostentransparenz und -einsparungen (Janssen & Joha 2011). Direkte Skaleneffekte mit zunehmender Nutzerzahl auf der CC-Plattformen ermöglichen stetige Preissenkunden für den Endkunden im Zuge eines Kostenwettbewerbs. Zudem ermöglicht die verbrauchsabhängige Nutzung und Abrechnung eine bessere Bedarfsanpassung und reduziert das Vorhalten von Überkapazitäten zur Bedarfsdeckung in Stoßzeiten (z.B. Buchhaltungssysteme beim Jahresabschluss). Hierdurch können Personal eingespart und die Gesamtkosten der IT-Abteilung flexibilisiert werden. Über lange Sicht reduziert sich durch CC der Anteil von wartungsintensiven und wenig innovationsfähigen Altsystemen im IT-Portfolio (ebd., S. 6f).

CC fördert die Effizienz und Effektivität in Unternehmen. MCAFEE (2011) sieht einen großen CC-Nutzen für Unternehmen durch gesteigerte Produktivität und zunehmende Kollaboration. Zudem entstünde mehr Innovationsfreude durch die Option, mit hohen Kapazitäten an IT-Ressourcen experimentieren zu können, ohne langfristig in diese kostenintensiv investieren zu müssen. Ebenfalls innovationsförderlich ist der Zugewinn an effektiv eingesetzten Ressourcen entsprechend der Kernkompetenztheorie (Pemmaraju 2010, Hamel & Prahalad 1990). Konkret kann sich das Personal durch den Bezug von CC auf IT-Innovation statt auf den IT-Betrieb fokussieren. Der größte Nutzen durch CC liegt jedoch in der erwarteten IT-Agilität und IT-Flexibilität. Die Skalierbarkeit von IT-Ressourcen bis zu einer als unbegrenzt wahrgenommen Kapazität, die Anpassbarkeit dieser in Echtzeit, die Liefergeschwindigkeit von der Bestellung bis zur Verfügbarkeit sowie die optimierte Gesamtauslastung wurden als besonders relevante CC-Vorteile in einer globalen industrieübergreifenden Marktstudie im Jahr 2011 ermittelt (Molony & Kirchheimer 2011). Neben den Vorteilen werden durch CC auch gesellschaftliche und volkswirtschaftliche Veränderungen erwartet. Der Ausbau von Forschungs- und Entwicklungsaktivitäten, zusätzliche Arbeitsplätze, weitreichende Verbesserungen in der Bildung sowie Nachhaltigkeit sind einige der erhofften Langzeit-Vorteile durch CC-Assimilation (Gordon et al. 2010).

Potenzielle Risiken durch Cloud Computing

Trotz der vielen Potenziale durch CC herrscht in zahlreichen Unternehmen noch Skepsis und Zögern in Bezug auf die CC-Assimilation. Es wird befürchtet, aufgrund bestehender und schwierig zu migrierender Altsysteme, die erwarteten Kosteneinsparung nicht zu erzielen („legacy spaghetti", McAfee 2011, S. 129). Zudem haben ungeplante und mehrstündige Dienstunterbrechung bei marktführenden Anbietern die Unsicherheit von CC in Bezug auf dessen Verfügbarkeit deutlich gemacht (Rimal et al. 2011). Sind geschäftskritische Anwendungen oder Daten hiervor betroffen, kann dem Kunden ein hoher wirtschaftlicher Schaden entstehen. Schon der Ausfall des Email-Services würde die Geschäftstätigkeit von Industrieunternehmen maßgeblich einschränken. ARMBRUST ET AL. (2010) zeigen Möglichkeiten auf, um diese Risiken zu umgehen oder zu mitigieren. Die Autoren empfehlen die Vorhaltung eines Ersatzdienstleisters, falls der Hauptlieferant Serviceprobleme hat, die Nutzung standardisierter Schnittstellen, um die Abhängigkeit zu einem Anbieter zu verringern sowie die Verwendung hochsicherer Verschlüsselungsmethoden.

GECZY ET AL. (2012) sieht drei maßgebliche Dimensionen an CC-bezogenen Risiken, welche vornehmlich für das Liefermodell *PuCC* gelten. Die Ausrichtung des Betriebsmodells der IT-Abteilung an der des CC-Anbieters bürge Schwierigkeiten hinsichtlich der Integrierbarkeit, unternehmensspezifischen Konfigurierbarkeit (*Customizing*) oder des reibungslosen Datentransfers speziell über verschiedene CC-Anbieter hinweg. Zweitens ist die Steuerung und Verwaltung der Cloud risikobehaftet. Die Hoheit über Daten und IT-Ressourcen liegt vollständig auf Seiten des Anbieters. Selbst wenn die Wahrscheinlichkeit einer Schlechtleistung eines renommierten Anbieters gering sei, wäre die Auswirkung im Eintrittsfall immens, weshalb hier ein ernstzunehmendes Risiko bestünde. Drittens bringt die Neuheit von CC rechtliche Unklarheiten mit sich, z.B. bei der Haftungsregelung, bei staatlichen Zugriffsrechten zur Kriminalitätsbekämpfung sowie bei den Löschpflichten auf Anbieterseite nach Vertragsende (Geczy et al. 2012, S. 62). Neben den von JANSSEN & JOHA (2011) aufgeführten genannten Vorteilen äußern die Autoren Bedenken hinsichtlich der langfristigen Passform des CC-Dienstes für das Unternehmen. Gerade bei SaaS kann auf die Fortentwicklung der Anwendungen wenig Einfluss genommen werden, etwa hinsichtlich der technischen Umsetzung von unternehmensspezifischen Standards und Anforderungen. Langfristig kann die Wahl des CC-Anbieters in Frustration enden über dessen mangelnde IT Expertise und Innovation.

Die weitaus größte Sorge für potenzielle CC-Interessenten ist das Thema IT-Sicherheit. ARDELT ET AL. (2011) identifizieren elf Gefahren durch CC, welche negativ auf die folgenden im IT-Grundschutz des BSI[67] verankerten Schutzziele einwirken können: Vertraulichkeit, Integrität, Verfügbarkeit, Authentizität, Autorisierung, Zurechenbarkeit, Verbindlichkeit und Datenschutz. Die Autoren nennen zum einen fünf klassische IT-Outsourcing Risiken, wie den Missbrauch von Administratorrechten, Fehlende Transparenz bei Sicherheitsvorfällen oder Isolationsprobleme. Bei letzterem können schädliche Anwendungen eines Kunden eine Gefahr für andere Kunden in einer physischen Instanz konstatieren. Auch durch die Intransparenz der Datenlokalität, nicht ausreichendem Sicherheitsmanagement oder unzureichenden Autorisierungsprüfungen steigt das Risiko, die Cloud mit Malware, Trojanern oder Phishing-Software zu teilen (ebd., S. 67).

Aufschlussreich ist das Forschungsresultat von REPSCHLÄGER & ZARNEKOW (2012), wonach die Einschätzung von Potenzial und Herausforderungen durch CC erheblich vom Erfahrungsstand des Beantwortenden über das Thema CC abhängig ist. Mit umfangreichen Kenntnissen bewerteten vier von zehn Befragten die folgenden potenziellen Vorteile höher: Skalierbarkeit, Systemverfügbarkeit, Reduzierung von Datenverlust und Ausfallsicherheit. Beim letzten Punkt sind Teilnehmer mit geringen Kenntnissen indifferent, fürchteten jedoch erheblich um IT-Sicherheit und sahen wenig Potenzial für die Reduzierung von Datenverlust (ebd., S. 25). Trotz der Fokussierung auf die Nachfrager-Sicht soll nicht unerwähnt bleiben, dass wie im jedem Ökosystem viele der Vorteile des einen Akteurs komplementäre Risiken der Gegenpartei darstellen, so auch bei CC (Goncalves & Ballon 2011). Der Vorteil über den Zugriff auf eine fertig konfi-

---

[67] Abkz. für Bundesamt für Sicherheit in der Informationstechnik (2012).

gurierte PaaS-Plattform zur Anwendungsentwicklungen bedingt gleichzeitig eine Entscheidung und Spezialisierung auf diese durch den Programmierer, welcher ähnlich einem Endkunden ebenfalls den Lock-In-Effekt erfahren kann. Der Verringerung der IT-Kapitalintensität steht die Erhöhung dieser beim Anbieter entgegen, welcher erhebliche Kapazitäten vorhalten muss, um tatsächlich dem Kunden volle Skalierbarkeit anzubieten. Und obwohl die Gefahr der Umsatzeinbußen für den Anbieter durch Raubkopien beim Kunden sinkt, so sinkt ebenfalls der Umsatzbeitrag von Zusatzleistungen für den Kunden in der Installation und Anwendungsbetreuung.

Tabelle 2.6: Selektierte Vor- und Nachteile von Cloud Computings

Nutzen	Risiken
• Kosteneinsparungen	• Gefährdung der IT-Sicherheit
• Bessere Ressourcentransparenz	• Höheres Ausfallrisiko
• Reduzierte Markteintrittshürden, insbesondere für KMU[68]	• Mangelnde Konfigurierbarkeit
	• Gefährdung des Datenschutzes
• Skalierbarkeit von IT-Ressourcen	• Verlust von internem Know-How
• Rapid Elasticity, d.h. jederzeit zügige Anpassung des Ressourcenvolumens	• Rechtliche Fragen & Compliance
	• Verlust der Privatsphäre
• Gesteigerte Innovationsfähigkeit	• Gefahr des Vendor-Lock-In
• Mehr Kollaborationsmöglichkeiten	• Mangelnde Interoperabilität
• Eröffnung neuer Geschäftsmodelle	• Verlust der Kontrolle über IT-Ressourcen
• Zugang zu innovativen Produkten	• Performance-Risiko durch SLA[69]-Bruch
• Reduzierung von Altsystemen	• Isolationsprobleme gegenüber anderen Kunden durch gemeinsame Cloud Nutzung
• Always up-to-date / Neue Releases	

Die Tabelle 2.6 fasst die genannten Vor- und Nachteile zusammen. Trotz der reichhaltigen wissenschaftlichen Diskussion über erwartete Vorteile und Nachteile durch CC, bestehen Forschungslücken. So ist bislang unklar, welchen Stellenwert die aufgezeigten Themen einnehmen, wobei als Indikation die relative Häufigkeit der Nennung der jeweiligen Faktoren gegeneinander dienen könnte (Forschungslücke 1). Ebenfalls wurde noch nicht erforscht, ob diese die Diskussion dominierenden Faktoren auch tatsächlich vor der Adoptionsentscheidung und während der späteren Implementierung relevant sind (Forschungsfrage 2). Die vorliegende Arbeit schafft Transparenz mit einer deskriptiven Erhebung über die Häufigkeit der diskutierten Nutzen- und Risikofak-

---

[68] Klein- und mittelständische Unternehmen, engl.: SME, small-and-middle-sized enterprises.
[69] Abkz. für engl. Service Level Agreement, dt.: Dienstgütevereinbarung zwischen Dienstleister und Kunden, welche etwa Betriebszeiträume, Antwortzeiten oder reguläre Wartungszeiträume klärt.

toren von CC, basierend auf einer Literaturrecherche (Kapitel 3.2). Hierauf aufbauend zeigt eine kausalanalytische Untersuchung, in welcher Größenordnung jene Faktoren die Assimilation von CC fördern oder hindern (Kapitel 5.5).

2.1.3 Abgrenzung zu verwandten Technologien

CC ist ein evolutionärer Schritt aus technologischen Entwicklungen wie Distributed Computing, Utility Computing, Grid Computing, Virtualisierung, Service-orientierten Architekturen (SOA) und Application Service Provisioning (ASP) (Rimal et al. 2011)[70]. Das zu ergänzende Smart Grid ist eine zukünftig zu erwartende Technologie, die von den Möglichkeiten der Cloud profitiert. In der Reihenfolge der Nennung und entsprechend ihrer Chronologie des Etablierens werden diese Technologien und Konzepte kurz erläutert und Gemeinsamkeiten und die Abgrenzung zu CC aufgezeigt.

Distributed Computing

Als verteiltes oder dezentralisiertes Rechnen betitelt, bezeichnet der in den späten 1970er Jahren entstandene Begriff den koordinierten Zusammenschluss von IT-Ressourcen über Netzwerke mit dem Zweck der Verfolgung eines gemeinsamen Ziels (Coulouris et al. 2012). Dieser temporäre Zusammenschluss erfolgt während der Laufzeit dynamisch und dient dem Ziel der erhöhten Skalierbarkeit, Verfügbarkeit und Zuverlässigkeit (Milenkovic et al. 2003). Ein prominentes Projekt der Verwendung von Distributed Computing ist SETI@home[71] der University of California, welches für die Weltraumforschung immense Radiodaten aufzeichnet. Die Community, der jeder private oder institutionelle Interessent beitreten kann, stellt über lokal installierte Anwendungen dem Netzwerk ihre jeweiligen IT-Ressourcen bereit, welche dynamisch aggregiert werden zur Bewältigung von rechenintensiven Operationen. Die Auswertungen werden derart kostengünstig und ohne das Vorhalten umfangreicher Hardware ermöglicht. Distributed Computing ist zwar dezentrales Rechnen, jedoch für ein zentrales und zu koordinierendes System. Es unterscheide sich daher vom *Grid Computing*.

Grid Computing

Der Begriff des Grids wurde in den neunziger Jahren geprägt zur Beschreibung von Technologien, die von mehreren Nutzern bedarfsweise über standardisierte Protokolle

---

[70] Einen Vergleich der technischen Spezifikationen und Architekturen liefern Rimal et al. (2009).
[71] Abkz. für engl. Search for Extra-Terrestrial Intelligence, http://setiathome.ssl.berkeley.edu.

verwendet werden können, analog zum Electric Grid, dem Stromnetz (Foster et al. 2008). Grid Computing ermöglicht das Teilen, Selektieren und Aggregieren von verschiedenen geographisch verteilten IT-Ressourcen wie Supercomputer, Speicherplatz, Datenquellen und Endgeräten, die im Besitz und Betrieb unterschiedlicher Unternehmen sind und für den Zweck bereitgestellt werden, große und ressourcenintensive Probleme für die Wissenschaft, Produktenwicklung und Handel zu lösen (Buyya et al. 2009). FOSTER (2002) nennt drei zu erfüllende Aspekte zur Bestimmung eines Grids: 1. Keine zentrale Kontrolle zur Koordination der Ressourcen notwendig, 2. Verwendung von offenen Protokollen und Schnittstellen und 3. eine hohe Servicequalität. Insbesondere die Punkte 1 und 2 sind in der Cloud nicht notwendigerweise gegeben.

CC und dem Grid ist die Verwendung von Virtualisierung und die Re-Konfigurierbarkeit von Ressourcen gemein (Vaquero et al. 2009). Unterschiede liegen vor bei Themen der Ressourcenverteilung, Sicherheit, Skalierbarkeit, Servicequalität und dem Geschäftsmodell (ebd.). Kommerzielle Interessen liegen dem Grid nicht zugrunde durch dem Fokus auf Kollaboration in der Forschung, wohingegen Grundpfeiler der Cloud das pay-as-you-go Geschäftsmodell und der entsprechend kommerzielle Gedanke sind (Rimal et al. 2011), abgesehen vom Spezialfall der *Community Cloud*. Im Fokus von Grids stehen Forschungseinrichtungen und die Bereitstellung von IT-Ressourcen in dedizierten verteilten Umgebungen, gegenüber dem offenen und serviceorientierten Geschäftsmodell hinter CC[72].

Utility Computing
Bereits während der Historienbeschreibung des CC-Begriffs erwähnt, beschreibt *Utility Computing* das Geschäftsmodell der nutzungsabhängigen Verrechnung von IT-Services, die ein Anbieter selber besitzt und über ein Netzwerk bereitstellt, basierend auf Technologien wie Grid Computing und Virtualisierung. ROSS & WESTERMAN (2004) definieren: "Utility Computing [is] a collection of technologies and business practices that enables computing to be delivered seamlessly and reliably across multiple computers. Moreover, computing capacity is available as needed and billed according to usage, much like water and electricity are today" (S. 6). Im Gegensatz zu CC hat Utility Computing den Fokus auf das gelegentliche Beziehen von Zusatzressourcen

---
[72] Für technische Details zu Grid Computing und Unterschiede zum Cloud Computing sei hier aus Platzgründen verwiesen auf Buyya et al. (2009) und Foster et al. (2008).

zum Ausgleich von Belastungsspitzen. Ebenso schließt Utility Computing nicht den Betrieb kompletter Anwendungen und Plattformen zur Darbietung über Netzwerke mit ein, so wie etwa bei SaaS oder PaaS. ARMBRUST ET AL. (2009) ziehen eine schlichte Bilanz und deklarieren CC als Summe aus SaaS und Utility Computing (S. 4).

Virtualisierung
Eine virtuelle Maschine (VM) ist eine Anwendung zur Abstraktion eines echten Computers durch die Emulation einer virtuellen Konstellation von IT-Ressourcen (Chorafas (2011) („und für ein Betriebssystem, das in dieser virtuellen Maschine installiert wird, auch so aussieht, wie ein echter Computer" (Meinel et al. 2011, S. 10). Die Möglichkeit mehrere Einzelnutzerbetriebssysteme auf einem physischen Großrechner zu starten, führte das Unternehmen IBM in den 1960er Jahren bei Ihrer Mainframe-Technologie zur Auslastung der damals knappen Ressourcen ein (ebd.). Ziel ist das Teilen und bedarfsweise, quasi unmerkliche, Zuordnung der verfügbaren Hardware-Kapazitäten zwischen Anwendungen („in a way invisible to end users, applications, platforms, storage systems, computing devices", Chorafas 2011, S. 48). Hierdurch wird der Bedarf an Strom, Kühlung und Fläche in Rechenzentren merklich verringert. Als ferner nützliche Funktionalität wird erachtet, dass eine Laufzeitumgebung zu einem beliebigen Zeitpunkt gestoppt, kopiert, ggf. verschoben und zu einer beliebigen Zeit wieder reaktiviert werden, genannt *Snapshot* (Chee & Franklin (2010).

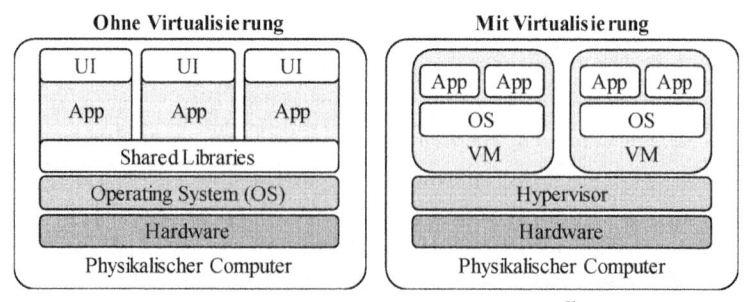

Abbildung 2.7: Systeme mit/ohne Virtualisierung[73]

Bei der für CC wichtigen Hardware-Virtualisierung[74] (Abbildung 2.7) sorgt ein sogenannter Hypervisor für die Zuordnung der physischen Ressourcen, um auf diesen lo-

---
[73] Meinel et al. (2009), S. 10. UI: User Interface (dt: Benutzeroberfläche), App: Application.

2.1 Cloud Computing

gisch getrennt jeweils eine Applikationsschicht aufzusetzen, wobei zuerst ein Betriebssystem[75] installiert wird (Meinel et al. 2009). Die Virtualisierung von Speicher wiederum wird realisiert durch Technologien wie den sogenannten *Storage Area Networks (SAN)*[76]. Virtualisierung wird eingesetzt auf unternehmensinternen oder externalisierten dedizierten IT-Ressourcen zwecks Flexibilisierung und aus Ökonomisierung Gründen (Chorafas 2011). Dies ist ein großer Unterschied zum Gedanken des unternehmensübergreifenden *Resource-Sharing* beim CC, dem PuCC. *Data Center Virtualisation* zeigt Vorteile durch die Exklusivität gegenüber PuCC mit einer höheren Verfügbarkeit sowie durch weniger Risiken aus der nicht-teilenden Nutzung, ist jedoch wesentlich teurer, nicht so Auslastungs-optimierend und bzgl. Skalierbarkeit begrenzt (ebd.). Wenn ein Unternehmen neben der Virtualisierung der eigenen IT-Ressourcen die NIST Charakteristika und damit das CC-Dienstleistungsmodell für sich realisiert, spricht man von *Self-Run Private CC*. Selbstredend schöpfen CC-Anbieter die Möglichkeiten der Virtualisierung aus, jedoch als technologische Grundlage ihres Geschäftsmodells der dynamischen Bereitstellung von IT-Ressourcen für ihre Kunden.

Serviceorientierte Architekturen (SOA)
SOA ist ein Designprinzip, um IT-Ressourcen in einem Dienst zu kapseln für den Zweck der Bedienung eines Geschäftsprozesses (Valipour et al. 2009). SOA gestattet damit die Granularisierung von Geschäftsaktivitäten und Prozessen. Zur Bedienung von Anforderungen und zwecks Wiederverwendung können diese Prozess-Bausteine neu komponiert werden. Das hierdurch ermöglichte *Plug-and-Play Business* führe nach MERRIFIELD ET AL. (2008) zu einer Produktivitätsrevolution (S. 73). Die Standard-Definition der Organisation OASIS[77] aus dem Jahr 2006 abstrahiert SOA als „paradigm for organizing and utilizing distributed capabilities that may be under the control of different ownership domains" (OASIS 2006, S. 8). Eine SOA zeigt sieben Charakteristika (Valipour et al. 2009, S. 3ff):

- *Discoverable & Dynamically Bound:* Auffinden von Services während der Laufzeit und dynamisches Verbinden mit dem Service des Anbieters.

---

[74] Ausführungen zur Anwendungs- und Präsentationsschicht-Virtualisierung bei Chorafas (2011).
[75] Engl. Operating Systems (OS).
[76] Siehe Troppens, Erkens & Müller (2008), S. 165ff.
[77] Abkz. für engl. Organisation for the Advancement of Structured Information Standards.

- *Self-Contained & Modular:* Services sind in sich geschlossen und per definierter Schnittstelle eindeutig von anderen Services getrennt.
- *Interoperability:* Fähigkeit der Kommunikation mit unterschiedlichen Plattformen, was standardisierter Protokolle und Formate bedarf.
- *Loose Coupling:* Klar definierte und minimale Abhängigkeiten.
- *Location Transparency:* Irrelevanz des Umsetzungsstandortes.
- *Composability:* Mögliche Wiederverwendung für neue Kompositionen.
- *Self-Healing:* Automatische Korrektur von Fehlern.

SOA und CC sind serviceorientierte und delegierende Konzepte, da der Nutzer eine Dienstleistung bezieht ohne die technischen Details für deren Erzeugung implementieren oder steuern zu müssen. Zudem zielen SOA und CC auf die Optimierung des Ressourceneinsatzes hin und können von mehreren Nutzern gleichzeitig verwendet werden (Jin 2010). Die Konzepte unterscheiden sich jedoch in zwei signifikanten Punkten. SOA-Services sind separat kombinierbare Bausteine von Geschäftslogik und architekturell horizontal zueinander gelegen, wohingegen CC vertikale Services für die jeweilige Ebene der IT-Architektur bedienen. Zweitens ist SOA ein Architekturdesign-Prinzip mit der Abstrahierung und Separierung von Anwendungsbausteinen für konkrete Geschäftsprobleme[78], CC ist eine Lieferform austauschbarer und standardisierter IT-Ressourcen. Dennoch stehen CC und SOA in Beziehung. Eine „stringent implementierte, standardisierte und serviceorientierte Architektur" ist notwendig für den CC-Anbieter, um skalierbar und flexibel zu sein (Repschläger et al. 2010, S. 14).

Application Service Provisioning (ASP)

Bei dieser Form des IT-Sourcings (siehe S. 27) werden hochstandardisierte und zentral durch den Anbieter verwaltete Anwendungen über das Internet oder VPNs bezogen im sogenannten *One-to-Many*-Ansatz, wobei eine Anwendung zwar mehreren Kunden, diesen jedoch dediziert bereitgestellt wird (Repschläger et al. 2010). Attraktiv wurde ASP Mitte der neunziger Jahre durch die steigende Zuverlässigkeit des Internets, die Akzeptanz von Browsern als Anwendungsoberfläche und dem Bedarf von klein- und mittelständischen Unternehmen nach professioneller und erschwinglicher IT (Kern et al. 2002). SaaS ist eine Weiterentwicklung und dem Spezialfall ASP übergeordnet. Es

---

[78] "... is a flexible set of design principles used during the phases of systems development and integration. A deployed SOA-based architecture will provide a loosely-integrated suite of services that can be used within multiple business domains" (Jin 2010).

2.1 Cloud Computing

ermöglicht eine hohe Konfigurierbarkeit, die Orchestrierung und Integration verschiedener Services und ist wiederverwendbarer (Biggeleben et al. 2009, Abbildung 2.8).

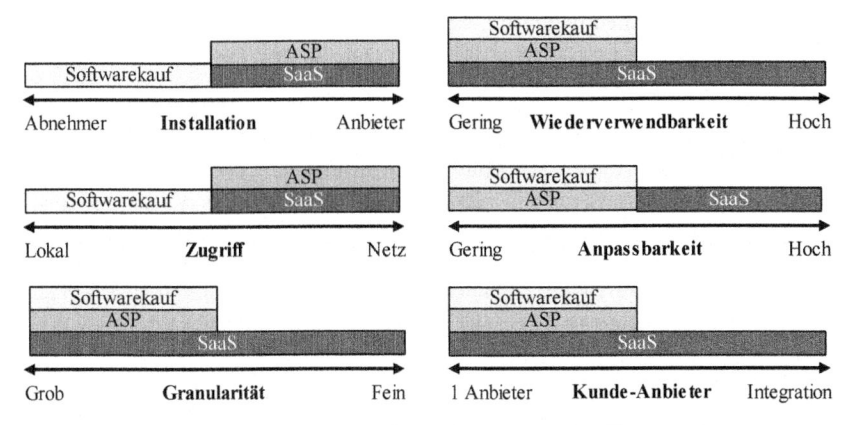

Abbildung 2.8: Softwarekauf vs. ASP vs. SaaS[79]

2.1.4 Entscheidungs- und Implementierungsprozess

Die CC-Adoption wird zuerst strategisch entschieden (Kaisler et al. 2009). Dann folgt die Analyse des Anwendungsportfolios hinsichtlich der Auslagerungsfähigkeit (Henneberger et al. 2010). Für die Umsetzung empfehlen IYER & HENDERSON (2012) fünf Initiativen zum Erfolg des Umstiegs.

Tabelle 2.7: 3-Stufiges Modell für die CC-Entscheidungsfindung[80]

Dimension	Entscheidungsparameter	
Geschäftsziele	• Total Cost of Operation • Marktanteil/-wachstumsziele • Geschäftliche Agilität	• Stakeholder-Interessen • Rechtliche Vorgaben • Kundenzufriedenheit
Attribute der Servicequalität	• Benötigte Servicequalität • Kosten der Servicequalität • Interoperabilität	• Anpassungsfähigkeit • IT-Sicherheit • Risikobereitschaft
Architekturentscheidungen	• De-/Zentralisierung • Synchrone/Asynchrone • Loose Coupling	• Virtualisierung • Partitionierung • Skalierung

---

[79] Biggeleben et al. (2009), S. 580.
[80] In Anlehnung an Kaisler et al. (2009).

KAISLER ET AL. (2009) präsentieren für die strategische Ebene ein dreistufiges Modell zur Entscheidungsfindung über die Adoption von CC (Tabelle 2.7). Zuerst werden die Ziele des unternehmerischen Kerngeschäfts identifiziert, der Handlungsfreiraum auch in Bezug auf Regularien und rechtliche Vorgaben abgesteckt und konkrete Anforderungen zur Erfüllung des Geschäfts und für die interne Effizienz definiert. Diese Vorgaben sind zu konvertieren in konkrete Anforderungen an die Servicequalität und Abwägungen zwischen der erforderlichen Güte und sich ergebenden Kosten zu treffen. Die dritte Stufe betrifft die Ausgestaltung der zur Erfüllung der Servicequalität erforderlichen technischen Architektur basierend auf weiteren Überlegungen, ob Dienste zentral oder dezentral bezogen, zusammengestellt und angeboten werden sollen.

Entsprechend dem anwendungsorientierten Entscheidungsmodell von HENNEBERGER ET AL. (2010) wird dann das gesamte Anwendungsportfolio einer Analyse unterzogen hinsichtlich der Eignung für die Lieferung durch CC. Zu Beginn erfolgt eine Bewertung des strategischen Wertes und der Geschäftskritikalität von Anwendungen. Ein hoher strategischer Wert liegt vor, wenn die Anwendung dem Unternehmen einen Wettbewerbsvorteil bietet, sei es in Bezug auf Effektivität oder Effizienz. Kritikalität entsteht beim Systemausfall und ist als hoch einzustufen, wenn ein hoher wirtschaftlicher Schaden oder Sicherheitsgefährdung drohen (ebd., S. 79). Anwendungen mit einer hohen Kritikalität sind gänzlich ungeeignet für CC, da das potenzielle Ausfallrisiko stets den zu erwartenden Nutzen übersteigt. Wenig kritische, jedoch strategisch relevante Anwendungen bedürfen häufig hoher unternehmensspezifischer Anpassungen (engl. customizing), eine Anforderung, die hochstandardisierte SaaS –Anwendungen häufig nicht erfüllen. Dennoch böte sich die Verwendung von IaaS-Ressourcen als Servicemodell an zur verbesserten Skalierung und ressourcenseitigen Auslastung dieser Anwendungen. ZACHMANN (2012) strukturiert die Anwendungsauswahl neben der Relevanz, die den strategischen Wert und Kritikalität umfasst, über den technischen Parameter der Latenzempfindlichkeit (Abbildung 2.9). Anwendungen, die für eine empfundene Echtzeit durch den Nutzer oder sogar schneller reagieren müssen, z.B. Wertpapierhandelssysteme, eignen sich nicht für die Cloud. Eine Ausnahme von niedriger strategischer Relevanz sind etwa Videokonferenzsysteme, bei denen Kostenersparnisse höher gewichtet werden als gelegentlich niedrige Servicequalitäten. Email-Systeme sind geeignet für CC, denn obwohl sie einen strategischen Wert haben, sind Sie nicht kritisch im Sinne eines Sicherheitsrisikos nach HENNEBERGER ET AL. (2010). Für die verbleibenden Anwendungen empfehlen HENNEBERGER ET AL. (2010) ein dem

IT-Outsourcing angelehntes Vorgehen mit Nutzen-, Risiko- und Aufwandsabwägungen, Anbietervergleichen und Geschäftsplankalkulationen.

	Email	ERP-Systeme	Transaktionen	Trading
Strategische Relevanz	Analytics	Voice	Virtueller Desktop	
	Procurement	Kollaboration	Video Konferenz	Eignung für Cloud Computing
	Unkritisch (>100ms)	Prioritätsdienst (<100ms)	Echtzeit (<50ms)	Unmittelbare Nähe (<5ms)

Latenzempfindlichkeit

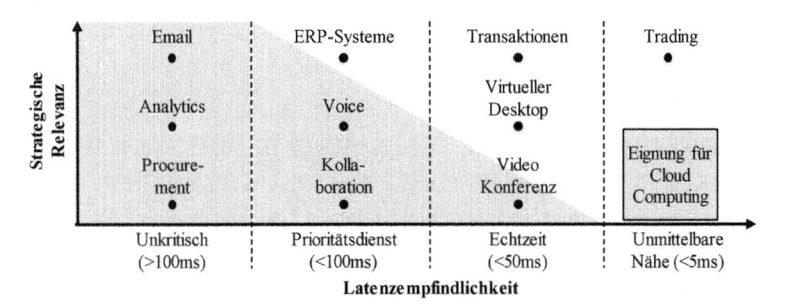

Abbildung 2.9: Anwendungseignung für Cloud Sourcing[81]

IYER & HENDERSON (2012) empfehlen fünf Initiativen im Zuge der Einführung von CC. Kurzfristige, auf den Geschäftsnutzen bezogene und Hypothesen-getriebene sowie agil aufgesetzte Experimente sollen Innovation schnell vorantreiben, technische Prototypen generieren und Stakeholder vom potenziellen CC-Nutzen überzeugen, soweit sich dieser bestätigt. Zweitens ist die aktive Teilnahme in anbieterspezifischen Internet-Foren geboten, um von der Expertise bestehender Kunden zu profitieren als auch sich über die Glaubwürdigkeit von Anbietern zu informieren. Dieses führt zum dritten Aspekt, der Berücksichtigung des gesamten Ökosystems an Akteuren, die hinter einer Wertschöpfungskette eines CC-Dienstes stehen. Nur die durchgängige, End-to-End Sicht auf einen CC-unterstützten Geschäftsprozesses zeigt förderliche Netzwerkeffekte oder etwaige Fehlerquellen in dieser Kette. In diesem Ökosystem sollte dann der CIO, Punkt vier, die Perspektive der Geschäftsseite einnehmen, um Abhängigkeiten zu erkennen, unternehmerisches Denken zu etablieren bei allen Parteien und die Maximierung des Gutes *Information* voranzutreiben sowohl unternehmensintern als auch – extern. Schlussendlich sind die Fähigkeiten in der IT-Architektur-Funktion hinsichtlich Modularität und Interoperabilität von IT über Unternehmens- und Abteilungsgrenzen hinweg zu erweitern. Diese Schritte konstatieren einen Kulturwandel der IT-Abteilung von einem den Anforderungen nachgelagerten Dienstleister zu einem Innovator für IT-unterstützte Geschäftsmodelle (ebd., S. 57).

---

[81] In Anlehnung an Zachmann (2012).

2.1.5 Marktentwicklung und Wettbewerbssituation

Für die Ergänzung der Theorie des CC um dessen Praxis und Relevanz, werden in diesem Kapitel die Marktentwicklung, Geschäftsmodelle und marktführende Anbieter sowie einige Anwendungsbeispiele vorgestellt.

Adoption und Marktentwicklung

In einer Studie[82] der Wirtschaftsprüfungsgesellschaft Deloitte und dem Branchenverband BITKOM über CC in Deutschland, gaben 50% der Teilnehmer Private CC als bereits in Nutzung an, Public CC nur 20% und das Liefermodell SaaS (50%) dominierte gegenüber IaaS (30%) und PaaS (6%) (Deloitte & BITKOM 2011). Die Abdeckung durch CC in den Geschäftsbereichen Sales (19%) und Service (13%) war deutlich höher als für Logistik (7%) und Produktion (4%). 84% der befragten Unternehmen teilten mit, dass CC derzeit noch nicht Teil ihrer Strategie sei und weitere Resultate der Studie haben aufgedeckt, dass sich für Unternehmen in der Hälfte der Fälle die Erwartungen an CC noch nicht erfüllt haben, z.B. die Erhöhung der Flexibilität oder Kostenreduktionen. Im selben Zeitraum lag in der deutschen Internet Start-Up-Szene[83] die Adoptionsrate bei 39% der befragten Unternehmen (Stankow et al. 2012). Interessant in jener Studie war das präferierte Liefermodell, denn 73% der Adopter gaben an, PuCC zu verwenden und 72% der Unternehmen, die noch keine Cloud nutzten, würden sich ebenfalls für die öffentliche Variante entscheiden. Zudem haben 82% der Adopter geäußert, ihre Kernprozesse über CC abzuwickeln und zeigten demzufolge ein hohes Vertrauen in den Dienstleister. Der Vergleich der zwei Erhebungen zeigt, dass Public CC bislang besonders für kleine und neue Unternehmen interessant ist. Diese profitieren durch die Option der Skalierbarkeit der Ressourcen gerade in den Anfangsphasen mit unsicheren Wachstumsprognosen. Ebenfalls müssen sie keine hohen Anfangsinvestitionen tätigen, was neben der Agilität auch das Risiko des finanziellen Geschäftsplans minimiert.

Marktforschungsunternehmen prognostizieren dem CC ein starkes Wachstum. Neben einer hohen Endanwender-Nachfrage für PuCC (Tabelle 2.8, Abbildung 2.10), steigt die begleitende Nachfrage nach Technologien, Beratungs- und Integrationsdienstlei-

---

[82] An der Studie haben 300 Unternehmen teilgenommen, davon 65% aus dem Mittelstand.
[83] Stankow, Miroshnychenko & Kurbel (2012) nennen vier Bedingungen dafür, dass ein Unternehmen ein *Internet Start-up* ist: 1. Geschäftsbetrieb kleiner als 3 Jahre, 2. Sechsstelliger Umsatz, 3. Weniger als 50 Mitarbeiter und 4. Das Geschäftsmodell wird über eine Internetseite betrieben.

2.1 Cloud Computing

tungen. SaaS liegt laut Marktdaten vorne in der Adoption, jedoch wächst IaaS laut den Prognosen doppelt so schnell. Der Markt und die Nachfrage für PaaS ist aufgrund seiner spezifischen Eignung, explizit zur Anwendungsentwicklung, an schwächsten.

Tabelle 2.8: Forecast Public Cloud Services Spending[84][85][86]

in Millionen €	2014	2015	2016	2017	CAGR85
Gesamt Weltweit	32.327	40.671	50.268	60.808	23%
United States	18.602	23.516	29.087	35.233	24%
Western Europe	6.908	8.396	10.245	12.300	21%
UK	1.968	2.418	2.989	3.627	23%
Deutschland	1.173	1.432	1.754	2.105	22%
SaaS Weltweit	20.832	24.960	29.598	34.657	18%
United States	12.544	14.937	17.541	20.346	17%
Western Europe	4.504	5.320	6.261	7.269	17%
UK	1.307	1.552	1.841	2.149	18%
Deutschland	829	976	1.138	1.305	16%
PaaS Weltweit	1.507	1.871	2.280	2.713	22%
United States	632	778	936	1.108	21%
Western Europe	359	439	528	614	20%
UK	89	108	130	152	20%
Deutschland	30	36	42	47	17%
IaaS Weltweit	9.988	13.841	18.390	23.438	33%
United States	5.426	7.801	10.610	13.778	36%
Western Europe	2.045	2.637	3.456	4.418	29%
UK	572	758	1.018	1.326	32%
Deutschland	314	420	574	753	34%

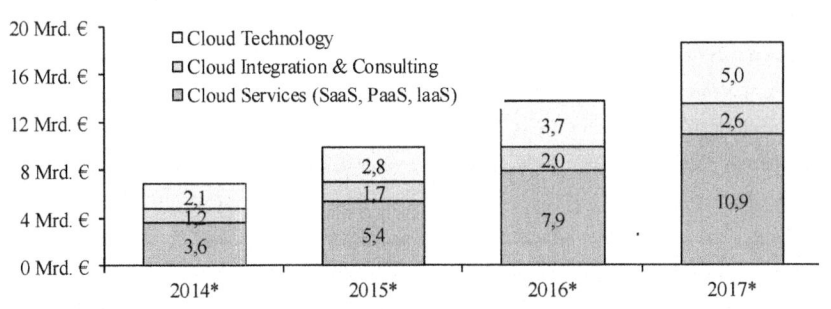

Abbildung 2.10: B2B-Marktvolumen von Cloud Computing[87]

Balkendiagramm mit Kategorien: Cloud Technology, Cloud Integration & Consulting, Cloud Services (SaaS, PaaS, IaaS).
- 2014*: 3,6 / 1,2 / 2,1
- 2015*: 5,4 / 1,7 / 2,8
- 2016*: 7,9 / 2,0 / 3,7
- 2017*: 10,9 / 2,6 / 5,0

---

[84] Gartner (2013a).
[85] Wechselkurs: 1 USD=0,76 EUR / Compound Annual Growth Rate = jährliche Wachstumsrate.
[86] "Only subscription-based revenue from end-user spending is included [..], professional services, including consulting, training, support, and implementation services are not included in the forecast" (Gartner (2012): Market Definitions and Methodology: Public Cloud Services).

Geschäfts- und Preismodelle

EURICH ET AL. (2011) haben die Umsatzquellen von CC-Anbieter recherchiert (Tabelle 2.9). Neben einmaligen und wiederkehrenden Umsätzen, lassen sich direkte durch unmittelbare Zahlungen von CC-Kunden und indirekte Einnahmen, z.b. über Lizenzgebühren unterscheiden.

Tabelle 2.9: Umsatzquellen bei Cloud-basierten Plattformen[88]

	Direkt	Indirekt
Einmalig	❶❷	❸
Wiederkehrend	❹❺❻	❼❽

❶ Aufnahmegebühr	• Registrierungs- oder Verwaltungsgebühr
❷ Downloads / Upgrades	• Gebühr z.B. für den Kauf einer Mobiltelefon-Anwendung
❸ Umsatzbeteiligung	• Umsatz vom Drittanbieter für Bereitstellung dessen Dienstes
❹ Abonnement	• Sich Erneuernder Festpreis für definiertem Zeitraumnutzung
❺ Transaktionsbasiert	• Nutzungsvolumenabhängige Abrechnung
❻ Zusatzdienste	• Zertifizierung, Training oder Angebot höherer Servicelevel
❼ Werbung	• Platzierung von Werbung (z.B. pay-per-click)
❽ Partnerprogramme	• Bereitstellung von technischer Infrastruktur oder Diensten

Pay-per-use (Transaktionsbasiert), die volumenabhängige Abrechnung, ist das bislang dominierende Preismodell, wonach ein fester Preis je Einheit anfällt, z.B. CPU-Stunden oder Gigabyte-Speicherplatz (Han 2009). Hierbei bestimmt sich der Preis neben dem Volumen noch über die Qualität der IT-Produkte. Beim IaaS steigt dieser etwa durch der Anzahl von CPU-Cores, die Qualität und Verfügbarkeit der Server, dem bezogenen Betriebssystem (z.B. Windows oder Linux), der Schreibgeschwindigkeit des Speichers sowie dem Backup- und Disaster Recovery Plan (Sotola 2011). Weniger geläufig sind *Subscription*-Modelle als fortlaufende, z.B. monatlich kündbare Abonnements eines definierten Leistungspaketes (Weinhardt et al. 2009). Beide Preismodelle gelten als verständlich und planbar für den Kunden im Gegensatz zum bislang seltenem *Dynamic Pricing*, wobei der Preis im Auktionsmodell entsprechend Angebot und Nachfrage stetig neu berechnet wird.

---

[87] Experton Group (2013), Statista.
[88] In Anlehnung an Eurich et al. (2011).

2.1 Cloud Computing

Neue Wettbewerbssituation und dessen Risiken

Traditionelle Software-Anbieter sehen sich mit Veränderungen im Wettbewerb konfrontiert. Zum einen drängen CC-Start-Up Unternehmen auf den Markt, zum anderen wandelt sich das bisherige Umsatzmodell und CC bedarf dem Aufbau immenser Kapazitäten, letztendlich zur Verdrängung des bisherigen Produktportfolios (Etro 2011). Neben dem eigentlichen Produktverkauf trugen bislang begleitende Lizenzgebühren für Wartung und Updates sowie unternehmensspezifischen Produktanpassungen zu zwei Dritteln vom Umsatz bei (Cusumano 2010). Dies entfällt größtenteils bei den hochstandardisierten CC-Lösungen. Dazu erschwert die verbrauchsabhängige Abrechnung die Planung zukünftiger Einnahmen. Die neue Wettbewerbssituation ist herausfordernd, denn CC-Anbieter befinden sich in dem Dilemma, den Preiskampf zu bestehen und sich gleichzeitig durch eine hohe Qualität und Innovation zu differenzieren.

DURKEE (2010) merkt an, dass Praktiken der Verschleierung von Minderqualität zum Nachteil der Kunden nicht unüblich sind und dass komplexe Preismodelle den Kunden verwirren und so Mehreinnahmen generieren sollen. Beispiele von Minderqualität sind geringere Datenübertragungsraten, veraltete Hardware oder Überprovisionierung, wobei die verkaufte Kapazität über alle Kunden die tatsächlich vorhandene übersteigt, mit der Hoffnung, nie alle Kunden gleichzeitig auslasten zu müssen. Ein weiterer Trick sind Maluszahlungen durch den Anbieter an den Kunden, z.B. 10% Preisnachlass, falls die 99,999% Verfügbarkeit (max. 5 Minuten Offline pro Jahr) nicht geliefert wird (ebd.). Dies ermöglicht dem Anbieter einen kalkulatorischen und zumeist für den Kunden ungünstigen Spielraum, denn Schlechtleistung mit Regress ist häufig günstiger als der signifikant höhere Aufwand zur Gewährleistung der Hochverfügbarkeit. Ein Nachsehen hat der Kunde, für den die Umsatzeinbuße beim Serviceausfall wesentlich höher sein kann als die etwaige Rückzahlung vom Anbieter durch den Malus-Fall. Bzgl. Preismodellkomplexität, können Kunden versteckte Kosten entstehen durch horrende Aufschläge beim Überschreiten des vertraglich vereinbarten Volumens, oder durch die Einschränkung in Langzeitverträgen mit Festpreisen, in einem Markt mit massivem Preisverfall (Durkee 2010).

Führende Cloud Computing Anbieter

Stellvertretend für das Servicemodell IaaS bietet das Unternehmen Amazon zur Lieferung von Rechenkapazität das Produkt EC2 (Elastic Compute Cloud) und für Speicherplatz das Produkt S3 (Simple Storage Service) an. Es gilt als das erste Unternehmen, dass nach dem pay-as-you-go-Modell virtuelle Server und Speicherplatz an externe Kunden anbot (Marston et al. 2011). GARTNER (2013b) stuft Amazon Web Services als Anbieter von IaaS als industrieführend ein, da das Unternehmen in Bezug auf ihre strategische Vision als auch operative Leistungsfähigkeit gegenüber Wettbewerbern im Vorsprung sei. Die EC2 hätte zudem die fünffachen Kapazitäten wie alle weiteren im Benchmark verglichenen Unternehmen zusammen (ebd., S. 11). ARMBRUST ET AL. (2010) merken an, dass die umfangreichen Konfiguriermöglichkeiten bei EC2 gleichzeitig zwei Probleme nach sich zögen. Zum einen erschwere die Spezifizität die automatische Skalierbarkeit, ferner könnte diese zu einer starken Abhängigkeit zu EC2 führen und eine Wechselbarriere im Sinne des *Vendor-Lock-In* nach sich ziehen. Microsofts Azure Platform ist ein seit 2010 verfügbarer PaaS-Dienst, und bietet Entwicklungsumgebungen hauptsächlich auf Microsoft Standards wie .NET, SQL, SharePoint, Dynamics CRM oder Visual Studio an, unterstützt jedoch auch Programmiersprachen wie z.B. Java, PHP oder C++ (Marston et al. 2011). Aufgrund der vorherrschenden Stellung von Microsoft bei Betriebssystemen (Windows), Office-Anwendungen und Server-Systemen sowie durch Community-Effekte im Microsoft Developer Network (MSDN) nimmt auch Azure eine marktbeherrschende Stellung ein, neben der Blue Cloud von IBM oder der Google App Engine. Seit 2013 hat Microsoft sein CC-Angebot auf IaaS erweitert (Gartner 2013b). Salesforce.com wurde im Jahr 1999 gegründet und ist einer der marktführenden SaaS-Anbieter mit über 50.000 Kunden weltweit (Riedl et al. 2010). Das Kernprodukt ist eine funktional vollumfängliche Vertriebs- und Marketinganwendung, das Unternehmen baut jedoch durch fokussierte Zukäufe und Produkterweiterungen seine vorherrschende Marktstellung in diesem Segment kontinuierlich aus (Gartner 2013d). Work.com offeriert z.B. Vertriebszertifizierungen, Coaching und Sales Performance Funktionalitäten, Data.com ermöglicht die Aufbereitung und Säuberung von Kundeninformationen und Chatter ist eine Kollaborationslösung. Mit Force.com bietet Salesforce.com eine PaaS Platform an für die Entwicklung von ergänzenden Anwendungen (laut Marston et al. 2011). Dies waren im Jahr 2011 bereits mehr als 100.000. Neben den meist U.S. amerikanischen CC-Großunternehmen, hat sich auch in Deutschland bereits eine Markt von Anbietern entwickelt, welche neben dem Hauptsitz und somit Gerichtsstand in Deutschland auch die Kundenanfragen und den Support lokal bedienen (Flach 2012)[89].

---

[89] Siehe Flach (2012) für eine Kurzdarstellung von 35 Anbietern und deren Produktportfolio.

2.1 Cloud Computing

Praxisbeispiele

Zum Abschluss des Kapitels 2.2.4 sollen selektierte Praxisbeispiele das strategische, volkswirtschaftliche, politische als auch gesellschaftliche Potenzial und die Relevanz von CC verdeutlichen. XU (2011) stellt für die Fertigung den Trend des *Design Anywhere, Manufacture Anywhere* vor als die Möglichkeit sowohl den Produktentwicklungsprozess als auch die eigentliche Herstellung flexibel über mehrere Produktionsstandorte verteilt, dabei jedoch aufeinander abgestimmt, durchführen zu können. CC sei hierbei die Schlüsseltechnologie auf zweifache Weise. Wie bereits beschrieben hilft die Skalierbarkeit und Ubiquität sowohl bei der operativen Effizienz, der Bedienung von temporären Leistungsspitzen als auch zur Steigerung der Kollaboration in der Entwicklung. Möglich sei jedoch jetzt das *Cloud Manufacturing* und *Service-oriented Manufacturing* als die Gestaltung und Steuerung des Entwicklungsprozesses durch die Cloud bereitgestellte Ressourcen im Sinne der virtuellen Fabrik (ebd., S. 7).

CC bietet viele Vorteile im Bildungssektor, dies insbesondere in ländlichen oder unterentwickelten Regionen, da CC Fernunterricht ermöglicht und Reiseaufwände verringert (Behrend et al. 2011). Bildungsangebote können durch die Cloud jederzeit online abgerufen werden und Computer, die zur Ausführung von aktueller Lernsoftware technisch veraltet wären, eignen sich noch zur Dateneingabe und Darstellung der Inhalte, wobei die eigentliche Rechenleistung in der Cloud erfolgt. Freie verfügbare Cloud-basierte Programme steigern Kollaboration, Lernen und Produktivität auch dort, wo ansonsten finanzielle Hürden die Entwicklung ausbremsen würden. Das Online Schreibprogramm Google Docs findet z.B. hohen Zuspruch in Indien oder Lateinamerika und Agrarbauern in der Sahelzone nutzen ihr Mobiltelefon für den Zugang zu einer Cloud-basierten Handelsplattformen (Greengard 2010). CHARD ET AL. (2010) skizzieren Social Clouds unter Freunden und Gruppen, die sich über bestehende Soziale Netzwerke wie etwa Facebook, zusammenschließen und wie in einem Grid für einen dedizierten Zweck dezentral orchestrierte Ressourcen teilen.

Die japanische Regierung erklärt die Absicht durch CC eine Wissens- und Informationsgesellschaft zu etablieren und dabei die Ressourcennutzung der gesamten Gesellschaft zu optimieren, mit dem begleitenden Ziel der Verringerung von Umweltbelastungen (Sonehara 2011). Im öffentlichen Sektor soll CC die Effizienz verbessern, unter anderem in Bereichen der medizinischen Versorgung, der Landwirtschaft oder im Katastrophenschutz (Etro 2009). In Japan generiert allein die staatliche Nachfrage ein

Fünftel des Marktvolumens von CC, konkret ist im Jahr 2015 eine staatliche Nachfrage in Höhe von. 550 Mrd. Yen[90] geplant. OLBRICH & MOSEL (2013) sehen in der Energiewirtschaft ein hohes Einsatzpotenzial durch die Integration von Informations- und Kommunikationstechnologien in die Energienetze mit CC. Sie führen an den intelligenten und automatisierten Netzbetrieb mit Fernanalyse und Fernwirktechnik, skalierbare dezentral geführte Systeme für Photovoltaik oder ein effizienteres Last- und Nachfragemanagement durch Integration und Direktmarketing dezentral erzeugter Energie. Auch beim Endabnehmer kann CC bei Verbrauchsanalysen und bei der Kosteneffizienz von Ladegeräten nützlich sein. Viele Anwendungsbeispiele werden auch in der Medizintechnik und dem Gesundheitswesen vorgebracht, z.b. Möglichkeiten der Ferndiagnose und oder rechenintensive Simulationen und Testreihen in der pharmazeutischen Forschung (BITKOM 2009).

2.1.6 Forschungsagenda

WANG ET AL. (2011) kommentierten 2011 die Forschung über CC als zu diesem Zeitpunkt in einem frühen Stadium ansässig („still at it's infancy", S. 240). Die Autoren rufen auf zu mehr Forschung über Fragestellungen des Wertbeitrags der CC-Nutzung und zur Messung von Vorteilen in Unternehmen durch die Realisierung der erwarteten Vorteile. Demnach fehle es an konkreten Vergleichen, ob sich die Kostenposition, Produktivität und Leistungsfähigkeit der IT durch CC tatsächlich verbessert hätten. In Bezug auf die technologischen Aspekte der Cloud seien gestalterische Studien (*Design Science*) gefordert, z.B. die Programmierung von CC-Management-Anwendungen, um Transparenz für den Kunden zu schaffen und die Einhaltung der Service-Verträge beim Anbieter zu überprüfen. HUNTGEBURTH ET AL. (2012) erkennen in Bezug auf die CC-Innovation eine Dominanz Umfrage-basierter Forschung. Mehr qualitative Forschung sei gefragt, um Ansätze zu entwickeln, die CC-Innovation ganzheitlich über alle Akteure des Wertschöpfungsnetzwerkes zu erklären. Ebenso würde zu häufig als Fundierung die Transaktionskostentheorie herangezogen und damit nicht-kostenbezogene Erklärungsansätze für die Verbreitung von CC vernachlässigt, z.B. institutionelle Assimilationsprädiktoren oder die *Management Fashion Theorie*[91] (siehe 2.1.1). Als weiterer Punkt werden sich zukünftig herausbildende CC-Industriestrukturen zur Erforschung vorgeschlagen.

---

[90] In etwa 5,5 Mrd. US Dollar zum Wechselkursstand vom 31. Oktober 2013.
[91] Diese Theorie nach Abrahamson (1996) wird im Rahmen der ebenfalls gelieferten Erklärung zur Neuen Institutionenökonomie bei der Literaturrecherche zu IT-Adoption (3.3.3) abgehandelt.

MARTENS, POEPPELBUSS & TEUTEBERG (2011) haben im Zuge einer Sentiment- und Clusteranalyse 485 Publikationen aus der Wirtschaftsinformatik auf Schlagwörter untersucht und dabei 14 Themen als relevant für die CC Forschung identifiziert. Sie betonen sechs Fokusthemen: Technische Architekturen und Standards, Implementierungskosten, Preisgestaltung, Servicequalität, Rollenwandel der IT-Abteilung, Sicherheit und Datenschutz. KHAJEH-HOSSEINI ET AL. (2010) definieren drei Hauptstränge als Anregung für weitere Forschung. *Organisational Change* umfasse Fragen des Rollenwandels der zentralen IT-Autorität in Unternehmen, der unternehmenspolitischen Bedeutung von CC sowie die Auswirkung auf die Arbeitspraxis der Endanwender. *Security, Legal and Privacy Issues* seien zu klären, hierbei Themen wie die Einhaltung von Compliance-Richtlinien, Technische Sicherheitsrisiken (Datenverlust, Verschlüsselung, Abwehr von Angriffen), Fragen des Datenschutzes sowie lizenzrechtliche Probleme. Der dritte Block betreffe sämtliche Themen um Kosten mit der Ausgestaltung von Preismodellen und Verrechnungspraxise, wobei die Autoren eine getrennte Betrachtung nach Kunden- und Anbietersicht vorschlagen. MARSTON ET AL (2011) definieren eine ebenso umfängliche Agenda mit fünf Hauptströmungen und 15 konkreten Themen (Tabelle 2.10). Sie trennen hierbei in deutlich technische (5, 7, 8, 11) und betriebswirtschaftlich (1, 9, 10, 13) Fragestellungen. Einige Themen sehen sie miteinander verzahnt, z.B. den Block der Adoption mit dem Verhalten von Drittparteien, sowie rechtliche Vorgaben mit internationalen Richtlinien (S. 186). Die Studie in der dieser Arbeit bedient mehrere Fragestellungen in den Agenden zu CC. So werden der Wertbeitrags der CC-Nutzung (Wang et al. 2011) und Einflusses institutioneller Assimilationsfaktoren (Huntgeburth et al. 2012) erforscht und ein zentraler Augenmerk auf die CC-Adoption und der Rolle von Drittparteien (Marston et al. 2011) gelegt.

Kapitelabschluss

In diesem Kapitel wurde das Phänonem des CC über seine Definition, die Abgrenzung gegenüber verwandten Technologien und seine Einordnung in das IT-Outsourcing konkretisiert. Es wurde an mehreren Stellen der Fokus der vorliegenden Arbeit auf der Liefermodell des PuCC betont und gerechtfertigt. Die Marktanalyse und die vorgestellten Ergebnisse bisheriger marktorientierter Adoptionsstudien und ebenfalls die in Kapitel 3.2.3 vorgestellten wissenschaftlichen Adoptionsstudien verdeutlichen, dass CC bereits im Markt etabliert ist. Hierbei dominiert PuCC aufgrund der benannten Risiken bislang noch nicht den Markt, verspricht allerdings einen Nutzen in Bezug auf

Kosteneinsparungen, Skalierbarkeit und Innovation. CC im Allgemeinen und PuCC im Speziellen zeigen umfangreiche Möglichkeiten der wissenschaftlichen Forschung, wie die Recherche über die Forschungsagenden darlegen konnte. Dass die vorliegende Arbeit eben jene Punkte unter spezieller Widmung der betriebswirtschaftlichen Perspektive adressiert unterstreicht die Aktualität und Relevanz dieser empirischen Studie. PuCC stellt das zentrale Forschungsobjekt dar, an welchem zu einem potenzielle Assimilationsprädiktoren im Sinne der ex-ante Perspektive evaluiert werden, gleichzeitig die ex-post Sicht der Assimilation von PuCC betrachtet wird als dessen Auswirkung auf Fähigkeiten im Unternehmen und dem Potenzial, einen Wertbeitrag zu generieren.

Tabelle 2.10: Cloud Computing Forschungsagenda[92]

Kategorien	Forschungsthemen
Wirtschaftlichkeit	1. Preisstrategien von CC-Diensten 2. Identifizierung von Einflussfaktoren auf CC, deren Auswirkung auf die Wirtschaftlichkeit des Anbieters und die betroffene Wertschöpfungskette
Strategieforschung	3. Auswirkungen von CC auf die Unternehmenskultur 4. Einfluss von Geschäftspartnern und Drittparteien
IS Richtlinien	5. Einführung konsistenter IS Richtlinien über mehrere CC-Anbieter hinweg 6. Optimales Softwaremanagement für den CC-Anbieter und CC-Nutzer 7. Richtlinien zur IT-Prüfung, Kriminalitätsbekämpfung, Beweissammlung 8. Sicherheitsstandards und –herausforderungen 9. Risikoübergang, SLA Definition und Vertragsgestaltung 10. Internationale Verordnungen und Richtlinien
Adoption und Implementierung	11. Entscheidungskriterien zur Auswahl von Anwendungen für die Cloud 12. Vorgehensmodelle zur Adoption im Unternehmen und Implementierung sowohl von Private und Public CC 13. Methodologie zur Analyse und Abwägung von Risiken durch die Adoption 14. Ermittlung der besten industriespezifischen CC-Anwendungen
Regularien und Gesetzgebung	15. Identifizierung von rechtlichen Fragestellungen, Problemen und Handlungsfeldern durch den Einsatz von CC
Weitere Themen	16. Wertbeitrag durch Cloud Computing (Wang et al. 2011) 17. Design Science und Prototyping (Wang et al. 2011) 18. Auswirkungen institutioneller Kräfte (Huntgeburth et al. 2012) 19. Neue Arbeitspraxis für Anwender (Khajeh-Hosseini et al. 2010) 20. Rollenwandel der IT-Abteilung (Martens et al. 2011)

---

[92] Marston et al. (2011).

2.2 Adoption von Informationstechnologien

Das folgende Kapitel führt in die theoretischen Grundlagen und Methoden der Forschung über die Adoption und Assimilation von Innovationen, im Speziellen der von Informationstechnologien ein. *Adoption* ist definiert als die Entscheidung, eine Innovation in vollem Umfang nutzen und in einer optimalen Vorgehensweise einführen zu wollen („a decision to make full use of an innovation as the best course of action available", Rogers 1983, S. 21). Die *Adoptionsforschung* untersucht daher die Faktoren und Bedingungen, die zu der Entscheidungsfindung beitragen (Mohsin & Ishaq 2005, S. 1). Im Kapitel 2.2.1 werden die für das weitere Verständnis wichtigen Begriffe der *Innovation* und *IT-Innovations-forschung* erläutert. In Anschluss widmen sich Kapitel 2.2.2 bis 2.2.4 den Strömungen der individuellen Akzeptanz- und organisationalen[93] Adoptionsforschung. Wo bei der *IT-Akzeptanz* die subjektive Einstellung eines Individuums im Vordergrund steht, ersucht *IT-Diffusion* den Verlauf der Adoption in einer Branche, Geographie, Nutzergruppe oder Unternehmens im Zeitverlauf zu ergründen. *IT-Assimilation* handelt im Speziellen über die Phasen und den Verlauf des organisationalen Adoptionsprozesses. Das Kapitel 2.2.5 schließt mit der Wiedergabe von Meta-Studien über die Anwendung dieser Theorien und Modelle. Dabei werden Kritikpunkte an der Adoptionsforschung und Ansätze zu dessen Mitigierung bei der Durchführung der in dieser Arbeit vorgestellten empirischen Studie aufgezeigt.

2.2.1 Definition von Innovation und IT-Innovation

DRUCKER (1985) definiert *Innovation* als „… the means by which the entrepreneur either creates new wealth-producing resources or endows existing resources with enhanced potenzial for creating wealth" sowie "the effort to create purposeful, focused change in an enterprise's economic or social potential" (S. 5f). Der Autor erkennt dabei sieben Quellen von Innovation. Innerhalb einer Branche können 1.) Erfolge und Rückschläge, 2.) unerwartete Ereignisse, 3.) Prozessanpassungen sowie 4..) Industrie- und Marktänderungen die Unternehmen und Unternehmer zu einer Neubewertung und Überarbeitung ihrer Geschäftsmodell oder Verfahren veranlassen. Darüber hinaus müssen Unternehmen 5.) auf den demografischen Wandel, 6.) die veränderte Wahrnehmungen gesellschaftlicher Themen, z.B. die Rolle der Frau oder 7.) den Umwelt-

---

[93] Hier bezogen auf Unternehmen.

schutz sowie auf Wissenstransfer aus anderen Disziplinen reagieren, um am Markt zu bestehen (ebd.). Das tatsächlich innovative Handeln als Herbeiführung einer Änderung kann durch einen rationalen Prozess oder institutionelle Anforderungen, Gesetze, Normen oder Regularien, gezielt angestoßen oder kontinuierlich praktiziert werden (Millet 2008, Orlikowski & Barley 2001, Ciborra 2002). Zusätzlich sei die Möglichkeit des Experimentierens, Ausprobierens und Improvisierens im Rahmen der Einführung und Nutzung einer Technologie einzuräumen, da hieraus weitere Innovationen resultieren, auch *emergent phenomenon* genannt (ebd.). Eine präzise Definition liefert ROGERS (2003): *„Innovation is an idea, practice, or object, that is perceived as new by an individual or other unit of adoption"* (S. 12). Der Autor betont die Wichtigkeit der Wahrnehmung, welche eine Reaktion zur Adoption oder Ablehnung hervorrufe, ungeachtet der objektiven Richtigkeit. RAM ET AL. (2010) kommen als Ergebnis einer Recherche über Konzepte der Innovation zu einer dritten Definition (S. 12):

"... process through which an idea, object, practice, technology, process is created, reinvented, developed, diffused, adopted and used – having been created internally or acquired / sourced from external agencies, and that is new or significantly improved with the potential of creating or adding value to the adopting unit."

Der Begriff *Innovation* beinhaltet folglich Themen wie Neuheit, Wandel, Wertbeitrag, Kreativität als auch einen prozessualen Gedanken. Neben der Definition von Innovation gibt es den Begriff der *Innovativeness* als „the degree of discontinuity" (Garcia & Catalone 2002, S. 112). Hierbei wird in die Innovation des Produkts oder der Innovationsfähigkeit des Unternehmens unterschieden. *Product Innovativeness* misst z.B. das Potenzial der aus der Innovation resultierenden Diskontinuität auf die gesamte Industrie oder das Unternehmen (Garcia & Calantone 2002). *Organisational Innovativeness* wiederum bewertet die Fähigkeit des Unternehmens, neue Produkte zu entwickeln oder diese zu imitieren und erfolgreich zu adoptieren[94]. Innovationen lassen sich mannigfaltig kategorisieren, u.a. nach der Neuartigkeit für den Markt, für das Produkt oder für die Technologieklasse (Miller & Miller 2012) sowie in Bezug auf deren Radikalität, welche mit Hinsicht auf die Zielsetzung der Arbeit in Folgenden selektiv beschrieben wird. Im Anschluss wird direkt zu den Ausführung über IT-Innovation und den Strömungen der IT-Innovationsforschung übergegangen.

Disruptive Innovation (Radikalität)

---

[94] Das Thema Innovationsfähigkeit, bzgl. Innovation Capability wird in 2.2.1 abgehandelt.

2.2 Adoption von Informationstechnologien

ROBERTSON (1967) typisiert Innovation als *continuous* bei kleineren und als *dynamically continuous* bei erheblichen Produktänderungen. Fernsehen oder Computer bezeichnet der Autor exemplarisch als *discontinuous*, da gänzlich neue Produkte eingeführt und hierdurch sogar neue Verhaltensmuster etabliert werden (S. 15f). GOPALAKRISHNAN & DAMANOUR (1997) trennen in *incremental* und *radical innovations* (S. 18). Während erstere die bestehenden Strukturen in Unternehmen, Prozess und Produkt noch festigen, induzieren letztere fundamentale und transformatorische Änderungen. *Radical innovations* seien „competency-destroying", stellen „clear departures from existing practices" dar und erhöhen zudem die "environment uncertainty" (ebd.). Bereits SCHUMPETER (1939) hat auf die disruptive Natur technologischer Veränderungen hingewiesen, bevor CHRISTENSEN (1997) den Begriff *disruptive technologies* geprägt hat (Christensen 2000, Utterback & Acee 2005). Den Autoren zufolge zeichnen drei Phasen den disruptiven Charakter einer Technologie aus (Utterback & Acee 2005). Zuerst weisen sie Attribute auf, die den Nutzern einen höheren Wert bieten gegenüber bestehenden Produkten und dabei deutlich kostengünstiger oder in der Beschaffung und Nutzung effizienter sind. Sie infiltrieren hierdurch bestehende Märkte anfänglich mit kleinen Volumina. So entstünde der Effekt, dass sich etablierte Produkte in ein höheres Segment verlagern, da der Konkurrent den Basismarkt einnimmt. Im Zeitverlauf entwickelt sich die Adoption des neuen Produktes derart schnell fort, dass es zu einer vollständigen Verdrängung des traditionellen Produktes kommt (ebd.). Ein populäres Beispiel ist das des Kamera- und Film-Herstellers Kodak zur Zeit des Aufkommens der Digitalfotographie. Durch Fehlinterpretation von Kundenbedürfnissen, den sich abzeichnenden Preisverfall und Unterschätzen der Möglichkeiten in Produkten und Prozesses durch Digitalkameras, verlor der ehemalige Marktführer bedeutende Marktanteile an zumeist japanische Konkurrenten (Lucas & Goh 2009).

CC erfüllt ebenso die Attribute einer disruptiven Innovation, wie bereits im Grundlagenkapitel zu CC erörtert (S. 23, Sultan & Bunt-Kokhuis 2012). Nach SULTAN (2012) destabilisiert CC die bestehenden Märkte für Informationstechnologie, z.B. das traditionelle Hardware- und Softwaregeschäft und eröffnet gleichzeitig neue Geschäftsfelder durch das IT-as-as-Service. Es induziert einen Preiskampf als Folge der IT-

Kommodifizierung[95] und schafft gleichzeitig Zusatzwerte durch eine potenziell verbesserte IT-Flexibilität für Kunden bei deren erlebten Marktveränderungen. Die bestehenden Akteure, z.B. Anbieter von on-premise[96] Anwendungen, müssen reagieren, indem sie etwa in puncto IT-Sicherheit oder Kundenindividualität dem steigenden Angebot an CC-Services etwas entgegensetzen. Es ist zu erwarten, dass die Cloud sich zum dominierenden IT-Liefermodell entwickelt, und unternehmenseigene IT nur noch für individuelle Anwendungen und zur Unterstützung von Kernkompetenzen betrieben wird. Die traditionelle Fotokamera ist noch am Markt, in kleinen Stückzahlen und bestimmt für den Einsatz bei professioneller Fotografie oder künstlerischem Hobby.

IT-Innovation
IT-Innovation wird definiert als "innovation in the organisational application of digital computer and communications technologies" (Swanson 1994, S. 1072) sowie als "administrative or operational idea, practice, or object perceived as new by an organisational unit and whose underlying basis was IT" (Lind & Zmud 1991, S. 196). IT-Innovation befähigt Unternehmen dazu, ihre Produktivität und Qualität zu verbessern und intern die Kollaboration und Prozesseffizienz zu erhöhen (Lee & Xia 2006). LYYTINEN & ROSE (2003) verstehen IT-Innovation als wesentlich auswirkungsstärker: „they are often augmented with complementary organisational innovations including new forms of cognition, meaning, work, process, business process, or organisational structure" (S. 560). Es haben sich Schlagworte ausgebildet wie *IT-enabled Innovation* (Ashurst et al. 2012), *IT-Driven Business Models* (Kagermann et al. 2010) oder *Digital Innovations* (Yoo et al. 2010).

Diese Definitionen und Aspekte verdeutlichen die Spannbreite von IT-Innovation, beginnend mit Neuerungen auf der rein technologischen Ebene über die IT-Unterstützung von administrativen Geschäftsprozessen bis zum Stellenwert einer Kernkompetenz in auf IT basierenden Geschäftsmodellen. Neben IT-Innovation als *Product Innovativeness* steigert IT auch die *Organisational Innovativeness* durch die besseren Möglichkeiten der Verwaltung von Ideen und Wissen und Kollaborations- und Interaktionsmöglichkeiten mit Kunden und Produktentwicklern im Sinne der *Open Innovation* oder *Co-Creation* (Saldanha & Krishnan 2011). Eine Kategorisierung

---
[95] Ableitung des englischen Begriffs *Commodity* als vermarktete Standardware. Demzufolge beschreibt Kommodifizierung den Prozess eines ehemals individuellen Produktes dahin.
[96] Software, die lokal auf den Anwenderservern installiert wird, z.B. innerhalb einer Organisation.

2.2 Adoption von Informationstechnologien

von IT-Innovation liefert u.a. SWANSON'S (1994) Tri-Core-Modell[97], welched durch LYYTINEN & ROSE (2005) erweitert wurde. Angelehnt hieran zeigt Tabelle 2.11 ein Kategorisierungsschema sowie eine Einordnung der CC-Servicemodelle[98] hierein. Demnach ist CC nur bei der IT-Abteilung als IT-Innovation bislang nicht etabliert.

Tabelle 2.11: Kategorien von IT-Innovation[99]

Kategorie	Inhalt	Typ	Beschreibung	I	P	S
IT Basis	Neue Software und Hardware und Telekommunikation	Innovation von Basistechnologien	Schnellere Rechenzeiten und bessere Zuverlässigkeit	▮	▮	
		Entwicklung von Grundfähigkeiten	Neue Gestaltungsprinzipien, z.B. im IT-Qualitätsmanagement	▮	▮	
		Dienstleistungen / IT-Services	Neue Funktionalitäten oder Multimedia-Schnittstellen	▮		
Systementwicklung (SE)	Entwicklungs-Anwendungen	Administrative Prozesse zur SE	Prozesse zur Unterstützung der IT-Strategie und IT-Planung			
		Technologische Prozesse zur SE	Neue Programmiermethoden, z.B. Prototypisierung oder agile SE			
Administration	IT-gestütze Verwaltung	Administrative Prozesse	Prozesse zur Unterstützung des Unternehmens, z.B. Buchhaltung			▮
Dienstleistungen	IT-gestützte Geschäftsprozesse oder Unternehmens-Funktionen	IT-gestützte Prozesse	Unterstützung von Kerngeschäftsprozessen durch IT			▮
		IT-basierte Produkte	Produkte und Dienstleistungen, welche vollständig auf IT basieren			▮
		IT-basierte Integration	Integration mehrerer IT-Systeme und Geschäftsprozesse			▮

Abdeckung durch Cloud Computing: (I)nfrastructure-, (P)latform- und (S)oftware-as-a-Service

IT-Innovationsforschung

Nach Mohsin & Ishaq (2005) beschäftigt sich die IT-Innovationsforschung „with understanding the factors that facilitate or inhibit the adoption and diffusion of emerging IT-based processes or products within a population of potential adopters" (S. 1). Es existieren vier Strömungen mit einem jeweiligen wissenschaftlichen Fokus (Tabelle 2.12). Die vorliegende Arbeit ordnet sich in die soziologische Richtung ein. Sie ver-

---
[97] Dem Modell nach bestehen Innovationen aus drei Bestandteilen (Kernen): Technologien, Informationssystemen und administrativen, geschäftsprozessorientierten Prozesse.
[98] Ergänzend dient die Abbildung 2.3 auf Seite 41.
[99] In Anlehnung an Swanson (1994), Lyytinen & Rose (2003).

folgt Fragen des Einflusses von Faktoren auf die Stufen-diskrete Adoption des PuCC Phänomens im Unternehmen. Zugleich nimmt die Studie eine prozessuale Sicht ein, indem der Einfluss jener Faktoren zu verschiedenen Stufen mit dem Zwecke der Fortführung der IT-Assimilation untersucht wird.

Tabelle 2.12: Strömungen der Innovationsforschung[100]

Fokus	Prozessstufe	Innovationsobjekt	Innovationstyp
Ökonomisch	• Ideengenerierung • Projektdefinition	• Industrie	• Technisch • Radikal
Kontextuell	• Kommerzialisierung • Diffusion	• Innovation im Industriekontext	• Technisch • Radikal/Inkrementell
Organisatorisch	• Ideengenerierung • Adoptionsinitiierung	• Unternehmenseinheit	• Technisch/Administrativ • Radikal/Inkrementell
Soziologisch-Prozessual	• Adoptionsinitiierung • Implementierung	• Unternehmen	• Administrativ • Radikal/Inkrementell

Der Innovationsforschung sind drei Grundfragen (Fichman 2000, S. 106f) eins, wobei die vorliegende Arbeit sich insbesondere der dritten zuwendet:

- Was bestimmt die Geschwindigkeit, den Umfang und das Profil der Diffusion von Innovationen über eine Population potenzieller Adoptoren?
- Woraus resultiert die grundsätzliche Neigung eines Unternehmens, Innovationen zu adoptieren oder im Zeitverlauf zu assimilieren?
- Wodurch wird ein Unternehmen angetrieben, genau eine bestimmt Innovation zu adoptieren oder im Zeitverlauf zu assimilieren?

Frage 1 ist stellvertretend für die sogenannte *Diffusionsforschung*, in jene bezogen auf Tabelle 2.12 auch die ökonomischen und kontextuellen Strömungen fallen. Von Interesse ist hierbei das akkumulierte Adoptionsverhalten einer Population, wohingegen die *Adoptionsforschung*, entsprechend Frage 2 und 3 sowie die anderen Strömungen repräsentierend, zu erforschen versucht, welche Charakteristika und externe Einflüsse die Adoption und Assimilation im Zeitverlauf beeinflussen (S. 4f). Die organisationale[101] Adoptionsforschung verfolgt hiermit auch weitestgehend andere Fragestellungen als die individuelle Akzeptanzforschung. Bei letzterer soll die Rolle des Individuums,

---

[100] In Anlehnung an Gopalakrishnan & Damanpour (1997), S. 20.
[101] In dieser Arbeit sind Unternehmen das Forschungsobjekt.

2.2 Adoption von Informationstechnologien

dessen Beeinflussung durch Weisung, Lernfähigkeit und Wahrnehmung von Leistungsparametern bezogen auf den eigenen Nutzen untersucht werden (Fichman 1992).

2.2.2 IT-Akzeptanzforschung

Im vorherigen Abschnitt wurden bereits die Schlagwort *Adoption* und *Assimilation* zur Einführung in die Innovationsforschung aufgeworfen. Jene Begriffe werden nach einer Abgrenzung zur *Akzeptanzforschung* und mit dem Fokus auf IT-Innovationen im Verlauf des Kapitels konkretisiert.

KUMMER (2010) definiert Akzeptanz als die Bildung einer subjektiven Einstellung eines Individuums hinsichtlich eines Sachverhalts, „die sein Verhalten in Form der Annahme oder Ablehnung einer innovativen Technologie beeinflusst" (S. 52f). Das Fundament der in der empirischen Sozialforschung verankerten Akzeptanzforschung bildet die *Theory of Reasoned Action* (TRA) nach FISHBEIN & AJZEN (1975). Diese postuliert, dass das Verhalten eines Individuums aus dessen Verhaltensintention folgt. Diese beruht wiederum auf der persönlichen Einstellung und einer subjektiv wahrgenommenen Norm bzgl. des möglichen Verhaltens. Das Modell wurde für die Technologienutzung adaptiert und als *Technology Acceptance Model* (TAM) weiterentwickelt veröffentlicht (Davis 1989). Nach TAM bestimmt sich die Nutzungsintention (*Behavioral Intention to Use*), welche TRA folgend zur tatsächlichen Anwendung (*Actual System Use*) führt, aus der wahrgenommene Nützlichkeit (*Perceived Usefulness*) und Benutzerfreundlichkeit (*Perceived Ease of Use*) der Technologie (ebd.). Beide Modelle gehen von der Freiheit und Unbegrenztheit der Umsetzung eines Willens aus und ignorieren äußere Umstände und Zwänge. Zur Behebung dieser Unzulänglichkeiten in den initialen Modellen hat AJZEN (1991) die Variable *Perceived Behavioral Control* (wahrgenommene Verhaltenskontrolle) eingeführt, welcher der *Social Cognitive Theory*[102] entstammt. Die so als *Theory of Planned Behavior* (TPB) deklarierte Theorie beachtet somit auch Umstände auf das vom Individuum intendierte Verhalten, die im Selbstvertrauen und der Wahrnehmung etwaiger Hinderungsparameter begründet liegen und die tatsächliche Handlungsumsetzung beeinflussen können. Eine Dekade später wurde das erweiterte TAM2-Modell veröffentlicht durch VENKATESH & DAVIS (2000) mit zusätzlichen Variablen zur Abbildung von sozialen Einflüssen (*Image, Vo-*

---

[102] Siehe Bandurat (1976): Social Learning Theory.

luntariness, Subjective Norm) und kognitiven Prozessen (*Output Quality, Result Demonstrability, Job Relevance*). Zudem wurde *Experience* als moderierende Variable auf Einflüsse von *Subjective Norm* mit in das gegenüber TAM2 umfangreichere Modell aufgenommen. VENKATESH ET AL. (2003) konnten durch Langzeitstudien über insgesamt acht Akzeptanzmodelle zwischen 17% und 53% der Varianz der Nutzungsintention erklären. Die Autoren haben ein eigenes Modell entwickelt und mit ca. 70% Erklärungsgehalt validiert. Diese *Unified Theory of Acceptance and Use of Technology* (UTAUT) beinhaltet vier vielfach empirisch bestätigte Prädiktoren der *Behavioral Intention*. Zudem wurden neben den aus TAM2 stammenden Moderatoren *Experience* und *Voluntariness of Use* noch *Gender* und *Age* als bedeutsame Einflussgrößen ergänzt (Abbildung 2.11). Nach KUMMER (2010) sind die Zielsetzungen der Akzeptanzforschung stets der Mikroebene zuzuordnen, d.h. der Annahme von Innovation durch Individuen (S. 53) gegenüber der Diffusionsforschung, welche die aggregierte Adoption in der Makroebene, z.B. Unternehmen oder Industrien, zu erforschen sucht (Rogers 2003). Hierbei grenzt sich *Diffusion* auch durch die Verfolgung des Zeitverlaufs als langfristigen Übernahmeprozesses von der zeitpunktbezogenen *Akzeptanz* ab (ebd.).

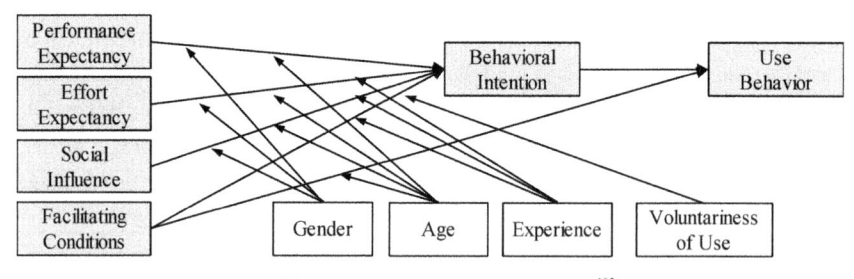

Abbildung 2.11: UTAUT-Forschungsmodell[103]

SCHWARZ & CHIN (2007) kritisieren den dominierenden Fokus der Akzeptanzforschung auf die Kausalkette *Perception-Intention-Use*. Sie fordern die Berücksichtigung einer ganzheitlicheren und multidimensionalen Perspektive auf das Thema Akzeptanz. Hierbei wären Fragestellungen zu erörtern des soziokulturellen Umfelds. Auch das im Zeitverlauf alternierende psychologische Verständnisses über die Innovation, der Abbau von Resistenz oder die Bereitschaft, der durch die Technologie intendierten Verhaltensweise zu folgen, seien relevante Themen. Laut RIVARD & LAPOINTE

---

[103] Venkatesh & Davis (2003), S. 447.

2.2 Adoption von Informationstechnologien

(2012) kann Resistenz durchaus positiv sein und signalisieren, dass die Nutzer wichtige Missstände aus der Vergangenheit bekunden oder solche durch die IT-Innovation in Zukunft erwarten. Dysfunktional sei Resistenz, wenn Machtverlust oder fehlende Wandelbereitschaft dazu führen, dass IT-Innovationen sabotiert oder auf diese mit Ablehnung und Apathie reagiert würde. KIM & KANKANHALLI (2009) konnten zeigen, dass *Perceived Value* einer IT-Innovation reziprok zur Resistenz steht. Dabei ist der *Perceived Value* die Differenz aus *Switching Benefits* und *Switching Costs*, den erwarteten Vorteilen durch den Wechsel reduziert um den durch den Wechsel vermuteten Aufwand. Die *Switching Costs* werden durch *Self-Efficacy for Change* und *Colleague Opinion* beeinflusst, *Switching Benefits* nur durch *Colleague Opinion*. Gleichfalls wie die Nutzenintention und die letztendliche Nutzung, hängt folglich auch Resistenz, vom erwarteten Nettonutzen ab, jedoch logisch als umgekehrter Effekt.

2.2.3 IT-Diffusionsforschung

IT-Diffusion ersucht zu erklären, aus welchen Gründen und mit welcher Rate eine IT-Innovation im Zeitverlauf und auf einer Makroebene, also eines Unternehmens oder Industrie, adoptiert wird. Hierzu tragen erneut Attribute einer Innovation wie auch die Innovationsfähigkeit des adoptierenden Unternehmens bei, welche im Folgenden erläutert werden. Neben der diesem Kapitel zu Grunde liegenden *Diffusions of Innovation*-Theorie (Rogers 2003), werden zwei weitere Ansätze der organisationalen Adoptionsforschung präsentiert, das Technology-Organisation-Environment-Framework (Tornatzky & Fleischer 1990) und der *Perceived Benefits* und *Perceived Barriers Ansatz* (Iacovou et al. 1995).

Innovation Diffusion Theory

Die Theorie der *Diffusions of Innovation* (DOI) geht auf ROGERS und das Jahr 1962 zurück. ROGERS (2003) definiert Diffusion als "[...] the process by which an innovation is communicated through certain channels over time among the members of a social society" (S. 5). Die Diffusionsforschung analysiert demnach die aggregierte Adoption innerhalb eines Unternehmens, Region oder Gesellschaft im Gegensatz zur Akzeptanzforschung mit dem Fokus auf das Individuum, also der Mikroebene (Kummer 2010). Auch bei der aggregierten Adoption, der *Optional Innovation-Decision* nach ROGERS (2003, S. 403), kann die Entscheidung über eine Adoption beim Individuum selbst liegen, solange diese unabhängig von den anderen Akteuren im System getätigt wird. Das andere Extrem des Spektrums ist die *Authority Innovation-Decision*", falls die Adoption durch dedizierte Individuen eines Systems getroffen wird und von allen Mitgliedern zu befolgen ist (siehe auch Gallivan 2001). Dieses ist meist die Realität bei Adoptionsentscheidungen in Unternehmen durch die Geschäftsführung.

Die Diffusion an sich verläuft S-förmig. Sie nimmt an Steigung zu nach einer anfänglichen Zögerlichkeit und ebbt durch die Sättigung an Adoptoren zum Ende hin ab, wobei der zeitliche Verlauf von der Innovation selbst, der Innovationsfähig der adoptierenden Systemmitglieder als auch von Netzwerkeffekten[104] abhängt. Sehr kostengünstige Innovationen zeigen häufig eine größere Wachstumsrate nach Einführung, wohingehen jene, die auf Netzwerkeffekten beruhen, z.B. das Internet, erst nach dem langwierigen Erreichen einer kritschen Masse rapide diffundieren (Rogers 2003, S. 347). Wie bei der Definition zu *Innovation* erläutert betont ROGERS (2003) die Wahrnehmung von Eigenschaften, welche die Adoptionsrate und den Diffusionsverlauf beeinflussen und definiert fünf Attribute (S. 265f):

- *Relative Advantage* ist der Grad wonach eine Innovation als besser wahrgenommen wird gegenüber bestehenden Produkten, Technologien oder Prozessen. Dies kann ökonomisch oder in der Nutzungszufriedenheit begründet sein. Zu betonen ist der Aspekt der individuellen Wahrnehmung als Faktor, unabhängig davon, ob ein objektiv vorliegender Vorteil der Innovation besteht. Nach MOORE & BENBASAT (1991) ist dieses Attribut das Pendant zu *Perceived* Usefulness aus dem TAM-Modell.
- *Compatibility* bedeutet, dass die Innovation als konsistent mit den Erfahrungen, bestehenden Werten und Normen des sozialen Systems[105] und dem zu deckenden Bedarf der Adoptoren wahrgenommen wird.
- *Complexity* stellt die Schwierigkeit einer Innovation dar sowohl in Bezug auf deren Nutzung wie auch dem Verständnis über diese Technologie. Dies ist das einzige Attribut, dessen Richtung negativ auf die Adoption einwirkt, heißt je komplexer, desto geringer die Adoption und Diffusion.
- *Trialability* bedeutet Experimentierfähigkeit. Kann eine Innovation versuchsweise, wenn auch nur im geringen Umfang oder in einem Testszenarion ausprobiert werden, steigt die Akzeptanz und Adoptionsrate.

---

[104] Engl. Network Externalities, siehe Katz & Shapiro (1986).
[105] Nach Luhmann (1987), auf den hier für eine vertiefende Einführung zur Systemtheorie verwiesen wird, grenzen sich soziale Systeme von technischen, psychischen oder ökologischen System ab und bedingen Kommunikation und Handlungen mindestens zweiter Personen oder Akteure.

2.2 Adoption von Informationstechnologien

- *Observability* ist definiert als "the degree to which the results of an innovation are visible to others" (S. 16). Der sichtbare Nutzen einer Innovation verstärke dessen Nutzenerwartung und erhöhe die Adoption.

Nach SCHMITT (2008) sollten die Erkenntnisse einer Studie, in der gewissen Faktoren ein signifikanter Effekt nachgewiesenen wurde, nicht ohne Einbezug der Kontingenz auf verwandte Technologien projeziert oder generalisiert werden, da etwa Branchen, Einsatzgebiete oder der der Zeitpunkt der Untersuchung den Effekt moderieren könnten. Daher muss für jede Innovation deren Adoption und Diffusion neu untersucht werden (Fichman 1992, Swanson 1994). Dies gilt nach Rogers (2003) auch für die Messmodelle von bestehenden und erneut zu untersuchenden Faktoren („rather, than utilizing existing scales borrowed from previous investigations", S. 265). Neben den Attributen der Innovation und deren Ausmaß auf die Adoption geht ROGERS (2003) auch auf die *Organisational Innovativeness* (S. 407ff) ein und führt acht Charakteristika dieser an (Abbildung 2.12):

- *Attitude towards change*: Weist ein Entscheider im Unternehmen mit maßgeblichem Einfluss eine positive Einstellung zu einer Innovation auf, so ist die ein starker Prädiktor für dessen Adoption und vice versa.
- *Centralisation:* Die hohe Konzentration von Macht in Unternehmen auf einzelne Individuen gilt als innovationshinderlich, ist jedoch nach der Adoption für die Durchsetzung der Implementierung förderlicher.
- *Complexity*: Entspricht nicht der Komplexität der Innovation, sondern der Fähigkeiten der Unternehmensmitglieder, sich mit komplexen Fragestellungen konstruktiv und konsensorientiert auseinanderzusetzen.
- *Formalisation*: Ein Maß der Bürokratie, Stringenz von Normen und ob das Unternehmen sehr regelgeleitet agiert und so innovationsförderndes Handeln einschränkt. Formalisation fördert auch die Implementierung.
- *Interconnectedness*: Dies beschreibt den Umfang von interpersonellen Netzwerken, welche die Kommunikation und die Innovation fördern.
- *Organisational Slack*: Dieser Begriff umschreibt die Verfügbarkeit von Ressourcen. Dieser kommt vor allem bei die Adoptionen von sehr kosten- und aufwandsintensiven Innovationen eine hohe Bedeutung zu.

- *Size*: Die Größe von Unternehmen wird auch als Maß verstanden der Expertise, Besitz von Patenten oder verfügbaren Ressourcen und damit als positiv auf die Innovationsfähigkeit einwirkend erwartet.
- *System Openness*: Dies ist definiert als der Grad zu welchem Mitglieder eines Unternehmens externe Verbindungen zu Individuen unterhalten.

Die DOI-Theorie behandelt noch weitere Aspekte der Adoption und Diffusion, z.B. die Rolle von *Opinion Leaders* und *Change Agents*, die Kategorisierung von Adoptoren und Stufen des Adoptionsprozesses. Hierauf wird im Kapitel 2.2.4 zu IT-Assimilation eingegangen, die ersten beiden jedoch nicht weiter vertieft behandelt, da sie Themen umfassen, die außerhalb des definierten Forschungsrahmens angesiedelt sind.

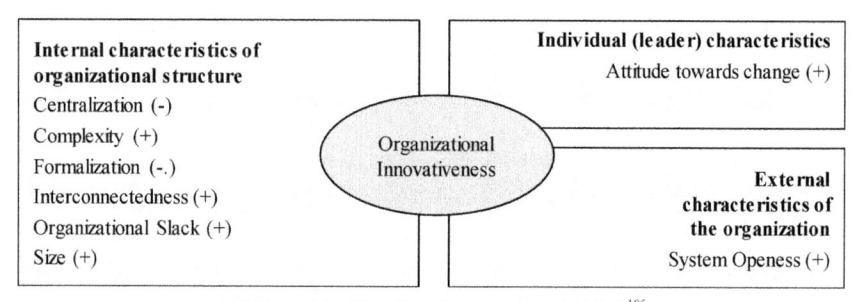

Internal characteristics of organizational structure		Individual (leader) characteristics
Centralization (-) Complexity (+) Formalization (-.) Interconnectedness (+) Organizational Slack (+) Size (+)	Organizational Innovativeness	Attitude towards change (+)
		External characteristics of the organization System Openess (+)

Abbildung 2.12: Variablen der Innovationsfähigkeit[106]

Technology-Organisation-Environment-Framework

Das als TOE abgekürzte Adoptionsmodell von TORNATZKY & FLEISCHER (1990) ergänzt bestehende Theorien um die Berücksichtigung unternehmensexterner Prädiktoren der Entscheidungsfindung für technologische Innovationen (Abbildung 2.13). Die Faktoren der Dimensionen *Technology*, *Organisation* und *External Task Environment* konstatieren Chancen und Bedingungen, unter welchen die Adoption glückt. Nach JEYARAJ ET AL. (2006) ist die Kombination von *Innovation*-, *Organisation*- und *Environment-Characteristics* das dominierende Paradigma für die Erforschung von „Quantity and Speed of Innovation Adoption and Diffusion in Organisations" (S. 12).

---

[106] Rogers (2003), S. 411. Einfluss der Variablen ist positiv (+) oder negativ (-).

2.2 Adoption von Informationstechnologien

```
┌─────────────────────────┐                                    ┌─────────────────────────┐
│ External task           │ ◄─────────────────────────────────► │ Organization            │
│ environment             │                                    │ Formal and Informal     │
│ Industry Characteristics│     ┌──────────────────────────┐   │ Linking Structures      │
│ and Market Structure    │ ──► │ Technological Innovation │   │ Communication           │
│ Technology Support      │     │ Decision Making          │ ◄─│ Processes               │
│ Infrastructure          │     └──────────────────────────┘   │ Size                    │
│ Government Regulation   │                ▲                   │ Slack                   │
└─────────────────────────┘                │                   └─────────────────────────┘
              ▲                   ┌────────┴─────────┐                      ▲
              └─────────────────► │ Technology       │ ◄────────────────────┘
                                  │ Availability     │
                                  │ Characteristics  │
                                  └──────────────────┘
```

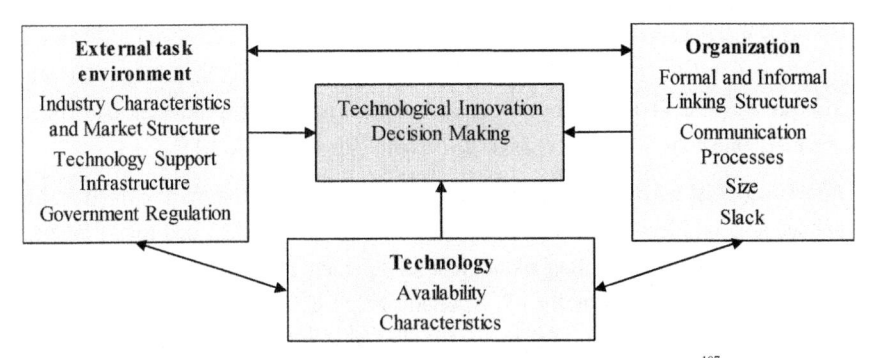

Abbildung 2.13: Technology-Organisation-Environment-Framework[107]

Im *Technology* Kontext umfasst *Availability* bereits adoptierte als auch am Markt verfügbare und für das Unternehmen relevante Technologien (Baker 2011). Im Gegensatz zum klassischen DOI-Modell sind die Charakteristika der Innovation (*Characteristics*) nicht vorab spezifiziert, sondern je Technologie auszuarbeiten (Tornatzky & Fleischer 1990). Darüber hinaus ist unter *Technology* nicht bloß das technische Produkt als Innovation zu verstehen, sondern auch das für dessen Anwendung und zur Abwägung der sich hieraus ergebenen Auswirkungen benötigte Wissen.

Die Dimension *Organisation* wird durch vier Faktoren repräsentiert, welche zu denen von ROGERS (2003) vorgestellten Kriterien identisch sind und sich hieran orientieren. Der Einfluss von *Formal and Informal Linking Structures* unterliegt der Hypothese, dass intraorganisational Strukturen sowie formelle Querbeziehungen, z.B. die funktionsübergreifenden Präsenz von Sponsoren die Adoption bestärken können. Für die Initiierung des Adoptionsprozesses seien dezentrale, interaktive, agilere, organische Strukturen und die Pflege von lateralen Beziehungen von Vorteil. Im späteren Assimilationsverlauf bei der Implementierung begünstigen jedoch geregelte Prozesse, Hierarchien und Regeln im Sinne des mechanischen Unternehmens die Umsetzung (Burns & Stalker 2009). Unter *Communication Processes* fällt z.B. die Ankündigung der Geschäftsleitung, eine Innovation zu fördern oder generell gegenüber Änderungen offen zu sein (Baker 2012). *Size* bezieht sich auf die Unternehmensgröße und wird gemessen am Umsatz, Gewinn oder der Mitarbeiterzahl. Jedoch ist die Größe nicht unbedingt identisch Innovationsförderlichkeit (Lee & Xia 2006). *Slack* bedeutet das Vorhanden-

---

[107] Tornatzky & Fleischer (1990).

sein von ausreichend finanziellen und personellen Ressourcen, welches für die Innovationskraft von Unternehmen wichtig sei (Swanson 1994, Zhu et al. 2003). Dies gelte insbesondere für IT-Innovationen, die in Kernprozessen und -produkten des Unternehmens eine hohe Wirkung zeigen (*Dienstleistungen* in Tabelle 2.11).

Environment ist nach TORNATZKY & FLEISCHER (1990) "the arena in which a firm conducts its business" (S. 154). Neben dem industriellen Kontext und Markt ist auch die bestehende Support-Infrastruktur, hier Lieferanten, Begleittechnologine und der Arbeitsmarkt, ein Prädiktor für die Adoptionsbereitschaft. Als dritter Faktor ist die Legislative zu beachten. So können durch Subventionen förderliche oder durch Regularien einschränkende Maßnahmen gegenüber einer Innovation gegeben sein.

Der TOE-Framework ist konsistent mit den DOI-Dimensionen, sofern die Variable *Leader Characteristics* als interner Bestandteil von *Unternehmen* verstanden und Rogers' Theorie des signifikanten Einflusses von technologischen Charakteristika auf die Adoption bedacht werden (Zhu et al. 2003, Oliveira & Martins 2011). Da das Modell einen generischen Charakter aufweist, eignet es sich für jede Technologie-orientierte Innovationsforschung. Daraus jedoch impliziert BAKER (2011) die Notwendigkeit, eben pro Technologie und kontextspezifisch ein dediziertes Faktorenmodell zu definieren („that for each specific technology or context that is being studied, there is a unique set of factors to measure", S. 236). Für die Verwendung des TOE-Modells ist als Einschränkung anzumerken, dass ausschließlich die Perspektive eines Unternehmens während dessen Entscheidungsfindung eingenommen wird. Eine Analyse über das kollektive Adoptionsempfinden entlang einer mehrstufigen Wertschöpfungskette, mit Berücksichtigung jeweils abweichender Kontextfaktoren erfolgt mit dem TOE-Modell nicht (Baker 2011). Ebenso werden keine Netzwerkeffekte für die oder infolge der Innvoation durch das TOE-Modell analysiert.

Perceived Benefits und Perceived Barriers
Mit Hinblick auf die Modellentwicklung und der Vorstellung eines dritten Modells der organisationalen Adoption und Diffusion von IT wird der angesprochene Aspekt der Wahrnehmung vertieft. Wahrnehmung ist ein essentieller Bestandteil zur Erklärung menschlichen Verhaltens, weshalb auch die individuelle Wahrnehmung der Eigenschaften einer Innovation („not the attributes as classified objectively by experts or change agents", Rogers 2003, S. 223) in besonderem Maße dessen Adoptionsrate bestimmt (Fichman 2000). Dabei ist für die initiale Adoptionsentscheidung unerheblich,

2.2 Adoption von Informationstechnologien

ob die Eigenschaften real vorhanden sind oder bloß imaginär bestehen (Cua 2012). MOORE & BENBASAT (1991) definieren den Begriff *Perceived Characteristics of an Innovation* (PCI) und sprechen von primären und sekundären Charakteristika einer Eigenschaft. So seien Kosten primär ein Preis und sekundär läge eine Wahrnehmung dieser Kosten vor im Vergleich mit Alternativkosten, der empfundenen Preiswertigkeit sowie der Einkommenshöhe. CUA (2012) differenzieren drei sogenannte Sets an wahrnehmbaren Eigenschaften einer Innovation. Set Eins seien die klassischen Faktoren nach MOORE & BENBASAT (1991) und ROGERS (1995, 2003): *Relative Advantage, Compatibility, Ease of Use, Complexity, Trialability, Observability, Image, Visibility and Voluntariness*. Set Zwei umfasse die Faktoren der individuellen Akzeptanz, also *Perceived Usefulness* und *Perceived Ease of Use*. Set Drei stellt Faktoren des vornehmliche ökonomischen Wertes als Folge der Innovation auf, z.B. geringere Kosten.

Perceived Benefits
Awareness of direct benefits
Awareness of indirect benefits

Organizational Readiness
Financial Resource
Technological Resources

External Pressure
Competitive Pressure
Trading Partner Power

→ Adoption and Integration → Impact

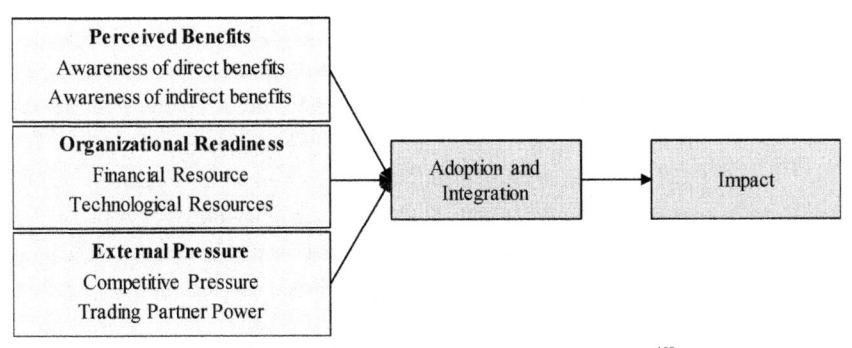

Abbildung 2.14: TOE-Model mit Perceived Benefits-Ansatz[108]

Perceived Benefits

Die bislang aufgezeigten Faktoren lassen sich auch als *Perceived Benefits* auffassen, durch welche die Adoptionsrate potenziell eher steigt. *Perceived Benefits* (PBE) ist zu messen als Grad, wonach eine neue Technologie mehr Vorteile gegenüber einer bestehenden verspricht und Unternehmen durch die Adoption operative und strategische Vorteile erwarten (Cooper & Zmud 1990, Son & Lee 2011). Dem Faktor kommt eine zentrale Rolle in der Adoptionsforschung zu (Rogers 2003), weshalb er zumeist als Substitut des originalen DOI-Faktors *Relative Advantage*, zudem auch von weiteren

---

[108] Iacovou et al. (1995), mit Anpassungen nach Oliveira & Martins (2011).

Fakto2.14ren (Grover 1993), in vielen Studien untersucht wurde (Thong 1999, Chwelos et al. 2001). Obgleich entsprechend dem Forschungsobjekt jeweils anders operationalisiert, wurde *Perceived Benefits* stets ein signifikanter Einfluss als Prädiktor nachgewiesen (Gibbs & Kraemer 2004). IACOVOU ET AL. (1995) trennen bei den PBE-Prädiktoren sogar in *Direct* (z.B. *Reduced Transaction Cost* und *Reduced Inventory Level*) und *Indirect Benefits* (z.B. *Better Customer Service* und *Increased Ability to Compete*) (Abbildung 2.14). Sie führen trotz der grundsätzlichen Orientierung an DOI und TOE einige maßgebliche Neuerungen ein. So misst die Variable *Organisational Readiness* die Verfügbarkeit der für die Adoption benötigten Ressourcen, da Studien gezeigt hätten, dass das Fehlen von Budget und Expertise ein besonderer Wachstumshemmer sei (S. 467, siehe auch Swanson 1994), bzw. vice versa *Organisational Readiness* ein Prädiktor mit signifikant hohem positiven Einfluss ist (Tornatzky & Klein 1982). Bei der Spezifizierung von *External Pressure* kommen Sie der Forderung der Berücksichtigung von *Netzwerkexternalitäten* nach und analysieren den Einfluss von Handelspartnern und deren Haltung zur Adoption. Als letzte Honoratio an das Modell soll die Erweiterung auf die Messung des *Impacts* infolge der Adoption erwähnt werden. Hiermit eröffnet es, Fragestellungen über den IT-Wertbeitrag zu untersuchen. Das Modell nach IACOVOU ET AL. (1995) dient im weiteren Verlauf als fundamentale Orientierung bei der Entwicklung des TOE-Modells zur Assimilation von PuCC. Die Begrifflichkeit TOE wird dennoch beibehalten, da es sich weiterhin um eine Strukturierung der zu untersuchenden Faktoren in die TOE-Dimensionen handelt.

Perceived Barriers
Neben dem wahrgenommenen Nutzen stellt *Perceived Barriers* (PBA) die disparat wirkende Variable zu PBE dar, welche als wahrgenommene Assimilationshürden oder erwartete Risiken gemessen wird ("inhibiting factors associated with the transmission of current information systems", Son & Lee 2011, S. 7). CAO (2010) unterstreicht die Mächtigkeit von Hürden und Risiken, welche die Wahrscheinlichkeit der Adoption maßgeblich senken könnten, falls sie nicht behoben oder mitigiert würden. TAN ET AL. (2009) kritisieren die geringe kombinierte Anwendung von DOI, PBE und PBA Variablen, insbesondere bei der Adoptionsforschung über Internet-basierte ICT Adoption (S. 226). PBA wurde im Vergleich zu PBE im Umfeld der Wirtschaftsinformatik tatsächlich in geringerem Umfang beachtet, obgleich es als signifikant einflussreich gemessen (Tabelle 2.13).

2.2 Adoption von Informationstechnologien

Tabelle 2.13: Perceived Barriers in der IT-Adoptionsforschung

Referenz	Perceived Barriers	Innovation	Erkenntnis
Chau & Tam (1997)	• High cost for migration • Existing IS personnel not familiar • Infeasible to dispose existing systems	Open Systems	Signifikanter Einfluss (PBE nicht signifikant)
Pan & Jang (2008)	• Insufficient Top Management Support • System workflow is not suitable • Difficulties in cross-system integration • Unfriendly operating platform or interface	ERP	Adopters nehmen PBA als weniger negativ war im Gegensatz zu Non-Adopters
Tan et al. (2009)	• Unsuitability for business • Unavailability of ICT personnel • Unavailability of network infrastructure • High ICT cost • Expensive ICT software • Unbalanced costs and returned benefits • Uncertainties with ICT laws • Confidence lacking in ICT security	Internet-based ICT	Signifikant negativer Einfluss bei zwei Faktoren: • Unsuitability for business • Confidence lacking in ICT security
Son & Lee (2011)	• Unverified service quality • Unclear data storage location • Security issues, vulnerability to crashes • Reliability of service providers	Cloud Computing	Noch nicht durchgeführt

2.2.4 IT-Assimilationsforschung

Gegenüber der *Diffusion* als Prozess der Ausbreitung einer Innovation über ein abgegrenztes System ist *Assimilation* „the process within organisations stretching from initial awareness of the innovation, to potentially, formal adoption and full-scale deployment" (Fichman 2000, S. 105). Weitere Definitionen und Stufen der Assimilation von IT zeigt Tabelle 2.14. Das vollständige Durchschreiten eines IT-Assimilationsprozesses stellt den Erfolg der IT-Innovation dar. Die IT-Assimilation selbst ist das Ziel, denn ohne die routinierte Anwendung einer Technologie in Produkten oder Prozessen der Wertschöpfungskette, generiert diese keinen Wert für das Unternehmen (Armstrong & Sambamurthy 1999). Demnach drückt sich IT-Assimilation im Erfolg aus, die durch diese Technologie gewonnenen Fähigkeiten effektiv für unternehmerische Tätigkeiten einzusetzen (ebd.). Der Zeitpunkt der Adoption markiert daher auch erst den Begin der eigentlichen Implementierung, nach dessen Finalisierung sich eine routinierte Nutzung der Innovation durch die Mitarbeiter einstellen sollte (Kamal 2006, Roberts 2010). FICHMAN & KEMERER (1999) sprechen während diesem Prozess auch vom *Assimilation Gap*, welches zu überbrücken sei, dabei zum einen in der Breite der Assimilation im Sinne der Nutzeranzahl und zweitens in der Nutzungsintensität, die sich im Grad der Realisierung des erwarteten Nutzens abzeichnet. Die Herausforderung in Unternehmen, um diese Lücke zu schließen, ist die Aneignung von technischem und funktionalem Wissen über die Innovation. Hierfür empfehlen FICHMAN & KEMERER (1997) und PURVIS ET AL. (2001) folgende Praktiken:

- Antizipation des Nutzengewinns durch die neue Technologie
- Antizipation der langfristigen Auswirkungen auf das Unternehmen
- Kenntnis der Technologie und des technologischen Kontexts
- Verständnis der grundlegenden Annahmen und Prinzipien der Adoption
- Vergleich der Innovation mit in der Industrie vergleichbaren Produkten
- Einordnung der technologischen Innovation in dessen Evolution
- Erkennen von potenziellen Konflikten durch die Einführung
- Wissen der Probleme, zu dessen Lösung die Innovation entwickelt wurde
- Umgewöhnung an die durch die Innovation sich ändernden Prozesse, Strukturen, Anreize und unternehmerischen Ziele
- Sammeln von praktischen Erfahrungen mit der Innovation
- Experimentierfreude und Entwicklung von Visionen über potenzielle Anwendungsmöglichkeiten über den originären Zweck hinaus
- Integration in bestehende Technologien oder Geschäftsprozesse

Tabelle 2.14: Definitionen und Stufen von IT-Assimilation

Referenz	Definition ([...] = IT Assimilation)	Stufen
Pierce & Delbecq (1977)	"Innovation as the generation, acceptance and implementation of new processes, products, or services for the first time within an organisation setting." (S. 28)	1. Initiation 2. Adoption 3. Implementation
Meyer & Goes (1988)	"[...] is defined here as an organisational process that is set in motion when individual organisation members first hear of an innovation's development, can lead to the acquisition of the innovation, and sometimes comes to fruition in the innovation's full acceptance, utilisation, and institutionalisation." (S. 897)	1. Knowledge-Awareness 2. Evaluation-Choice 3. Adoption-Implementation
Cooper & Zmud (1990)	"IT implementation is defined as an organisational effort directed toward diffusing appropriate information technology within a user community." (S. 124)	1. Initiation, 2. Adoption 3. Adaption 4. Acceptance 5. Routinisation 6. Infusion

2.2 Adoption von Informationstechnologien

Fichman & Kemerer (1997)	"[...] is defined as the process spanning from an organisation's first awareness of an innovation to, potentially, acquisition and widespread deployment." (S. 1346)	1. Awareness 2. Interest 3. Evaluation/Trial 4. Commitment 5. Limited Deployment 6. General Deployment
Purvis et al. (2001)	"[...] is the degree to which the use of technology diffuses across organisational work processes and becomes routinized in the activities of those processes." (S. 121)	1. Percentage of IS Systems using a new technology
Gallivan (2001)	"An assimilation stage describes how deeply an adopted innovation penetrates the adopting unit (e.g. the company, division, or workgroup)." (S. 62)	1. Primary Authority Adoption Decision 2. Secondary Adoption and Organizational Assimilation Process 3. Organisational Consequences
Rogers (2003)	"The innovation process consists of a usual sequence of five stages, each characterized by a particular range of events, actions, and decisions made at that point. Later stages in the innovation process cannot be undertaken until earlier stages have been settled, either explicitly or implicitly." (S. 362)	1. Agenda-Setting 2. Matching 3. Redefining 4. Clarifying 5. Routinizing
Kamal (2006)	Siehe Rogers (2003) Stufen 1-3 als Pre-Adoption Stages Stufen 6-8 als Post-Adoption Stages Stufen 1-4 als Organisation Level Adoption Stufen 5-8 als Individual Level Adoption	1. Motivation 2. Conception 3. Proposal 4. Adoption Decision 5. Implementation 6. Confirmation 7. User Acceptance 8. Actual Use
Zhu et al. (2006)	"[...] as a series of stages from a firm's initial evaluation of e-business at the pre-adoption stage (initiation), to its formal adoption, and finally to its full scale deployment at the post-adoption stage in which e-business becomes an integral part of the value chain activities (routinisation)." (S. 1558)	1. Initiation 2. Adoption 3. Routinisation

Assimilationsstufen

Von den Assimilationsmodellen[109] wird jenes nach COOPER & ZMUD (1990) am häufigsten referenziert, welches sich wiederum auf ZMUD & APPLE (1989[110]) beruft. Der

---
[109] Ein umfangreicher Vergleich von weiteren Assimilationsstufen findet sich bei Kamal (2006).
[110] Verweis auf ein unveröffentlichtes Manuskript von Robert Zmud, siehe Zmud & Apple (1992).

Ansatz ist konsistent zu ROGERS' (2003) *Innovation Process in Organisations* (S. 363)[111]. Der Ansatz nach GALLIVAN (2001) verweist hierauf in der Phase des *Organisational Assimilation Processes*, gefolgt von auf TAM basierenden Aspekten der individuellen Akzeptanz vor der eigentlichen Assimilation (S. 60) und dessen Konsequenzen. Im Folgenden werden die Stufen von COOPER & ZMUD (1990, S. 124f) erläutert:

- *Initiation*: Aktive Recherche nach Innovationen zur Behebung von Probleme oder Herausforderungen in Unternehmen, wobei sich ein Handlungsdruck entweder aus unternehmerischen Anforderungen (*Pull*) oder der Vermarktung einer neuen Technologie (Push) entwickeln kann.
- *Adoption*: Führen von Verhandlungen um Budget und Versuch der Gewinnung politischer Zustimmung im Unternehmen für die Innovation.
- *Adaptation*: Entwicklung und Implementierung der Prozess- oder Produktinnovation mit begleitender Schulung der Anwender.
- Acceptance: Die Mitglieder des Unternehmens erklären ihre Nutzungsbereitschaft und integrieren die Innovation in ihre Arbeitsroutinen.
- *Routinisation*: Das Produkt oder der Prozess werden routiniert genutzt und nicht mehr als etwas Außergewöhnliches wahrgenommen.
- *Infusion*: Das Nutzungspotenzial der Innovation ist ausgeschöpft und der Nutzen in Form des Effizienz- oder Effektivitätsgewinns wird realisiert.

Die Fortschrittsgeschwindigkeit variiert je Innovation und je Stufe. Etwa merken COOPER & ZMUD (1990) an, dass die Adoptionsentscheidung bei investitionsintensiven Innovationen länger dauert, dann jedoch die Implementierung beschleunigt verläuft, aufgrund des Wissens um die hohen damit verbundenen Kosten und die Langwierigkeit der Entscheidungsfindung und finalen Zustimmung. Der Prozess muss auch nicht sequentiell verlaufen, sondern kann durch Feedback, Ablehnung oder Überarbeitungen in Zyklen oder temporär rückwärtig ablaufen (Conboy & Morgan 2012).

Einordnung der Messung von IT-Innovation per Assimilation

Die Art der Messung von IT-Adoption anhand von IT-Assimilationsstufen ist eine neben weiteren in der Wirtschaftsinformatik verwendeten Messvarianten (Abbildung 2.15). Die Frage nach der *Intention to Adopt* eignet sich insbesondere für neue Tech-

---

[111] Hiervon zu unterscheiden ist der *Innovation-Decision Process by Individuals* (S. 165) von Rogers (2003) mit den Stufen: Knowledge, Persuasion, Decision, Implementation und Confirmation.

2.2 Adoption von Informationstechnologien

nologien oder für den Fall, dass bestehende Technologien in einem neuen Kontext anwendbar werden. Entsprechend der TRA soll durch die Intention auf eine möglich stattfindende Adoption geschlossen werden (Ajzen & Fishbein 1975). Die Intention kann zeitlich vor der Initiation-Phase liegen. Praktisch ist die Bildung einer Intention, ohne Abwägungen über den potenziellen Nutzen getroffen zu haben, kaum vorstellbar. Dennoch verfolgt die Erhebung der Intention ein anderes Ziel als die Analyse des Fortschritts der Assimilation. In dieser Pre-Adoption-Phase bildet sich die Meinung über eine Innovation über indirekte Erfahrung, Erzählungen und Wahrnehmungen, welche die Überzeugen für oder gegen die Innovation prägen (Karahanna et al. 1999).

Intention to Adopt	Assimilation Stages	Actual Usage
z.B. Chwelos et al. (2001): • At what stage of EDI Adoption is your organization currently engaged (Not, Planning, Test)? • Does your organization intent to adopt EDI? • If your organization is developing EDI or intends to adopt EDI, how soon do you anticipate that it will have an operational EDI system?	z.B. Zhu et al. (2006): • Initiation: How were the potential benefits rated before usage: cost reduction, market expansion, entering new businesses, SCM? • Adoption: Usage across seven value chain activities? • Routinization: Extent of organizational usage of e-business to support value chain activities?	z.B. Liang et al. (2007): • Volume: Percentage of the firm's business processes that are using the ERP system? • Diversity: Number of functional areas that are using the ERP system? • Depth: For each functional area, identify the level at which the ERP system is used: Operation, Manage-ment, Decision Making?
Weitere: Tsai 2012, Saya & Kankanhalli 2010, Joachim & Beimborn 2009, Teo 2003	Weitere: Chong & Felix 2012, Meyer & Goes 1988, Cooper & Zmud 1990, Gallivan 2001	Weitere: Ifinedo 2011, Lin & Lin 2008, Joachim & Beimborn 2012, Zmud & Apple 1992

Abbildung 2.15: Messmodelle der IT-Adoption und IT-Assimilation

Die Erhebung des *Actual Usage* dagegen, als der Umfang und die Intensität der Nutzung (Liang et al. 2007), ermittelt das Post-Implementierungs-Verhalten durch die gewonnene Erfahrung mit der Innovation und basiert auf der Erfüllung von Erwartungen über diese. Diese Messvariante überschneidet sich mit den letzten Stufen der Assimilation und ist damit vor allem prädestiniert für die Forschung bereits etablierter Technologien. Durch den Vergleich der drei Messvarianten lässt sich das Anwendungsfeld der Messvariante *Assimilation Stages* eingrenzen. Die Verfolgung der Akkumulation von Assimilationsstufen bietet sich an für solche Innovationen, die weder komplett neu sind, noch bereits vollständig routiniert angewendet werden und deren Grad der Adoption über z.B. eine Industrie, deutlich streut. Ziel ist neben der Aufnahme eines Status Quo der Assimilation, um Aufschlüsse über den Diffusionsverlauf zu gewinnen, auch die stufenspezifische Untersuchung von Assimilationsprädiktoren und deren potenziell variierenden Effektstärken und –richtungen (Fichman 2000). Mit Bedacht auf die Forschungsfrage 2 bietet sich folglich die Messung der Assimilation von PuCC an, um die Auswirkung von Faktoren auf dessen Progression oder Stagnation zu erforschen.

2.2.5 Stand der IT-Adoptionsforschung

In der folgenden Tabelle 2.15 sind Auswertungen von Literaturrecherchen über IT-Adoptionsforschung zusammengefasst. Es ist ersichtlich, dass TOE und DOI ausschließlich für die Erforschung der IT-Adoption im Unternehmen zur Anwendung kommen. Dagegen sind TAM, TRA und TPB in der individuellen Akzeptanzforschung verwurzelt (Hameed et al. 2012). Bzgl. der Messweise der IT-Adoption kommt das binäre Einordnen von Studienteilnehmern in Adopter oder Non-Adopter bei Unternehmen-orientierten Studien primär zum Einsatz, gefolgt von der Erhebung, wie umfangreich eine Innovation bereits diffundiert ist (Jeyaraj et al. 2006). Die individuelle Akzeptanz wird hauptsächlich über die Selbstauskünfte zur Nutzung oder Nutzungsintention erhoben. Methodisch dominierend sind Umfragen zur quantitativrn Auswertung, gefolgt von Fallstudien oder Metaanalysen (Williams et al. 2009).

Die vorliegende Arbeit bleibt methodisch konsistent mit der bisherigen Praxis in der IT-Adoptionsforschung, da die Beantwortung der Forschungsfragen mit Fundierung durch das positivistische Forschungsparadigma im Vordergrund der Dissertation steht und nicht die experimentelle Überprüfung und Erweiterung neuer methodischer Ansätze. Daher dient hier ebenfalls TOE, in der Ausprägung nach IACOVOU ET AL. (1995), als Basistheorie. Gemessen wird die Assimilation von PuCC jedoch über Stufen im Sinne der IT-Assimilation und daher nicht binär. Die Daten werden ebenso über eine Umfrage erhoben und quantitativ-empirisch ausgewertet, wobei zur Modellentwicklung Experteninterviews als ergänzende Methodik dienen.

Tabelle 2.15: Individuelle vs. Organisationale[112] Adoptionsforschung[113]

		Ind.	Org.
Innovation	Technology-Organisation-Environment (TOE)	0	35
Theories	Diffusion of Innovation (DOI)	3	28
	Technology Acceptance Model (TAM)	26	11
Based on	Theory of Reasoned Action (TRA)	14	5
n=151	Theory of Planned Behavior (TPB)	12	4
studies	Perceived Characteristics of Innovation (PCI)	0	1
	Technology Acceptance Model 2 (TAM2)	2	0
Dependent	Adoption	5	22
Variables	Diffusion	2	13
	Rate of Adoption	0	8
Based on	Perceived System Use	32	8
n=115	Outcomes	2	6
studies	Intention to Use	19	5
	Time of Adoption	0	4
	Actual System Use	4	0
Research	Study		173
Method	Case Study		46
	Literature Analysis/Conceptual/Meta-Analysis		29
Based on	Field Study		11
n=301	Interview		6
studies	Mathematic Model		6
	Laboratory Experiment		3

Die IT-Adoptionsforschung ist nicht kritiklos. Schon ROGERS (1983) hat bemängelt, dass ausschließlich erfolgreiche Innovationen studiert würden und man so keine Erkenntnisse aus gescheiterten Innovationen zöge (*Pro-Innovation Bias*, S. 92). Zweitens kritisiert der Autor die gleichzeitige und zeitpunktbezogene Messung von Kausalzusammenhängen, dies basierend auf subjektiv empfundenen Angaben über die Vergangenheit und durch Befragung von derselben Person (*Determining Causality*, S. 112). Ohne eine chronologische Distanz zwischen Ursache und Wirkung und dessen Messung über Langzeitstudien, gepaart mit der Validierung von Aussagen durch objektive Vergleichsdaten (Monchak & Kim 2011), sei ein kausaler Zusammenhang schwierig nachweisbar. Dieser Bias stellt eine Ausprägung des *Pro-Innovation Bias* dar, weil ein

---

[112] In dieser Arbeit sind Unternehmen das Forschungsobjekt
[113] Innovation Theories: Hameed et al. (2012), S. 363. Dependent Variables: Jeyaraj et al. (2006), S. 8. Research Methods: Williams et al. (2009), S. 7.

gegenüber der Innovation positiv oder negativ eingenommener Teilnehmer, bewusst oder unbewusst eine Tendenz zu verzerrtem Antwortverhalten zeigen könnte.

NEIROTTI & PAOLUCCI (2011) weisen auf einen Mangel an industriespezifischen Studien der IT-Adoption hin. IT sei bislang quasi monolithisch als *Black Box* behandelt worden, obwohl es viele vertikale IT-Lösungen gäbe und je Branche erhebliche Unterschiede in der Relevanz von IT bestünden. Entsprechend dem strategischen Wert für das Kerngeschäft ergeben sich hieraus variierende Anforderungen und kontextuelle Bedingungen. Beides spiegelt sich im IT-Budget und letztlich der Diffusionskurve wider. Daher solle in der Wirschaftsinformatik Industrie-orientierter geforscht werden.[114]

WEBER & KAUFFMANN (2011) sehen in der zunehmenden Globalisierung der Adoption von IT-Dienstleistungen neue untersuchenswerte Themen, z.B. die Analyse der Eignung von standardisierten IT-Services auf potenziell durch kulturelle Unterschiede andersartig geprägte Prozesse oder die Lokation von IT-Clustern als geographisch beieinanderliegende Konglomerate von IT-Dienstleistern. Der letzte Punkt ist laut den Autoren von besonderem Interesse für CC, da die bereits erwähnten rechtlichen und sicherheitsbezogenen Bedenken durch Kunden bedingen, Rechenzentren verteilt in mehreren Rechtsräumen, z.B. der EU anzusiedeln.

FICHMAN (2004a) fordert, das bislang dominierende Paradigma in der IT-Innovationsforschung – die Erforschung des Effekts der quantitativ gemessenen Realisierung von Assimilationsprädiktoren auf den ebenso quantitativ bewerteten Grad der Innovation – zu verlassen, und IT-Innovation um weitere Input- und Output-Effekte zu rekonzeptualisieren. Er spricht u.a. von der Untersuchung von Effekten der *Management Fashion Theory* (Abrahamson 1996). Hiernach werden auch nicht-wertbringende oder wertvernichtende Innovationen adoptiert, bloß aufgrund des kollektiven Verständnisses um dessen Popularität und durch Promotion von externen Parteien. Außerdem sei die Synergie mehrerer kombinierter und interagierender Assimilationsfaktoren zu evaluieren (*Innovation Configurations*). In Bezug auf die endogene Variable wäre neben der Quantität der Adoption interessant, ob Unternehmen rückwirkend die richtige Innovation zum richtigen Zeitpunkt und auf die richtige Weise adoptieren (S. 321).

Schließlich sei auf den Artikel von FICHMAN (2004b) referenziert, in welchem der Optionswert von IT-Plattformen („general-purpose technology that enables a family of applications and related business opportunities", S. 132) untersucht wurde. Sollte

---

[114] Siehe auch Chiasson & Davidson (2005).

2.2 Adoption von Informationstechnologien

durch die Adoption einer IT-Plattform, wie es z.b. auch CC wäre, sich in der Zukunft für das adoptierende Unternehmen die Einflussnahme auf Folgeinvestitions- oder Deinvestitionsentscheidungen vergrößern, stellt dieses einen strategischen Vorteil und damit einen wahrgenommenen Nutzen durch dieses Plattform dar. Dieser Nutzen ist im Umfeld der IT-Adoptionsforschung ebenfalls unzureichend erforscht.

In Tabelle 2.16 sind die aufgezeigten Anreize der methodischen und inhaltlichen Verbesserung der IT-Adoptionsforschung noch einmal benannt und erklärt, ob und wie diese in der vorliegenden Arbeit berücksichtigt werden.

Tabelle 2.16: Missstände in der IT-Adoptionsforschung

Missstand	Berücksichtigung in der vorliegenden Arbeit
Pro-Innovation Bias	Neben Perceived Benefits werden auch Perceived Barriers der Assimilation von PuCC abgefragt und somit keine ausschließlich positive assoziative Stimmung beim Studienteilnehmer erzeugt.
Determining Causality	Überprüfung der Angaben zu Perceived Competitive Advantage durch Marktdaten von Thomas Reuters über die Stichprobe, bei welchen der Namen des Unternehmens willentlich angegeben wurde.
Industry Differences	Potenzielle Gruppeneffekte werden zwischen den Branchen und gegenüber der Gesamtheit der Stichprobe verglichen, selektiv für jene Branchen, für eine ausreichend große Stichprobe vorliegt.
IT-Cluster	Die Lokation des CC-Anbieters steht nicht im Fokus der Untersuchung. Allerdings können die Antworten zu den Perceived Barriers als Indikator interpretiert werden, ob Security Concerns und Legal & Compliance Issues bestehen und für die Lokation von Relevanz sind.
Management Fashion	Einbindung dieses Aspekts über einen Messindikator in die latente Variable *Mimetic Effects* mit der Frage, ob PuCC als modisch gilt.
Innovation Configurations	Überprüfung von Synergien einzelner Faktoren durch die Bildung von 2nd Order Konstrukten. Zudem werden Interaktions- oder Moderatoreffekte zwischen den latenten Variablen und mit Richtung auf die PuCC-Assimilation untersucht.
Real Options	Validierung der theoretisch hergeleiteten mediierenden Wirkung von IT-enabled Dynamic Capabilities, in welchen der Optionsgedanke verankert ist, z.B. durch Adaptiveness oder Innovativeness zwischen der Assimilation von PuCC und Perceived Competitiveness.

2.3 Dynamic Capabilities Ansatz

In diesem Grundlagenkapitel wird die Theorie *des Dynamic Capabilities* (DC) *Ansatzes* vorgestellt, welcher nach Teece et al. (1997) als "The firm's ability to integrate, build and reconfigure internal and external competencies to address rapidly changing environments" (S. 516) definiert ist. *Competencies* ist dabei ein Verweis auf den Ressourcenbegriff und deren Unterscheidung in *Assets* und *Capabilities* wurde bereits in Kapitel 1.1.2 vorgenommen wobei *Practices* oder *Routinen* hervorgehoben werden, in welchen das Wissen zur effektiven Ressourcennutzung verinnerlicht ist.

Ähnlich wie Assets durchlaufen auch Fähigkeiten nach dem Cabilities Lifecycle Gedanken von HELFAT & PETERAF (2003) eine kontinuierliche Transformation und Evolution. DC sind daher so zu interpretieren, dass sie genau jene übergeordneten Fähigkeiten repräsentieren, um diesen Lebenszyklus zu steuern und gezielte Veränderungen der Ressourcenbasis herbeizuführen. Konsequenterweise entsteht hieraus ein selbstreferenzierter Zyklus und damit könnte eine Kette aus Meta-Capabilities *ad infinitum* geführt werden (Ambrosini & Bowman 2009). Im Rahmen der vorliegenden Dissertationsschrift sollen DC daher derart interpretiert werden, dass sie bei jenen Verknüpfungsmustern aus Ressourcen und Routinen zur gezielten Veränderung beitragen, welche für das Unternehmen in seinem jeweiligen Geschäftsmodell den Wettbewerbsvorteil liefert (Schreyögg & Kliesch 2006). In Kapitel 2.3.1 wird die Basistheorie erörtert, um sich in 2.3.2 auf den Ansatz von WANG & AHMED (2007) zu konzentrieren. Dieser wird auf Informationstechnologie angewendet und somit in 2.3.3 das Konzept der IT-enabled Dynamic Capabilities (ITDC) theoretisch ausgearbeitet. Als theoretische Fundierung sind noch die Perspektiven zur ökonomischen Rente von RICARDO (1817) und SCHUMPETER (1950) zu referenzieren. RICARDO zufolge ist der Besitz von Ressourcen der entscheidende Wettbewerbsfaktor, worauf der ressourcenbasierte Ansatz nach BARNEY (1991) münzt. Dagegen ist die Ansicht von SCHUMPETER, dass die Ausprägung von Fähigkeiten und richtige Nutzung von Ressourcen den differenzierenden Faktor im Wettbewerb konstatieren. MAKADOK (2001) trennt diese Mechanismen in *Ressource-Picking* und *Capability-Building* und kommt zu dem Schluss, dass diese situationsbedingt substituierend, bzw. häufig komplementär zueinander sind und nur gemeinsam zur Aufrechterhaltung der Wettbewerbsfähigkeit beitragen. ITDC beziehen sich auf die Fähigkeit des Capability-Building wie im Folgenden ausgeführt wird.

2.3.1 Begriffserklärung und Ansätze

Der DC-Ansatz geht zurück auf TEECE ET AL. (1997) und deren bereits in der Einleitung zu diesem Unterkapitel referenzierten Definition. Die Autoren sehen die Wettbewerbsfähigkeit von Unternehmen in Prozessen, Positionen und Pfaden begründet (siehe Abbildung 2.16). Insbesondere *Processes* stehen im Fokus der weiteren Theoriediskussion. Der erste Prozess*Coordination/Integration* steht für die technologiegestützte Koordination und Integration von internen und externen Aktivitäten über die gesamte Wertschöpfungskette hinweg. TEECE ET AL. (1997) sprechen vom statischen Konzept, da es eine kontinuierliche Aktivität gegenüber dem zweiten Prozess und dynamischen Konzept *Learning* darstellt. Aus jenem ergeben sich durch Experimentieren und Wiederholung effektive Arbeitsroutinen und diese entwickeln sich stetig weiter. *Reconfiguration* wiederum wird als transformativ bezeichnet und umfasst den Prozess der Erforschung neuer Märkte, von Wettbewerberverhalten und Technologien. Hierbei ist das Ziel, frühzeitig auf Wandel zu reagieren und den strategischen Vorsprung vor konkurrierenden Unternehmen zu halten, indem Ressourcen in wettbewerbsrelevanter Weise neu ausgerichtet werden. TEECE ET AL. (1997) gehen dabei von sehr dynamischen Märkten aus, in welchen die Theorie gilt („[...] to address rapidly changing environments", ebd., S. 516).

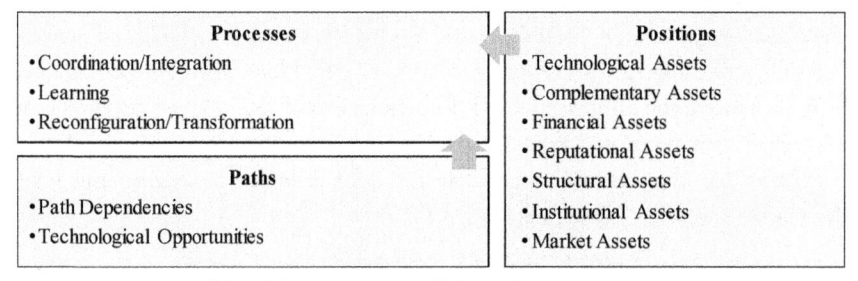

Processes	Positions
• Coordination/Integration	• Technological Assets
• Learning	• Complementary Assets
• Reconfiguration/Transformation	• Financial Assets
	• Reputational Assets
Paths	• Structural Assets
• Path Dependencies	• Institutional Assets
• Technological Opportunities	• Market Assets

Abbildung 2.16: Dynamic Capabilities nach TEECE ET AL. (1997)

Über die Aspekte *Positions* und *Paths* manifestieren die Autoren zwei weitere Standpunkte ihrer Theorie. Demzufolge sei die Wettbewerbsfähigkeit von der Historie des Unternehmens[115] abhängig sowie dem Besitz an Assets, entsprechend dem ressourcenbasierten Ansatz. Diese Überlegungen in Bezug auf die Wettbewerbsfähig sind in we-

---
[115] Siehe auch Katz & Shapiro (1986) sowie Lim et al. (2011) zu Pfadabhängigkeiten.

niger dynamischen Märkten plausibel, scheinen in den von TEECE ET AL. (1997) aufgezeigten dynamischen Märkten aber der Theorie widersprüchlich. Spätere Autoren haben sich daher auf den Aspekt der Prozesse wie im Folgenden geschildert fokussiert. Daher wird auch in dieser Arbeit der Fokus wie erklärt eingenommen.

EISENHARDT & MARTIN (2000) nehmen ebenfalls von der erwähnten Pfadabhängigkeit Abstand sowie ebenfalls von der Spezifizität von DC in Unternehmen. Diese Fähigkeiten seien den Autoren nach grundsätzliche Methoden für unternehmerischen Erfolg und unabhängig von der Historie erlernbar. Die sich durch DC manifestierenden Prozesse, hier nennen die Autoren *Product Development, Strategic Decision Making* und *Alliancing*, seien dann jedoch im Detail wieder idiosynkrasisch. Entsprechend ob das Unternehmen in einem *High-Velocity Market* oder *Moderately Dynamic Market* agiere, ersterer zeichnet sich u.a. durch geringe Vorhersagbarkeit, wechselnde Akteure, schwierig abgrenzbare Geschäftsmodelle und nicht-lineare Evolutionsmuster aus, seien die Prozesse entweder starrer, manifestierter und routinierter Natur (*moderately dynamic*) oder offener, experimenteller und in Bezug auf Wandel eher generalistischer (*high-velocity*). Ein Wettbewerbsvorteil könne allein durch dynamische Fähigkeiten nicht erzielt werden, denn diese seien nur eine hinreichende, aber keine notwendige Bedingung hierfür. Ausschlaggebend sei das Resultat der hieraus entwickelten Routinen und Ressourcenkonfiguration und dessen Eignung hierfür (ebd.). Dem stimmen auch ZAHRA ET AL. (2006) zu und führen aus, dass DC kein Selbstzweck sind, sondern nur falls notwendig zur Anwendung kommen müssten. Daneben betonen die Autoren den Stellenwert von „firm's principal decision-maker(s)" (S. 924), an dessen Vision die neuen Ressourcen und Routinen auszurichten seien. Sie nehmen damit Abstand von dem Charakter, dass DC grundsätzlich in das Unternehmen eingebettet und entlang dieser praktiziert werden sollen.

VERONA & RAVASI (2003) betonen die „fundamental knowledge-based nature of dynamic capabilities" (S. 597). Sie stellen eine wissensorientierte Version von DC vor, welche die drei Prozesse *Knowledge Creation (and Absorption), Knowledge Integration* und *Knowledge Reconfiguration* umfasst. ZOLLO & WINTER (2002) verfolgen einen am Lernen orientierenden Ansatz und stellen die drei Lernmechanism *Experience Accumulation, Knowledge Articulation* und *Knowledge Codification* vor. Durch deren systematische Praktizierung sollen unabhängig von der Marktdynamik die vorhanderen Routinen koevolutionär modifiziert werden. Hieraus würden sich DC entwickeln

2.3 Dynamic Capabilities Ansatz

in Form von Forschung, zur Bewältigung von Restrukturierungsvorhaben oder um nach Akquisition die Unternehmen zu integrieren.

BARRETO (2010) hat den Stand der Forschung per Literaturrecherche analysiert und kritisiert zum einen, dass keine konkrete Definition existiere und benennt zum anderen die im Folgenden aufgeführten Forschungslücken. So sei unspezifiziert, welche Fähigkeiten und Ressoursen durch die Praktizierung von DC geändert werden sollen und welcher konkrete Zweck damit verfolgt wird. Zudem sei ungewiss, ob DC spezifisch sind oder genereller Natur und damit replizierbar sind zwischen Unternehmen. Auch werde der kontextuelle und kontigenztheoretische Bezug zum Unternehmensumfeld nicht diskutiert, was gerade beim Vorliegen eines idiosynkrasischen Charakters relevant wäre. Schlussendlich sei bislang keine Abstufung in der Ausprägung der DC präsentiert und man fände häufig eine dichotomo Sichtweise vor, d.h. entweder seien DC vollständig vorhanden und würden vollständig fehlen. Der Autor definiert im Fazit: „A dynamic capability is the firm's potential to systematically solve problems, formed by its propensity to sense opportunities and threats, to make timely and market-oriented decisions, and to change its resource base'" (S. 271).

Tabelle 2.17: Vergleich von Dynamic Capabilities Ansätzen[116]

Quelle	Dimensionen		
Teece et al. (1997)	Learning	Coordinating/ Integrating	Reconfiguring
Teece (2007)	Sensing	Seizing	Reconfiguring
Verona/Ravasi (2003)	Knowledge Creation	Knowledge Integration	Knowledge Reconfiguring
Wang/Ahmed (2007)	Adaptive Capabilities	Absorptive Capabilities	Innovative Capabilities
Barreto (2010)	Propensity to sense opportunities	Propensity to make market decisions	Propensity to change the resource base

Die gezeigten Ansätze basieren letztendlich auf drei grundlegende Pfeiler von DC (Tabelle 2.17). Zu trennen sich die Fähigkeit, zukünftige Geschäftsmodelle zu identifizieren (*Sensing*), Wissen zu erwerben und ausschöpfend anzuwenden (*Seizing*) und

---
[116] In Anlehnung an Jantunen et al. (2012) und referenziert auf Teece (2007).

innovativ die bestehende Ressourcenbasis und wettbewerbsentscheidende Routinen zu erneuern (*Reconfiguring*) (Jantunen et al. 2012, Teece 2007). Der im Folgekapitel präsentierte Ansatz von WANG & AHMED (2007) unterscheidet sich von den anderen Konzepten dadurch, dass die Autoren allgemeingültige dynamische Fähigkeiten definieren statt konkrete und unternehmensspezifische Prozesse aufzustellen.

Grundsätzlich gilt für DC über alle theoretischen Ansatzpunkte hinweg, dass diese von Unternehmen eigenständig entwickelt und nicht von extern durch den Markt bezogen werden können. Dies konstituiert den Gegensatz zu Ressourcen im Sinne von Assets oder sonstige Fähigkeiten (Ambrosini & Bowman 2009). Zudem ist deren Anwendung keine einmalige, sondern eine kontinuierliche und intentionierte Aktivität und bezieht sich ausschließlich auf die Anpassung der Ressourcenbasis. WINTER (2003) grenzt diese Basis ab als *Zero-Level Capabilities* gegenüber den DC als *Higher-Order Capability*, um jene Basis stetig zu verbessern und darüber hinaus die Notwendigkeit dieser Verbesserung zu antizipieren und proaktiv zu initiieren. Damit unterliegen die zwei Arten der Fähigkeiten auch anderen Zeitbezügen und AMBROSINI & BOWMAN (2009) schreiben: "Dynamic capabilities are [...] future oriented, whereas capabilities are about competing today, and they are static, if no dynamic capabilities are deployed to alter them" (S. 34). Nur wenn die Änderung der Ressourcenbasis nicht imitierbare, differenzierende und zielführende Konstellationen kreiert, resultieren durch DC nachhaltige Wettbewerbsvorteile. (Kapitel 1.1.1). Selbstredend kann im Wettbewerb durch Ressourcenänderungen bloß Parität hergestellt werden. Ferner merken AMBROSINI & BOWMAN (2009) ein Risiko an: „[...] the deployment of dynamic capabilities may lead to failure if the resulting resource stock is irrelevant to the market" (S. 38).

Für die zukünftige Forschung wird gefordert, konkrete Prozesse zu identifizieren und in qualitativ-empirischer Weise deren Wirkung zu hinterfragen. Zudem sei von Interesse, welche Ressourcen konkret wie verändert werden müssten, welchen Bedingungen und Mustern DC unterliegen und ob es DC-hemmende oder DC-fördernde Faktoren gibt (ebd.). Wie bereits im Einleitungskapitel und den Forschungsfragen dargelegt, widmet sich die vorliegende Arbeit vor allem dem letztgenannten Punkt und hierbei der Frage um den Nutzen von PuCC als DC-förderndern Faktor.

Kritische theoretische Auseinandersetzung

Der DC-Ansatz ist nicht ohne Kritik, insbesondere in analytischer Herangehensweise durch SCHREYÖGG & KLIESCH (2006) verargumentiert. Die Idee von TEECE ET AL.

2.3 Dynamic Capabilities Ansatz

(1997) sei zu oberflächlich, da die kontinuierliche Veränderung quasi-statischer und zur Ausschöpfung von einem bestehenden Wettbewerbsvorteil notwendigen Strukturen, eben dieses unterbinde und im Resultat ein Unternehmen nur noch eine „Abfolge singulärer Improvisationsakte" (S. 465) in Bezug auf deren Kompetenz-Entwicklung darstellen würde. Gleichzeitig unterliege das Unternehmen der Kompetenzfalle, wonach sich praktisch temporär erfolgreiche Kompetenzen verfestigen würden, da genau auf die Weiterentwicklung jener abgezielt werde. Letztendlich seien die zum Wettbewerbsvorteil führenden Fähigkeiten stets unternehmenshistorisch und daher nie vollständig erklärbar. Zusammengefasst nehmen die Autoren den Standpunkt ein, dass der Wille am Bestand der sich als erfolgreich erwiesenen Kompetenzen mit dem Versuch, jene kontinuierlich anzupassen weder die gewollte Veränderung herbeiführe und dazu das Risiko bürge, funktionierende Kompetenzen zu zerstreuen.

Auch den zweiten Ansatz von EISENHARDT & MARTIN (2000), die Dynamisierung der Kompetenz kontingenztheoretisch und kontinuierlich am Wandel des Marktes auszurichten sowie gleichzeitig eine permanente Fähigkeit zur Variabilität und Musterunbefangenheit zu demonstrieren, beurteilen SCHREYÖGG & KLIESCH (2006) als Widerspruch. Damit würde kein schwierig imitierbares temporäres Verknüpfungsmuster von Ressourcen und Routinen als Kompetenz erstellt und diese „Radikalisierung des Dynamisierungsgedankens" führe zur einer „Zerstörung des Kompetenzkonstrukts" (S. 60). Im Fazit schlagen SCHREYÖGG & Kliesch vor, stetig die eigenen Kompetenzen und Verhaltensmuster zu beobachten und im strategischen Diskurs des Unternehmens ein kontinuierliches Hinterfragen anzuregen. Jene Kompetenzbereiche, welche als besonders wettbewerbsrelevant identifiziert werden, sollen nicht radikal verändert werden, da das hieraus resultierende Geschäftsrisiko zu gravierend sei. Jedoch empfehlen die Autoren, experimentelle Aktivitäten in neuen Wettbewerbsfeldern anzustoßen. Hierzu seien dedizierte Ressourcen und Routinen temporär und gezielt in neue Muster zu transformieren, um zu erfahren, ob hierdurch neue Märkte erschlossen werden können. Gleichzeitig zeige sich, ob sich diese in bestehende wettbewerbsrelevante Kompetenzbereiche integrieren lassen, ohne diese disruptiv und irreversibel zu stören[117].

---

[117] Aus pragmatischer Sicht kann argumentiert werden, dass in der unternehmerischen Praxis ohnehin eine gemischte Realität existiert aus temporärer Statik gepaart mit kontinuierlich Anpassungen und gelegentlich radikalem Wandel. Dieser Gedanke ist bereits verankert im Zusammenspiel des konti-

Der in Folge präsentierte Component Factors Ansatz von WANG & AHMED (2007) konstatiert einen Grundtenor der in Tabelle 2.17 vorgestellten theoretischen Variante und begegnet den Kritikpunkten hierdurch, dass er weder idiosynkrasische Fähigkeiten aufwirft, noch zur radikalen Dynamik aufruft oder die Unternehmenshistorie ignoriert. Ferner erweitert dieser Ansatz die DC-Theorie dahingehend, dass die drei vorgestellten Faktoren jeweils eigene umfangreiche organsiationale Forschungsgebiete darstellen und damit sowohl integrativ als auch separiert im DC-Kontext diskutiert, analysiert und erforscht werden können.

2.3.2 Dynamic Capabilities Component Factors

Den bislang präsentierten Ansätzen ist gemein, dass die darin postulierten Vorgehensweisen zur kontinuierlichen Entwicklung und Anwendung von DC einem dedizierten Prozess nahe kommen. Hier nehmen WANG & AHMED (2007) einen anderen Standpunkt ein. Sie stellen eine Hierarchie auf aus unternehmensspezifischen Ressourcen und temporären Prozessen sowie übergeordneten nicht unternehmensspezifischen Fähigkeiten und Verhaltensansätzen. Um temporäre Wettbewerbsvorteile zu realisieren, sind unternehmensspezifische Ressourcen zu beschaffen und zielführend zu kombinieren. Zweitens sind Prozesse und Fähigkeiten zu definieren, um jene Kombination unternehmensspezifisch und regelmäßig zu rekonfigurieren. Da Wettbewerber ähnliche Herausforderungen zu bewältigen haben oder organisatorisch vergleichbar aufgestellt sein mögen, können diese jene Prozesse und Fähigkeiten mittel- bis langfristig imitieren und sich vergleichbare Ressourcen beschaffen. Daher steigern diese unternehmensspezifischen Ressourcen, Fähigkeiten und Prozesse letztendlich nur temporär die Wettbewerbsfähigkeit. Jene Fähigkeiten wiederum, nicht nur die Ressourcen, sondern auch die beschriebenen Prozesse und unternehmensspezifischen Fähigkeiten gleichfalls zu evaluieren, kritisch zu reflektieren und zu erneuern, sind die Dynamic Capabilities im Verständnis von WANG & AHMED (2009). Diese seien Teil der Führungskultur und das entscheidende Differenzierungsmerkmal eines Unternehmens, die nachhaltig wettbewerbsfähig ist, ihre Marktposition stetig behauptet, sich neue Märkte erschließt oder neue Märkte definiert (Jantunen et al. 2012).

Diese den Basisressourcen und Fähigkeiten übergeordneten Fähigkeiten sind für Unternehmen ähnlich und allgemeingültig. WANG & AHMED (2007) definieren drei dieser

---

nuierlichen Veränderungsprozesses aus der Disziplin des Qualitätsmanagements mit dem radilanen Konzept des Business Process Reengineering von Hammer & Champy (1994).

2.3 Dynamic Capabilities Ansatz

essentiellen *Component Factors*, welche zwar korrelieren, dabei jedoch selbstständige Konzepte darstellten (S. 35ff): *Innovative-, Adaptive-* und *Absorptive Capabilities*. In diesem Unterkapitel wird in deren theoretische und wissenschaftliche Hintergründe eingeführt, um im Folgekapitel darauf einzugehen, wie IT gezielt jene Component Factors steigern kann. WANG & AHMED (2007) stellen fest, dass Forscher erst kürzlich begonnen hätten, Zusammenhänge zwischen den Component Factors zu erkennen und Modelle hierüber zu konzeptionieren (S. 43). Quantitative Studien würden nur vereinzelte Aspekte messen, anstatt ein multidimensionales Konstrukt zu operationalisieren und dessen Einbindung in ein nomologisches Netzwerk zu erforschen (S. 44). Bis auf BIEDENBACH & MÜLLER (2012), welche diese Component Factors im Kontext des Projekt Portfolio Managements (siehe Jeffrey & Leliveld 2004) quantitativ untersucht haben wurden dazu im Zuge der Literaturrecherchen keine weiteren wissenschaftlichen Studien identifiziert. Hier leistet die vorliegende Arbeit folglich einen erheblichen Beitrag durch die ganzheitliche Untersuchung der drei Component Factors in einem quantitativ-empirisch Kausalmodell.

Innovative Capabilities (INC)

Die Grundlagen zum Thema Innovation, IT-Innovation und der Innovationsforschung wurden bereits in Kapitel 2.2.1 gelegt, weshalb hier direkt auf die Innovationsfähigkeit eingegangen wird. Dieser erste der drei Component Factors ist gleichfalls definiert wie das Konstrukt *Organisational Innovativeness* (Wang & Ahmed 2007) als „an organisation's overall innovative capability of introducing new products to the market, or opening up new markets, through combining strategic orientation with innovative behaviour and process" (Wang & Ahmed 2004, S. 304). Dieser Begriff nimmt keinen technologiespezifischen Fokus ein und bezieht Innovation sowohl auf Produkte, Prozesse, Systeme sowie auf Geschäftsmodelle (ebd.). SALAVOU (2004) erkennt jedoch, dass *Innovativeness* einen generellen Technologiebezug hinsichtlich der organisationalen Adoptionen und technologischen Anpassungsfähigkeit aufweist. Gleichfalls sind verhaltenswissenschaftliche Aspekte dem Begriff innewohnend, z.B. die Rolle des Individuums sowie die Fähigkeit von *Idea Generation* und *Value Creation*. Produktbezogene Gesichtspunkte wie die konkrete Erarbeitung neuer Produkte oder Dienste vervollständigen den Kontext des Begriffs (ebd.). Aufgrund des generischen Charakters und der allgemeinen Begriffsgültigkeit für alle Unternehmen, ungeachtet der Ressourcenbasis oder Pfadabhängigkeiten, qualifiziert sich Innovative Capabilities (INC) als Dynamic Capabilities Component Factors (Lawson & Samson 2001, S. 379).

Innovationsfähigkeit etabliert sich über verschiedene Ebenen. Vor allem das Humankapital auf der individuellen Ebene fördert Innovationen noch vor der Exzellenz in der Forschungs- und Entwicklungsabeilung oder dem Versuch, auf der Netzwerkebene über strategische Allianzen und Akquisitionen Innovation zu betreiben (Rothaermel & Hess 2007, S. 899f). RUBERA & KIRCA (2012) konnten nachweisen, dass Innovationsfähigkeit am Markt honoriert wird und einen direkten Effekt auf z.b. Aktienkurssteigerungen bewirkt. Diese Effekte werden sogar höher und positiver moderiert bei einer Radikalität der Innovation und der Visibilität der Innovation für die Zielgruppe als bloß durch die Innovation generierte finanzielle Rückflüsse oder den Ausbau des Produktportfolios. Auch HE & WONG (2004) bestätigen den Wertbeitrag von Innovationsfähigkeit. Diese seien jene Fähigkeiten, um Innovationen aufzuspüren (*Explorative Innovation Strategy*) und die Realisierung des potenziellen Nutzens frühzeitig anzuvisieren (*Exploitative Innovation Strategy*). Dadurch erhöhe sich die Produkt- und Prozessinnovation sowie damit langfristig das Umsatzwachstum.

Die DC-theoretische Diskussion zu Beginn dieses Kapitels über die Unschärfe zwischen idiosynkrasischen Prozessen und generischen Faktoren wird auch konkret über die Innovationsfähigkeit geführt. Hier zeigen JANTUNEN ET AL. (2012) bei Medienunternehmen über die drei Gruppen der *Sensing*, *Seizing* und *Reconfiguring* Dynamic Capabilities nach TEECE (2007), dass gleichfalls Erfolgsmethoden innerhalb der *Innovation Capabilities* und sehr individuell ausgestalteten Praktiken existieren. Open Innovation, Partnering und die Wertschöpfungsketten-übergreifende Kollaboration sind solche Best-Practices, wohingegen Inzentivierungsmechanismen, die Wissensverwaltung, der Formalisierungsgrad als auch die Unternehmenskultur als Differenzierungsmerkmale der Innovationsfähigkeit bewertet wurden und eher unternehmensspezifisch seien. Konkrete positive Auswirkungen sind hier messbar im Falle einer einer höheren Dezentralisierung, eines geringeren Formalisierungsgrades und insbesondere bei ausreichender Ressourcenverfügbarkeit (Subramaniam & Nilakanta 1996).

Bei der zumeist multidimensionalen Spezifizierung des Konstruktes werden sehr unterschiedliche Ansätze verfolgt. SALAVOU (2004) präsentiert ausschließlich quantitative Parameter der Messung von *Innovativeness*, z.B. über die Anzahl an Produktinnovationen, die Änderungsrate im Einsatz neuer Technologien oder über Personalkapazitäten (S. 44). LAWSON & SAMSON (2001) haben in einer Fallstudie über das Unternehmen Cisco Systems sieben konzeptionelle *Core Elements of Innovation Capability* erarbeitet (s. 389ff), welche sich um Themen wie Visionen, Kompetenzmanagement, Kreativität, innovationsförderndes Klima und Technologiemanagement bewegen. GARCIA & CALANTONE (2002) wiederum haben 51 Items zur Messung entwickelt, welche sie in einer 2x2 Matrix entweder dem *Micro-Level* (Kunden, Unternehmen) oder dem *Macro-Level* (Wettbewerb, Communities) zuordnen und zusätzlich in *Marketing Measures* (Nutzen, Kosten, Neuheit) und *Technologie Measures* (Wissen, Modifikationen, Komplexität) trennen. Jedoch nur WANG & AHMED (2004) haben ein umfangreiches Modell mit 29 Items über die fünf Dimensionen *Behaviour, Product, Process, Market* und *Strategy* entwickelt und dieses auch empirisch per konfirmatorischer Faktorenanalyse bestätigt. Dieses Modell diente daher auch zur Operationalisierung des Konstruktes *IT-enabled Innovation Capabilities* in der vorliegenden Studie.

Adaptive Capabilities (ADC)

Für die häufig synonym verwendeten Begriffe *Agilität* oder *Adaptabilität* wurden zahlreiche Definitionen publiziert, von denen OOSTERHOUT (2008) exemplarisch elf präsentiert und mit einer eigenen Definition schließt:

„*Business agility is the ability of an organisation to swiftly change businesses and business processes beyond the normal level of flexibility to effectively manage highly uncertain and unexpected but potentially consequential internal and external events, based on the capabilities to sense, respond and learn.*" *(S. 16f).*

In den weiteren Definitionen häufig aufgeführte Schlagworte sind: Anticipation of Change, Proactive Response, Dynamic Business Environments, Reconfigurable Resources, Detect Opportunities, Exploration of Competitive Bases, Configuration und Adaptability. Über Adaptable Organisations schreiben FEY & DENISON (2003), jene seien „driven by their customers, take risks and learn from their mistakes, and have capability and experience at creating change" (S. 688). WANG & AHMED (2007) definieren ihren Component Factor ADC schlussendlich als "a firms ability to identify and capitalize on emergent market opportunities" (S. 37) und fassen hiermit Aspekte der Agilität, Flexibilität und Anpassungsfähigkeit der Aufbau- und Ablauforganisation in Reaktion auf sich stetig wandelnde Kundenbedürfnisse und Märkte zusammen. Die Notwendigkeit, strategische Richtungswechsel umgehend einleiten und deren operative Realisierung mit hoher Beschleunigung ausführen zu können, rührt u.a. daher, dass monetäre und nicht-monetäre Ressourcen an Mobilität gewinnen und nur auf die aussichtsreichsten Geschäftsmodelle global alokalisiert werden (Ambrose & Morello 2004). Daher entstünde ein Verteilungswettbewerb um diese Ressourcen und ein Zeitwettbewerb um die Ausschöpfung der Marktpotenziale, welcher nach AMBROSE & MORELLO (2004) durch fünf hauptsächliche Kräfte angetrieben würde (Abbildung 2.17). Neben technologischen Veränderungen und zudem ein hierdurch begründeter Wandel der Arbeitswelt, zwängen vor allem Phänomene der Globalisierung, etwa die globale Verteilung von Lieferanten, Kunden, Mitarbeitern, Entscheidern und Märkten, die Unternehmen dazu, stetig auf Situation in diesen Ökosystem zu reagieren, bzw. diese Aktionen zu antizipieren (ebd.).

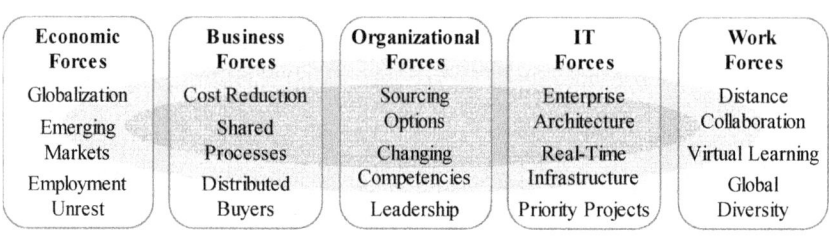

Economic Forces	Business Forces	Organizational Forces	IT Forces	Work Forces
Globalization	Cost Reduction	Sourcing Options	Enterprise Architecture	Distance Collaboration
Emerging Markets	Shared Processes	Changing Competencies	Real-Time Infrastructure	Virtual Learning
Employment Unrest	Distributed Buyers	Leadership	Priority Projects	Global Diversity

Abbildung 2.17: Forces driving organisational agility[118]

Unternehmen, die über Fähigkeiten verfügen, jene Kräfte zu ihrem Vorteil zu nutzen und durch das Auftreten dieser Ereignisse im Geschäftsbetrieb nicht negativ disruptiv überrascht zu werden, können stetig für sich temporäre Wettbewerbsvorteile generieren (Sambamurthy 2008). Sie agieren proaktiv in ihrem Ökosystem aus Lieferanten, Märkten und Partnern, kreieren inkrementelle und radikale Innovationen, formen technologie-basierte Geschäftsmodelle und denken kunden- und lösungszentriert. Studien konnten den Markterfolg adaptiver Unternehmen nachweisen. So haben bereits OKTEMGIL & GORDON (1997) einen Vergleich zwischen sehr und weniger adaptiven Unternehmen in UK vorgenommen und per Diskriminanzanalyse signifikante Unterschiede über die Leistungskennzahlen *Return-of-Investment, Sales Growth, Market Share* und *New Product Success Rates* gemessen. ROBERTS & GROVER (2012b) haben per Regression einen positiven Effekt vor allem von einer proaktiv antizipativen *Customer Sensing Capability* auf *Firm Performance*[119] ermittelt und auch im Strukturmodell von YANG & LIU (2012) lag ein hochsignifikanter Effekt vor zwischen

---

[118] Ambrose & Morello (2004), S. 4.
[119] Erhoben über Marketing, Growth in Sales, Profitability und Market Share.

2.3 Dynamic Capabilities Ansatz

Enterprise Agility (Customer, Supplier, Competitor) und *Firm Performance*[120]. Um die Unternehmen agil auszugestalten hat OOSTERHOUT (2010) sieben *Business Agility Means Types* im Rahmen seiner Dissertation erarbeitet (Tabelle 2.18). Neben personellen und kulturellen Attributen sind vor allen Strukturen, Netzwerke und die IT-Architektur ein Erfolgskriterium für den Aufbau und Erhalt flexibler und agiler Unternehmen. Der Autor kommt ferner zum Ergebnis: *„In many large service organisations business agility is hampered by a lack of IT agility"* (S. 271).

Tabelle 2.18: Means for enhancing business agility[121]

Mean Types	Business Agility Means & Characteristics
Network Governance	Relationship based on trust, Performance metrics, Benchmarking, Process integration and collaborative work, Virtual organisation
Network Architecture	Loosely coupled, Modularisation, Information sharing and visibility, Heterogeneity retention
Organisational Governance	Reward systems that support business ability, Incentives for collaborative learning, Self-organisation, Virtual cross functional project teams, Employee empowerment, Flexible budgeting
Organisational Architecture	Standardisation and simplification, Modularity, Flexible and reconfigurable structures, Customisation, Quick-connect capability
IT Capabilities	Standardisation and simplification, Connectivity, Compatibility, Modularity, Scalability, Reconfigurability, Data quality and Data access, Extended Enterprise Integration
People Capabilities	Knowledge, Speed of acquiring and developing new skills, Internal bonding social capital and external bridging social capital
Organisational Culture	Fostering individual entrepreneurship, Leadership, Fostering a culture of knowledge sharing and learning

Für die Messung von Agilität oder Adaptivität existieren verschiedene Ansätze. FEY & DENISON (2003) operationalisieren *Adaptability* über die Wandlungsfähigkeit (*Creating Change*), Kundenorientierung (*Customer Focus*) und Lernbereitschaft (*Organisational Learning*) und sehen dieses Konstrukt als eine der „Four cultural traits of effective organisations" neben *Mission, Involvement* und *Consistency* (S. 688f)[122]. PAHLKE

---

[120] Erhoben über Unpredictable Change Response, Customer Satisfaction und Profitability.
[121] Auszug aus: Oosterhout (2010), S. 34f., hier im englischen Original widergegeben.
[122] *Mission* umfasst Strategic Direction & Intent, Goals & Objectives und Vision. *Involvement* beinhaltet Empowerment, Team Orientation und Capability Development. *Consistency* besteht aus Core Values, Agtreement und Coordination & Integration. (Fey & Denison 2003, S. 689).

ET AL. (2011) orientieren sich an den grundsätzlichen Fähigkeiten für *Agility* nach OVERBY & SAMBAMURTHY (2006), *Sensing* und *Responding*. Sie definieren diese zwei Fähigkeiten zur Formung ihres Konstrukt *Business Agility* jeweils bezogen auf *Market Agility, Network Agility* und *Organisational Agility* und nehmen hiermit eine stärker unternehmensexterne Perspektive ein. LEE ET AL. (2007) beziehen sich sogar zurück auf MILES & SNOW (1978) und deren Unterscheidungen nach offensiven und defensiven Modi der Unternehmensstrategie und trennen nach der *Entrepreneurial Agility* zur offensiven Erschaffung neuer Wettbewerbsvorteile und *Adaptive Agility* zur Reaktion auf Wettbewerber und Märkte (siehe Tabelle 3.3). OKTEMGIL & GREENLEY (1997) als letztes Beispiel unterscheiden drei Arten von ACA: *Product-Market Response* als Bedienung von Märkten mit den richtigen Produkten und Services und *Marketing Activities* für dessen gezielten Vermarktung für die kontinuierliche Marktbeobachtung. Die dritte Dimension *Speed of* Response beschreibt die Reaktionsgeschwindigkeit der ersten beiden Faktoren (S. 465f). PASCHKE & MOLLA's (2011) Operationalisierung der *Adaptive IT Capability* wird in Kapitel 2.3.3 angesprochen, um dort auf die spätere Perspektive zur Operationalisierung einzugehen.

Absorptive Capabilities (ABC)

Die Absorptive Capacity (ABC) Theorie (gleichfalls und ab hier als Absorptive Capabilities Theorie bezeichnet[123]) geht zurück auf COHEN & LEVINTHAL (1990) als die Fähigkeit eines Unternehmens, externes Wissen zu erwerben und zu nutzen, welche sich kumulativ über die Individuen des Unternehmens aggregiere. Sie definieren ABC als „[...] the ability of a firm to recognize the value of new, external information, assimilate it, and apply it to commercial ends" (S. 128) und betonen die Relevanz und Pfadabhängigkeit von vergangenem Wissen sowie die Wichtigkeit, Wissen durch eigene Forschungs- und Entwicklungsabteilungen gezielt zu entwickeln. Unternehmen gewinnen durch ABC sich stetig erweiternde Kompetenzen zur Vorhersage vom Technologiefortschritt, zur Formierung einer realistischen Erwartungshaltung und würden gerade in einem Umfeld, welches durch hohe Unsicherheit gekennzeichnet ist, zu proaktivem Handeln befähigt. WANG & AHMED (2007) übernehmen die erste Definition nach COHEN & LEVINTHAL (1990) und verweisen auf eine weitere Studie nach

---

[123] An den Stellen in dieser Arbeit, wo der Autor auf Sekundärliteratur verweist, insbesondere im Kapitel 3 zu den Literaturrecherchen, wird ebenfalls der Begriff Absorptive Capacity verwendet, soweit dieser in eben jener referenzierten Quellen auch derart benannt wird.

2.3 Dynamic Capabilities Ansatz

WOICESHYN & DAELLENBACH (2005), derer eine Technologie-Adoption bessere *Performance Outcomes* erziele beim Vorhandensein von ABC. Dies sei gegeben, falls Ressourcen persistent allokalisiert, Lernbereitschaft gezeigt, selbstständig Erfahrung gesammelt und das gewonnene Wissen interdisziplinär geteilt werde. ZAHRA & GEORGE (2002a) ordnen ABC den Status einer Dynamic Capability zu und rekonzeptualisieren ABC zu zwei Typen, den *Potential ABC* und *Realized ABC*. Erstere befähigen das Unternehmen zur *Acquisition* und *Assimilation* von externem Wissen, wohingegen sich *Realized ABC* auf die *Transformation* und *Exploitation* (Ausschöpfung) dieses absorbierten Wissens bezieht, um hierdurch Wettbewerbsvorteile zu erlangen. Nach JANSEN ET AL. (2005) kann ein Unternehmen die *Potential ABC* durch koordinative Fähigkeiten steigern, z.b. durch die Etablierung funktionsübergreifender Strukturen, eine Streuung der involvierten Gremien zur Entscheidungsfindung sowie konkret über Job Rotation, um Mitarbeiter für die Belange anderer Unternehmensmitglieder zu sensibilisieren. Ebenfalls untersucht haben die Autoren Möglichkeiten, um die Realized ABC zu verbessern und verweisen hier auf die Taktik der Sozialisierung. Dabei wird persönliches Wissen gezielt ausgetauscht und Wissen auf neue Problemstellungen transferiert. Dieses werde technologisch unterstützt mit integrierten ubiquitären Wissensnetzwerken. ZAHRA & GEORGE (2002a) verlassen mit ihrer Rekonzeptualisierung die bislang einschränkende Sichtweise auf Innovation als bloßen Output von ABC, sondern sehen entsprechend ihrer Aufspaltung zwei sich ergänzende, dabei auch unabhängig voneinander wirkenden ABC. Wobei die *Potential ABC* des Unternehmens dabei dienen, reaktiv und agil zu sein, um effizient auf Wandel zu reagieren und die Marktposition zu halten, so wie ein Teilaspekt der ABC, fokussieren die Realized ABC auf die Schaffung neuer Wettbewerbsvorteile.

LANE ET AL. (2006) schreiben, dass seit 1990 bereits mehr als 900 begutachtete akademische Beiträge veröffentlich worden seien, und dass sie den Forschungsfortschritt als stagnierend empfänden, da mehrere Annahmen aus den initialen Publikationen zu der ABC-Theorie kaum kritisch hinterfragt worden wären. So sei nicht nur der F&E-Bereich diesem Thema verpflichtet, sondern Wissen müsse entlang der gesamten Wertschöpfungs- und Begleitprozesse identifiziert und recherchiert werden (siehe Schreyögg 2010). Zudem käme der Gedanke der Pfadabhängigkeit zu kurz und bisheriges Wissen stelle faktisch keine Fähigkeit da, auch zukünftig exzellente ABC-Prozesse auszuüben. Ein weiterer Kritikpunkt ist die ausschließliche Fokussierung auf das Unternehmen und damit eine Vernachlässigung von Grenzen- und Akteurübergreifenden Prozessen zum Wissenserwerb und potenziell vorhandenen und auszuschöpfenden multidimensionalen Interaktionseffekten. Die Autoren konsolidieren basierend auf ihrer Literaturrecherche den Status Quo der Forschungsergebnisse und präsentieren ein erweitertes Modell mit Antezedenzien und Konsquenenzen sowie rückseitigen Wirkungskreisläufen. Etwa bewirke der aus der Anwendung von ABC resultierende Output gleichfalls eine Erhöhung von Kreativität in der Wissensverwendung, Effizienz der Wissenstransformation und dem Erzeugen eines tiefen Verständnisses über ABC, sodass deren kontinuierliche Fortentwicklung forciert werde. Der hauptsächliche Beitrag des Modells ist jedoch die Definition der ABC als Phasen, wodurch ABC endgültig ein prozessualer Charakter zugeschrieben wird (Lane et al. 2006, Lichtenthaler 2009) (Abbildung 2.18). LICHTENTHALER (2009) konnte nachweisen, dass vor allem *Exploitative Learning* einen signifikanten Effekt auf *Innovation* und ABC als ganzheitliches Konstrukt höherer Ordnung einen hochsignifikanten Effekt auf *Performance*[124] und *Innovation* ausüben. In Bezug auf *Performance* wird dieser Effekt zudem moderiert durch *Market Turbulence* (nach JAWORSKI & KOHLI 1993).

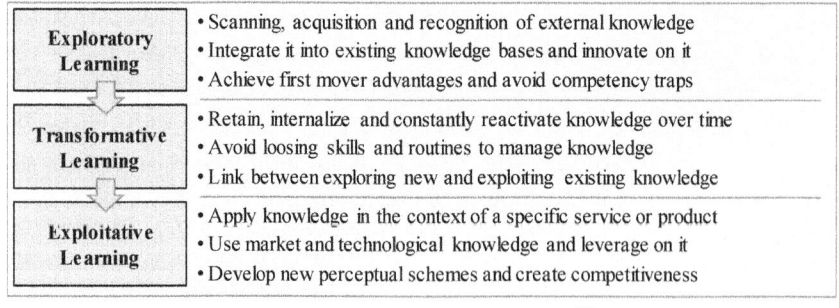

Exploratory Learning	• Scanning, acquisition and recognition of external knowledge • Integrate it into existing knowledge bases and innovate on it • Achieve first mover advantages and avoid competency traps
Transformative Learning	• Retain, internalize and constantly reactivate knowledge over time • Avoid loosing skills and routines to manage knowledge • Link between exploring new and exploiting existing knowledge
Exploitative Learning	• Apply knowledge in the context of a specific service or product • Use market and technological knowledge and leverage on it • Develop new perceptual schemes and create competitiveness

Abbildung 2.18: Absorptive Capabilities[125]

SCHREYÖGG (2010) verweist auf die Notwendigkeit der Praxisetablierung der ansonsten abstrakten Gedankenkonstrukte. Um durch ABC auch Innovationserfolg zu realisieren, müsse eine tiefe Verankerung der Prozesse in jeweilige Unternehmenspraktiken erfolgen. Dadurch entstünden aus diesen Prozessen langfristig Routinen im Sinne automatisch ablaufender und menschlich verinnerlichter Handlungsschemata.

---

[124] Erhoben über die wahrgenommene Leistungsfähigkeit gegenüber Wettbewerber in Bezug auf Overall performance, Market share, Growth und Profitability nach Jaworski & Kohli (1993).
[125] Nach Lane et al. (2006) und Lichtenthaler (2009).

Dabei helfen auch die aktive Weitergabe von Wissen und die Erkenntnis eines Rückkopplungseffektes, wobei gleichfalls die Absorptionsfähigkeit steige. Auch solle Open Innovation und allgemeine Transparenz stärker gelebt werden (ebd.).

Fazit

In Bezug auf die Messbarkeit sämtlicher vorgestellter Component Factors der DC können diese abstrakten Konzepte über das durch sie resultierende Ergebnis erhoben werden. Im Bereich der INC sind dies die wahrgenommene Neuheit von Produkten, der Innovationserfolg sowie die proklamierte und gelebte Kultur. ADC zeigt sich in den Fähigkeiten, Strukturen im Unternehmen zügig zu ändern, Aktivitäten zu koordinieren und auf sich wandelnden Kunden- und Marktstrukturen zu reagieren. ABC liegt schlussendlich vor, wenn jene Tätigkeiten der *Knowledge exploration, -transformation* und *–exploitation* eine täglich gelebte Praxis darstellen.

2.3.3 IT-enabled Dynamic Capabilities (ITDC)

Insbesondere die neue Generation von Informationstechnologie, sei es Big Data Analytics, Social Media oder CC, bietet reichhaltige Möglichkeiten, DC in Unternehmen auszubilden, wie in diesem Unterkapitel sowie in der Literaturrecherche in Kapitel 3.1 erörtert wird (siehe auch Chen et al. 2008). Eine deutliche Unterscheidung ist hervorzuheben zwischen den sogenannten *Dynamic IT Capabilities* , welche die Anpassungsfähigkeit der IT-Abteilung selbst steigern sollen und ITDC als Ausschöpfung der durch IT gebotenen Potenziale für die Wettbewerbsfähigkeit von Unternehmen durch bessere Agilität, Innovation und Wissensmanagement.

Viele Autoren widmen sich der ersten Perspektive. GRANT (2005) etwa folgt dem Ansatz von TEECE ET AL. (1997) und definiert sechs *IT Routines*, welche parallel und integriert mit IT-Ressourcen für die Aufrechterhaltung der IT-Fähigkeiten befolgt werden sollen, hier z.B. *IT-enabled Learning* oder *IT-enabled Change'Management*. Auch NIEHAVES ET AL. (2010) bleiben in der Sphäre der Implementierung und Erneuerung von Systemen zur IT-Unterstützung von Geschäftsprozessen, hier ERP und CRM (Customer Relationship Management). IT-Projekte verliefen erfolgreicher (*Change Success*) falls Prozessen und der Ideen der DC während dem technologischen und unternehmerischen Wandel gefolgt würden. Sie definieren *Dynamic IS Capabilities* als "[…] capabilities to change IT-enabled business processes […] for the purpose of achieving a fit with the market environment" (S. 3). VITARI (2009) definiert eine Dynamic IT Capability namens *Data Genesis* als „[...] concerned with the unobtrusively generation and capture of digital data and its management, [but] not with its actual use in [...] analytical processes" (S. 4). Data Genesis stelle eine DC dar, da sie die Prozesse der DC-Theorie - Generierung, Integration und Rekonfigurieren - auf die Ressource *Daten* anwendet und so die Wettbewerbsfähigkeit bei den *Analytics* verbessere. Weitere Beispiele sind ALAGHEHBAND & RIVARD (2010), welche *Enterprise IT Architecture-* und *IT Sourcing Dynamic Capabilities* konzipieren zur dynamischen Anpassung von geschäftsrelevanten IT Kompetenzen und der Modifizierung der IT-Ressourcenbasis, zudem XIAO & DASGUPTA (2009), die Dynamic Capabilities formieren aus IT-Fähigkeiten, um IT-Ressourcen an Markterfordernisse anzugleichen.

Wenige Autoren beschreiten den Transfer von IT-Potenzialen für die Steigerung ganzheitlich DC. WHEELER (2002) definiert den *Net-enabled Business Innovation Cycle* (NEBIC) als "an applied dynamic capabilities theory for measuring, predicting, and understanding a firm's ability to create customer value through the business use of digital networks" (S. 125). Unter Net-Enablement versteht der Autor mit Bezug aufEISENHARDT & MARTIN (2009) die innovative Anwendung von digitalen Netzwerken und Systemen für Modelle des e-Commerce, welche vor allem Vorsprünge schaffen könnten in wettbewerbsintensiven und *high velocity markets*. WHEELER (2000) fasst das Modell des NEBIC zusammen:

> "Emerging/Enabling Technologies lead to Economic Opportunities. Selected opportunities can enable growth through Business Innovation for the purpose of creating Customer Value" (S. 129).

Auch SAMBAMURTHY ET AL. (2003) proklamieren den signifikanten Einfluss von IT auf die von ihnen ebenfalls in Bezug auf EISENHARDT & MARTIN (2000) als DC titulierten Fähigkeiten der *Agility*, *Digital Options* und *Entrepreneurial Alertness*, woraus wiederum die Wettbewerbsfähigkeit in mehrfacher Hinsicht gesteigert würde. JAIN (2007) hat seine Dissertation der Entwicklung der *Organisational Dynamic IT Capability* gewidmet und dabei eine mehrstufige Kausalkette aus dynamischen Fähigkeiten bei IT-Ressourcen und IT-Capabilities entwickelt. Hierdurch würden im Ergebnis sogenannte *IT-enabled Ambidextrous Innovative Capabilities* gesteigert, was bedeutet, dass ein Unternehmen simultan in der Lage ist, neue Möglichkeiten zu identifizieren und zu erforschen und dabei gleichzeitig bestehende Produkte und Services wettbewerbsseitig ausschöpfen kann (siehe Kapitel 1.1.1). Die Modelle von Sambamurthy et

2.3 Dynamic Capabilities Ansatz

al. (2003) und Jain (2007) sind exemplarisch in Abbildung 2.19 dargestellt. Als letzte Referenz dienen LIM ET AL. (2011). Sie definieren *Dynamic Organisational IT Capability* als „[...] as a firm's ability to integrate, build, and reconfigure IT-enabled resources concurrently with organisational and managerial processes in order to align with a rapidly changing competitive environment." (S. 59) und manifestieren ihr Verständnis von der erweiterten Kausalkette aus IT-enabled resources zur Anpassung von Strukturen im Unternehmen. Im Verlauf dieses Unterkapitels wird der Beitrag von IT zu den Component Factors von WANG & AHMED (2007) mit Hinblick auf deren Schlüsselrolle im Forschungsmodell beschrieben. ITDC werden wie folgt definiert:

"An organisation's IT-enabled behavioral orientation to constantly integrate, reconfigure, renew and recreate its resources and capabilities and upgrade and reconstruct its core capabilities in response to the changing environment to attain and sustain competitive advantage."

The Nomological Network of Relationships between IT Competence and Firm Performance (Sambamurthy et al. 2003)		
IT Competence	Capability-Building Entrepreneurial Action Digital Options ↔ Agility ↘ Entrepreneurial ↗ Alertness Coevolutionary Adaptation	Competitive Actions Financial Performance

Organisational IT Dynamic Capability (Jain 2007)		
Resources	**Capability**	**IT enabled Ambidextrous Innovative Capabilities**
Dynamic IT Knowledge Resource Management	Dynamic IT Strategy Planning	
Dynamic IT Technology Resource Management	Dynamic IT Change Management	Explorative Innovation Capability
Dynamic IT Human Resource Management	Dynamic IT Systems Development	Exploitative Innovation Capability

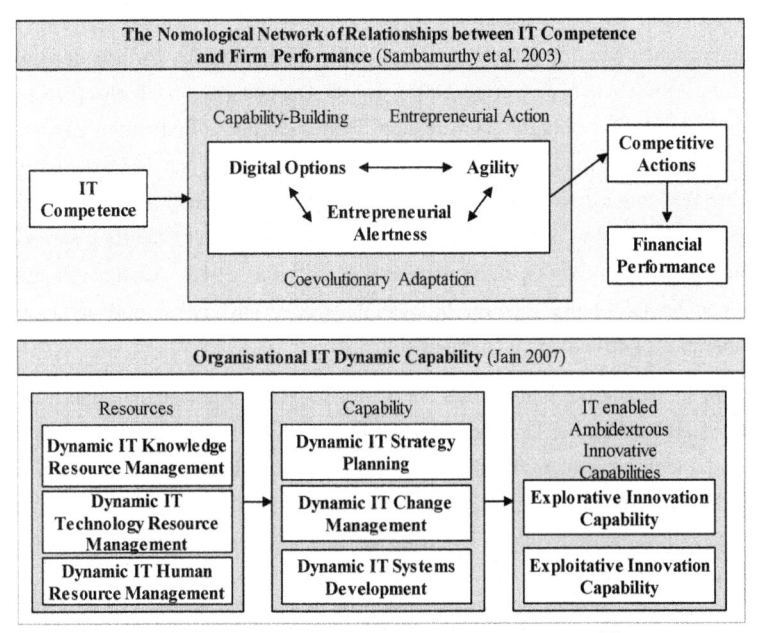

Abbildung 2.19: IT als Enabler von Dynamic Capabilities[126]

---

[126] Sambamurthy et al. (2003) und Jain (2007).

IT-enabled Innovative Capabilities (DIN)

Der Aufbau und Erhalt von Innovationsfähigkeit kann durch den gezielten Einsatz von IT verbessert werden (Benitez-Amado et al. 2010, Kmieciak et al. 2012). Als Bereiche des Innovationsbeitrags von IT lassen sich Prozessinnovationen, Entscheidungsunterstützung und Innovationsmanagement abgrenzen. Bei den Prozessen steuern Technologien wie RFID[127] oder EDI[128] die Abarbeitung der Wertschöpfungskette, wie vor allem für Logistik und Produktion IT den Informationsaustausch in Echtzeit sowie die Lokalisierung von Distributionsströmen und Material ermöglicht (Müller & Möller 2012, Westerman & Curley 2008). Während der strategischen Planung hilft IT bei der Durchführung und Analyse komplexer und rechenintensiver Simulationsverfahren. Hierbei können historische Daten aufbereitet und Verfahren der künstlichen Intelligenz angewendet werden, etwa um Prognosen zu erstellen und geschäftskritische Entscheidungen zu fundieren (ebd., Gordon & Tarafdar 2010)[129]. Dies gilt auch im operativen Geschäft, etwa bei Risikobewertungen, im Anforderungsmanagement oder im kontinuierlichen Multiprojektmanagement und der begleitenden Projekt Portfolio Optimierung (Westerman & Curley 2008), wobei Dashboards und Konzepten wie das ebenfalls durch IT-befähigte Gamification[130] eine besondere Bedeutung zukommt. Im Innovationsmanagement[131] selbst, von der Ideenentwicklung zur Marktreife, entfaltet IT seine Wirkung als Kollaborations- und Koordinationsmedium dezentral arbeitender Teams (Cherian 2009) und dient als Plattform und Schnittstelle mehrerer Innovationsparteien im Rahmen von Open Innovation (Ashurst et al. 2012). Auch die Funktionalitäten von Social Media sind für Innovationszwecke anwendbar und verbessern die Kollaborationsmöglichkeiten (Ashurst et al. 2012).

Bei diesem Auszug der Fähigkeiten von IT für Prozesse, Management und Innovation kommt der IT neben der Unterstützerrolle jener des Innovators zu. Da der Technologiewandel sich beschleunigt, eröffnen sich kontinuierlich Möglichkeiten, um sowohl im Technologieumfeld selbst wie auf der Fachseite signifikant die Effizienz und Effektivität zu verbessern oder IT-bezogenen intellektuelles Eigentum zu entwickeln

---

[127] Abkz. für Radio Frequency Identification. Nach CHONG & CHAN 2012) ist RFID "... is the generic name for technologies that use radio waves to identify and track objects" (S. 8645).
[128] Abkz. für Electronic Data Interchange, ein Standard für den elektronischen Datenaustausch.
[129] Siehe auch jene Referenz für eine umfangreiche Sammlung an IT-Tools im Kontext von Innovation.
[130] Siehe zum Thema und Nutzennachweis Hamari et al. (2014).
[131] Siehe u.a. die Quellen aus 2.2.1, O'Sullivan & Dooley (2008), Prahalad & Krishnan (2008), Rogers (2003) und Cooper & Edgett (2009) zum Thema Innovationsprozesse und Innovationsmanagement.

(Berbner & Bechthold 2010, Westerman & Curley 2008). Aus den genannten Gründen ist eine veränderte Wahrnehmung der Rolle und des Stellenwertes von IT im Unternehmen erkennbar. Die Etablierung der IT-Abteilung als gleichwertigen Partner neben der Fachseite ist bislang jedoch erst bei informationsintensiven Industrien vollzogen, z.B. bei Banken, Telekommunikations- oder Logistikunternehmen (Berbner & Bechthold 2010). Um das Verständnis um IT als Innovationstreiber zu erhöhen, helfe es nach WESTERMAN & CURLEY (2008) Sponsoren für diese Themen im Unternehmen zu verankern, Allianzen mit Technologieanbietern einzugehen und der IT Raum für kreative Experimente zu gewähren. Zusammengefasst werden (DIN) in Anlehnung an WANG & AHMED (2004) und HE & WONG (2004) definiert als:

„*The ability to leverage technology to improve existing and introduce new products, services and structures to the market for the purpose of addressing new opportunities of competitive advantage.*"

IT-enabled Adaptive Capabilities (DAD)
In Bezug auf die Verbesserung der Anpassungsfähigkeit und Agilität des Unternehmens leistet IT in zweifacher Weise einen Beitrag. Ist die IT erstens selbst flexibel, dann bedient sie die Anforderung der umgehenden und einfachen Anpassung der IT Ressourcen an veränderte Unternehmensstrukturen. Zweitens ermöglicht IT die Ausschöpfung von IT-befähigten Geschäftspotenzialen in Form der Ausbildung von Kernkompetenzen des Unternehmens (Paschke & Molla 2011). Fehlen diese Eigenschaften, z.B. durch monolithische IT-Architekturen, ausufernde Heterogenität, Komplexität, Inkompatibilität und schlechte Ressourcenausnutzung, kann die Agilität eine massive Beeinträchtigung erfahren. Die Folge sind fehlerhafte oder verzögerte Informationen, reaktives anstatt antizipatives Verhalten sowie eine Intransparenz über die gesamte End-to-End-Prozesskette (Oosterhout 2010, Overby et al. 2008). Außerdem gehen diese Missstände häufig mit hohen direkten Aufwänden und Opportunitätskosten einher, da Budget anstatt für Innovation, zu Wartungszwecken verwendet wird. Nach LU & RAMAMURTHY (2011) nimmt die Ressource IT-Infrastruktur den bedeutendsten Stellenwert für Agilität ein. Nur eine global standardisierte und über sämtliche Daten und Prozesse integrierte Plattform helfe Unternehmen bei der Ansammlung und Verteilung von Informationen in Echtzeit und schaffe *Market Intelligence* und *Digital Options*.

Zusammengefasst bezieht sich IT-Agilität auf technische Fähigkeiten zur Reaktion auf wirtschaftlichen und betrieblichen Wandel, dessen Reaktionsgeschwindigkeit entscheidend zur Schaffung von Wettbewerbsvorteilen beiträgt, sei es in Bezug auf Effizienz oder Effektivität des Unternehmens. Die Tabelle 2.19 listet Definitionen zum Kontext auf, von denen PASCHKE & MOLLA (2011) die Grundlage bilden für die spätere Definition der DAD. Die Autoren stellen zudem eine Operationalisierung von *Adaptive IT Capability* vor, in welcher sich Facetten von Veränderungen an Produkten, Services, Prozessen, Strukturen, Kunden und dem Markt widerspiegeln. Trotz der herrschenden Grundtenors beurteilen Autoren IT-Agilität im Details durchaus unterschiedlich. FINK & NEUMANN (2007) trennen die systemische Agilität zur kosteneffizienten System-Rekonfiguration von der informatorischen Agilität zwecks optimierter Bereitstellung von Wissensressourcen. Dem gegenüber stände die strategische Agilität, welche auf die Reaktionsfähigkeit auf Marktänderungen abziele.

Tabelle 2.19: Definitionen für IT-Agilität und -Flexibilität

Quelle	Definition
Patten et al. (2005), S. 2790	IT Flexibility: "... when the organisation is prepared to anticipate the change, giving time to prepare through forecasting and planning, to wait for the change to occur, then to react quickly and fix the problems that occur as effectively as possible"
Lui & Piccoli (2006), S. 123	Agile Information System: "... enables the firm to identify needed changes in the information processing functionalities required to succeed in the new environment, and which lends itself to the quick and efficient implementation of the needed changes"
Fink & Neumann (2007), S. 444	IT-dependent Organisational Agility: "... to respond operationally and strategically to changes in the external environment through IT"
Sengupta & Masini (2008), S. 43	IT Agility: "Reconfiguring or replacing your information technology systems when new marketplace realities change the way you have to do business"
Bhatt et al. (2009), S. 342	IT Infrastructure Flexibility: "... the degree to which the IT infrastructure is scalable, compatible, modular, and can handle multiple business applications"
Oosterhout (2010), S. 38	Information Technology Agility: "... is the ability of IT to support an organisation to swiftly change businesses and business processes beyond the normal level of flexibility to effectively manage highly uncertain and unexpected, but potentially consequential internal and external events. In order for Information Technology to be agile it needs to support and align the three dimensions of business agility -- sensing, responding and learning"
Paschke & Molla (2011), S. 3	Adaptive IT capability: "... a firms' ability to maintain flexible IT capabilities and deploy such capabilities quickly and efficiently to enable the building, renewing and reconfiguring of organisational competences such as knowledge sharing, learning, and innovation"

NAZIR & PINSONNEAULT (2012) trennen die *Responding Firm*, welche eine hohe interne Integration aufweist und daher bei notwendigen Veränderungen diese schnell

2.3 Dynamic Capabilities Ansatz

und einheitlich über das gesamte Unternehmen durchsetzen kann von der *Sensing Firm*, die eine besonders hohe externe Integration aufweist, und daher ein gutes Gespür entwickele für Markttrends und dabei mit Kunden- und Lieferanten eng kooperiere. Die Begriffe *Sensing* und *Responsing* gehen hierbei auf HAECKEL (1999) zurück und betiteln die den Worten inneliegende Fähigkeit, Änderungen wahrzunehmen und auf diese adäquat und bewusst bestimmend zu reagieren. OVERBY ET AL. (2006) trennen dazu in direkte Effekte bei der IT-Nutzung für *Sensing* und *Responding* Aktivitäten im IT-Umfeld selbst und indirekte Effekt durch die komplementäre Rolle von IT und Geschäftsprozessen, wodurch letztere ebenfalls zum *Sensing* und *Responding* befähigt würden. Die Autoren nehmen den Standpunkt ein, sogenannte wissensorientierte IT wie Datenbanken und prozessübergreifende Reporting-Tools dienen dem *Sensing* und prozessorientierte ERP-Systeme dem *Responding*. Innerhalb dieser Dimensionen spezifizieren SAMBAMURTY ET AL. (2003) den *Process Reach* und *Knowledge Reach*, bzw. *Process Richness* und *Knowlegde Richness*. Vereinfacht ist *Reach* ein Indikator für den Umfang an beteiligten Parteien, wohingegen *Richness* eine Aussage über die Detailtiefe trifft (Evans & Wurster 1999). Sämtliche Komponenten konstatierten die Digital Options und sind ein Antezedenz für Agility sind (Abbildung 2.20).

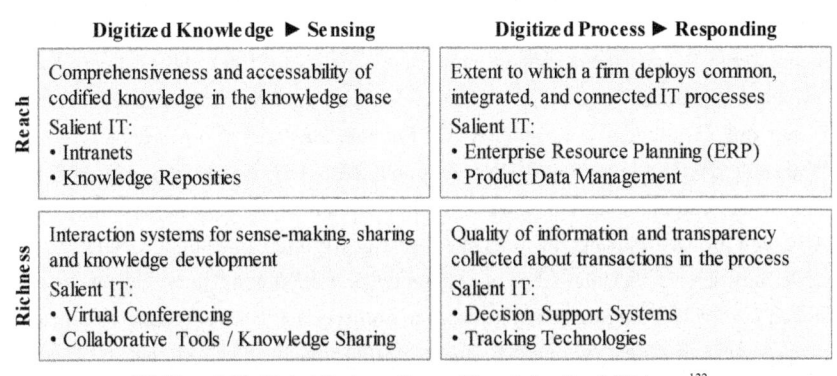

	Digitized Knowledge ▶ Sensing	**Digitized Process ▶ Responding**
Reach	Comprehensiveness and accessability of codified knowledge in the knowledge base Salient IT: • Intranets • Knowledge Reposities	Extent to which a firm deploys common, integrated, and connected IT processes Salient IT: • Enterprise Resource Planning (ERP) • Product Data Management
Richness	Interaction systems for sense-making, sharing and knowledge development Salient IT: • Virtual Conferencing • Collaborative Tools / Knowledge Sharing	Quality of information and transparency collected about transactions in the process Salient IT: • Decision Support Systems • Tracking Technologies

Abbildung 2.20: Digital Options - Process/Knowledge-Reach/Richness[132]

Mehrere Studien zeigen den Beitrag von IT zur Agilität, z.B. dass agilitätsorientierte *Technical IT Capabilities* wie Interoperabilität, Modularität, Konnektivität und Kompetenzwandelbarkeit einen Mediator zwischen *Managerial IT Capabilities* und *Busi-*

---
[132] In Anlehnung an Sambamurthy et al. (2003), S. 248f.

ness Process Agility konstituieren (Tallon 2007), oder dass hohe *Infrastructure Capabilities* als Unterstützung für sämtliche Geschäftsprozesse die Agilität verbessern (Fink & Neumann 2007). BHATT ET AL. (2009) zeigen, dass ein Effekt durch *IT Infrastructure Flexibility* auf *Organisational Responsiveness* daraus resultiere, dass Mitarbeiter, Abteilungen und das Unternehmen kollektiv mit neuen Möglichkeiten experimentieren würden. Hierdurch würde Wissen generiert (*Information Generation*) und zielführend in die Produktentwicklung und Marketing eingebracht (*Information Dissemination*). Basierend auf den Definitionen, Studien und Konzepten wird IT-enabled Adaptive Capabilities (DAD) in Anlehnung an FEY & DENISON (2003), XIAO & DASGUPTA (2009) und PASCHKE & MOLLA (2011) wie folgt definiert:

"... capability and experience at creating change. With regard to IT, it is an organisation's ability to maintain flexible IT capabilities and deploy them quickly and efficiently to enable the building, renewing and reconfiguring of organisational competences and to translate the demands of the business environment into action."

IT-enabled Absorptive Capabilities (DAB)

Ein Beispiel, wie IT den Aufbau und die Praktizierung von ABC steigern kann, stellen E-Learning Plattformen dar, welche für den Zweck der Wissensansammlung, -aufbereitung und -weitergabe dienen (Westerman & Curley 2008). Für das unternehmensexterne Wissensmanagement zeigen IRIS & VIKAS (2011), dass E-Learning die Dynamic Capabilties steigert (siehe Kapitel 3.1.1). ZAHRA & GEORGE (2002b) nehmen Bezug auf IT in dem vorgestellten *Net-Enabled Business Innovation Cycle* von WHEELER (2002). Sie vertreten den Standpunkt, dass ABC entlang dessen vier Phasen eine Schlüsselkompetenz einnehmen. Vor allem in einem ökonomischen Umfeld seien ABC von großer Relevanz, in welchem vorheriges Wissen eine solide Grundlage darstelle, auf derer sich Unternehmen weiterentwickeln könnten. Einen Gegensatz dazu stellen *high-velocity markets* dar, in welchen vorheriges Wissen sogar zur Kompetenzfalle avancieren könne (Leonard-Barton 1992). Dennoch sei die Fähigkeit Wissenerwerbs unabhängig von der Marktdynamik ein wettbewerbsrelevanter Faktor.

DENG ET AL. (2008) untersuchen die Fragestellung nach der Verbesserung der *Task Productivity* (TP) durch ABC, welche erst durch IT mediiert ermöglichen würde, spezifisches Wissen effizient zu integrieren. Ein direkter Effekt zwischen ABC und der Produktivität bei bereits bekannten und verstanden Tätigkeiten konnte empirisch bestätigt werden. Zudem sei die IT-Unterstützung signifikant effektvoll im Zusammenspiel ABC bei der Lösung von nicht ex-ante spezifizierbaren Problemen und zur Ent-

2.3 Dynamic Capabilities Ansatz

scheidungsfindung sowie zur Evolution und Innovation von Tätigkeiten an sich. Bei diesen zyklischen, iterativen und dynamischen Prozessen entstünde eine langfristige kognitive Integration von „task and computer knowledge". ROBERTS ET AL. (2012) arbeiteten per Literaturrecherche über 98 Publikationen Themen der Interaktion und Moderation von ABC und IT heraus. ABC helfe bei der Assimilation einer neuen Technologie über das Unternehmen hinweg, unterstütze zweitens synergetisch die Realisierung des IT-Wertbeitrags und sei drittens die Kernkompetenz für Wissenstransfer. Viertens stelle ABC jene Funktion dar, aus welcher die IT selbst wachsen und eine Weiterentwicklung erfahren würden (S. A5f). Der Zusammenhang zwischen IT, ABC und deren Geschäftswertbeitrag wurde in weiteren Studien nachgewiesen, u.a. von CHEN (2004) oder KARIMI ET AL. (2009), auf deren Details in der Literaturrecherche eingegangen wird. Zusammengefasst wird IT-enabled Absorptive Capabilities (DAB) in Anlehnung an LANE ET AL (2006) und YE & KANKANHALLI (2011) definiert als:

> *„Organisation's IT-enabled ability to utilize internal and external knowledge through recognizing and acquiring potentially valuable knowledge through exploratory learning, assimilating valuable new knowledge through transformative learning and using the assimilated knowledge to create commercial outputs through exploitation."*

Fazit

In Bezug auf die Messbarkeit der ITDC wird der gleichen Logik wie im Fazit von Kapitel 2.3.2 gefolgt, d.h. das Ergebnis der Praktizierung der ITDC sollte erhoben werden. Es muss ferner eine Ergänzung der Variablen in der Art erfolgen, dass IT der ursächliche Faktor zur Befähigung der DC war und nur hierdurch das Ergebnis erlangt werden konnte.

2.4 Forschungsbedarf

Bereits im Einführungskapitel (Kapitel 1) wurde die bis dato noch nicht wissenschaftlich untersuchte Leitfrage aufgeworfen, ob durch die zunehmende IT-Industrialisierung ein Wandel der IT eintritt über dessen Stellenwert als strategische Ressourcen, bzw. als *Enabler* von Fähigkeiten in Unternehmen. Die Grundlagenkapitel über CC (2.1.2) und DC (2.3.1) haben aufgezeigt, dass zwischen dieser technologischen Innovation und der Ausbildung dieser Fähigkeiten eine Symbiose vorliegen könnte. WANG ET AL. (2011) konstatieren hier eine Forschungslücke, was durch eine Literaturrecherche über bisherige Kausalanalysen zwischen IT, Dynamic Capabilities und der Wettbewerbsfähigkeit überprüft werden soll. Ebenfalls durch eine Literaturrecherche werden bestehende Publikationen über CC einer Metaanalyse unterzogen mit der Motivation, die am häufigsten diskutierten Vorteile (3.2.1) und Risiken (3.2.2) zu identifizieren. Dies dient als Grundlage von Experteninterviews und einer Kausalanalyse, ob diese einen Einfluss auf die Assimilation von PuCC ausüben.

Während der Recherche über CC im Generellen, ohne Fokus auf ein Liefer- oder Servicemodell, wurden die Aufrufe der Forschungsagenden zu diesem Phänomen (2.1.6) in Bezug auf fehlende Adoptionsstudien bestätigt. Konkret scheinen hier großumfängliche, länder- und industrieübergreifende Erhebungen, welche zudem die drei Dimensionen des TOE-Modells abdecken (2.2.3) sowie nicht bloß einen diskreten Adoptionsmoment sondern den gesamten Assimilationsprozess (siehe S. 87) abbilden, eine weitere Forschungslücke zu bilden. Diese Annahme soll vorerst im Zuge der Literaturrecherchen zu CC (3.2.3) überprüft werden. Der Hinweis *industrieübergreifend* nimmt Bezug auf eine Forschungslücke im allgemeinen Kontext der IT-Adoptionsforschung, wie aufgelistet in der Tabelle 2.16 auf Seite 93. Der Forderung nach industriespezifischer IT-Forschung von CHIASSON & DAVIDSON (2005) wird hier derart begegnet, dass die Stichprobe in die Industrie-Cluster nach NEIROTTI & PAOLUCCI (2011) eingeordnet wird und eine vergleichende Analyse darüber stattfindet, ob Industrie-Cluster-spezifische Effekte aufzudecken sind. In der das Kapitel 2 abschließenden Tabelle 2.20 sind die Herleitungen und Kapitelbezüge der Forschungslücken sowie die hieraus resultierenden Forschungsfragen zusammengefasst. Zwei der Forschungsfragen (FF3 und FF6) wurden erst im Zuge der Experteninterviews ergänzt oder ausdetailliert, werden jedoch der Vollständigkeit halber hier bereits mit aufgeführt.

2.4 Forschungsbedarf

Tabelle 2.20: Forschungslücken und Forschungsfragen

Forschungslücke	Kapitel	Forschungsfrage
Bislang keine vergleichende Erhebung der dominierend geäußerten CC-Nutzen- und Risiken	2.1.2	FF1: Welche erwarteten Vorteile und Risiken von CC dominieren die Diskussion in Wissenschaft und Praxis?
Bislang keine kausalanalytischen Erhebungen über den Einfluss von TOE-Faktoren auf die Stufen und den Verlauf der Assimilation von PuCC	2.1.2 2.2.3 2.2.4	FF2: Welchen je nach Assimilationsstufe spezifischen Einfluss haben selektierte TOE-Faktoren auf die Assimilation von PuCC?
Bislang keine Erhebung der Assimilation von PuCC in Unternehmen. Die Ergänzung um eine multidimensionale Erhebung ist ein Resultat der Experteninterviews (EX2/3/4)	2.1.6 4.2.2	FF3: Wie ist der Status der Assimilation von PuCC in Unternehmen (insbesondere mehrdimensional in Bezug auf die Prozesse-Unterstürzung, Service-Modelle und IT-Strategie)?
Bislang keine Erhebung über den Wertbeitrag von CC in Form organisationaler Resultate und durch die Realisierung erwarteter CC-Vorteile	1.1.1 2.1.6	FF4: Besteht ein Kausalzusammenhang zwischen der Assimilation von PuCC, ITDC und der Wettbewerbs-und Leistungsfähigkeit von Unternehmen?
Bislang keine Erhebung einer Kausalkette über die DC-Component Factors, deren IT-Befähigung sowie den Zusammenhang mit PuCC	1.1.1 2.3.2 2.3.3	FF5: Wird der Effekt von PuCC auf die erwartete Wettbewerbsfähigkeit von Unternehmen vollständig oder partiell mediiert durch die drei ITDC-Faktoren?
Ergänzug der Experteninterviews, um etwaige Abhängigkeiten zwischen PuCC und der IT-Abteilung zu überprüfen	4.2.3	FF6: Welchen Einfluss übt die *Overall IT Performance* des Unternehmens auf ITDC aus und liegt ein Interaktionseffekt vor mit der Assimilation von PuCC?
Bislang keine Erhebung über Teilnehmer-Industrie- oder Länder-spezifischer Unterschiede bezogen auf die Forschungsfragen 1 bis 6	2.1.6	FF7: Welchen moderierenden Effekten ist das Forschungsmodell unterlegen?

3 Literaturrecherchen

Die Literaturrecherche ordnet sich unter den Forschungsmethoden der Wirtschaftsinformatik ein in die argumentativ-deduktive Analyse, die unter das konstruktive und qualitative Forschungsparadigma fällt (Fettke 2006, Wilde & Hess 2007). Dieses liegt diametral zum quantitativen und verhaltenswissenschaftlich orientierten Paradigma der in diesem Projekt im späteren Forschungsverlauf durchgeführten quantitativen Querschnittsanalysen und ist daher eine komplementäre forschungsmethodische Ergänzung. LEVY & ELLIS (2006) trennen drei Phasen eines Reviews, denen neben der Orientierung an WEBSTER & WATSON (2002) gefolgt wird:

- Identifizierung qualitativ hochwertiger Literatur aus seriösen und umfänglichen Datenbanken, Ergänzung des Bestands durch Vorwärts- und Rückwärtszitation und Selektion zweckdienlicher relevanter Quellen.
- Durchsicht und Verdeutlichung der vertretenen Theorien und Forschungsresultate, Klassifikation, Analyse und Synthetisieren der Inhalte zu Konzepten gefolgt einer kritischen Beurteilung der Ergebnisse.
- Entwicklung einer schlüssigen Argumentation aus Annahmen, Begründungen, Beweisen und konsekutiven Behauptungsaussagen.

Im Zuge des vorliegenden Forschungsprojektes wurden drei Literaturrecherchen durchgeführt. Der zuerst präsentierte Review in Kapitel 3.1 diente der Rückversicherung und Dokumentation, dass DC tatsächlich mediierend zwischen IT-Adoption und Wettbewerbsfähigkeit von Unternehmen wirken und daher die Hypothetisierung dieses Kausalzusammenhangs im Forschungsmodell theoretisch begründbar ist. Kapitel 3.2 beinhaltet die Literaturrecherche über CC und welcher Nutzen und welche Risiken durch dessen Adoption erwartet werden. Entsprechend der Verfolgung des *Perceived Benefits* und *Perceived Barriers* Ansatzes (S. 82) werden die identifizierten Aspekte als Indikatoren in das spätere Assimilationsmodell Einzug halten. Ergänzt wird die Literaturrecherche durch einen Status Quo der Adoptionsforschung zum Thema CC, um das Vorliegen einer Forschungslücke nachzuweisen. Die dritte Literaturrecherche (Kapitel 3.3) war motiviert, die sich bislang in quantitativen Untersuchungen als signifikant und relevant erwiesenen Assimilationsfaktoren von Informationstechnologien zu identifizieren, diese im Kontext der Adoption von CC durch Experten zu validieren und im Rahmen einer Kausalanalyse erneut nach deren Relevanz zu überprüfen.

Die präsentierten Literaturrecherchen ordnen sich in die morphologische Box zur deren Kategorisierung nach FETTKE (2006, S. 259) derart ein, dass sie vornehmlich mathematisch-statistischer Natur sind und die quantitative Zusammenfassung als die Integration von Forschungsergebnissen im Fokus steht (King & He 2005). Der Umfang der gesichteten Literatur ist selektiv beschränkt auf angewandte Suchkriterien und auf relevante Beiträge, nach manueller Sichtung, bezogen auf die jeweilige Forschungsfrage. Durchgeführt wurden die Suchen nach Journal-Artikeln durch die Datenbanken Thomson Reuters Web of Science, EBSCO Business Source Complete, Elsevier ScienceDirect, JSTOR und Emerald Insight. Für deutsche Artikel wurden manuell die Beiträge der Zeitungen *Wirtschaftsinformatik*, *Wirtschaft & Management* und *HMD Praxis der Wirtschaftsinformatik* gesichtet. Die folgenden Konferenzen wurden über die Association for Information Systems Electronic Library, die DBLP Computer Science Bibliography oder Proceedings manuell recherchiert:

- Americas Conference on Information Systems (AMCIS)
- European Conference on Information Systems (ECIS)
- International Conference on Information Systems (ICIS)
- Pacific Asia Conference on Information Systems (PACIS)
- Hawaii International Conference on System Sciences (HICSS)
- Australasian Conference on Information Systems (ACIS)
- Diffusion Interest Group In Information Technology (DIGIT)
- Multikonferenz Wirtschaftsinformatik (MKWI)
- Internationale Tagung Wirtschaftsinformatik (WI/BIS)
- IEEE International Conference on Cloud Computing (IEEE Cloud)
- IEEE Conference on Cloud Computing Technology & Science (CloudCom)
- Bled Conference on Electronic Commerce (Bled)

Durch die umfangsreiche Recherche über mehrere Datenbanken war sichergestellt, dass die in den Orientierungslisten der Wissenschaftlichen Kommission Wirtschaftsinformatik im Verband der Hochschullehrer für Betriebswirtschaft e.V. als „A" und „B" kategorisierten Journals, Konferenzen und Lectures Notes beinhaltet waren (WKWI 2008). Der aufgeführte Bestand in diesen Listen deckt sich mit den „IT World's top 50 ranked MIS journals" (Fettke 2006, S. 186) sowie dem VHB-JOURQUAL Ranking (Schrader & Henning-Thurau 2009). Daher liegt den Recherchen sowohl die nach FETTKE (2006) geforderte Qualität der Quellen zugrunde. Zudem wird die Forderung von WEBSTER & WATSON (2002) nach Vollumfänglichkeit erfüllt. Die jeweiligen

Suchbegriffe, expliziert je Unterkapitel, wurden unter *Titel, Abstract, Subject, Topic* und *Keyword* recherchiert. Hinsichtlich der Forschungsdisziplin wurden Filter gesetzt auf *Information Technology, Information Systems* bzw. *Computer Science*. Am Vorgehen von WEBSTER & WATSON (2002) orientierend wurde zur Gewinnung zusätzlicher Publikationen eine Sichtung der Rückwärtszitationen durchgeführt. Grundsätzlich war die Auswahl auf Ergebnisse ab dem Jahr 2007 beschränkt, da ab hier ein rapider Anstieg an wissenschaftlichen Veröffentlichungen sowie einem steigenden Interesse an CC im Internet, gemessen am Suchinteresse bei Google[133], festzustellen ist.

3.1 Dynamic Capabilities & IT-Wertbeitrag

Die erste Literaturrecherche dient der Bildung einer erkenntnistheoretischen Grundlage darüber, welche Kausalzusammenhänge zwischen Informationstechnologie, DC und der Wettbewerbsfähigkeit von Unternehmen gemessen wurden. Aus diesen Indizien im Sinne von Forschungsergebnissen wird ein Forschungsmodell abgeleitet, das den Wertbeitrag von IT auf die Wettbewerbsfähigkeit durch DC als hypothetischer Mediator zu erklären ersucht. Die Analyse und Strukturierung erfolgt anhand des Antecedent-Behavior-Consequence-Schematas (ABC)[134], einer Methode aus der Psychologie und Verhaltensforschung (Nijhof & Rietdijk 1999). Eine Antezedenz ist „[…] a person, place, thing, or event preceding a behavior that encourages employees to behave in a certain way. In business we design the work place to prompt correct or desirable responses and performance" (ebd., S. 42) und "Consequences are the reason for the effectiveness of antecedents" (S. 43). IT-Adoption ist z.B. die Antezedenz, woraus sich das Verhalten des Unternehmens als die Summe des individuellen Verhaltens der Mitglieder in wünschenswerter Weise anpasst. Hieraus resultieren als Konsequenz gesteigerte DC. Jene stellen wiederum Antezedenzien dar, die positiv auf die Wettbewerbsfähigkeit des Unternehmens wirken. Die Literaturrecherche wurde fokussiert auf Artikel zur Gesamtperspektive von DC und daher *Dynamic Capabilities* als Schlagwort gewählt. Dieses ist zudem aufgrund seiner Popularität in Thomas Reuters Web of Science, Elsevier ScienceDirect und EBSCO Business Source Complete als Schlagwort bereits direkt wählbar. DC-verwandte Schlagworte wie *Absorptive Capability, Innovativeness, Adaptive Capability, Organisational Learning* oder entferntere Kon-

---
[133] www.google.com/trends/explore#q=Cloud%20Computing. Siehe auch Yang & Tate (2012).
[134] Dt.: Antezedenz-Konsequenz-Regel.

zepte wie *Strategic Foresight* wurden explizit nicht separat recherchiert. Falls in der Datenbank funktional angeboten, wurde die Suche auf die Kategorien *Computer Science* oder *Information Systems* eingeschränkt. Nach manueller Sichtung des Abstracts und Ausschluss von Dubletten wurden 52 Beiträge beibehalten aus dieser primären Recherche, begrenzt ab dem Jahr 2007. Durch die Analyse der Rückwärtszitation wurden weitere 34 Beiträge zum Gesamtbestand von final 86 Artikeln addiert.

Die meisten Beiträge entstammten den Journals *Strategic Management Journal* (7), *Information Systems Research* (5) und *Industrial & Corporate Change* (5). Bei den Konferenzbeiträgen waren die *ICIS (5)*, *AMCIS* (4) und *ECIS* (3) führend und bei den stärksten Jahrgängen lagen 2009 (12), 2010 (11) und 2011 (11) quasi gleich auf. Es wurden bei 21 der 86 Artikel Forschungsergebnisse aus quantitativ-empirischen Umfragen vorgestellt, welche mit den folgenden multivariaten Verfahren berechnet wurden: PLS (7), Faktorenanalyse (7), EQS(2), Lineare Regression (2) und LISREL (4). Daneben waren 14 Fallstudien-basierte Forschungsdesigns und 5 Literaturrecherchen unter den Beiträgen. Als Konsequenzen von IT wurden DC in 10 Artikeln beschrieben (Kapitel 3.1.1) und in 17 als Antezedenzien von Wettbewerbsfähigkeit (Kapitel 3.1.2). In 9 Publikationen nahmen sie eine Mediator-Rolle ein zwischen IT und Wettbewerbsfähigkeit (Kapitel 0). Eine deskriptiv-statistische Auswertung zeigt Abbildung 3.1.

Arten von Dynamic Capabilities				Wertbeitrag	
Coordinating/ Integrating	17	Agility	7	Innovation	15
Learning	16	Seizing	5	Supply Chain Management	15
Absorptive Capacity	16	Digital Options	5	Firm Performance	13
Reconfiguring	15	Innovativeness	4	Organizational Agility	8
Dynamic IT Capabilities	11	Adaptive Capacity	3	Knowledge	8
Sensing	9	Entrepreneurial Alertness	3	Infrastructure Flexibility	4

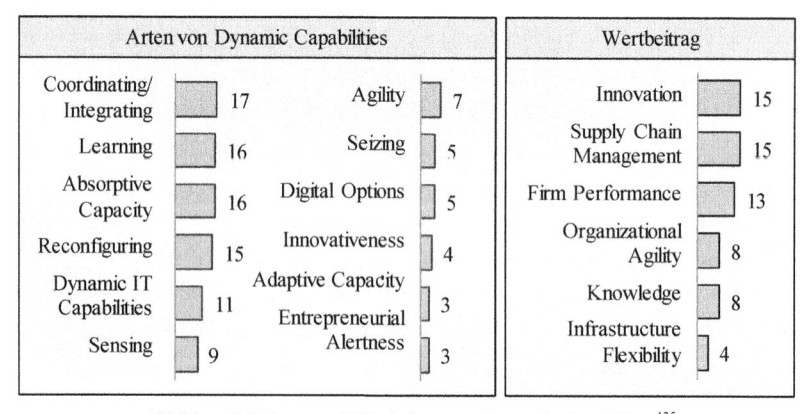

Abbildung 3.1: Arten und Wertbeitrag von Dynamic Capabilities[135]

---

[135] Häufigkeit der Nennungen aus 86 Publikationen.

Über die 86 Beiträge wurde die DC-Art des *Coordinating/Integrating* nach TEECE ET AL. (1997) am häufigsten besprochen, gefolgt von *Learning* (oder *Organisational Learning*) und ABC (*Absorptive Capabilities*). Da *Organisational Learning* als Teilaspekt der ABC in die Theorie eingebunden ist, kann ABC als die bislang in der Wissenschaft dominierende Art von DC gelten. Hinsichtlich des potenziell durch den Aufbau von DC zu generierenden Wertbeitrags, wurden die Verbesserung der *Innovation* und des *Supply Chain Managements* am häufigsten genannt. *Agility* nimmt eine zweifache Rolle ein, zum einen gilt Agilität als eine DC, aus welcher Unternehmen einen Wertbeitrag generieren. *Enterprise Agility* oder *Organisational Agility* wird jedoch zugleich als Resultat und Wertbeitrag von DC betrachtet.

3.1.1 Dynamic Capabilities als Konsequenzen

In Tabelle 3.1 sind jene Studien zusammenfassend dargestellt, in welchen IT als Antezedenzien über die Bewirkungen eines Verhaltens zur Steigerung von DC beigetragen haben. Die Spannbreite von IT deckt dedizierte Lern- und Wissensplattformen (Iris & Vikas 2011, Sher & Lee 2004), ERP (Karimi et al. 2009), B2B Electronic Marketplaces (Koch 2010), Kundenschnittstellen (Roberts & Grover 2012a) als auch architekturale (Joachim & Beimborn 2011, Luthria & Rabhi 2009) und infrastrukturelle Komponenten (Pavlou & Sawy 2008) ab. Verbessert werden konnten durch deren Adoption DC im Generellen (Luthria & Rabhi 2009, Joachim & Beimborn 2011, Pavlou & Sawy 2008), Agilität (Roberts & Grover 2012a, Zhang 2007, Singh et al. 2011) sowie Absorptive Capacities (Iris & Vikas 2011, Karimi et al. 2009, Sher & Lee 2004). Entsprechend dem ABC-Schema realisiert sich diese Verbesserung indirekt z.B. mit einer durch IT erhöhten technischen Flexibilität (Joachim & Beimborn 2011, Luthria & Rabhi 2009, Pavlou & Sawy 2008), verbesserter Kollaboration mit Kunden (Roberts & Grover 2012a, Koch 2010), Informationsaufbau und dessen Aufbereitung zur Entscheidungsfindung (Iris & Vikas 2009, Zhang 2007). IRIS & VIKAS (2009) konnten eine Kausalkette nachweisen von der Nutzung von E-Learning Technologien, also web-basierten Anwendungen für die verteilte Informationssammlung sowie Bereitstellung von Trainingsmaterial, hin zu erhöhten DC, hier gemessen als Indikatoren um die Themen *Learning, Responsiveness* und *Resource Management*. Ausschlaggebend für den Effekt war jedoch nur der Mediator *Knowledge Sharing Outside Organisation*. Diese bildet die Möglichkeit ab, um durch die E-Learning Technologien besser Informationen von Freunden und Mitarbeitern außerhalb des eigenen Unternehmens zu erhalten und zu verarbeiten. JOACHIM & BEIMBORN (2011) haben untersucht, ob die Adoption Serviceorientierter Architekturen zu einer modularen, skalierfähigen und integrativen IT-Infrastruktur führt und die IT-Flexibilität erhöht. Dies wiederum sei das Bindeglied zwischen der SOA-Adoption und der Wertbeitragssteigerung u.a. durch Agilität und Geschäftsprozessintegration. Auch hier lag eine vollständige Mediation vor, wobei in dieser Studie jedoch der Vorteil der Skalierfähigkeit einen deutlich geringeren Effekt gezeigt hat als die Integrierfähigkeit oder gewonnene Modularität durch SOA. Es ist zu betonen, dass Mediation im Sinne des Behavior des ABC-Modells letztendlich aussagt, dass sich der Wertbeitrag durch IT-Adoption entsprechend auch nur einstellt, wenn das ermöglichte Verhalten auch praktiziert wird.

Tabelle 3.1: Dynamic Capabilities als Konsequenzen

Referenz	IT-Antezedenz	Behavior/Mediator	DC-Konsequenz
Iris & Vikas (2011)	Application and comprehensive utilisation of E-Learning Technologies	Knowledge Sharing • Inside organisation • Outside organisation**	Absorptive Capacity** 6 items about learning, communication, product development, decision support and responsiveness
Joachim & Beimborn (2011)	Adoption von Serviceorientierten Architekturen	Technische IT-Flexibilität • Modularität*** • Integration*** • Skalierbarkeit**	Dynamic Capabilities** Steigerung der Integration von Geschäftsprozessen und Agilität
Karimi et al. (2009)	Extent of ERP Implementation (Functions, Organisational Units, Geo-graphies)	Digital Options • Knowledge Reach • Knowledge Richness • Process Reach • Process Richness	Exploitable Absorptive Capacity (Extent of Digital Options Adoption Intentions)*** • Fit/Plan to adopt CRM • Fit/Plan to adopt SCM
Koch (2011)	Business-to-Business Electronic Marketplaces (Case Studies)	Capabilities • Inside-Out • Outside-In • Spanning	Dynamic Capabilities • Digitized Process Reach • Customer Agility • Entrepreneurial Alertness
Luthria & Rabhi (2009)	Implementation of Service-Oriented Architectures (Case Studies)	• Orchestrate ESB • Reuse core services • Build library of tested, ready-to-use components	Dynamic Capabilities • Resource Integration • Rapid Product Dev. • Learning • Creation of Assets
Pavlou & Sawy (2008)	IT Infrastructure (Event-driven, Self-learning or Service-oriented Architec-tures)	IT Infrastructure Capability • Take advantage of IT functionalities • Share and build ideas • Reconfigure	Dynamic Capabilities (Concept) • Sensing the Environment • Learning • Integrating Knowledge • Coordinating Activities

3.1 Dynamic Capabilities & IT-Wertbeitrag

Referenz	IT-Antezedenz	Behavior/Mediator	DC-Konsequenz
Roberts & Grover (2012a)	Extent of Web-based customer infrastruc-ture tools paired with analytic ability	• Customer-based knowledge creation • Operational process execution	*Customer Agility* • Sensing Capability*** • Agility Alignment • Responding Capability
Sher & Lee (2004)	17 knowledge management appli-cations in place (1 model each)	Knowledge Management • Endogenous KM*** • Exogenous KM***	Iris & Anand (2011)*** + Customer relationships + Trust with vendors + Unimitable strat. assets
Singh et al. (2011)	IT in Home Health Care, in particular Remote Patient Monitoring (Case)	Apply Adaptive Principles • Processes that learn • Value-based Governance • Dynamic Commitments • Modular Design	Adaptive Health Care Organisation • Sensing • Seizing • Reconfiguration
Zhang (2007)	Executive Information Systems Support	• Collect Information • Identify critical strategic problems and make strategic decisions	Top Managers' Capabilities • Fast Response* • Mental Model Building[ns] (Creativity, MindMaps)

Signifikanz der Pfadkoeffizienten: p< 0,01 (***), <0,05 (**),< 0,10 (*), >0,10 (ns)

3.1.2 Dynamic Capabilities als Antezedenzien

Durch den Aufbau von DC als Antezedenzien werden wiederum DC-bedingte Prozesse, Fähigkeiten und Optionen ermöglicht (*Behavior*), um die Wettbewerbsfähigkeit auszubauen oder finanzielle Ergebniszahlen zu verbessern (*Consequences*). In Tabelle 3.2 sind diese Kausalmodelle und signifikanten Studienergebnisse aus der Literaturrecherche aufgeführt. *Competitive Advantage* war in dieser Literaturrecherche die häufigste Konsequenz durch DC vor *Firm Performance*. Danach folgen im speziellen Kontext erhobenen Faktoren wie *Change Success* (Niehaves et al. 2011), *Task Innovation* (Deng et al. 2008) oder *Knowledge Transfer Performance* (Chen 2004). Häufig wurden in dieser Literaturrecherche die DC vollumfänglich bezogen auf die Standardtheorien (siehe Kapitel 2.3) als Antezedenzien gemessen, fünf Mal als IT-bezogene DC und vier Mal als Absorptive Capacity. Auf einem stets hohen Signifikanzniveau lagen auch bei diesen Studien Mediationseffekte vor, wie in Kapitel 3.1.1 bereits beschrieben. Das heißt, die Umsetzung oder Ausführung der durch den Aufbau der DC ermöglichten Fähigkeiten ist für den Erfolg ausschlaggebend, konkret die Adaptierung, Modifizierung, Ausschöpfung (*Exploitation*) oder Erneuerung von Ressourcen und Fähigkeiten (*Capabilities*) sowohl der Fach- wie auch IT-Seite.

Tabelle 3.2: Dynamic Capabilities als Antezedenzien

Referenz	DC-Antezedenz	Behavior/Mediator	Konsequenz
Ambrosini & Bowman (2009)	Dynamic Capabilities	• Modification, creation, renewal and extension of resource base	• Sustainable Competitive Advantage • Temporary Advantage • Competitive Parity • Failure (Resource irrelevant)
Bhatt & Grover (2005)	Intensity of Organisational Learning	Capabilities • IT Infrastructure*** • IT Business Experience*** • Relationship***	Competitive Advantage** • Financial Performance • Sales Growth
Bullon (2009)	Dynamic Information Technology Capabilities	• Enable strategic adaptation on strategic changes • Integrate IT resources and business activities	Competitive Advantage (Concept) • Process Efficiency • Product Effectiveness
Chen (2004)	Absorptive Capacity	• Exploit sources • Harness and assimilate knowledge effectively	Knowledge Transfer Performance***
Deng et al. (2008)	Absorptive Capacity	• IT use for problem solving • ... for decision support	• Task Innovation***(indirect) • Task Productivity***
Fink & Neumann (2009)	IT-Infrastructure Enabled Flexibility • Human Element • Technical Element	Process Element: Range of • Managerial Capabilities • Physical Capabilities	Competitive Impact • Strategic Alignment*** • IT-based Comp. Advantage*** • (only Managerial Capabilities)
Lavie (2006)	• Dynamic Capability • Absorptive Capacity	Mechanism of Capability Reconfiguration • Capability Substitution • Capability Transformation • Capability Evolution	Capability Gap (neg. causal link) • Operational Gap (value-maximizing configuration) • Cognitive Gap (actual vs. perceived configuration)
Li & Chen (2006)	Dynamic Capabilities • Positional Assets • Process Capitals • Agility • Entrepreneurial Alertness	Infomation Synergy • Dissemination, Responsiveness, Interpretation Innovativeness • Product, Process, Personnel, Service	Firm Performance • Customer Retention • Sales Growth • Profitability • Return on Investment
Liao et al. (2009)	Integrative Capability (represent Dynamic Capabiliites)	Opportunity • Recognizing (Identify & acquire knowledge) • Capitalizing (Exploit business opportunities)	Firm Innovation / e-Commerce* • New Product Offerings • Continuous Innovation • Rapid Develop. Approach
Niehaves et al.	Dynamic IS Capabilities (DISC)	• Activation of baseline and ad-hoc DISC	Change Success (Concept) • Sensing Success

3.1 Dynamic Capabilities & IT-Wertbeitrag

Referenz	DC-Antezedenz	Behavior/Mediator	Konsequenz
(2011)		• Change IT-enabled business processes	• Seizing Success • Transformation Success
Protogerou (2011)	Dynamic Capabilities • Coordination • Learning • Reconfiguration	Competences • Marketing (Brands, Sales Force, Marketing dep.) • Technological (R&D dep., Knowledge, Infrastruct.)	Profitability*** • Profit Margin • Return on own capital • Net profits Market Performance*** • Sales Volume & Market Share
Schwarz et al. (2010)	• IT-enabled business processes • IT-strategic alignment	• Business Process Performance • Top Management Commitment	Organisational Performance • Strategic Success** • Operational Success**
Sharma & Shanks (2011)	Dynamic Capabilities • Asses Orchestration • Search & Select	Value-creating actions • Competitive actions • Performance gains • Diffused exploitation	Organisational Performance • Not further operationalized
Wang & Ahmed (2007)	Dynamic Capabilities • Component factors • Underlying firm-specific processes	Capability Development • New Products Develop. • Project Capability • Technology Adoption • Service Capability	Firm Performance • Market Share • Sales Volume • Growth • Financial Performance
Witt (2008)	Dynamic Capabilities im strategischen Electronic-Business Management	• Information • Learning • Flexibility • Innovation	Wettbewerbsfähigkeit*** • 4 Finanzielle Erfolgsfaktoren • 7 Strategische Erfolgsfaktoren
Wu (2010)	• Resources • Dynamic Capabilities • Environment Volatility	• Develop new value-creating strategies • Enhanced existing resource configurations • Identify CAD under environmental volatility	Competitive Advantage** • Speed responding to market* • Production Efficiency* • Product Quality** • Speed of Innovation*
Xiao & Dasgupta (2009)	• Dynamic IT Capability • Organisational Culture	• Customer Orientation • Apply human IT skills • Adjust IT resources to changing environment	Firm and Market Performance • Perceived*** • Objective (Q, ROA)^{ns}

Signifikanz der Pfadkoeffizienten: p< 0,01 (***), <0,05 (**),< 0,10 (*), >0,10 (ns)

FINK & NEUMANN (2009) haben den Einfluss von IT-enabled Flexibility (ITeF) deklariert als Dynamic Capability erhoben auf *Strategic Alignment* und *IT-based Competitive Advantage*, jene deklariert als *Competitive Impact*. Der Prädiktor ITeF bestand wiederum aus einem mehrstufigen Kausalmodell und den zentralen Konstrukten *Managerial Capabilities* und *Physical Capabilities*. Die *Managerial Capabilities* (IT Management ~, IT Architecture ~, IT Education ~ und IT R&D Services) trugen signifikant zu den *Competitive Impacts* bei, woraus sich schlussfolgern lässt, dass DC besonders dann einen stärkeren oder überhaupt generellen Effekt auf den Wertbeitrag erzielen, wenn sie schon auf die Unterstützung des Geschäftsbereich gerichtet sind und nicht bloß technische Services darstellen. PROTOGEROU (2011) hat Effekte der grundsätzlichen DC, d.h. *Coordination*, *Learning* und *Reconfiguration* nach TEECE ET AL. (1997), auf *Market Performance* und *Profitability* erhoben, mit der Zwischenebene *Marketing* ~ und *Technology Competence*. Auch hier lag ein partieller Effekt vor, sodass nur die Anwendung von DC gepaart mit einer starken Vertriebs-, Marketing- und Entwicklungsabteilung sowie kooperativen Wissensmanagement tatsächlich Wettbewerbsvorteile schafft, bei dieser Studie repräsentiert durch *Market Performance*.

3.1.3 Dynamic Capabilities als Mediator

Tabelle 3.3 zeigt als dritten Teil des Reviews eine Zusammenfassung jener Beiträge, bei denen DC ähnlich wie im Forschungsvorhaben der vorliegenden Arbeit als Mediator zwischen der Adoption von IT und dem Wertbeitrag für Unternehmen gemessen wurde. Bis auf OVERBY ET AL. (2006) und WANG & SHI (2007), beides bislang konzeptionelle Arbeiten, wurden ausschließlich die Effekte von *IT Capabilities* statt denen dedizierter Technologien (IT Ressources) auf den Wertbeitrag mediiert durch DC gemessen. Die Varietät der DC und Konsequenzen ist wesentlich breiter gestreut als bei Kapitel 3.1.1 und 3.1.2 und deckt Fragestellungen des Supply Chain Managements (Liu et al. 2009), der Produktentwicklung (Pavlou & Sawy 2006), Innovation (Ye & Kankanhalli 2011), des E-Business (Wang & Shi 2007) sowie der Forschungsagenda über Digital Data (Vitari 2009) ab.

LIU ET AL. (2009) haben die higher-order capabilities Absorptive Capacity und Supply Chain Agility in ihrer mediierenden Rolle zwischen IT Capabilities (IT Infrastructure Flexibility & IT Assimilation Capability) und Supply Chain Performance untersucht (Abbildung 3.2). Im Ergebnis war der Effekt von IT Capabilities auf Supply Chain Agility partiell mediiert durch Absorptive Capacity. Supply Chain Agility ist jedoch selbst ein voller Mediator sowohl von IT Capabilities als auch Absorptive Capacity auf Supply Chain Performance ("supply chain agility is not IT free", S. 9).

3.1 Dynamic Capabilities & IT-Wertbeitrag

Tabelle 3.3: Dynamic Capabilities als Mediator

Referenz	IT-Antezedenz	DC-Mediator	Konsequenz
Kim et al. (2011)	IT Capabilities • Management • Personnel Expertise • IT Infrastructure Flexibility	Process-oriented Dynamic Capabilities** • Connecting parties • Reducing cost and labor • Using complex analytics • Information detailing	Perceived Financial Performance** • Exceeded competitors • Sales Growth • Profitability • ... over the last 3 years
Lee et al. (2007)	• IT Management Capabilities • Operational Capabilities	Organisational Agility*** (nach Sambamurthy 2003) • Entrepreneurial (ex-ante) • Adaptive (ex-post)	Sustainable Comp. Advant.*** • Firms' compet. position • Barriers to erosion by competitors' behavior
Liu et al. (2009)	IT Capabilities • IT Infrastructure Flexibility • IT Assimilation	Higher-Order Organisational Capabilities (full mediation) • Absorptive Capacity*** • Supply Chain Agility***	Supply Chain Performance*** • Apply resource/capabilities • Meet customer requirement • Respond to market change
Overby et al. (2006)	Information Technology (in general)	Digital Options • Process Reach/Richness • Knowledge Reach/Richn.	Enterprise Agility • Sensing • Responding
Pavlou & Sawy (2006) & (2010)	IT leveraging competence in New Product Development (NPD)	NPD Dynamic Capabilities*** • Market Orientation • Absorptive Capacity • Coordination Capability • Collective Mind	Competitive Advantages in NPD*** • Process Efficiency • Product Effectiveness • Perceived Competitive Advantage • Accounting Ratios 3y av.
Vitari (2009)	Sources of DC • Organisational Processes • Firm History • Firm's Assets	Data Genesis Capability (as Dynamic Capability) • Exploitation • Transformation • Exploration	Digital Data ~ • Accessability • Accuracy • Completeness • Currency
Wang & Shi (2007)	E-Business Adoption (Concept)	E-Business Enabled Capabilities • Sensing Market • Learning • Coordination	Competitive Advantage • New Market opportunities • Attractive new combination of resources • Market responsiveness
Ye & Kankanhalli (2011)	Structural Holes (Minimize Redundancy)	IT-enabled ~ Capability • Exploitation • Transformation • Exploration	Innovation Performance • Number of Patents • Number of New Products • Number of New Services

Signifikanz der Pfadkoeffizienten: p< 0,01 (***), <0,05 (**),< 0,10 (*), >0,10 (ns)

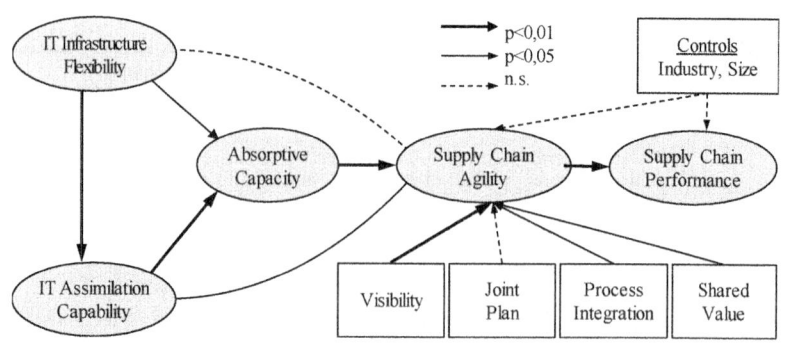

Abbildung 3.2: Forschungsmodell nach Liu et al. 2009

PAVLOU & SAWY (2006) wählten einen ähnlichen Ansatz wie LIU ET AL. (2009). Sie definieren eine mehrstufige Kausalkette aus mediierenden higher-order capabilities zwischen *IT leveraging competence in NPD* und *Competitive Advantages in NPD* (Abbildung 3.3). Der Effekt wurde vollständig mediiert, der von *NPD dynamic capabilities* auf *Competitive Advantage in NPD* partiell durch *NPD functional competence*.

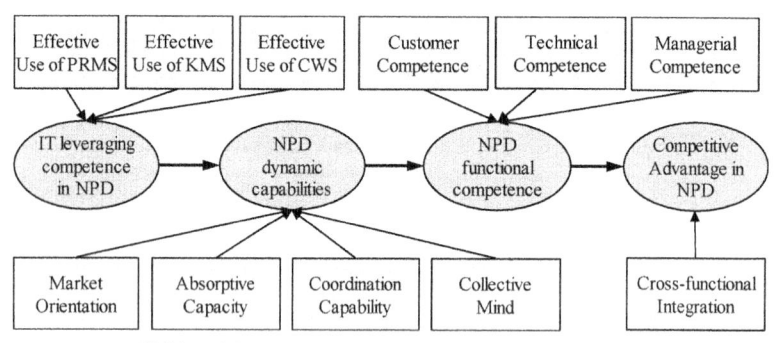

Abbildung 3.3: Forschungsmodell nach Pavlou & Sawy 2006[136]

Es lässt sich festhalten, dass in vielen quantitativ-empirischen Untersuchungen die Kausalketten um eine mediierende Rolle von DC zwischen IT und der Wettbewerbsfähigkeit bestätigt wurden. Diese Erkenntnis gepaart mit sachlogischen Begründungen über die Komplementarität zwischen PuCC und den DC Component Factors bestätigt den Sinn einer kausalanalytischen Studie hierüber. Zudem wurde durch diese Litera-

---

[136] NPD: New Product Development. PRMS: Project & Resource Management Systems. KMS: Knowledge Management Systems. CWS: Cooperative Work Systems (siehe Pavlou/Sawy 2010).

turrecherche die Forschungslücke aufzeigt, dass Adaptive Capabilities und Innovative Capabilities gegenüber Absorptive Capabilities bislang kaum in ABC-Kausalketten als Mediator zwischen IT und Wettbewerbsfähigkeit analysiert worden sind.

3.2 Benefits & Barriers von Cloud Computing

Ziel der Literaturrecherchen über CC ist die Identifizierung und deskriptiv-statistische Erhebung der am häufigsten diskutierten Vorteile und Risiken von CC. Entsprechend des *Perceived Benefits* und *Perceived Barriers* Ansatzes (siehe S. 82) stellen diese gleichzeitig die wesentlichen Treiber und Hürden der Adoption von CC dar. Als Schlagworte wurde sowohl nach *Cloud Computing* als auch nach dessen jeweiligen Servicemodellen[137] *SaaS*, *PaaS* und *IaaS* gesucht. Eine Vereinfachung war, dass *Cloud Computing* bereits als Schlagwort bis auf JSTOR in sämtlichen Datenbanken deklariert ist. Eine Einschränkung auf PuCC wurde nicht vorgenommen, da wie bereits geschildert, der Umfang an dedizierter Forschung über dieses Liefermodell noch sehr gering ist. Mit Hinblick auf den Studienfokus im Gebiet des Strategischen IT-Managements, wurden explizit Artikel aus den Kategorien *Business*, *Management* und *Economics* gesichtet und Beiträge mit rein technischer Orientierung, z.B. über Programmierung, Netzwerktechnik oder Architektur-Protokolle exkludiert.

Die Recherche führte zu einer Auswahl von 204 Publikationen. Die meisten Beiträge entstammten den Journals *Communications of the Association of the Computer Machinery* (13) und der *HMD Praxis der Wirtschaftsinformatik* (9). Bei den Konferenzbeiträgen waren die *AMCIS* (10), *ECIS* (10) und *HICSS* (9) führend. Mit 67 Artikeln war das Jahr 2011 dominierend, wobei der Zeitpunkt der Erhebung im September 2012 ein Drittel des Jahres 2012 ausschloss und hier bereits 40 Beiträge selektiert wurden. In 34 Beiträgen stand die Adoption von CC im Vordergrund, zumeist als Fallstudie oder Umfrage untersucht. Neben den häufig theoretischen Abhandlungen über CC, wurden gezählt: 16 Umfragen, 9 Fallstudien, 5 Rahmenwerk-Konzeptionen und 2 Literaturrecherchen. Die Literaturrecherche nach YANG & TATE 2012 diente ausschließlich der Klassifizierung der Literatur zu CC über 205 recherchierte Quellen u.a. nach *Technology Issues* und *Business Issues*. HOBERG ET AL. (2012) waren motiviert, Charakteristika, Governance-Strukturen, den *Business Impact* und Determinanten der

---

[137] Sowohl über deren Abkürzung *XaaS* wie auch den vollständigen *X-as-a-Service* Phrasen.

Adoption aufzudecken. Bzgl. der Adoption wurden final jedoch nur vier empirische Studien vorgestellt und die darin untersuchten Faktoren vorgestellt, was nicht als repräsentativ gelten kann. Beide Literaturrecherchen, die bereits vor der Durchführung der vorliegenden Literaturrecherchen gesichtet wurden, waren daher für die Beantwortung der Forschungsfrage nicht zweckdienlich, weshalb eine eigene umfangreiche Literaturrecherche durchgeführt wurde.

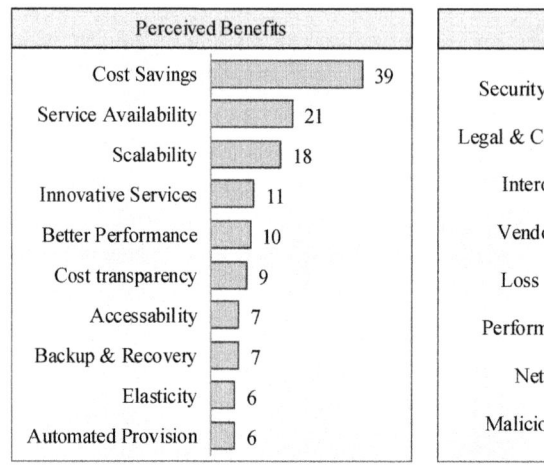

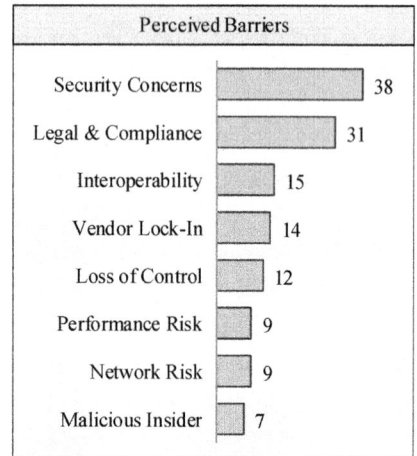

Perceived Benefits		Perceived Barriers	
Cost Savings	39	Security Concerns	38
Service Availability	21	Legal & Compliance	31
Scalability	18	Interoperability	15
Innovative Services	11	Vendor Lock-In	14
Better Performance	10	Loss of Control	12
Cost transparency	9	Performance Risk	9
Accessability	7	Network Risk	9
Backup & Recovery	7	Malicious Insider	7
Elasticity	6		
Automated Provision	6		

Abbildung 3.4: Perceived Benefits & Barriers von Cloud Computing[138]

In Abbildung 3.4 sind die Ergebnisse der Untersuchung über die besagten 204 Artikel der Literaturrecherche präsentiert. Die *Perceived Benefits* und *Perceived Barriers* sind in absteigender Reihenfolge entsprechend Häufigkeit der Diskussion aufgelistet. Sie werden in den Kapiteln 3.2.1 und 3.2.2 mit Auszügen der jeweiligen Literatur beschrieben. Sowohl die vorgestellten *Perceived Benefits* wie *Perceived Barriers* sind keine vollständige Aufzählung sämtlicher wahrgenommener Vor- und Nachteile des CC. Sie haben sich als Ergebnis der Literaturrecherche als besonders häufig in der wissenschaftlichen Literatur diskutiert erwiesen und sind anzunehmend auch die aus Sicht der Kunden am stärksten erwarteten Nutzen-, bzw. Risikoarten. Um deren Relevanz zu bestätigen wurden Experteninterviews durchgeführt (Kapitel 4.2.1). Diese dienen zudem der Identifizierung etwaige Lücken und der Spezifizierung der Variablen für das Forschungsmodell.

---

[138] Häufigkeit der Nennung aus 204 Publikationen.

3.2.1 Perceived Benefits als Assimilationsprädiktoren

Die Literaturrecherche hat ergeben, dass maßgeblich zehn Aspekte des erwarteten Nutzens an CC vorgebracht werden (Abbildung 3.4), wobei *Cost Savings* das häufigste Argument ist, vor *Service Availabiltiy*, *Scalability* und *Innovative Services*. Einige Punkte liegen thematisch beieinander, z.B. *Scalability*, *Elasticity* und *Automated Provisioning*, ebenso *Service Availability* und *Backup & Recovery*. Die Reihenfolge der Beschreibung folgt der Häufigkeit der Präsenz in den recherchierten Artikeln.

Cost Savings

Von allen Nutzenpotenzialen dominiert die Erwartung, mit CC signifikante Kosteneinsparungen realisieren zu können. Diese Aussage wird durch vorhandene Studien gestützt (Benlian & Hess 2011, Martens et al. 2011, Sultan 2011, Petruch et a. 2011), wobei die geäußerten Größenordnungen an prognostizierten Einsparungen stark schwanken (Koehler et al. 2010). In der Geschichte vieler Unternehmen haben wenig strategisch bedachte IT-Investitionsentscheidungen sowie autarkes Handeln der jeweiligen Geschäftseinheiten und die Volatilität der Anwendungsentwicklung zu Redundanz und mangelnder Interoperabilität innerhalb von IT-Architekturen beigetragen (Geczy et al. 2012). Zur Kostenreduzierung ist eine IT-Konsolidierung empfohlen oder eine Umstellung zu *Distributed Computing* (siehe S. 52). Beides kann durch CC ermöglicht werden, denn Skaleneffekte beim Anbieter können als Preissenkungen an Kunden durchgereicht werden (Janssen & Joha 2011), die Auslastung über zentrale Rechenzentren ist 5-7-fach effizienter (Armbrust et al. 2010) und zudem profitieren weniger finanzstarke oder mittelständische Unternehmen von der Zugriffsmöglichkeit auf bislang aus wirtschaftlichen Gründen verwehrten IT-Ressourcen, ohne in IT-Kapital investieren zu müssen (Marston et al. 2011, Schikora 2012). Vor allem beim PuCC herrscht großes Potenzial, da Aufwände für IT-Personal, Entwicklung, Verwaltung und Wartung vollständig entfallen. GECZY ET AL. (2012) merkt an: „This [PuCC] is the most insecure model, but the cheapest one" (S. 60). Gleichzeitig besteht Sorge, die erhofften Einsparungen nicht zu erzielen, da Altsysteme zu komplex für eine CC-Migration wären (McAfee 2011) und Anpassungs- und Transferkosten kaum abzuschätzen seien (Geczy ET AL. 2012), die Gefahr hoher Anbieterwechselkosten bestünde

(*Switching Cost*[139]) sowie es an fundierten Modellen zur ganzheitlichen Kostenkalkulation fehle[140]. Nach BENLIAN & HESS (2011) überwiegen die positiven Erwartungen gegenüber den Sorgen, dass durch unvollständige Finanzbetrachtungen Kosten übersehen werden, die die Einsparungen negativ überkompensieren. Gegenteiliges dokumentieren DELOITTE & BITKOM (2011), nach deren Studien über 50% der Teilnehmer äußerten, die gesetzten Ziele noch nicht erreicht zu haben. Der tatsächliche Nachweis von nachhaltigen Kostenreduktionen, auch durch Langzeitstudien, steht aufgrund der Neuheit der Technologie und noch niedrigen Adoptionsraten vor allem beim PuCC bislang noch aus. Das Thema gilt daher als Priorität auf der Forschungsagenda zum Thema CC (Khajeh-Hosseini et al. 2010, Wang et al. 2011), wobei neben den bloßen Einsparungsmöglichen auch andere monetäre Aspekte relevant sind, z.B. Preiswertigkeit, Preismodelle, Zahlungsoptionen und Kostentransparenz (siehe Ausführungen zu *Cost Transparency*) (Koehler et al. 2010, Repschläger et al. 2012a). Die ermittelte Häufigkeit der Diskussion von *Cost Savings* spiegelt die hohe Erwartung hieran wider, weshalb dieser Faktor als *Perceived Benefits* Einzug in das Modell erhält.

Service Availability

Availability ist nach ITIL definiert (ITIL 2013, S. 9):

"Ability of an IT service to perform its agreed function when required. Availability is determined by reliability, maintainability, serviceability, performance and security. Availability is usually calculated as percentage. It is best practice to calculate availability of an IT service using measurements of the business output."

Alternativ wird auch von der Einsatzbereitschaft oder Erreichbarkeit gesprochen. *Availability* des IT Service bedingt jeweils auch die darunterliegende Infrastruktur aus Anwendung, Speicher, Recheneinheit, Netzwerk sowie auch die Daten (Clark 2010). Gerade bei geschäftskritischen IT Prozessen ist *Availability* ein wichtiger Faktor, da ansonsten Einnahmeneinbußen, Marktanteilsverluste oder Kundenfrustration möglich sind und im gravierendsten Fall die Geschäftsaufgabe droht (ebd.). Kernkompetenzen und Skalierungsvorteile des CC-Anbieters ermöglichen häufig ein professionelleres und kosteneffizienteres Availability Management, die vertragsgerechte, dabei jedoch auch wirtschaftliche Sicherstellung der Verfügbarkeit, als Unternehmen intern. Daher

---

[139] Siehe Whitten (2009): Adaptibility in IT-Sourcing: The impact of switching costs, und Kapitel 3.2.2.

[140] Li et al. (2009) stellen ein Modell zur ganzheitlichen Kostenkalkulation im Sinne des Total Cost of Ownership-Ansatzes vor. Eine Erweiterung zu diesem findet sich bei Martens et al. (2012).

kann CC die Wahrscheinlichkeit für Ausfälle senken und die *Availability* erhöhen (Nuseibeh 2011). Ein weiterer Vorteil beim CC liegt im offeneren Zugangskanal über das Internet im Gegensatz zu restriktiven intranet-basierten oder fest installierten Anwendungen auf einem Endgerät (Son et al. 2011a). Einige Anbieter signalisieren ihren Kunden eine hohe Verfügbarkeit durch Malus-Systeme, z.B. Amazon durch die Erstattung von 10% des Dienstpreises bei einer Unterschreitung von 99,9% in einem Monat (Kim & Wong 2009). Da dieses fast 45 Minuten sind, kann der Schaden höher ausfallen als der Erstattungsbeitrag. Mehrstündige Serviceausfälle im Jahr 2008 bei marktführenden Anbietern wie Amazon, Google, Citrix oder RIM's Blackberry wurden populäre Beispiele der Anfälligkeit von CC (Armbrust et al. 2010, Kim 2009). Viele Unternehmen fürchten daher um die Aufrechterhaltung ihrer bisherigen Servicegüte nach der CC-Migration (Geczy et al. 2012, Nuseibeh 2011). Daher könnte *Availability* ähnlich wie *Better Performance* nicht nur ein zu erwartender Nutzen sein, sondern auch zum Risiko avancieren. KIM (2009) äußert die Meinung, dass trotz der genannten Präzedenzfälle die *Availability* durchweg als sehr hoch einzustufen sei und Unternehmen, welche eine annähernd 100-prozentige Verfügbarkeit erwarten, sich ohnehin für hybride oder dedizierte Lösungen entschieden. *Availability* wird kaum als Risiko in der Literatur diskutiert, relativ zum dessen wahrgenommenen Nutzen. Daher wird es nur unter den *Perceived Benefits* aufgeführt, und das Ausfallrisiko als Gegenfall kann bei den Barriers als Unterpunkt von *Performance Risk* angesehen werden.

Scalability

Scalability definieren DUROWOJU ET AL. (2011) im CC-Kontext wie folgt:

"One of the flexibilities that the cloud purports to offer is the ability to increase or decrease computing power as required by the user. This is referred to scalability. Scalability is defined here as the ease of ensuring just the right amount of computing power available to the cloud user at any point in time (S. 244) [... and ...] to maintain a good level of on-provisioning at all times by dynamically adjusting computing resources to match the demand for it (S. 247)."

Im Kontext von Anwendungen, Transaktionen und Prozessen, deren Bedarf an IT-Unterstützung signifikant und temporär nach oben variiert im Event-Fall oder Tages-, Monats-, Jahreszyklen, ist eine zeitnahe und prinzipiell nicht-limitierte Anpassungsfähigkeit der Ressourcen gefordert (Jain & Bhardwaj 2010, Clark 2010). Als Beispiele dienen der Jahresabschluss, pharmazeutische Tests, die Abwehr von Sicherheitsangriffen oder das nächtliche Batch-Processing zur Wartung der IT-Systeme. Hier bietet CC Vorteile durch seine industrialisierten, zentralen und kundenübergreifenden Prozesse und der Ausbalancierung des Ressourcenbedarfs. Traditionelle und eigene IT-Infrastrukturen müssten dagegen ebenfalls großzügig und damit investitionsintensiv ausgestaltet sein, um entsprechende Leistungsspitzen bedienen zu können. Da dies wie beschrieben jedoch nur temporär gefordert ist, würden diese Ressourcen ansonsten brach liegen (Jain & Bhardwaj 2010). DUROWOJU ET AL. (2011) fassen die Vorteile der Skalierbarkeit beim CC daher wie folgt zusammen: "Organisations can pay for what is needed and get rid of unnecessary resources. All of these make computing in the cloud very attractive and facilitate flexibility in the way business is conducted. (S. 245)". Diese auch als *On-Provisioning* betitelte Form der Ressourcenbereitstellung wird bei der *Elasticity* (S. 143) fortführend erläutert und dort die Missstände bei mangelnder Skalierbarkeit aufgezeigt. Ergänzend sei erwähnt, dass neben der Skalierbarkeit der Maschinen im Netzwerk bei Grids, die Skalierbarkeit der Hardware innerhalb der Maschine ein Differenzierungsmerkmal von CC gegenüber Grids darstellt (Vaquero et al. 2009). Zudem geht die Verantwortung der potenziell automatisierbaren Bereitstellung der angefragten Ressourcen beim CC auf den Anbieter über und entlastet den Kunden bei dieser nicht wertbringenden IT-Tätigkeit (Jain & Bhardwaj 2010). Neben Modularität und Integrierbarkeit sehen JOACHIM ET AL. (2011) in der Skalierbarkeit die dritte Komponente flexibler IT-Infrastrukturen, welche helfen, „Unternehmensziele im Sinne des IT-Wertbeitrags besser zu erreichen" (S. 863).

Access to Innovative IT Services
Die Kernkompetenz und Spezialisierung von IT-Dienstleistern auf ihr Services-Portfolio ist für Unternehmen ein wesentlicher Entscheidungsgrund für das IT-Outsourcing (Lacity et al. 2009). Das sich fortwährend erweiternde IT-Know-How, Erfahrungskurveneffekte und der Umfang an modernen IT-Ressourcen beim Dienstleister übersteigen die Fähigkeiten der IT-Abteilung in puncto Kosten und Qualität mit dem DL mithalten zu können („these specialized capabilities [...] could not be generated internally if the application were delivered in-house via an on-premises model", Benlian & Hess 2011, S. 237). Ein CC-Kunde verspricht sich durch CC also ersten den Zugang zu neuesten IT-Produkten und qualifiziertem IT-Personal (Benlian & Hess 2011). Zweitens ist ein Unternehmen in der Innovation auf neuen Entwicklungsplattformen flexibler durch die Möglichkeit, mit PaaS parallele Entwicklungs- und Testumgebungen betreiben zu können (Goncalves & Ballon 2011). Unter *Access to Inno-*

vative IT Services wird noch als dritter Aspekt die längere Nutzungsdauer von weniger leistungsstarken Endgeräten beschrieben, z.b. alte Arbeitsplatzrechner, durch dessen bloße Verwendung zur Darstellung von Programmen, welche auf Servern in der Cloud ausgeführt werden. (Clark 2010). Der erwartete Nutzen umfasst jedoch nicht bloß neue IT-Services, sondern auch deren stetige Aktualisierung beim CC-Anbieter, durch das Aufspielen von Releases und die konsequente Weiterentwicklung der IT-Services. Nach einer Studie von WILLCOCKS ET AL. (2011)[141] äußerten mehr als 50% der Führungskräfte der Geschäftsseite und 35% jener der IT-Abteilung, dass CC ihrem Unternehmen schnelleren Zugang zu „best-in-class applications" ermöglicht hätte, als es vor CC denkbar war (Willcocks et al. 2011, S. 9). Vor allem Start-Ups oder mittelständische Unternehmen profitieren hiervon, da sie weniger finanzkräftig sind als Großkonzerne. Daher bestanden für diese Unternehmen durch den eingeschränkten Zugang zu investitionsintensiver IT bislang Wettbewerbshürden, welche durch CC zunehmend abgebaut werden können (Stankov et al. 2012).

Enhanced IT Performance & Performance Risk
Nach YANG & TATE (2012) gebührt *Performance* die gleiche Aufmerksamkeit für Forschung und Praxis wie das im CC-Kontext populäre Thema *Security*. Die Auswertung der Literaturrecherche hat gezeigt, dass *Performance* gleichgewichtig als zu erwartender Vorteil (10 Nennungen) als auch Risiko (9 Nennungen) diskutiert wird. Das Vorliegen der Leistungsgüte entsprechend der Kundenanforderung und hierbei insbesondere die Möglichkeit, durch CC eine höhere Leistung zu erhalten als mit der eigenen bzw. bestehenden IT-Infrastruktur ist ein zu erwartender Vorteil von *Better Performance*. Entsprechend ist das Risiko, sich zu verschlechtern oder die Unsicherheit über das zukünftig zu erwartende Leistungsniveau das *Performance Risk*. Im Folgenden werden beide Perspektiven behandelt.

Better Performance
REPSCHLÄGER ET AL. (2012) benennen in ihrem Framework zur Klassifizierung für IaaS-Dienste mehrere Anforderungen an CC-Services hinsichtlich der Höhe ihrer Performance, z.B. die Latenzzeit, Transaktionsgeschwindigkeit, Kapazitätsgrenzen, der Funktionsumfang, der Umfang an Anpassungsmöglichkeiten (Customizing) sowie die

---
[141] N=1035 Führungskräfte der Geschäftsseite und IT-Abteilung, Willcocks et al (2011).

Auswahl und Qualität der technischen Varianten. Ökologische Parameter wie bessere Energiebilanzen können die Leistungswahrnehmung ergänzen (Yang & Tate 2012). STERLING & STARK (2009) analysieren den Beitrag von CC zum High-Performance Computing (HPC), im Sinne der parallelen Verarbeitung von umfangreichen und komplexen Rechenoperationen, z.b. für Anwendungen der Meteorologie, Flugzeugsimulation, Physik oder beim Wertpapierhandel. Sie kommen zum Schluss, dass CC Potenzial besitzt, im Bereich der Speicherung umfangreicher Daten, deren Analyse und Visualisierung, jedoch vornehmlich zum *Capacity Computings*, der parallelen und massenhaften Ausführung eigenständiger Rechenoperationen, welche durch die Skalierbarkeit deutlich beschleunigt werden kann. Allerdings leiste CC bei sehr koordinationsintensiven und voneinander abhängigen Operationen noch einen geringen Beitrag.

Performance Risk
Generell unterliegt die Realisierbarkeit von CC-Potenzialen Bedingungen, welche bei Nichtvorliegen die Performance deutlich schmälern. Die zentrale Rolle der Internets birgt das Risiko unzureichender Netzwerkbandbreiten und ein out-of-service bei Verbindungsabbrüchen. JANSSEN & JOHA (2011) empfehlen die Einplanung von kapazitativen Pufferzonen und zudem ein kontinuierliches vom Kunden durchzuführendes Monitoring der Services. Eine weitere Herausforderung ist die Aufrechterhaltung der Servicegüte bei steigender Benutzeranzahl, wobei neben der Leistungsfähigkeit der einzelnen technischen Komponenten wie z.B. CPU, Speicher oder Netzwerkbandbreite insbesondere deren Zusammenspiel über viele und nicht immer standardisierte Schnittstellen eine hohe technische Komplexität darstellt (Geczy et al. 2012, Armbrust et al. 2010, Rimal et al. 2011). Treten beim CC Leistungsbußen auf, sind wirtschaftliche Verluste für Kunden nicht ausgeschlossen. So gaben Unternehmen in den USA und Europa an, im Jahr 2010 durchschnittlich 1 bzw. 0,75 Mio. USD durch Schlechtleistung ihrer CC-basierten Anwendungen verbucht zu haben. Ferner zögen knapp 60% der Unternehmen hieraus die Konsequenz, die Adoption weiterer CC-Services zu entschleunigen (Compuware 2011). Studienergebnisse über deutsche Start-Up Unternehmen bestätigen zwar die wahrgenomme Abhängigkeit von Kunden von der Performance des Anbieters, jedoch bestünde keine Unzufriedenheit mit dieser und de facto nahm *Service Performance* den letzten Platz unter den erhobenen Assimilationshürden ein (Stankov et al. 2012). Einer dritten industrieübergreifenden Marktstudie zufolge äußern zwei Drittel der Unternehmen positive Erwartung über CC zur Steigerung der Systemleistung. Beklagt wird jedoch die mangelnde Urteilskraft über Anbieter und

deren Leistungsfähigkeit im Auswahlprozess. Zwei Drittel der Unternehmen konstatieren diesen Missstand als Assimilationshürde (Molony & Kirchheimer (2011).

Cost Transparency

Pay-as-you-go und *Charge-per-use* sind Schlagworte zur Beschreibung von CC, die in quasi jeder Definition anzufinden sind (Vaquero et al. 2009). Diese nach NIST als *Measured Service* definierte Charakteristik (siehe S. 38), verbessert für Anbieter und Kunden das Monitoring und Controlling des Ressourcenverbrauchs. Wie bereits im Kapitel 2.1.5 zu Preismodellen betont, initiert die volumenabhängige Abrechnung[142] einen Wechsel bei der IT-Finanzierung von bisherigen Investitionen in IT-Anlagevermögen, z.b. Server oder einmalige Softwarelizenzen zu jetzt operativen IT-Ausgaben, z.b. monatlich anfallende Nutzungsbeiträge (Marston et al. 2011, Mell & Grance 2009). Ergänzt durch flexible Vertragslaufzeiten und standardisierte Angebote mit diversen Qualitätsstufen, kann der Kunde beim CC gezielter IT beschaffen und die Kosten besser abschätzen. Erstmalig bot Amazon dieses Abrechnungsmodell im Jahr 2006 für ihr Produkt WebServices an. Hierdurch wurden langfristig bindende Vertragsmodelle und der hohe Aufwand bei der kundeninviduellen Rechnungsstellung und Bezahlung obsolet ("all customers need is a credit card", Armbrust 2009, S. 9).

Trotz der gewonnenen Transparenz und resultierende Fähigkeit der Auslastungsoptimierung ist das Modell nicht ohne Risiken[143] und Probleme, die bei Prinzipal-Agenten-Beziehungen (S. 31) auftreten können. Bedenken über Vendor-Lock-In (S. 151) oder versteckte Kosten können zu einer Präferenz von Festpreis-Tarifen führen. Daher ist die Beliebtheit des Pay-per-use-Tarifs sehr abhängig von der Kundengruppe und vom Servicemodell (Koehler et al. 2010), z.B. ist Pay-per-use für IaaS das dominierende Verrechnungsmodell gegenüber fixed-fee bei SaaS (ebd.).

Accessability

Ebenfalls in der NIST Definition verankert, steht *Accessability* für die durch CC eröffnete Möglichkeit, über das Internet von unterschiedlichen Endgeräten auf Daten und Systeme zuzugreifen, je nach Autorisierung von Gerät und Nutzer (Mell & Grance 2012, Cunningham & Wilkins 2009). Zudem können im bislang nicht realisierbaren

---
[142] Ebenso ist der Begriff *Metering Capability* zur Beschreibung der Charakteristik anzutreffen.
[143] Siehe die Schilderungen bezogen auf Durkee (2010) auf Seite 67.

Maße Geschäftspartner außerhalb des Unternehmens zu ausgewählten Daten und Systemen über die Cloud Zugang erhalten, ohne die hohen Restriktionen beim Zugang zum Intranet des Unternehmens (McAfee 2011). Sowohl die Geräte-Unabhängigkeit als auch die Zugriffs- und Rechtevergabe über Anbieter und Schnittstellen hinweg erfordern einen hohen Koordinationsaufwand sowie ein die Unternehmensgrenzen überschreitendes Sicherheits-Management (Cunningham & Wilkins 2009, Rawal 2011).

Backup & Disaster Recovery
Backup ist definiert als: "Kopieren von Daten zum Schutz vor Verlust der Integrität oder zur Sicherstellung der Verfügbarkeit der ursprünglichen Daten" (o.V. 2015, S. 10). *Disaster Recovery* umfasst die Wiederherstellung der Daten sowie der IT-Ressourcen nach Verlust oder Beschädigung infolge eines unvorhergesehenen Ereignisses, z.B. Naturkatastrophen. Sowohl die Durchführung regelmäßiger Backups als auch die Prozessbeherrschung der Wiederherstellung der IT-Services und Daten werden unter dem Begriff *IT Service Continuity Management* zusammengefasst (o.V. 2015) oder als BC/DR (*Business Continuity/Disaster Recovery*) abgekürzt. CC ermöglicht die kontinuierliche Replizierung der in der Cloud gespeicherten Daten im beliebig skalierbaren Umfang und verringert hierdurch die Störanfälligkeit von IT-Ressourcen (Jain & Bhardwaj 2010). Das Testen der Verlässlichkeit von Wiederherstellungsdiensten ist ebenfalls im CC-Szenario umfangreicher möglich, etwa auf gespiegelten Testsystemen. Einer Studie der Information Week aus dem Jahr 2011 zufolge schätzen Unternehmen vor allem die hohen Sicherheitsstandards und gut funktionierenden IT-Services der CC-Anbieter. Dabei gaben 43% der 371 befragten IT-Führungskräfte an, bereits BC/DR-Lösungen aus der Cloud zu beziehen oder konkrete Erwägungen diesbzgl. zu treffen (Kajeepeta 2012). Für CC-Anbieter stellen die Komponenten IT-Sicherheit und BC/DR eine Kernkompetenz dar und durch CC ist es sogar wahrscheinlich, ein höheres Sicherheitsniveau zu erreichen („This is because these are core capabilities of a service provider, and that organisation is likely to be more professional, attentive and disciplined than many user organisations and particularly individual users", Clark 2010, S. 577). Daher ist BC/DR bereits ein eigenständiger IT-Service und beziehfähig, sollten die zu sichernden IT-Ressourcen nicht über CC-Services geliefert werden (ebd.). Da die Fähigkeit zu BC/DR einen Anbieter auszeichnet, sollte die in der Auswahlentscheidung Bedacht finden (Repschläger et al. 2012a).

Elasticity

Der Begriff Elasticity entstammt der Physik und bezeichnet die Materialeigenschaft, nach einer Deformation den Urzustand wieder herzustellen. Weiterhin bezeichnet der Begriff in der Betriebswirtschaft die Sensitivität einer abhängigen Variablen auf eine Veränderung dessen exogener Variablen (Herbst et al. 2012). *Rapid Elasticity* ist eine der fünf essentiellen Charakteristika der NIST Definition (Mell & Grance 2009) und umschreibt die Fähigkeit, unmittelbar Nachfrage und Bedarf abzugleichen und hierdurch den Ressourceneinsatz und dessen Auslastung zu optimieren. ARMBRUST ET AL (2009) merken an: „This elasticity of resources, without paying a premium for large scale, is unprecedented in the history of IT" (S. 1).

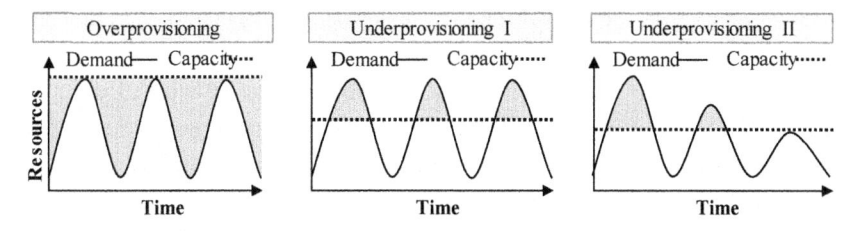

Abbildung 3.5: Über- oder Unterkapazitäten ohne Elastizität[144]

Die Abbildung 3.5 zeigt drei Szenarien ohne Fähigkeiten zur Elastizität auf und welche Konsequenzen hieraus entstehen. Entweder werden die Ressourcen stets zur Bedienung von Belastungsspitzen vorgehalten werden (*Overprovisioning*), was hohe Kosten verursacht. Wird nur die Kapazität bereitgestellt zur Abdeckung der durchschnittlichen Nachfrage, muss bei hoher Auslastung mit Minderqualität der Dienste gerechnet werden mit der Folge sinkender Produktivität oder Unzufriedenheit von Kunden (*Underprovisioning I*). Eine ungewünschte Konsequenz kann den Zustand *Underprovisioning II* herbeiführen. Durch das Erleben der verminderten Dienstgüte passt sich die Nachfrage der Kapazität an, daher wandern Kunden ab oder Mitarbeiter reduzieren ihr Arbeitstempo. Ziel ist folglich, ein *On-Provisioning*[145] zu liefern im Sinne der genauen Bedarfsbedienung. Ein weiterer Vorteil der Elastizität ist die Senkung

---

[144] Armbrust et al. (2010), S. 54.
[145] Nennung des Begriffs im Abschnitt zu *Scalability* mit Verweis auf die spätere Erläuterung hier.

von Transaktionskosten, da Umweltunsicherheit ein geringes Risiko darstellt (Nuseibeh 2011). Die folgende Definition soll im Weiteren gelten (Nuseibeh 2011, S. 1):

"Elasticity is an organisation's ability to provision and release computing resources instantly as demanded over the network"[146]

Automated Provisioning

Dieser Vorteil steht im engen Zusammenhang mit *Elasticity* und *Scalability* und ergänzt diese um den Aspekt der Automatisierung. Dies bedeutet, dass IT-Ressourcen nicht nur menschliche Interaktion, sondern auch gesetzt der Servicevereinbarung vollständig automatisch und regelbasiert an das Nachfragevolumen angepasst werden (Mell & Grance 2009, Vaquero et al. 2009). Neben der Beschaffung dieser Ressourcen bedingt Automatisierung auch die Dynamisierung der Konfiguration zur Verwendung des aktualisierten Ressourcen-Pools, genannt *Dynamic Reconfiguration* (Vaquero et al. 2009, S. 54). Ein zweiter Punkt ist die Automatisierung der IT-Wartung durch den Anbieter für das Einspielen oder Download von Updates, Patches, neuen Produktreleases oder Virendefinitionen (Jain & Bhardwaj 2010). Daraus entsteht der Nutzen, dass der Nutzer stets die aktuellste und sicherste Version eines IT-Services zur Verwendung hat. Die folgende generelle Definition soll im Weiteren gelten (Rouse 2011):

"Automated provisioning, also called self-service provisioning, is the ability to deploy an information technology or telecommunications service by using pre-defined procedures, carried out electronically without requiring human intervention."

3.2.2 Perceived Barriers als Assimilationshürden

Neben den zehn aufgeführten Nutzenpotenzialen ergab die Literaturrecherche acht erwartete Risiken, die eine Barriere für Adoptionsentscheidung darstellen könnten (Abbildung 3.4). Bei *Legal & Compliance*, *Security Concerns*, *Interoperability* und *Malicious Insider* besteht ein thematischer Zusammenhang. Dennoch wurden diese Risiken jeweils ausreichend häufig diskutiert, um separat erörtert zu werden. *Performance Risk* als konträres Risiko zum erwarteten Nutzen *Better Performance* wurde bereits auf S. 139 beschrieben. Viele der angesprochenen Sicherheitsbedenken, rechtlichen Fragestellungen und Befürchtungen um Non-Compliance treten vor allem bei der Nutzung des Servicemodells PuCC auf. Im Gegensatz zu der von der Lokation her

---

[146] Der Grad der Elastizität bestimmt sich beispielsweise durch vier Parameter: Autonomic Scaling (Automatisierungsgrad), Elasticity Dimensions (Umfang der elastischen IT-Ressourcen), Resource Scaling Units (Granularität der Skalierung je Ressourcentyp), Scalability Bounds (Obere und untere Grenze der Skalierbarkeit) (Herbst et al. 2012, S. 2).

3.2 Benefits & Barriers von Cloud Computing

bekannten und physisch dedizierten *Private Cloud*, welche in exklusiver Nutzung durch nur einen Kunden betrieben wird, werden Unternehmen und CC-Anbieter durch die gemeinsame Nutzung von vielen Kunden einer zudem geografisch verteilten Public Cloud, vor besondere Herausforderungen gestellt. Im Rahmen dieser Arbeit ist die spezielle Frage zu untersuchen, inwiefern diese Risiken eine *Perceived Barrier* für die Assimilation von PuCC, also der *Public Cloud* darstellen.

Security Concerns

Bedenken um die Sicherheit im Einsatz von CC sind das am häufigsten diskutierte Risiko. Zahlreiche Autoren kommen zu dem Schluss, dass dieses eine Adoptionshürde darstellt (ENISA 2009, Martens et al. 2011, Yang & Tate 2012, Hoberg et al. 2012, Brender & Markow 2013, Farrell 2010). Es subsummieren sich unter diesem Thema neben technischen Risiken auch Fragen der Rechtslage, des Datenschutzes und der Compliance *(Legal & Compliance)*, dem Abhängigkeitsverhältnis vom Anbieter (*Vendor Lock-In*), der Interoperabilität (*Interoperability*) sowie der Missbrauchsgefahr durch Administratoren (*Malicious Insider*) (Ardelt et al. 2010, ENISA 2009). Da jene Punkte hervorgehoben wurden, sind sie in diesem Kapitel separate aufgeführt.

Sicherheitsrisiken durch Cloud Computing

Die folgenden Risiken technischer und sicherheitsadministrativer Natur können im Rahmen und Umfang dieser Arbeit nur als Auswahl und einführend vorgestellt werden. Für umfassendere Informationen wird auf die referenzierte und derweilen technisch-orientierte Literatur verwiesen[147].

- *Data Location Transparency:* Schwierige Nachprüfbarkeit des tatsächlichen Speicherorts der Daten in geografisch verteilten Clouds mit Implikationen für die Rechtslage und Datenverfügbarkeit (Ardelt et al. 2010).
- *Insecure APIs*: Sorge um Sicherheit der Schnittstellen zum Zugriff und der Steuerung der Cloud durch den Kunden. Zudem Gefahr durch von Drittanbietern entwickelte Anwendungen, die solche APIs verwenden (Ardelt et al. 2010, CSA 2010).
- *Low Encryption:* Daten werden nur beim Transport durch Zugriff eines Nutzers paketiert verschlüsselt, um eine effiziente Ressourcenteilung und den zügige Zugriff

---

[147] Insbesondere auf Bhadauria & Sanyal (2012) und CSA (Cloud Security Alliance 2011).

auf die Cloud zu ermöglichen. Alternativ müssten Daten stets hoch- und runtergeladen und jeweils auf dem Cloud-Server und den Anwender-Client chiffriert und dechiffriert werden unter erheblichem Zeitaufwand und Netzübertragungskosten (Anthenes 2010). Daher liegen die Daten auf der Cloud letztendlich unverschlüsselt vor.

- *Data Segregation* oder *Isolation Failure:* Der Zugriff multipler Klienten (multitenant) auf die gemeinsam verwendete Cloud kann bei ungenügender Isolation den zufälligen oder bezweckten Zugang eines co-tenants auf fremde Daten ermöglichen. Ausschließlich die physische Isolation der *Private Cloud* wäre hier sicher (Brender & Markow 2013, ENISA 2009).
- *Co-Tenants:* Mitschädigung der IT-Infrastruktur eines Kunden in der Cloud im Fall von Angriffen auf Co-Tenants, wie etwa geschehen infolge einer DDoS[148] Attacke auf WikiLeaks (Willcocks et al. 2011).
- *Malicious Code:* Einbringen von schädlichem Code von Extern, etwa durch eigenprogrammierte Anwendungen auf einer PaaS-Plattform ohne vorherige Sicherheitsprüfung durch den Anbieter (Owens 2010).
- *Client Access Management:* Komplexität der Rechtevergabe und -eingrenzung für Kunden-Mitarbeiter mit gleichzeitiger Sicherstellung der Einhaltung von Compliance- und Auditanforderungen (Owens 2010, Yang & Tate 2012). Dieses Risiko ist nicht CC-spezifisch, dennoch valide.
- *Third-Party Assurance:* Bedenken hinsichtlich der Überprüfung und Zertifizierung der Sub-Unternehmer des CC-Anbieters (Yang & Tate 2012), inklusive der Mitarbeiter und wiederum weiteren Sub-Unternehmen.
- *Missing Transparency:* Mangelnde Aufklärung und Beweisspeicherung von Seiten des Anbieters gegenüber dem Kunden im Fall von durch den CC-Anbieter abgewendeten Sicherheitsangriffen (Ardelt et al. 2010).

Zusammenfassung kann die Public Cloud die Datensicherheit beeinträchtigen bezogen auf die gesamte Bandbreite der folgenden von BSI definierten IT- und Datenschutzziele. Deren Einhaltung ist zumindest in Deutschland von Unternehmen stets zu gewährleisten: Vertraulichkeit, Nicht-Verfolgbarkeit, Unbeobachtbarkeit, Verdecktheit, Transparenz (Zurechenbarkeit, Authentizität, Revisionsfähigkeit), Verfügbarkeit, Integrität und Kontingenz (Ardelt et al. 2011, BSI 2012, Bredner & Ackermann 2010).

---

[148] Distributed-Denial-of-Service: Von verteilten IT-Systemen aus gebündelt organisierter und zeitgleicher Angriff auf Server durch Überflutung dieser mit Anfragen – mit Folge der Dienstquittierung. Beim Angriff auf www.wikileads.org konnen auch Co-Tenants ihre Daten nicht abrufen.

3.2 Benefits & Barriers von Cloud Computing

Sicherheitsvorteile durch Cloud Computing

Neben den benannten Risiken hält CC auch potenzielle Vorteile für das Thema IT-Sicherheit bereit. Da die Argumente über IT-Sicherheit als Risiko und Hürde des CC die Vorteile bei Weitem überwogen, fand der Aspekt *Security* in der deskriptiven Auswertung nur Einzug bei den *Perceived Barriers*[149]. Folgend einige Beispiele:

- *Anbieter Expertise:* Vom der Kompetenz im Bereich IT-Sicherheit bei marktführenden und zertifizierten CC-Anbietern können Unternehmen profitieren. Etwa ermöglicht das vom Anbieter industrialisiert betriebene zentrale Cloud-Monitoring über sämtliche Mandanten die frühe Identifizierbarkeit krimineller Aktivitäten (Anthenes 2010, Bittner et al. 2013).
- *Pattern Recognition:* Über große Bestände an CPUs und Speicher sowie bei hohen Dateneingangs- und -ausgangsströmen sind Algorithmen zum Aufspüren verdächtiger Muster effektiver anwendbar (Anthenes 2010).
- *Data Distribution:* Obwohl die starke Konzentration der IT-Infrastruktur und Daten am Standort des Anbieters ein Angriffspotenzial bieten, führt die beabsichtigt intransparente Verteilung der in der Cloud zu einer schwierigen Lokationsaufgabe für Angreifer eines gezielten Unternehmens. Ferner könnte nach einem Angriff die Daten-Wieder-herstellung direkt über die Cloud erfolgen (Brender & Markow 2013).
- *Rapid & Smart Scaling:* Im Angriffsfall kann der CC-Anbieter die technischen Abwehrmaßnahmen durch optimierte Ressourcenallokation deutlich steigern, dabei Datenströme umgeleiten und potenziell betroffene Cloud-Bereich bis zur Gefahrenbehebung isolieren (ENISA 2009).
- *Backup & Disaster Recovery:* siehe Perceived Benefits (S. 142).
- *Virus Definition & Patch Updates:* Der CC-Anbieter spielt stets die aktuellsten Virusdefinitionen und Programmcodes zur Schließung von Sicherheitslücken ein, und dies konsistent über alle Kunden (ENISA 2009).
- *Security-as-a-Service*: Es etablieren sich bereits Anbieter von Sicherheitslösungen für CC-basierte, hybride sowie on-premise installierte IT-Systeme, welche direkt aus der Cloud heraus operieren (CSA 2011) und die mit den Möglichkeiten der Skalierung schneller reagieren können.

---

[149] Der Meinung der interviewten Experten zur Validierung des Forschungsmodells folgend, wird IT-Sicherheit später doch als Punkt der *Perceived Benefits* in das Forschungsmodell einfließen.

Legal & Compliance

Die vollständige Darlegung rechtlicher und Compliance-relevanter Fragestellungen ist ungeachtet des begrenzten Rahmens dieser Arbeit kaum leistbar oder wie MCAFEE (2011) es ausdrückt "It's not possible to discuss, or even list, all the legal and regulatory barriers to the cloud" (S. 132). Die folgenden Punkte werden in der Literatur am häufigsten diskutiert:

- *Datenschutz:* Die Weitergabe personenbezogener Daten bedarf der Zustimmung des Betroffenen, wobei das Bundesdatenschutzgesetzt (BDSG) Ausnahmen bereithält. In Tabelle 3.4 sind die Anforderungen in Bezug auf Zulässigkeit und Sicherstellung des Datenschutzes zusammengefasst. Im Verhältnis zwischen CC-Anbieter und Kunde kann eine Auftragsdatenverarbeitung vereinbart werden, die Anbieter als Teil des auslagernden Unternehmens deklariert, wonach unter besonderen Bedingungen und Weisungspflichten rechtlich keine Datenübergabe stattfindet (§ 11 BDSG) (Christmann et al. 2010). Trotzdem führe die technische und prozessuale Komplexität in der Cloud gepaart mit der verteilten Datenspeicherung zu einer schwierigen Erfassbarkeit der Vorgänge zum Zwecke einer juristischen Bewertung (ebd.).

Tabelle 3.4: Anforderungen zur Sicherstellung des Datenschutzes[150]

Aspekt	Zu erfüllende Anforderung
Zulässigkeit der Datenweitergabe	• Keine Verarbeitung personenbezogener Daten • Einwilligung aller Betroffenen • Sonderregel nach §28 BDSG (z. B. wissenschaftliche Verwendung oder Verwendung bereits veröffentlichter Daten) trifft zu • Einstufung als Auftragsdatenverarbeitung mit angemessenem Datenschutzniveau
Sicherstellung eines angemessenen Datenschutzniveaus	• Speicherung und Verarbeitung von Daten nur in Ländern der EU oder sicheren Drittländern • Alternativ Verwendung von EU-Standardvertragsklauseln oder Safe Harbor Principles • Kenntnisnahme des geografischen Speicher- und Verarbeitungsorts über Monitoring- oder Reporting-Tools • Vereinbarung bzw. Offenlegung von Maßnahmen zur Sicherung von Verfügbarkeit, Authentizität und Integrität der Daten

- *Datenschutz-Organisation:* Zusätzlich zum Datenschutzes betonen RUF ET AL. (2012) weitere Aspekte und liefern eine umfangreiche Checkliste zur Evaluierung des CC-Anbieters im Auswahlprozess. Dieser zufolge sind z.B. Lösch- und Rückga-

---

[150] Christmann et al. (2010), S. 69.

3.2 Benefits & Barriers von Cloud Computing

bepflichten, Weisungsbefugnisse, technische Schutzmaßnahmen, Eskalationswege und Kontrollrechte mit dem Anbieter zu vereinbaren (§9 des BDSG).

- *Grenzüberschreitender Datentransfer:* Die verteilte Speicherung von Daten in der Cloud schafft Herausforderungen für die Sicherstellung des länderübergreifenden Datenschutzes. Besonders für staatliche Organe und die Bürgerverwaltung sind die Möglichkeiten des Einsatzes von CC sehr beschränkt. Die kanadische Regierung untersagt bspw. die Speicherung von Bürgerdaten in den USA aus Befürchtungen des Zugriffs im Rahmen des Patriot Acts[151] (Clemons & Chen 2011). Die Vorgaben in den meisten Staaten der Europäischen Union (EU) gegenüber den USA sind vergleichbar. Jedoch ist für den Austausch von personenbezogenen Daten innerhalb der EU bereits im Jahr 1995 eine Direktive[152] verabschiedet worden (Christmann et al. 2010). Diese definiert Mindeststandards zur Sicherstellung des Datenschutzes zur Umsetzung in nationalen Gesetzen von EU-Staaten. Für Datentransfers außerhalb der EU gelten die „Standardvertragsklauseln für die Übermittlung personenbezogener Daten an Auftragsverarbeiter in Drittländern nach Richtlinie 95/46/EG"[153]. Diese erklären das *Safe Harbour Principle* als Instrument der Selbstverpflichtung von Drittstaaten, „sich in rechtskonformer Weise am Datenaustausch mit europäischen Staaten zu beteiligen" (ebd., S. 67) und ein aus EU-Sicht angemessenes Datenschutzniveau zu gewährleisten. Speziell innerhalb Deutschlands geltende Verordnungen sind das Bundesdatenschutzgesetz sowie das Fernmeldegesetz (Accorsi et al. 2011). Trotz reichhaltiger Vorschriften wird bezweifelt, ob aufgrund der globalen Verflechtung von Datenströmen die Restriktionen dauerhaft eingehalten werden können, trotz der Versicherung einiger CC-Anbieter, Daten ausschließlichen innerhalb Europas zu speichern (Christmann et al. 2010).

- *Zivil- und Strafrecht:* Es bestehen zivil-, vertrags-, miet- und strafrechtliche Unklarheiten, z.B. die Frage danach, wer für die Ausführung von Betrugssoftware auf einer Cloud außerhalb des Rechtsraums des Nutzers zu haften hat (Jones et al. 2010). Ein weiteres Beispiel ist die Einhaltung des Briefgeheimnisses. Während in Deutschland auch SPAM-Email zugestellt werden muss, zumindest als Benachrichtigung über

---

[151] US-amerikanisches Bundesgesetz zur Abwehr terroristischer Handlungen, wonach ohne richterlichen Beschluss der Zugriff und die Sichtung von Daten auf Servern von US-Unternehmen gewährt werden müssen, ungeachtet lokaler Gesetze. http://epic.org/privacy/terrorism/hr3162.pdf..
[152] 95/46/EC: http://ec.europa.eu/justice/policies/privacy/docs/95-46-ce/dir1995-46_part1_en.pdf.
[153] http://eur-lex.europa.eu/LexUriServ/LexUriServ.do?uri=OJ:L:2010:039:0005:0018:DE:PDF.

diese mit der Option für den Mitarbeiter, sich diese zustellen zu lassen, ist dies in den USA unzulässig und es wird umgehend gelöscht. CC-Anbieter regeln das SPAM-Management jedoch einheitlich für ein Unternehmen.
- *Ermittlungen:* Datenbestände eines Kunden sind nie zu einem diskreten Zeitpunkt komplett lokalisier- und isolierbar. Dies führt zu technischen Hürden bei forensischer Untersuchungen, etwa bei Suchvorgängen über Unternehmensdaten (*e-Discovery*) sowie beim Einfrieren eines Datenzustande zur langfristigen Aufbewahrung (*Legal hold*) (Cunningham 2009).
- *Schutz geistigen Eigentums:* Die Gefahr des Besitzabtritts von digitalem und geistig geschütztem Eigentum könnte durch die nicht explizit rechtlich ausgeschlossene Eigentumsübergabe beim Datentransfer an den CC-Anbieter ungewollt stattfinden (Troshani et al. 2011).

Interoperability

Die äußeren Schnittstellen für den Endanwender in die Cloud, z.B. über Internetbrowser oder Terminals, beruhen im Regelfall auf Standardtechnologien. Die anbieterinternen Programmier- und Schnittstellenstandards sind jedoch meist spezifisch und stellen eine unüberwindbare Hürde dar für die Föderation mehrerer CC-Umgebungen oder für die Portabilität von Daten zwischen diesen (Vaquero et al. 2009). Ebenso fehlen Standards bei Datenformaten, z.B. zum Zwecke der Verschiebung virtueller Images. CLEMONS & CHEN (2011) liefern die Metapher, Clouds seien gegenwärtig „like separate islands of related access, or even separate archipelagos, but scarcely support full interoperability" (S. 3). Eine vom BMWi[154] und Booz&Company durchgeführte Studie mit dem Titel "The Standardisation Environment for Cloud Computing" verdeutlicht die Heterogenität und Herausforderungen der Standardisierung (BMWi & Booz&Company 2012):

- 14 Standardisierungsbereiche wurden definiert (Tabelle 3.5).
- Aus über 150 identifizierten Institutionen, die sich im Umfeld der CC- Standardisierung engagieren, wurden 19 als bedeutend deklariert.
- 160 bestehende Standards über die 14 Bereiche wurden gesichtet, und final 20 Standards als maßstäblich und relevant deklariert.

---

[154] Bundesministerium für Wirtschaft und Technologie.

3.2 Benefits & Barriers von Cloud Computing

Die Analyse zeigt, dass der Umfang einer Standardisierung und der landesübergreifende und koordinative Aufwand immens sind. Für die Bewältigung dieser Bemühung empfehlen die Autoren sechs Fokusbereiche: 1. Steigerung der Staatliche Förderung, 2. Definition einheitlicher Zertifizierung, 3. Förderung von Open Cloud Standards, 4. Einigung auf länderübergreifende Regularien, 5. Aufbau von Cloud Marketplaces und 6. Die Erweiterung führender Governance-Standards um CC-relevante Prozesse. Bei Anbietern ist die Motivation Standards zu etablieren jedoch gering. Diese schränken die strategische Mobilität ihrer Kunden sogar ein, indem Sie den Gebrauch umgebungseigener Programmiersprachen für Ihre CC-Dienste unterstützen, z.b. durch die Google App Engine (Clemons & Chen 2011). Kunden und Interessenten des CC befürchten, durch das Fehlen einheitlicher Standards und die hieraus resultierende mangelnde Interoperabilität in eine unflexible Abhängigkeit zum Anbieter zu geraten. Dieser *Vendor Lock-In* wird konsekutiv und separat als weiteres Risiko erörtert.

Tabelle 3.5: Fields of Standardisation in Cloud Computing[155]

Field	Type of Standard	
Technology	• File & exchange formats • Programming Models • Protocols & Interfaces	• Standard Components & Reference Architectures • Benchmarks & Tests
Management	• Business Models • Service Level Agreements • Condition of Contracts	• Management Models • Controlling Processes • Guidelines
Legal	• Legal Requirements • Voluntary commitments	• Company policies

Vendor Lock-In

Dieser Begriff umschreibt Hürden beim Anbieterwechsel, definiert als:

"... the difficulties of the users to transfer data and programs from one cloud provider to another or in-house" (Li & Chang 2012, S. 5).

Diese Sorge um eine ungewünschte Abhängigkeit des Kunden vom Anbieter ist bei jeder Form des IT-Outsourcing zugegen (Whitten 2009, Lacity et al. 2009). Sie wird begründet mit der Abgabe unternehmenseigener Expertise an den Outsourcer und dem

---

[155] BMWi & Booz&Company (2012), S. 6.

eigenen Technologierückbau. Bei CC sind Programmschnittstellen[156] und Datenimport-/-export-Algorithmen häufig anbieterproprietär, sodass weder Daten, Anwendungen oder Infrastruktur unmittelbar portierfähig sind (Li & Chang 2012, Brender & Markov 2013). Hierdurch empfinden Nutzer den Nachteil, nur sehr aufwändig, kostenintensiv oder technisch riskant einen Wechsel herbeiführen zu können. Gleichfalls werden Sie bei ihren Anbieter anfällig für Preissteigerungen, Schlechtleistung oder im ungünstigsten Fall einer kurzfristigen Geschäftsaufgabe des Anbieters (ebd.)

GONCALVES & BALLON (2011) betonen die Abhängigkeit von Unternehmen, die insbesondere Platform-as-a-Service beziehen. Durch die Wahl einer dedizierten Plattform zur Individualentwicklung von Anwendungen entscheide sich ein Unternehmen für einen Standard, aus dem heraus ein Wechsel und die Anwendungsmigration zu einer alternativen Plattform schwierig seien. Nach CLEMONS & CHEN (2011) ist IaaS dagegen aufgrund des höchsten Standardisierungsgrades unter den Servicemodellen am wenigsten anfällig für Lock-In. ARMBRUST ET AL. (2010) verweisen jedoch auch bei IaaS auf anbieterspezifische Unterschiede bei Speicher-Schnittstellen, was einer einfachen Portabilität von Daten im Wege stünde. Sie fordern eine höhere Standardisierung und sehen sogar für CC-Anbieter einen Nutzen. Unternehmen würden dann z.B. eine SaaS Anwendung sowohl in der PuCC als auch auf der internen IT-Infrastruktur hybrid verwenden und könnten testen, was langfristig für die CC-Adoption geeignet sei.

Loss of Control

Loss of Control betitelt die Sorgen von CC-Kunden, die Hoheit über die Cloud und infolge dessen die Kontrolle über die IT-Abteilung einzubüßen. Zwei Perspektiven sind zu trennen, zum einen die IT-Steuerung des eigenen Unternehmens im Umgang mit CC und zum anderen die des CC-Anbieters sowohl operativ als auch strategisch. Üblicherweise sammelt, koordiniert, entscheidet und budgetiert die unternehmensinterne IT-Abteilung die Anforderung von der Geschäftsseite und deren technische Umsetzung. CC öffnet hier ein Tor zum selbstständigen Handeln der Fachbereiche an der IT-Abteilung und etablierten Prozessen vorbei. Ursächlich hierfür sind gestiegene technische Kenntnisse bei Mitarbeitern sowie der einfache Zugang zu professionellen IT-Lösungen über das Internet mit unkomplizierten Installationsroutinen (Heier et al. 2012). So könnten Mitarbeiter versucht oder angewiesen sein, für eine konkrete Auf-

---

[156] Engl. Application Programming Interface (API).

gabe oder Prozesse in ihrer Abteilung eigene IT-Lösungen zu beschaffen, einführen und warten zu wollen, wodurch mehrere Langzeitfolgen für die Zusammenarbeit zwischen IT- und Fachseite resultieren können (ebd.):

- *Backdoor demand:* Als sperrig empfundene Anforderungs- und Portfolio Management Prozesse werden von der Fachseite ignoriert und die IT- Beschaffung eigenständig per direkter Kontaktaufnahme mit dem CC-Anbieter vorgenommen. Das IT-Portfolio wird langfristig sehr heterogen.
- *Weakened partnership:* Wahrnehmung der Fachseite, die interne IT-Abteilung sei nur ein Wettbewerber gegenüber alternativen CC-basierten IT-Dienstleistern und damit dessen Konsultation optional. Die Beziehung wird schlechter und die Kooperationsfähigkeit sinkt.
- *Losing control:* Das Spannungsfeld der IT-Abteilung („juggling dual responsibilities", S. 4985) zwischen der Rolle als Nachfrager bei CC-Anbietern einerseits und der Anbieter-Rolle gegenüber der Fachseite (durch Transformation der CC-Lösungen in ein bestellbares IT-Produkt) kann langfristig zum Kontrollverlust in beide Richtungen führen.

Für dieses eigenmächtige Agieren der Fachseite beim Bezug und der Entwicklung von IT-Lösungen, wobei Kosten entstehen, die häufig nicht unter den IT-Gesamtkosten transparent sind, hat sich der Begriff *Schatten-IT* etabliert (Zimmermann & Rentrop 2012). Die Heterogenität und Redundanz innerhalb der IT-Landschaft im Unternehmen können hierdurch unkontrolliert ansteigen mit der Folge von Sicherheitsrisiken und Kostensteigerungen (Bittner et al. 2013). Aufklärung über die Risiken des eigenständigen Handelns und das Schaffen von Anreizen zur Einhaltung der geforderten Disziplin und Prozesse können das Problem eindämmen (ebd.).

Der zweite Aspekt von *Loss of Control* liegt in der Verantwortungsübergabe von IT-Ressourcen, Daten und Prozessen an den Dienstleister. Grundsätzlich ist die Abgabe der Kontrolle über die im Rahmen des CC vereinbarten IT-Dienste bei einer Outsourcing-Beziehung gewollt. Dies betrifft u.a. Wartungsarbeiten, Administrationstätigkeiten und die Aktualisierung und konsistente Versionierung der IT-Services (Janssen & Joha 2011). Es ergeben sich hieraus jedoch mehrere begleitende Risiken (Troshani et al. 2011, Rebollo 2012, Ahmad & Janczewski 2011):

- Der Kunde hat wenig Einfluss auf die CC-Anbieter-Prozesse zur Datensicherung und –wiederherstellung sowie dem Notfallmanagement. Damit wird die unterbrechungsfreie Dienstbereitstellung gefährdet.
- Sicherheitsrichtlinien und -Governance[157] von Kunde und Anbieter divergieren, wobei bestenfalls jene des Anbieters stringenter sind. Falls nicht, entstehen dem Kunden Sicherheitslücken und Nachpflegebedarf.
- Hohe Koordinationsaufwände beim Lösen von Störfallen über mehrere CC-Anbieter oder Dienstleister können kompliziert sein.
- Die Verhandlungsmacht zur priorisierten Behebung von Störfallen ist von umsatzschwächeren Kunden gegenüber dem CC-Anbieter gering.
- Es bestehen kaum Möglichkeiten der pragmatischen und unkonventionellen Fehlerbehebung außerhalb vereinbarter SLAs (*Workaround*).
- Mögliche unterschiedliche Rechtslagen und Prozessordnungen erschweren die landesübergreifenden Streitführung und -schlichtung.
- Mangelnde Einflussnahme auf Fremdzugriffe von Autoritäten z.B. bei Anwendung des Patriot Acts bei amerikanischen Unternehmen kann zu Datenschutzverletzung oder bei Konfiszierung zum Verlust führen.

Die eher operativen Risiken können im Eintrittsfall erhebliche Komplikationen verursachen und die Fortführung des Geschäftsbetriebs nachhaltig behindern. Aus strategischer Sicht kann die zunehmende Nichterfüllung von Kundenanforderungen durch eine von den Erwartungen abweichende Weiterentwicklung der IT-Services des CC-Anbieters für den Kunden zu steigenden Anpassungsaufwänden oder Schatten-IT führen. Im Idealfall sind die Governance-Prozesse zwischen Kunde und Anbieter verzahnt, damit der Kunde auf die strategischen Entscheidungen und anforderungsorientierte Weiterentwicklungen der IT-Services einwirken kann (Farrell 2010, Janssen & Joha 2011). AHMAD & JANCZEWSKI (2011) präsentieren hierfür ein umfangreiches Modell mit Aufteilung von Rollen und Verantwortlichkeiten[158]. Für den operativen Betrieb sollten privilegierte Zugangsrechte für Administratoren des Kunden vorgehalten werden, um im Krisenfall eigenständig die IT-Lieferung zu gewährleisten (Geczy et al. 2012). Beides ist praktisch über hunderte von Kunden nicht durchführbar und

---

[157] Zum Thema Kontrolle wird übergeordnet auf das Thema *IT-Governance* verwiesen, vgl. z.B. Weill & Ross (2004), S. 8 oder Grembergen & Haes (2009).
[158] Einen weiteren Vergleich von Rahmenwerken und hierauf aufsetzende Empfehlungen zur Information Security Governance (ISG) im Kontext von Cloud Computing zeigen Rebollo et al. (2012).

stünde der Effizienz, jedoch insbesondere der Sicherheit von CC erheblich entgegen („…management costs and risks might even outweigh the benefits…", Janssen & Joha (2011), S. 10). Daher stellen diese Punkte ein Risiko und *Perceived Barrier* dar.

Network Risk

Obwohl *Network Risk* bei ENISA (2009) oder CSA (2010) als Teil technischen Sicherheitsrisiken beschrieben wird, soll aufgrund der relativ häufigen expliziten Nennung dieser Punkt als eigene *Perceived Barrier* gelten. Drei Netzwerk-Risiken sind zu unterscheiden: der gänzliche Ausfall der Datenübertragung, eine Übertragungsverzögerung sowie ein Sicherheitsangriff während der Übermittlung. Letzteres, genannt *Data Transit Risk*, kann vorliegen, sollte ein Angreifer die Datenübertragung abhören und die Daten abgreifen oder die Identität eines fremden Senders vortäuschen, um in dessen Namen dem vertrauensvollen Empfänger geänderte Daten oder Schadsoftware zuzusenden (Troshani et al. 2011, Brender & Markow 2013, Bhadauria & Sanyal 2012). Als Mitigation dient nur ausreichende Verschlüsselung in geforderter Härte bezogen auf die Sensibilität der Daten.

Hinsichtlich der Verzögerung der Übertragung wurde bereits in Kapitel 2.1.4 zum Entscheidungsprozess über die für CC geeigneten Anwendungen das Problem mit Latenzzeiten diskutiert. Etwa wird die CC-Auslagerung von Anwendungen mit Echtzeitbetrieb wie beim Wertpapierhandel oder von Datenbanken im Umfang von Terrabytes nicht empfohlen (Leavitt 2009, Zachmann 2012). Für die sonstige ausgelagerte IT sollte die geforderte Netzwerk-Kapazität für den Regelbetrieb berechnet und für Skalierungen antizipiert werden. Diese Bandbreiten und SLAs seien vertraglich ebenso zu fixieren wie die Verfügbarkeit von den anderen CC-Services, z.B. der Verfügbarkeit von Speicher und CPUs (Clemons & Chen 2010)[159]. Zum vollständigen Zugangsabbruch können unzählige technische Probleme führen wie Fehlkonfigurationen, unzureichende Redundanzen, Angriffe von Hackern, Naturkatastrophen als auch minderprofessionelle Backup und DR-Lösungen (siehe S. 142) (ENISA 2009). Obwohl die ENISA[160] (ebd.) die Eintrittswahrscheinlichkeit für etwaige Risiken als niedrig bis mittel einstuft, ist sie deutlich in der Aussage, dass der Eintrittsfall, vor allem bei langer Behebungszeit hohe negative Auswirkungen für den Kunden hätte.

---

[159] Armbrust et al. (2009) präsentieren Rechenbeispiele über verschiedene Szenarien (S. 16f).
[160] Abkz. für European Network and Information Security Agency.

Malicious Insider

Dieses erwartete Risiko ist ein explizit genannter Unterpunkt der *Security Concerns*. ENISA (2009) definiert *Malicious Insider* wie folgt:

> „The risk of an insider in the cloud provider, to do malicious activities, which may impact the confidentiality, integrity and availability of data" (S. 36) und TROSHANI ET AL. (2011) ergänzen "potentially leading to economic loss, diminished customer trust, and damaged organisational reputation" (S. 21).

Potenzielle *Malicious Insider* sind Mitarbeiter beim CC-Anbieter, die mit Absicht Manipulationen durchführen oder Spionage betreiben, da ihren rollenbedingt umfangreiche Rechte gewährt werden, z.B. Administratoren, IT-Sicherheits-experten, Systemprüfer oder Forensiker (Troshani et al. 2011, Ardelt et al. 2011). Ein zweites Risiko unter dem Begriff *Malicious Insider* tritt ein, falls ein CC-Anbieter Kundendaten entgegen den Vertragsvereinbarung zum seinem Vorteil fremdverwendet, z.B. für Marktanalysen oder Werbezwecke und damit den Kunden direkt oder indirekt schädigt (Clemons & Chen 2011, S. 4). Neben Gefahren innerhalb des Anbieters könnten sich auch Hacker Zugriff zu Administratorrechten verschaffen.

Die Cloud Security Alliance verweist zur Risikoreduzierung auf das *Least Privilege Principle*, wonach einem Individuum oder Prozess nur jene Rechte so kurz wie möglich zugewiesen werden sollen, wie für die Ausführung der Operation notwendig sind, wobei gleichzeitig keine Paralleloperationen mit entsprechenden Zusatzrechten gewährt werden (CSA 2011, S. 105). Darüber hinaus seien Kunden gut beraten, über die Administratoren beim Anbieter persönliche Informationen anzufragen und direkten Kontakt zu pflegen (Brender & Markow 2013, Heiser & Nicolett 2008). Beide Empfehlungen sind in der Praxis kaum durchsetzbar, da große Anbieter wie Google, Microsoft oder Amazon an tausende Mitarbeiter einsetzen, um zentral Wartungsaufgaben an hunderten von Kunden durchzuführen.

3.2.3 Stand der Cloud Computing Adoptionsforschung

Ein zweites Ziel der Literaturrecherche war die Erhebung des Status Quo der quantitativ-empirischen Untersuchungen über die Adoption von CC. Die Motivation lag in der Gewinnung einer Erkenntnis, inwiefern umfangreiche und repräsentative Untersuchungen bereits durchgeführt wurden und hieraus generalisierbare Aussagen und kausale Zusammenhänge abgeleitet werden können, oder ob dieses eine Forschungslücke konstatiert. Als Ergebnis der Literaturrecherche wurden 34 wissenschaftliche Publikationen identifiziert, in welchen das Phänomen der Adoption von CC untersucht wurde. Hierbei waren vier Artikel konzeptioneller Natur, drei haben deskriptiv-statistische Auswertungen präsentiert, acht stellen Ergebnisse qualitativ-empirischer Untersuchung vor und bei vier Artikeln wurden andere Methoden angewendet. Bei drei der quantitativ-empirischen Studien war die Stichprobe sehr klein (<40), ebenso wurde in vier Artikeln nur ein Modell erarbeitet und das Vorhaben einer Hauptuntersuchung angekündigt (Tabelle 3.6). Es verbleiben acht durch multivariate Analysen zur Untersuchung von Kausalzusammenhängen durchgeführte, von der Stichprobe her hochzahlige und damit anzunehmend repräsentative Studien. Die Modelle werden im Folgenden skizziert, die Forschungsresultate vorgestellt und das methodische Vorgehen sowie die Ergebnisse erörtert.

Tabelle 3.6: Forschung über die Adoption von Cloud Computing

Paradigma	Quelle
Konzep-tionell	Jain & Bhardwaj 2010, Kaisler et al. 2012, Khajeh-Hosseini 2010, Stoica & Mircea 2010
Qualitativ-empirisch	Conboy et al. 2011, Kamal et al. 2011, Lin & Chen 2010. Saripalli & Pingali 2011, Sultan 2011, Troshani et al. 2011, Winkler & Günther 2012, Yang & Hsu 2012
Deskriptiv-statistisch	Petruch et al. 2011, Repschläger et al. 2012b, Shimba 201
Quantitativ-empirisch	• Geplant: Nuseibeh 2011, Son & Lee 2011a, Truong 2011, Wu 2011b • Geringe Stichprobe (Bernius & Krönung 2012, Rawal 2011, Wu 2011)
Weitere Methoden	Durowoju et al. 2011 (Mathematische Modellierung), Koehler et al. 2010 (Conjoint Analyse), Luoma & Nyberg 2011 (Szenarien), Son & Lee 2011b (Event-Studie/Messung von Ereignissen auf Finanzmarktkennzahlen)
Auswahl	Benlian et al. 2009, Benlian & Hess 2011, Chebrolu 2011, Li & Chang 2012, Low et al. 2011, Opitz et al. 2012, Ratten 2012, Saya et al. 2010, Wu 2011

LI & CHANG (2012) untersuchen die individuelle Akzeptanz von ÇC. Sie hinterfragen den Einfluss auf die Adoptionsintention über a) Bedenken der Sicherheit, Privatsphäre und des Vendor Lock-Ins, b) den Stellenwert von Anbieter-Reputation, Subjektiver Norm und Kontrolle als auch c) den Bestand von erworbenen Anwendungskenntnissen bei dessen Migration in die Cloud. Damit sollten persönliche Empfindungen wie auch externe Faktoren auf die Einstellung zu CC vergleichend analysiert werden. Die Stichprobe umfasst 222 Universitätsstudierende in Taiwan. Die Teilnehmer sollten zuerst einige Tätigkeiten in der cloud-basierten Office-Anwendung von Microsoft oder

Google entsprechend eigener Auswahl ausführen und basierend auf dieser Erfahrung eine Umfrage beantworten. Sämtliche erhobene Faktoren üben direkt oder indirekt einen Einfluss auf die Adoptionsintention aus. Hieraus zieht der Autor den Schluss, dass ein Einfluss von Referenzgruppen und Sponsoren für die individuelle Akzeptanz bestünde, was eine Erkenntnis für CC-Anbieter zwecks Vermarktung sei. Es bleibt offen, ob es Unterschiede zwischen der Microsoft-Gruppe oder der Google-Gruppe gibt. Zudem ist anzuzweifeln, dass die Erkenntnisse durch die Einschränkung auf ein Szenario und Experiment generalisierbar sind.

OPITZ ET AL. (2012) wenden ein modifiziertes TAM2-Modell an, welches Sie per konfirmatorischer Faktorenanalyse und binominaler logistischer Regression auswerten. Hierfür haben sie 100 Führungskräfte aus der Fach- wie IT-Abteilung befragt, vornehmlich aus Großunternehmen und ausschließlich in Deutschland. Die Auswertungen zeigen, dass insbesondere die Relevanz für die Arbeit (*Job Relevanz*) sowie eine gute Ergebniserzielung durch CC (*Result Demonstrability*) positiv auf den wahrgenommene Nutzen von CC (*Perceived Usefulness*) einwirken. Jene zeigt im Weiteren einen stark positiven Einfluss auf die Nutzungsintention (*Intention to Use*). Dieser besteht nicht für die Tatsache der leichten Bedienbarkeit (*Perceived Ease of Use*). Die Autoren bestätigen erneut das TAM-Modell und es ist zu begrüßen, dass Fach- und IT-Mitarbeiter befragt wurden. Leider erfolgt keine separierte Auswertung, ob sich die Ergebnisse und die Wahrnehmung über CC gruppenspezifisch unterscheiden. Sie stellen zudem die Behauptung auf, der Unterschied zwischen PrCC und PuCC könne ignoriert werden (Siehe Kapitel 2.1.2), und geben den Teilnehmer nur eine generische Definition über allgemeine CC-Charakteristika anhand.

RATTEN (2012) untersucht, ob die ethische Orientierung, unternehmerische Denkweise, Lernbereitschaft, Marketing-Gläubigkeit und Ergebniserwartung die CC-Adoptionsbereitschaft von Individuen beeinflusst. Persönlich befragt wurden 207 US-Bürger der Generation Y (geboren 1977-1993) aufgrund der vom Autor erklärten Annahme einer vorhandenen technischen Affinität dieser Altersgruppe. Zudem sieht der Autor durch die Eingrenzung auf eine Generation eine Homogenität in Bezug auf Meinungen zu gesellschaftlichen Überzeugungen und moralischen Vorstellungen gegeben. Neben der Marketing-Gläubigkeit zeigen vor allem Personen mit einer unethischen Einstellung eine höhere Affinität zu CC. Der Autor argumentiert, jene Nutzer würden sich in ihrer digitalen Identität sicher fühlen und weniger vor unethischen Praktiken wie Raubkopierer, Zugriff auf schützenswerte Informationen oder Wett-

3.2 Benefits & Barriers von Cloud Computing

bewerbsverzerrung zurückschrecken. Unternehmen, die planen, CC einzuführen, sollten demzufolge Aufklärungskampagnen starten, um einen verantwortungsvollen CC-Umgang zu etablieren. Die organisationale Adoption untersucht RATTEN (2012) nicht.

BENLIAN ET AL. (2009) haben den individuell empfunden Einfluss von Faktoren aus der Transaktionskostentheorie (Spezifität, Unsicherheit), des ressourcenbasierten Ansatzes (Strategischer Wert, Nicht-Imitierbarkeit) und der *Theory of Reasoned Action* (Einstellung, Subjektive Norm) auf den Grad der Adoption von SaaS untersucht. Dabei wurde die Befragung Anwendungstyp-spezifisch durchgeführt, z.b. fokussiert auf Kollaborations-, Office-, ERP- oder CRM-Anwendungen. Je Typ musste ein separater Fragebogen ausgefüllt werden. Die Stichprobe umfasste 347 IT-Manager aus Deutschland. Über sämtliche Anwendungstypen hinweg zeigten nur die Faktoren der *Theory of Reasoned Action* signifikante positive Effekte, dabei die Subjektive Norm jedoch nur indirekt über dessen Bestärkung der Einstellung gegenüber SaaS-Adoption. Die Ergebnisse zwischen KMU und Großunternehmen waren nicht signifikant abweichend. Für die Anwendungstyp-spezifische Auswertung fassen die Autoren zusammen, dass „die Transaktionskostentheorie in der Vorhersage der SaaS-Adoption in Anwendungsbereichen mit geringer Spezifität und Adoptionsunsicherheit sowie geringem strategischen Wert (z. B. Office, aber auch Kollaboration) dominiert" (S. 423f). Der ressourcenbasierte Ansatz erkläre besser jene Anwendungen mit höherer Spezifität oder strategischem Wert, z.B. ERP. Das differenzierende Vorgehen mit dem Fokus auf SaaS, der separaten Analyse je Anwendungstyp sowie dem Vergleich zwischen KMU und großen Unternehmen ist bei dieser Studie als positiv zu bewerten. Ebenso war diese Studie die einzige, in welcher die tatsächliche Assimilation in Zusammenhang mit einem Kausalmodell erhoben wurde.

Die vorgestellten vier Studien fokussierten auf die Untersuchung der individuellen Akzeptanz von CC. Als Zwischenergebnis lässt sich festhalten, dass ein wahrgenommener Nutzen wichtig für die Adoptionsintention ist, jedoch auch Bedenken, z.B. bzgl. Sicherheit oder Vendor Lock-In bedeutsam sind. Zudem eignen sich mehrere Theorien dazu, die Adoption von CC zu erklären. Die weiteren vier Studien stellen die organisationale[161] Adoption von CC in den Mittelpunkt der Untersuchung.

---

[161] In dieser Arbeit sind Unternehmen das Forschungsobjekt.

CHEBROLU (2011) messen die Adoption von CC als exogene Variable zur Steigerung von *IT Effectiveness* (Qualität der IT-Services, Nutzerzufriedenheit, IT-Nützlichkeit) in Interaktion mit der zweiten exogenen Variable *Strategic Alignment* (Abgleich und gemeinsame strategische Planung von Geschäfts- & IT-Zielen). Hierzu wurden final 115 Fragebögen von CIOs per Stufenweiser-Regressionsanalyse ausgewertet. Details zu demografischen Daten der Teilnehmer oder die durch sie repräsentierten Unternehmen wurden nicht publiziert. Im Ergebnis korrelieren die unabhängigen Variablen nicht signifikant miteinander und *CC-Adoption* korrelierte stärker als *Strategic Alignment* mit *IT-Effectiveness*. Der Autor stellt heraus, dass er ein Modell und dessen Operationalisierung von NESS (2005) wiederverwendet und anstatt *IT-Flexibility* die CC-Adoption erhebt. Zudem verwende er das gleiche Messmodell an CC angepasster Form. Er rechtfertigt dieses Vorgehen damit, dass er CC als stellvertretend für *IT-Flexibility* erachte. Daher wurde *CC-Adoption* ausschließlich über die drei technischen Eigenschaften Konnektivität, Modularität und Kompatibilität gemessen.

BENLIAN & HESS (2011) haben die zwei Faktoren *Perceived Risks* (Performance-, Economic-, Strategic-, Security-, Managerial-Risks) und *Perceived Opportunities* (Cost advantages, Strategic Flexibility, Focus on Core Competencies, Access to specialized Resources, Quality Improvements) auf *Intention to increase the level of SaaS adoption* untersucht. Hierfür wurden Fragebögen von 349 Senior IT-Executives deutscher Unternehmen kausalanalytisch ausgewertet. Bis auf *Managerial Risks* trugen alle Risiko-Faktoren signifikant zum *Perceived Risk* bei, am deutlichsten *Security Risks*. *Cost Advantages* war der Studie zufolge neben *Quality Improvements* und *Strategic Flexibility* der stärkste Einflussfaktor auf *Perceived Opportunities*. Hinsichtlich der Auswirkung auf die Adoptionsintention zeigten diese *Perceived Opportunities* einen mehr als doppelt so hohen positiven Einfluss als jener negative Effekt der *Perceived Risks*. Ergänzend wurde ein Vergleich Adoptoren und Nicht-Adoptoren durchgeführt. Etwa sehen Nicht-Adopter ein deutliches *Economic Risk* bestehen, betonen allerdings auch mögliche *Quality Improvements* als *Perceived Opportunity*.

LOW ET AL. (2011) wenden das TOE-Modell zur Strukturierung hypothetischer CC-Adoptionstreibern an. Für die Abbildung der Dimension „Technology" dienen drei der DOI-originären Faktoren: *Relative Advantage, Complexity* und *Compatibility*. „Organisation" wird repräsentiert durch *Top Management Support, Firm Size* und *Technology Readiness* und aus der Perspektive "Environment" finden *Competitive Pressure* und *Trading Partner Pressure* Einzug in das in Summe acht Faktoren umfassende Modell.

3.2 Benefits & Barriers von Cloud Computing

111 beantwortete Email-Fragebögen von „IT staff or managers of the high-tech firms" (S. 1014) in Taiwan wurden untersucht und das Modell mit einer logistischen Regression statistisch ausgewertet. Nur die „Environment"-Faktoren, *Top Management Support* und *Firm Size* zeigten einen positiven Effekt. Darüber, dass *Relative Advantage* eine negative Kausalität zur Adoption zeigte, äußern sich die Autoren verwundert und nennen das Ergebnis „inconsistent with previous studies" (S. 1018). Sie vermuten, dass trotz der wahrgenommenen relativen Vorteile von CC gegenüber den existierenden Systemen eventuell mangelndes Know-How oder hohe Wechselkosten – beides wurde in der Studie nicht analysiert – den Vorteil negativ überkompensieren könnten. Die Studie gibt Aufschluss darüber, dass auch organisationale[162] und externe Faktoren einen erheblichen Einfluss auf die CC-Adoption ausüben können, offensichtlich war jedoch der Umfang der erhobenen Faktoren nicht ausreichend, und somit hat sich in Bezug auf *Relative Advantage* ein den Erwartungen und Hypothesen deutlich widersprüchliches Ergebnis gezeigt. Ebenso stellt der Regionen-, IT-Personal- und Branchenfokus eine Limitation der Studie dar.

Das Forschungsmodell von SAYA ET AL. (2010) folgt einer dreistufigen Kausalkette. Das Vorhandensein institutioneller Einflüsse (Formale Zwänge, mimetisches Verhalten und normativer Druck) wirkt positiv auf technologische Charakteristika von CC ein (Accessability, Scalability, Cost Effectiveness, Security), woraus Optionen für zukünftige IT-Investitions-entscheidungen (Wachstum, Rückbau, Verzögerung) resultieren. Diese Optionen beeinflussen dann wiederum the *Intention to Adopt Cloud Computing*. 101 Fragebögen von IT-Führungskräften wurden mit SmartPLS ausgewertet und 9 von 13 Hypothesen entlang der Kausalkette validiert. Dieses Ergebnis ist ein Indiz dafür, dass sowohl die Wahrnehmung der erwähnten Charakteristika von CC als auch institutionelle Einflüsse ein Prädiktor der Adoption seien können. Eine gleichzeitige Aufnahme des tatsächlichen Adoptionsgrades, der Assimilation von CC erfolgt nicht, zudem wurde keine Spezifizierung des Liefer- oder Servicemodells vorgenommen.

Die vorgestellten acht Studien geben einen Hinweis auf potenzielle Assimilationsprädiktoren oder -hürden, die von Nutzen für die weitere Entwicklung des Forschungsmodells und die Selektion relevanter Variablen sind (Tabelle 3.7). Die benannten Limitationen bestätigen die hypothetisierten Forschungslücken aus Kapitel 2.3 bzgl. des

---

[162] In dieser Arbeit sind Unternehmen das Forschungsobjekt.

Status Quo kausalanalytischer Untersuchungen zur Adoption von CC. Bislang sind keine umfangreichen länder- und industrieübergreifenden Studien durchgeführt worden. Studien, die auf das Liefermodell des Public CC und dessen Besonderheiten fokussieren, fehlen. Zudem fand stets eine Beschränkung auf eine Zielgruppe statt, zumeist IT-Personal. Eine zusätzliche Ansprache von Mitarbeitern der Fachseite mit dem Zweck des Vergleiches der Wahrnehmung blieb bislang aus. Ferner sei angemerkt, dass bis auf BENLIAN ET AL. (2009) die tatsächliche Assimilation von CC, bei jener Studie zumindest für SaaS und je Anwendungstyp erfragt, noch nicht erhoben wurde.

Tabelle 3.7: Prädiktoren der Adoption von Cloud Computing

	Positive Auswirkung	Negative Auswirkung
Individuelle Adoption	• Einstellung gegenüber CC • Image • Job Relevance • Marketing-Gläubigkeit • Perceived Behavioral Control • Perceived Ease of Use • Perceived Usefulness • Result Demonstrability • Skill Transfer • Subjective Norm • Vendor Reputation	• Anwendungsspezifität • Ethische Einstellung • Nicht-Imitierbarkeit • Perceived Risks • Privacy Concerns • Security Concerns • Strategischer Wert • Unsicherheit • Vendor Lock-In
Organisationale Adoption[163]	• Accessability • Competitive Pressure • Cost Effectiveness • Organisation Size • Institutional Influences • Quality Improvements • Real Options • Scalability • Top Management Support • Trading Partner Power	• Economic Risks • Lack of Security • Performance Risks • Security Risks • Strategic Risks

Die vorliegende Arbeit leistet daher einen Forschungsbeitrag zur Adoptionsforschung im Umfeld des PuCC, hat einen internationalen Fokus und erhebt den Adoptionsgrad nach Servicemodell und Prozessunterstützung. Zudem sollen die Fach- und IT-Seite vergleichend befragt werden. Die Literaturrecherche zeigt auch, dass es bislang an empirischen Untersuchungen über den IT-Wertbeitrag von CC mangelt. Nur SON & LEE (2011b) haben in einer Event-Studie den Einfluss von 183 Unternehmensankün-

---

[163] In dieser Arbeit sind Unternehmen das Forschungsobjekt

digen für die CC-Adoption auf die Entwicklung dessen Aktienkurse erforscht und konnten eine signifikant abnormale positive Wertentwicklung feststellen. Auch hier erweitert diese Arbeit die Forschung durch eine kausaltheoretische Untersuchung des Einflusses von CC-Adoption auf ITDC und der direkt oder indirekt erwarteten Steigerung der Wettbewerbsfähigkeit von Unternehmen.

3.3 IT-Assimilationsfaktoren

Ziel der dritten Literaturrecherche war die Identifizierung und deskriptiv-statistische Erhebung jener Faktoren, welchen in bisherigen Studien ein hoch signifikanter Einfluss auf die Adoption von IT nachgewiesen werden konnte. Dieser Pool an Faktoren wird im Anschluss vorselektiert hinsichtlich der Relevanz für CC und durch Experten beurteilt, ob eine Aufnahme in das Forschungsmodell sinnvoll ist. Die finalen Faktoren werden schlussendlich dahingehend empirisch untersucht, ob und in welcher Größenordnung sie einen prädiktiven oder restriktiven Effekt auf die Assimilation von PuCC ausüben. Der Auswahlprozess beginnt demnach im ersten Schritt mit einer ausschließlich mengenmäßigen, objektiven und neutralen Erhebung. Der zweite Schritt ist nur noch bedingt objektiv, da die weitere Auswahl sachlogischen Begründungen folgt. Die Experteninterviews sind letztendlich dem qualitativen Forschungsparadigma zuzuordnen, wobei die individuellen Meinungen der Experten im Interesse stehen. Da sowohl die theoretische Abhandlung im Grundlagenkapitel über IT-Adoptionsforschung als auch die bisherigen Ausführungen zu CC erkennen ließen, dass neben den technologischen Charakteristika auch organisationale und externe Faktoren einen potenziellen Einfluss auf die Adoption ausüben, wird hier der Strukturierung nach dem TOE-Modell gefolgt. Aufgrund der Popularität der IT-Adoptionsforschung konnten die Schlagworte in den Datenbanken direkt ausgewählt werden, z.B. *Diffusion of Innovation*, *Innovation Diffusion*, und *Diffusion Theory* in Elsevier ScienceDirect, oder *Diffusion of Innovations* und *Innovation Adoption* in EBSCO Business Source Complete. Ergänzend wurde nach dem*Technology-Organisation-Environment* gesucht. Bzgl. der Kategorien wurde ein Filter auf *Computer Science, Information Technology, Information Systems* und *Business* gesetzt. Nach manueller Sichtung des Abstracts und Ausschluss von Dubletten wurden 56 Beiträge beibehalten. Durch die Analyse der Rückwärtszitation wurden weitere 35 Beiträge, davon 27 ab dem Jahr 2000 identifiziert und zum Gesamtbestand von final 91 Artikeln hinzugefügt.

Tabelle 3.8: TOE-Assimilationsfaktoren

Dimension	Faktoren	N	Sig [%]	Relev.	Modell
Technological Factors	Perceived Benefits	16	91	Ja	Ja
	Perceived Barriers	6	100	Ja	Ja
	Relative Advantage	17	73	Ja	s.o.
	Compatibility	26	57	Nein	Nein
	Complexity	21	67	Ja	s.o.
	Costs	9	83	Ja	s.o.
	Security	8	67	Ja	s.o.
	Trialability	6	33	Ja	s.o.
	Observability	3	0	Ja	s.o.
Organisational Factors	Organisation Size	22	78	Ja	Expert
	IT Expertise	20	69	Ja	Expert
	Top Management Support	20	77	Ja	Expert
	Financial Resources / Slack	9	67	Ja	Expert
	Centralisation	7	0	Ja	Expert
	IS Infrastructure	7	83	Nein	Nein
	Formalisation	4	0	Nein	Nein
Environmental Factors	Competitive Pressure	27	80	Ja	Expert
	Partner Readiness	9	83	Nein	Nein
	Government Support	9	50	Ja	Expert
	Vendor Support	7	0	Ja	Expert
	Legislation Barriers	7	67	Ja	Expert
	Institutional Pressure	6	75	Ja	Expert
	Environmental Uncertainty	3	50	Ja	Expert

• N = Häufigkeit / Modell = Aufnahme in das Forschungsmodell oder Entscheidung durch Experten.
• Sig. [%] (Signifikanz): Prozentzahl jener Studien, bei denen eine Hypothese über diesen Faktor gemessen und als signifikant bewertet wurde. Dies ist nicht als Prozent von N zu interpretieren.
• Relev. (Relevanz): Sachlogische und theoriebasierte Überlegung, ob der jeweilige Faktor auf die Adoption von Cloud Computing einen potenziell signifikanten Einfluss ausüben könnte.

Die meisten Beiträge entstammen den Journals *MIS Quarterly (6)* und *Information & Management (5)*. Bei den Konferenzbeiträgen führend waren die *ICIS* (4), *ECIS* (3) und *DIGIT* (3). Mit 19 Artikeln aus dem Jahr 2011 war dieses dominierend. 37 Beiträge haben sich auf das TOE-Modell bezogen, gegenüber 18 Beiträgen, die sich mit DOI auseinandersetzen und 26 Artikeln mit rein theoretischem und konzeptionellem Inhalt. Es wurden bei 43 der 91 Artikel Forschungsergebnisse aus quantitativ-empirischen Umfragen vorgestellt, welche mit den folgenden multivariaten Verfahren berechnet wurden: PLS (17), Logistische Regression (10), Lineare Regression (8), AMOS (6), Konfirmatorische Faktorenanalyse (1) und Hauptkomponentenanalyse (1). Bei siehen Studien wurde die Adoption in Stufen gemäß der theoretischen Orientierung an IT-Assimilationsprozessen gemessen. Unter den adoptierten Technologien wurden ERP, RFID und EDI wesentlich häufiger untersucht als E-Business, Open Systems, SOA oder CC. Über die 91 Artikel wurde notiert: Welche Faktoren sind benannt und wurden empirisch als signifikant bestätigt? Hatte jeder einen positiven oder negativen Einfluss? Falls kategorisiert, stand er im technologischen, organisationalen oder externen (environmental) Kontext? Tabelle 3.8 zeigt das aggregierte Ergebnis der Auswertung.

3.3.1 Technological Factors

An dieser Stelle wird auf die bereits im Grundlagenkapitel vorgestellten Faktoren des technologischen Kontexts verwiesen. Dort wurde die Begründung dargelegt, für das Forschungsmodell den Ansatz der *Perceived Benefits* und *Perceived Barriers* zu wählen, da dieser die Aspekte der originären DOI-Faktoren abdeckt und die Untersuchung beider Einflussrichtung von Faktoren auf PuCC ermöglicht (Cua 2012, Grover 1993, Chwelos et al. 2001). Die Vorselektion an Indikatoren als Diskussionsgrundlage der Experteninterviews basiert auf der Literaturrecherche über CC (S. 134).

3.3.2 Organisational Factors

Diese Faktorengruppe stellt die internen Charakteristika des Unternehmens dar, welche das Adoptionsverhalten beeinflussen können (Tornatzky & Fleischer 1990)[164]. Im Folgenden werden die sieben Faktoren besprochen, die am häufigsten genannt wurden und einen relevanten Effekt erzielt haben. Zudem wird erläutert, warum und ob dieser Faktor auch für CC und die Aufnahme in das Forschungsmodell von Interesse ist.

Organisation Size (SIZ)

Organisational Size oder *Firm Size* ist einer der am häufigsten untersuchten und zumeist signifikant wirkenden Faktoren auf IT-Adoption (Jeyaraj et al. 2006, Hameed et al. 2012). Über die Wirkrichtung von SIZ als CC-Prädiktor bestehen jedoch konträre Positionen. Laut vielen Autoren können vor allem KMU vom PuCC profitieren, da sie weniger IT-Kapital aufbringen müssen als Großunternehmen und in frühen Stadien mit schwierig prognostizierbarem Wachstum skalierfähiger sind (Misra & Mondal 2010, Schikora 2012, Kern et al. 2002). Zudem sei anzunehmen, dass die Hinderungsgründe durch Compliance-, Governance- und Sicherheitsvorgaben in kleineren Unternehmen schneller lösbar scheinen (Marston et al. 2011). Bestätigt wurde dies auch durch die bereits referenzierte StartUp-Studie (S. 60), wonach die Bereitschaft für PuCC bei

---

[164] Siehe auch Hameed et al. (2012) für eine Meta-Analyse über Organisational Characteristics.

eben diesen deutlich positiver ausfiel (Stankow et al. 2012). LEE & XIA (2006) zufolge seien kleinere Unternehmen aufgrund ihrer höheren Flexibilität, Agilität und Kollaborationsfähigkeit innovativer. Dagegen postulieren LOW & CHEN (2011), dass größere Unternehmen den strategischen und langfristigen Wert von CC eher erkennen würden und stärker hierin investierten. Außerdem stelle nach ROGERS (2003) und GREENHALGH ET AL. (2004) die Unternehmensgröße ein Indiz für *Organisational Innovativeness* dar, begründet durch einen größeren Diversifizierungsgrad und mehr freie Ressourcen, was für einen positiv gerichteten Effekt spräche. Dieser Punkt wird auch gestützt durch das Argument, dass größere Unternehmen risikofreudiger seien, da kostenintensive Investitionen bei Nicht-Erfolg reversibler sind (Wang & Wang 2010). BENLIAN ET AL. (2009) haben SIZ untersucht im Kontext von SaaS-Adoption, konnten jedoch keine signifikanten Unterschiede im Antwortverhalten zwischen KMU und Großunternehmen nachweisen. Zusammengefasst wird SIZ in dieser Arbeit als explorativ zu ergründender Faktor in das Modell aufgenommen, ohne eine gerichtete Hypothese formulieren zu können, da beide Sichten plausibel sind.

IT Expertise (ITE)

IT oder IS Expertise bezeichnet das Wissen um IT und technische Fähigkeiten der unternehmensinternen Mitarbeiter. Je höher diese Kompetenz sowohl bei der IT-Abteilung als auch bei Nicht-IT'lern ausgeprägt ist (Cao et al. 2012), desto assimilationsförderlicher sei das Unternehmen (Zhu et al. 2006, Ifinedo 2011a). Dieses wird dadurch begründet, dass kompetente Mitarbeiter weitere Möglichkeiten der Technologienutzung erarbeiten und ein ganzheitliches Verständnis über die Technologie entwickeln (ebd.). ITE ist zuweilen eingebunden in die Variable *IT Sophistication* (Chwelos et al. 2001), welche *Top Management Support* kombiniert mit *IT Expertise* misst. *IT Competence* (Cao et al. 2012, Al-Somali et al. 2010) als Variable aus ITE und dem Vorhandensein von IT-Infrastruktur-Ressourcen als Basis für die Innovation wird ebenfalls häufig untersucht. CHONG & CHAN (2012) haben am Beispiel der Technologie RFID gezeigt, dass *Technological Knowledge* der stärkste Prädiktor über sämtliche Assimilationsstufen war. Gerade in späteren Phasen des IT-Assimilations-prozesses, der Implementierung und Routinierung, wirkt eine hohe ITE positiv auf die Annahme und Umsetzung der adoptierten Technologie. Im Gegenzug dazu stellt das Fehlen von Kompetenzen und Training eine Adoptionshürde dar (Ifinedo 2011a). Dieses bestätigt im Kontext von CC ein Forschungsergebnis von LIN & CHEN (2012), das aus 19 Interviews mit IT Experten resultiert. Demnach war *Cost of Learning* eine der Hauptsorgen von Managern bei der Entscheidung um die Einführung von CC.

Top Management Support (TMS)
Dieser Faktor bezieht sich auf "the extent to which corporate executives provide long term strategic vision and allocate necessary resources for technology adoption" (Wu & Subramaniam 2009, S. 6). TMS ist ein konsistent positiv gerichteter Faktor auf die IT-Adoption (Premkumar & Ramamurthy 1995). Wenn die Geschäftsleitung signalisiert und kommuniziert, eine Innovation zu vertreten, sich für dessen Realisierung aktiv einsetzt, konsequent Anreize etabliert, Ressourcen allokalisiert und die Bereitschaft zeigt, etwaig bestehende Risiken zu akzeptieren, wird hierdurch eine positive und innovationsförderliche Atmosphäre kreiert und die Partizipation an der Adoption und Implementierung gesteigert (Wang & Wang 2010, Grover 1993). LIANG ET AL. (2007) haben den Mediator-Effekt untersucht zwischen institutionellen Kräften und ERP-Assimilation und bestätigen TMS „as an organisation's primary human interface to the external environment" (S. 60)[165]. Wichtig sei dem Forschungsergebnis nach, dass die Führungskräfte auch tatsächlich an der Innovationsinitiative selbst partizipieren. THONG & YAP (1996) haben für KMU ermittelt, dass ein Mangel an TMS nur leicht durch externe Kompetenzen kompensiert werden kann. Im Kontext von CC betonen LOW & CHEN (2011) die Wichtigkeit von TMS, da es während der Implementierung zu Prozessanpassungen und Ressourcenverlagerungen kommen könnte. Ihrer Studie nach ist TMS ein signifikanter Diskriminator zwischen Adopters und Non-Adopters.

Financial Resources (FIN)
FIR entsprechen dem für die Investition in die Innovation verfügbaren Kapital (Wu & Subramaniam 2009). Als Äquivalent werden auch die Begriffe *Financial Readiness* (Iacovou et al. 1995) oder *Slack Resources* [166] verwendet (Greenhalgh 2004), wobei letzteres zumeist neben monetären Ressourcen auch *IT staff* enthält (Chau & Tam 2000, Ven & Verelst 2012). Außerdem werden FIR auch zusammen mit *IT Expertise* als *IT Sophistication* gemessen. Wichtig bei der Operationalisierung dieser Variable ist

---
[165] Die Autoren schreiben weiter: „[...] top management members are the primary human agency that translates external influences into managerial actions such as changing organisational structures and establishing policies based on their perceptions and beliefs of institutional practices." (S. 63).
[166] Deutsch: Überschuss.

neben der Erhebung der verfügbaren Ressourcen auch das Einholen der Auskunft, ob diese tatsächlich für die jeweilige Innovation bereitgestellt werden (Chwelos et al. 2001). Das Fehlen von ausreichenden Finanzmitteln oder dessen Allokation ist eine Assimilationshürde, die vor allem für KMU besteht und einen Wettbewerbsnachteil darstellen kann (Ifinedo 2011a). CC kann diesen Nachteil verringern, da KMU weniger Kapitel für die Erstinvestition in IT-Infrastruktur investieren müssen. Ist bereits in IT investiert, verläuft der Weg in die Cloud über potenziell langjährige und ressourcenintensive Transformationsprojekte. Parallel zu den Lizenzkosten für die Cloud fallen dann zumeist noch die Abschreibungskosten für die bisherige Infrastruktur an. Grundsätzlich ist nicht anzunehmen, dass das Vorhandensein von FIR einen negativen Einfluss auf die CC-Adoption ausübt. Aus beiden Gründen ist daher die Hypothese positiv gerichtet zwischen dem Vorhandensein von FIR und der CC-Assimilation.

Centralisation (CEN)

Dieser Faktor gehört zu den acht Charakteristika der *Organisational Innovativeness* nach ROGERS (2003) und beschreibt den „Level of centralisation of decision making in organisations" (Hameed et al. 2012, S. 220). Die hohe Konzentration von Macht in Unternehmen auf einzelne Individuen gelte als innovationshinderlich, sei jedoch nach der Adoption für die Durchsetzung der Implementierung förderlicher (Rogers 2003). Tatsächlich hat sich dieser Faktor in den meisten Studien als weder direkt signifikant erwiesen für die Adoptionsentscheidung (Jeyaraj et al. 2006), noch als Moderator auf den Einfluss anderer Faktoren (Hameed et al. 2012) gezeigt. In Bezug auf CC und den Effekt von *Centralisation* stehen sich zwei Hypothesen gegenüber. Da CC ermöglicht, dass Geschäftseinheiten autark und ohne Befolgung des vorgeschriebenen Anforderungs-Prozesses, ihre IT-Services selbstständig beziehen, könnte Dezentralisierung ein Treiber der CC-Adoption sein. Dieser Punkt wurde schon im Rahmen der *Perceived Barriers*, genauer *Loss of Control* (S. 152) beschrieben (siehe Heier et al. 2012). Dem entgegenzuhalten ist, dass vor allem für die nicht geschäftskritischen und damit tendenziell zentralisierten und standardisierten Systeme die CC-Adoption in Frage käme (siehe S. 60). Folglich wäre eine stärkere Zentralisierung der Entscheidungsmacht für den Fortschritt der Assimilation förderlicher. Dass der Faktor aus mehreren Gründen keinen Einzug in das Modell erhalten wird, werden die Experteninterviews zeigen.

IS Infrastructure (ISI)

HAMEED ET AL. (2012) definieren IS Infrastructure als "availability of IT resources within the organisation for the adoption" (S. 220). Hochwertige Telekommunikationsnetzwerke, konsistente IT-Architekturen und einheitliche Entwicklungsstandards gepaart mit Nutzungserfahrung (siehe *IT Expertise*) stellen einen Prädiktor für IT-Adoption dar (Lee & Kim 2007). Dies wurde insbesondere für ERP- oder E-Business-Anwendungen bestätigt (Lin & Lin 2008, Pan & Jang 2008, Zhu et al. 2006). Wichtig sei, dass sich die zu adoptierende Innovation gut in die bestehende Infrastruktur einfüge und entweder von dieser profitiere oder jene eine notwendige Grundlage für den Erfolg der Innovation sei (Lee & Kim 2007). Dies ist bei PuCC gerade nicht der Fall, da die durch die Cloud bezogenen IT-Services eigenständige IT-Ressourcen darstellen, wenn jene auch integrierbar und interoperabel sein müssen. Daher wird diese Variable hier für das Modell gestrichen. Der Aspekt der Interoperabilität ist bereits bedacht unter dem gleichnamigen Faktor bei den *Perceived Barriers* (S. 150).

Formalisation (FOR)

Dieser Faktor wurde bereits bei den DOI-Faktoren nach ROGERS (2003) vorgestellt (S. 79) und ist ein Maß der Bürokratie, Stringenz von Normen und ob das Unternehmen regelgeleitet agiert und hierdurch innovationsförderndes und autarkes Handeln von Mitgliedern einschränkt. *Formalisation* hat sich in fast allen Studien als nicht signifikant erwiesen (Hameed et al. 2012, Jeyaraj et al. 2006), zudem ist ungeklärt, ob der Effekt eher positiv oder negativ zu hypothetisieren ist (Chau & Tam 1997). Da für die Assimilation von PuCC der Entscheidungsfall der *Authority Innovation-Decision* (S. 78) nach ROGERS (2003) vorliegt, wobei die Entscheidung zentral von der Geschäftsführung getroffen wird, wäre dieser Faktor ohnehin nur von untergeordnetem Interesse. Aus den genannten Gründen wird *Formlisation* nicht weiter thematisiert.

3.3.3 Environmental Factors

Die auch als *External Factors* bezeichneten Einflüsse der Unternehmensumwelt entstehen durch Forderungen oder Unterstützung von Handelspartnern, Abhängigkeiten in der Wertschöpfungskette und dem Wettbewerbsdruck (Tornatzky & Fleischer 1990). Ebenso werden die Auswirkungen von regulatorischen und gesetzlichen Bestimmung sowie das makroökonomische Umfeld mit in Betracht gezogen für die Entscheidungsfindung pro oder contra einer Innovation. Die sieben durch die Literaturrecherche als am einflussreichsten identifizierten *Environmental Factors* werden im Folgenden erklärt und eine Abschätzung bzgl. deren Einfluss auf CC getroffen. *Government Support* und *Legislation Barriers* stehen in einem thematischen Zusammenhang und werden zusammengefasst.

Competitive Pressure (COM)

Die Steigerung der Wettbewerbsfähigkeit von Unternehmen durch IT-Assimilation ist ein Leitthema der vorliegenden Arbeit (siehe Kapitel 1.1). *Competitive Pressure* ist die Sorge um Verlust der Wettbewerbsfähigkeit durch Nicht-Assimilation von Innovationen. Es ist einer der am häufigsten untersuchten Prädiktoren aus der Dimension der *Environmental Factors* und der effektstärkste Assimilationstreiber unter den *External Pressures* (Hameed et al. 2012, Iacovou et al. 1995). Unternehmen erhoffen sich durch einen technologischen Vorsprung, Richtlinien und Regelungen der Branche maßgeblich zu prägen (Zhu et al. 2006), neue Industriestrukturen zu schaffen (Porter & Millar 1985), von positiven Aktienkursentwicklungen durch die Adoptionsankündigung zu profitieren (Son & Lee 2011) oder bisherige Wettbewerbsnachteile jetzt zu kompensieren (Bradford & Florin 2003). Dies gelte nach PAN & JANG (2008) auch für PuCC. Die Größenordnung der Relevanz von COM hängt von vielen Faktoren ab, z.B. der Wettbewerbsintensität, Marktfragmentierung, Heterogenität, dem Preis- und Kostenniveau sowie auch der Bedeutung von Signalisierungseffekten durch die Kommunikation der IT-Adoption (Robertson & Gatignon 1986). Zu unterscheiden ist zwischen dem von direkten Wettbewerbern ausgehenden und durch das Unternehmen wahrgenommenen Handlungsdruck oder einem gefühlten Aufholbedarf bei einer IT-Innovation in der jeweiligen Branche, definiert als *Industry Pressure* (Chwelos et al. 2001, Kuan & Chau 2011). Letzteres können Industrieberichte oder Benchmarks hervorrufen. Beim Vergleich mit direkten Wettbewerbern sind ebenfalls Kunden- und Lieferantenmeinungen ein häufiges Indiz für einen etwaig technologischen Aufholbedarf. Tatsächlich wiegen *Competitive Pressure* bei branchenunabhängigen Innovationen deutlich stärker als *Industry Pressure* (ebd.). TEO ET AL. (2000) haben jedoch für den Fall von industriespezifischer IT, hier für Financial EDI Systeme gezeigt, dass ein signifikanter Einfluss von *Industry Pressure* auf die Adoptionsbereitschaft besteht.

Partner Readiness (PAR)

In Bezug auf die Adoption von E-Business-Anwendungen definieren ZHU ET AL. (2006) *Partner Readiness* als „as the degree to which trading partners, up and down the value chain, have the systems in place to conduct transactions on the Internet platform" (S. 605). Falls es für die Verwendung einer Technologie notwendig ist, dass Handelspartner, etwa Kunden und Zulieferer oder Kollaborationspartner im Wertschöpfungsprozess entweder die Technologie bloß besitzen, z.b. eine Schnittstelle oder gar von einer hohen Kompetenz in der Technologienutzung durch den Partner angewiesen sind, ist diese Variable ein Prädiktor für die Adoption (ebd., Low & Chen 2010). Dies ist erforderlich, falls die Innovation Teil eines technischen Ökosystems ist, welches von einem Partner betrieben wird. Wichtig ist für die Beurteilung der *Partner Readiness* auch dessen Lernbereitschaft, Vertrauenswürdigkeit und Reputation (Chwelos et al. 2001). Zudem können auch mehrere Partner, bzw. deren Kompetenz notwendig sein, um eine kritische Masse für die Verwendung einer Technologie zu erreichen. Neben der konkreten Abhängigkeit einer Adopter zu Partnern, sind Netzwerkeffekte generell für die IT-Adoption förderlich, da mit dieser Effekte der Standardisierung, Verfügbarkeit und Expertise einhergehen (Katz & Shapiro 1986).

Netzwerkeffekte sind auch für PuCC relevant. Diese äußern sich über den Preis und das Serviceangebot derart, dass durch Skaleneffekte mit steigender Kundenzahl die Preise sinken und die CC-Services attraktiver in der Beschaffung werden. Ebenso ist eine umfangreich vorhandene Expertise am Markt in Form von fachkundigen Mitarbeitern ebenfalls von Relevanz. Der spezielle Faktor *Partner Readiness* jedoch scheint weniger von Interesse für PuCC, da es sich hierbei nicht um eine dezentral je Unternehmen zu installierende Technologie handelt, welche zur Nutzung mit denen anderer Unternehmen zwingend zu verbinden ist. CC ist zuerst die Auslagerung der IT im Unternehmen in die Cloud und deren verbrauchsabhängiger Bezug. Ebenso ist für Kunden, z.B. beim Zugriff auf eine Verkaufsplattform, die das Unternehmen über einen SaaS-Service anbietet, das Erlebnis nicht anders als die normale Internetnutzung. Der wirklich relevante Punkt der Interoperabilität von CC mit anderen IT-Systemen, inhouse oder per Internetzugriff, wird bereits bei den *Perceived Barriers* analysiert. Daher wird *Partner Readiness* nicht in die mit den Experten zu diskutierenden Faktoren der *Environmental Factors* aufgenommen.

Government Support (GOV)
IFINEDO (2011a) definieren GOV als "the assistance provided by the authority to encourage the spread of IS innovations in businesses" (S. 738). Dieser Faktor entstammt

als *Government Regulation* dem TOE-Modell und sagt aus, dass Regierungen durch gesetzliche Vorgaben die Adoption von Innovationen fördern oder einschränken können. Einige Autoren verwenden synonym den Begriff *Government Pressure* zur Einordnung dieses Faktors in die Gruppe der *External Pressures* (Hsu et al. 2006, Hossain & Quaddus 2010). Das ebenfalls auf die staatliche Exekutive bezogene Adoptionskriterium der *Legislation Barriers* (siehe Kapitel 3.2.2) steht in Zusammenhang mit GOVm denn Regierungen können Unterstützung leisten, um jene Hürden ab- oder aufzubauen, etwa durch:

- Erlassen von als bisher tiefergreifenden Normen und Gesetzen zum Schutz geistigen Eigentums, zum Internethandel, zum Datenschutz, beim Verbraucherschutz, Vertragsrecht, sowie zur Beilegung von Streitfällen (Al-Somali et al. 2010, Europäische Kommission 2012).
- Stärken der Kollaboration mit befreundeten Regierungen, Vereinen, Bildungseinrichtungen und Industriepartnern (Gordon et al. 2010).
- Erhöhen der staatlichen Nachfrage nach CC-Diensten für öffentliche Verwaltungsaufgaben (Europäische Kommission 2012).
- Schaffen von monetären Anreizen durch Steuervergünstigungen, direkten Subventionen und Beteiligungen (Pan & Jang 2008, Zhu et al. 2006).
- Setzen von minimalen Markt- und Qualitätsstandards für CC-Anbieter
- Unterstützen der EU-weiten Zertifizierungsprogramme für vertrauenswürdige Cloud-Anbieter (Europäische Kommission 2012).
- Aufbau von Academic Clouds für die Wissenschaft (Ifinedo et al. 2011).
- Bereitstellen von kostenlosem Internetzugang für Bürger.
- Veröffentlichen von staatlich gesammelten Informationen, z.B. meteorologischen oder agrarwirtschaftlichen Daten zwecks freier Verwendung.
- Gründen von Industrieparks als IT-Cluster zur Bündelung von Kompetenzen und technologischer Infrastruktur (Pan & Jang 2008).
- Angebot und Übernahme von Schulungsmaßnahmen (Hsu et al. 2006).

Neben diesen zumeist legislativen Aufgaben der Regierung stellen ebenso die Informationspolitik von Wirtschaftsministerien und Handelskammern Weichen für die Assimilationsfreudigkeit von Unternehmen (Al-Somali et al. 2010). Der klaren Kommunikation einer strategischen Stoßrichtung und der Vermarktung von Visionen über Zukunftstechnologien kommt eine bedeutende Rolle zu. Ein Versäumnis wiederum sowohl des Verabschiedens von adäquaten Gesetzen und Etablierens einer länderüber-

3.3 IT-Assimilationsfaktoren

greifend Charter zu CC als auch eine verfehlte Kommunikationspolitik „may discourage the use of innovation" (Hsu et al. 2006, S. 19, Gibbs & Kraemer 2004). Dies gelte besonders für Entwicklungsländer, da GOV hier wesentlich relevanter sei als in Industriestaaten und Schwellenländern (Zhu et al. 2006).

Ein Vorbild dafür, dass Regierungen die Geschwindigkeit der Ausbreitung von Technologien maßgeblich fördern können sind die Länder Japan, Korea und Singapur (siehe Sonehara 2011, BSA 2013, Chandrasekaran & Kapoor 2011). Auch auf europäischer Ebene wurde im Jahr 2012 eine Kommission zur „Freisetzung des Cloud-Computing-Potenzials in Europa" in Kraft gesetzt (Europäische Kommission 2012). Die verabschiedeten Maßnahmen sollen „bis 2020 einen Nettonutzen von 2,5 Millionen Arbeitsplätzen in Europa schaffen und eine jährliche Steigerung des BIP der EU in Höhe von 160 Milliarden" (S.1) bewirken. Die Vizepräsidenten der Kommission plädieren für ein Aufbrechen der starren nationalen Systeme und den Aufbau eines sicheren europäischen Binnenmarkts für digitale und CC-basierte Geschäftsmodelle. Hierdurch solle den Risiken sowie Wirtschaftsspionage begegnet werden (ebd.). In Deutschland können zur Forschung mit dem Fokus auf CC-Sicherheit, speziell für die Entwicklung von Sicherheits-, Datenschutz- und Zugangstechnologien, Fördergelder beim Bundesministerium für Bildung und Forschung beantragt werden[167]. Zudem wurde mit *TrustedCloud* im Jahr 2010 ein Wettbewerb des Bundesministeriums für Wirtschaft und Technologie ausgeschrieben[168], um Forschung und Entwicklung zu fördern für innovative, sichere und rechtskonforme CC-Lösungen mit dem Fokus auf mittelständische Unternehmen. Von 116 eingereichten Projektvorschlägen wurden 14 akzeptiert und mit 50 Millionen Euro Fördervolumen bedacht. Die Business Software Alliance (BSA 2013) bewertet Deutschland in Ihrer *Cloud Computing Scorecard* im Bereich *Cloud Computing Policy Environment* weltweit auf Platz 4 vor Singapur und nach den USA (3.), Australien (2.) und Japan (deutlich auf Platz 1).

Zusammengefasst wird die Hypothese aufgestellt, dass GOV in Bezug auf Legislative und Kommunikationspolitik einen positiven Effekt auf die Adoptionsbereitschaft von CC für Unternehmen bewirkt.

---

[167] http://www.bmbf.de/foerderungen/18899.php.
[168] http://www.trusted-cloud.de, http://www.bmwi.de/DE/Service/Wettbewerbe.

Vendor Support (VEN)

Anbieter von IT-Lösungen können Käufern von hohem Nutzen sein, sowohl mit ihrem Produktwissen technischer Natur also auch mit ihrem Erfahrungsstand über etwaig auftretende Hürden unternehmensstruktureller Art während der Einführung (Ifinedo 2011a). Konkret liegt ein hoher VEN vor, falls der Anbieter Schulungen durchführt, Testsysteme demonstriert und den Zugang zu Austauschnetzwerken über das Produkt bereitstellt anstatt nur Produktmarketing zu betreiben und die Vorteile repetitiv zu kommunizieren (Fichman 2000). Ebenso zeichnet sich ein unterstützender Anbieter dadurch aus, dass er als Berater fungiert während der Einführung, die Qualität der Umsetzung überprüft und mit sämtlichen Stakeholdern gute Kundenbeziehungen aufbaut (Thong & Yap 1996). Neben dem gelieferten Support ist auch die Vermarktungsstrategie ex-ante ein ebenso gewichtiger Prädiktor der Adoption (Premkumar & Roberts 1995). Obwohl Unabhängigkeit und eine kritische Distanz des Anbieters gegenüber dessen eigenen Produkten nicht erwartet werden kann *(Lack of Independence*, ebd), zeigt sich VEN als einflussreich für die Adoption, gerade in den Anfangsphasen, als auch für den späteren Nutzungserfolg einer Innovation (Ramdani et al. 2009, Santos & Pfeiffer 1998). THONG & YAP (1996) haben KMU in Singapur befragt und ermittelt, dass *External IS Support* als äquivalente Variable zu VEN stärker auf *User Satisfaction, Organisational Impact* und *Overall IS Effectiveness* geladen hat als *Top Management Support*. Da CC-Migration ein komplexes Unterfangen ist und externe Unterstützung benötigt, ist VEN als Prädiktor anzunehmen (Ifinedo 2011a).

Institutional Pressure (INS)

Die Theorie des institutionellen Isomorphismus und der kollektiven Rationalität entstammt DIMAGGIO & POWELL (1983) und besagt, dass sich Unternehmen durch externe Einflüsse von Institutionen aneinander angleichen. Die Verfolgung dieses Angleichungsprozesses wird selbst dadurch legitimiert, dass eine Nicht-Angleichung als vermeintlich illegitim aufgefasst werden könnte und erklärungsbedürftig sei. Diese Handlungen als Reaktion auf institutionelle Kräfte sind ein Indiz dafür, dass neben dem Wettbewerb um Ressourcen ein weiterer Wettbewerb um die Legitimität von Management-Entscheidungen zu bestehen scheint. Diese Angleichung führt zu einem gemeinsamen Begriff des angemessenen Handelns, dem jedes Unternehmen in seinem institutionellen Umfeld folgt (DiMaggio & Powell 1983). Da das Nichtbefolgen dieser in der Umwelt des Unternehmens geltenden Normen als wie bereits erwähnt illegitimes Handeln interpretiert werden könnte, mit der Folge, dass hierdurch der Zugang zu

3.3 IT-Assimilationsfaktoren

Ressourcen erschwert wird (Henderson et al. 2012), gehen Unternehmen das Risiko des eigenorienten Handelns oft nicht ein.

Nach DIMAGGIO & POWELL (1983) entstehen normative Kräfte (*Normative Pressure*) während und durch die Ausübung eines Berufes dadurch, dass sich die Berufsgruppe Methoden, Bedingungen und Kontrollmechanismen auferlegt, mit dem Zweck sich als autonome Berufsgruppe selbst abzugrenzen und zu legitimieren (S. 152). Dazu werden noch weitere normative Einflüsse anderer Institutionen an die Unternehmen herangetragen, u.a. von Regierungsbehörden, Berufsverbänden, Handelskammern, Bildungseirich-tungen, Finanzinstituten, Gewerkschaften, Glaubensgemeinschaften, etc. (Reddy et al. 1991, King et al. 1994). Normen können auch durch Maßnahmen gesetzt werden, z.b. durch Förderung oder Regulierung, oder Steuerung von Angebot und Nachfrage (King et al. 1994). Externe Zwänge (*Coercive Pressure*) werden erzeugt durch hohe Abhängigkeiten entweder von dominanten Handelspartnern oder z.b. Mutterkonzernen (Henderson et al. 2012). Die Sorge, wirtschaftliche Nachteile zu erleiden, falls man die herangetragenen Erwartungen nicht erfüllt, führt zu einem Spektrum der maßgeblichen Orientierung bis zu einer strikten Aneignung der Normen, einer Angleichung der Unternehmensstrukturen und der Imitation der Praktiken (Ke & Liu 2009)[169]. Eine kritische Situation liegt vor, falls die dominante Partei eigensinnig handelt und die Machtposition derart ausnutzt, dass langfristig dem abhängigen Unternehmen wirtschaftlicher Ruin droht. Zur Anwendung kommt hierbei auch die Power and Trust Theory nach HART & SAUNDERS (1997), welche die Interaktion und Wertoptimierung zwischen Partnern der Wertschöpfungskette im Kontext der Ausübung von Macht und Vertrauen beschreibt. Mimetisches Verhalten (*Mimetic Pressure*) ist die Strategie der Imitation von Wettbewerberverhalten, insbesondere falls diese als erfolgreich gelten[170], speziell als Folge des Gelingens der Technologieadoption (Henderson et al. 2012). Dieses Verhalten dient als Leitbild und probates Mittel vor allem bei sehr neuen und wenig verstandenen Technologien, falls Zielvorgaben auf der Geschäftsseite oder der IT-Strategie unklar sind oder die Unternehmensumwelt durch eine hohe Unsicherheit geprägt ist (Jia & Sia 2011). Unternehmen handeln hierbei

---

[169] "legitimacy is in regards to the expectations for appropriate organisational structures, behaviors, and practices. These expectations act as unwritten rules of proper social conduct" (ebd., S. 841).
[170] Siehe auch Social Contagion Theory bei Strang & Macy (2001) und Angst et al. (2010).

häufig unreflektiert und kopieren Best Practices[171], ohne deren Eignung und Anwendbarkeit für die unternehmensindividuellen Probleme und gegebenen Strukturen zu analysieren (Abrahamson 1996). Hieraus können industriespezifische Mitläufereffekte (*Bandwaggon Effects*)[172] resultieren, mit der Konsequenz einer schnellen Diffusion jedoch auch Verlust der Idiosynkrasie der Innovation. Dieser Effekt ist als *Management Fashion Theory* bekannt, dessen Kernidee ABRAHAMSON & FAIRCHILD (1999) als „[...] transitory collective beliefs, disseminated by the discourse of management-knowledge entrepreneurs, that a management technique is at the forefront of rational management progress" definieren (S. 709). Die Unterschiede der drei institutionellen Kräfte zeigen sich auch in der Art ihrer Operationalisierung. *Mimetic Pressure* wird zumeist über den *Extent of Adoption* oder *Perceived Success* einer Innovation bei Wettbewerbern gemessen entgegen der Messung des *Extent of Adoption* bei Lieferanten und Kunden für die Erhebung von *Normative Pressure*, nebst dem Interaktionsgrad mit Institutionen durch Kollaboration (Teo & Benbasat 2003).

Coercive Pressure kann wiederum über die wahrgenommene Dominanz und Abhängigkeit von Wertschöpfungskettenpartnern sowie der innerorganisationalen Konformität z.B. eines Tochterunternehmens gegenüber dem Mutterkonzern erhoben werden. *Normative Pressure* ist bei der Adoption von CC bislang noch von nicht allzu hoher Relevanz, da diese Entscheidung im hohen Maße der Freiwilligkeit und im eigenen Ermessen der Unternehmen liegt. Dennoch bewerben Branchenverbände und Regierungen (siehe *Government Support*) den Umstieg auf CC und stellen Fördermittel bereit. Demnach sollte dieser Aspekt des Einflusses von Drittparteien Berücksichtigung finden während der Analyse potenzieller Assimilationsprädiktoren von CC. *Coercive Pressure* ist für Anbieter von IT-Services und besonders Outsourcern von hoher Relevanz, da ihr Geschäftsmodell Technologie-basiert ist und durch das Angebot von CC-Services langfristig Wettbewerbsnachteile drohen. Es könnte eine empirische Untersuchung zeigen, ob die Adoption von CC durch Mutterkonzerne den Tochterunternehmen als Doktrin vorgegeben wird. Da beide Szenarien außerhalb des Kontexts dieser Arbeit liegen, ist Coercive Pressure hier von geringer Relevanz.

---

[171] Dt. Erfolgsmethoden, Vorgehensweisen, Modelle und fachlichen Ansätze, die sich in der jeweiligen Branche als bewährt gezeigt haben im Sinne der Erreichung eines spezifischen Ziels.
[172] Hier bezogen auf mimetisches Verhalten. Bandwagon Effects können ebenfalls durch Netzwerkeffekte entstehen. Siehe auch Xia et al. (2008), Fichman (2004) und Lee & Chan (2003).

Mimetic Pressure hat sich in Studien als entweder direkt einflussreich gezeigt (Messerschmidt 2009) oder indirekt über die Prägung von Überzeugungen von Führungskräften, welche hiervon angeregt Assimilationshandlungen initiieren und durch die Imitation von erfolgreichen Wettbewerbern eine Handlungslegitimation rechtfertigen (Liang et al. 2007). WANG (2010) hat eine Studie über die Ankündigung von Unternehmen über eine IT-Adoption *(Association with IT-Fashion)* durchgeführt und die tatsächliche Investition in eine als modisch (engl. fashionable) geltende Innovation und die Auswirkungen von beidem auf *Firm Performance, Corporate Reputation* und *CEO Pay* entlang verschiedener Zeitpunkte erhoben. Sowohl die Reputation wie auch der *CEO Pay* stieg kurz der Ankündigung und Investition an, nicht jedoch auf zwei- oder dreijährige Sicht. Die Assoziation hatte keine kurzfristigen Auswirkungen auf die *Firm Performance*, war jedoch signifikant nach drei Jahren bezogen auf den Investitionszeitpunkt. Daraus lässt sich schlussfolgern, dass Investoren allein die Ankündigung kurzfristig honorieren, jedoch nicht unbegründet, da langfristig positive Effekte folgen auf die *Firm Performance*, zumindest in der referenzierten Studie. In Bezug auf CC wird antizipiert, dass Unternehmen diese neue Technologie ebenfalls als modisch *(engl. fashionable)* betrachten und sich in puncto Adoptionsentscheidung an Wettbewerbern orientieren. Daher ist dieser Aspekt der *Institutional Pressures* der bedeutendste für das Modell. Zusammengefasst können *Institutional Pressures*, insbesondere mimetische und teilweise normative Kräfte, die Adoptionsentscheidung und den Assimilationsprozess von CC in Unternehmen derart beeinflussen, dass die Orientierung an Isomorphie gegen Entscheidungen überwiegt, denen Erwägungen der ökonomischen Effizienz zugrunde liegen (Jia & Sia 2011).

Environmental Uncertainty (UNC)

"Uncertainty refers to the degree of possible variation in the needs of the organisation" (Nuseibeh 2011, S. 4). Unsicherheit entsteht aus dem Markt und gesellschaftlichen wie technologischen Veränderungen. Der Transaktionskostentheorie (siehe S. 29) zufolge ist Unsicherheit ein Hindernis für IT-Outsourcing, da sich geänderte Anforderungen des Unternehmens nicht notwendigerweise mit den standardisierten IT-Services im Angebot des Outsourcers denken. Ebenso senkt eine hohe Umweltunsicherheit die Bereitschaft zum Abschluss langfristiger Verträge und unflexibler Preisvereinbarungen (ebd.). CHAU & TAM (1997), LEE & KIM (2007) und SAMBAMURTHY ET AL. (2003) argumentieren, dass IT-Innovationen während Zeiten der Unsicherheit gerade adoptiert würden, „because IT is seen as one way the organisations can become more agile and better positioned to respond to emerging competitive threats." (Cao et al. 2012, S. 6). Zudem sind die Charakteristika der Skalierbarkeit und Elastizität von CC die erwarteten Nutzungspotenziale, die eine Preisoptimierung und Bedarfsanpassung in Bezug auf IT-Ressourcen bei einem Unternehmenswandel besser ermöglichen als on-premise IT oder andere Outsourcing-Formen (ebd.). Da entsprechend nicht die im Kontext der TKT beschriebene Unsicherheit Anwendung findet, sondern CC hilft, auf Unsicherheit am Markt zu reagieren und dabei IT-Optionen schafft, ist hier ein positiver Effekt von Unsicherheit und CC-Adoption zu hypothetisieren.

3.4 Zusammenfassung der Literaturrecherchen

Die Literaturrecherchen hatten zum Ziel, wissenschaftlichen Beiträge zu identifizieren und zu recherchieren, die eine umfangreiche theoretische Einarbeitung in das Forschungsfeld bieten, eine Fundierung des Forschungsvorhabens leisten, Forschungslücken aufzeigen, erste Forschungsfragen beantworten und die zur Entwicklung eines Foschungsmodells relevanten Indikatoren und Kausalzusammenhänge hervorbringen. In jedem der drei Literaturrecherchen wurden die Beiträge wie nach WEBSTER & WATSON (2002) gefordert klassifiziert, analysiert, zu Konzepten synthetisiert und kritisch beurteilt. Wie in Abbildung 3.6 zusammengefasst, wurde durch die Literaturrecherche in 3.1 bestätigt, dass DC einen vollständig oder partiell mediierenden Effekt zwischen IT und wertbeitragsbezogenen Konsequenzen ausüben. Die zweite Recherche in Kapitel 3.2 hat die bislang im wissenschaftlichen und praxisbezogenen Kontext am häufigsten diskutierten erwarteten Vorteile und Risiken von CC hervorgebracht. Jene könnten potenzielle Assimilationsprädiktoren oder -hürden von PuCC konstatieren, was folgend empirisch untersucht wird. Neben den technologiebezogenen Treibern, existieren auch organisationale und externe Einflüsse. Die bislang einflussreichsten Faktoren hieraus wurden im Kapitel 3.3 ermittelt und nach sachlogischer Überlegung eingegrenzt auf Relevanz und die potenzielle Effektstärke für Modell.

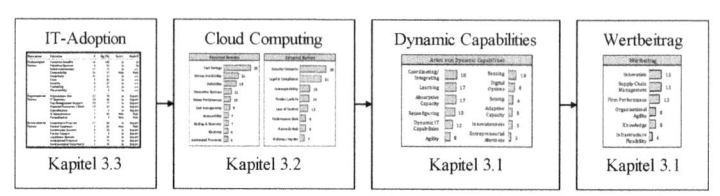

Abbildung 3.6: Zusammenfassung der Literaturrecherchen

4 Forschungsmodell & Datenerhebung

Die Literaturrecherchen dienen neben den sachlogischen-konzeptionellen Begründungen aus den Grundlagenkapiteln für die Ausgestaltung eines initialen Modells in Kapitel 4.1. Diese folgt der in der vorherigen Abbildung 3.6 dargestellten Kausalkette. Nach einer Einführung in die Grundlagen und Varianten der Modelloperationalisierung (4.1.1) wird in Kapitel 4.1.2 die Ausarbeitung des Forschungsmodells sowie des zur Erhebung vorgesehenen Fragebogens vorgestellt. Zur Modellvalidierung und Verbesserung dieses Fragebogens mit Hinblick auf die Zielgruppe der Führungskräfte wurden acht Experteninterviews durchgeführt (4.2.2). Deren Ergebnisse und resultierende Modellanpassungen führen zum finalen Forschungsmodell (Kapitel 4.2.3). Dieses Vorgehen der Erstoperationalisierung zur Verwendung einer bereits ausgearbeiteten Grundlage für die Interviews war mit Blick auf die zu erreichende und für die Befragung zu überzeugende Zielgruppe der Führungskräfte förderlich (siehe Cycyota 2006). In Kapitel 4.3 wird der Vorgang der Datenerhebung mit der Auswahl der Software zur Online-Befragung und dem Stichprobendesign (4.3.1), die Durchführung des Pretests und der Hauptuntersuchung (4.3.2) sowie die Datenauswertung in Bezug auf Demographie und die Datenbereinigung vorgestellt (4.3.3). Das Kapitel schließt mit der Datengrundlage für die Auswertungen der Kausalanalyse und Logistischen Regression in den Kapiteln 5 und 6.

4.1 Grundlagen der Modellentwicklung

Abbildung 4.1 zeigt das initiale Strukturmodell basierend auf den hypothetischen Zusammenhängen, den in den Literaturrecherchen identifizierten Prädiktoren und dem ebenfalls basierend auf bisherigen Studien modellierten Ansatz zur Messung des IT-Wertbeitrags, konkret der Steigerung der *Perceived Competitiveness* und der *Firm Performance* durch PuCC. Zudem sind zwischen diesen Konstrukten zur Messung der Leistungsfähigkeit des Unternehmens und PuCC die potenziell mediierenden ITDC positioniert. Die Verwendung der englischen Begriffe für die Variablen wird konsistent zu deren Verwendung in den bisherigen Kapiteln beibehalten. Damit ist auch der eineindeutige Bezug auf die Referenzliteratur sichergestellt und die Ergebnisse dieser Studie lassen sich mit jenen Quellen vergleichen.

In der vorliegenden Studie sollen Führungskräfte als Zielpersonen über ihr Unternehmen und dessen Assimilation von PuCC Aussagen tätigen. Für die in diesem Kapitel referenzierten und präsentierten Operationalisierungen werden im Unterkapitel 4.1.1 zuerst theoretische Grundlagen vorgestellt. Folgend einer Darlegung von Herausforderung in der Wertbeitragsforschung und der Präsentation von Ansätzen, um in der vorliegenden Studie diesen in der Modellentwicklung zu begegnen (4.1.2), schließt das Unterkapitel in 4.1.3 mit der Ausarbeitung und Vorstellung des Fragebogens.

4.1.1 Theorie der Modelloperationalisierung

Die bislang theoretisch diskutierten und in kausalen Zusammenhängen zu strukturierenden Themengebiete sind keine direkt messbaren Variable, z.B. die Assimilationsfaktoren, die Assimilation von PuCC oder ITDC. So liegen hypothetische Konstrukte vor, welche empirisch nicht direkt beobachtbar sind. Die Bezeichnung für jene Begriffe ist auch *latente Variable* gegenüber der erwähnten *manifesten Variablen* (Levy & Ellis 2006). Bei jenen latenten Variablen bedarf es der Findung messbarer Gegengewichte und der Gewinnung empirischer Beobachtungswerte (Weiber & Mühlhaus 2010). Diese Indikatoren müssen mit dem Konstrukt korrespondieren damit aufgrund deren Messung für die latente Variable ein diskreter Ausprägungswert errechnet werden kann. Der Vorgang der Konstruktion dieses Messmodells und gleichzeitig dessen Ergebnis wird als *Operationalisierung* bezeichnet und ist nach Weiber & Mühlhaus (2010) definiert als „Summe der Anweisungen, mit deren Hilfe ein hypothetisches Konstrukt (theoretischer Begriff) über beobachtbare Sachverhalte (Indikatoren) erfasst und gemessen werden soll (Messvorschrift)" (S. 86). Die Messinstrumente müssen reliabel sein und eine hohe Genauigkeit aufweisen, sowie valide sein und das messen, wofür sie zu messen bestimmt sind (Churchill 1979). Beides ist gegeben, falls weder Zufallsfehler aus situativen Einflüssen auftreten oder systematische Fehler vorliegen, was durch Sorgfalt während der Messung reduziert werden kann. Im Zuge der Operationalisierung sind Entscheidungen zu treffen entsprechend der jeweiligen Natur der latenten Variablen, sowie deren direkte oder indirekte Effekte zu- und miteinander. Im Folgenden werden hierzu die Varianten der formativen und reflektiven Messmodelle, Modelle höherer Ordnung sowie die Rolle von Moderator- und Mediatorvariablen in Kausalmodellen erörtert. Für die eigentliche und anschließende Messung des „vermuteten Wirkungsgefüges zwischen den latenten Variablen" (Weiber & Mühlhaus", S. 19) wird ein Strukturmodell aufgestellt und kausalanalytisch überprüft.

4.1 Grundlagen der Modellentwicklung

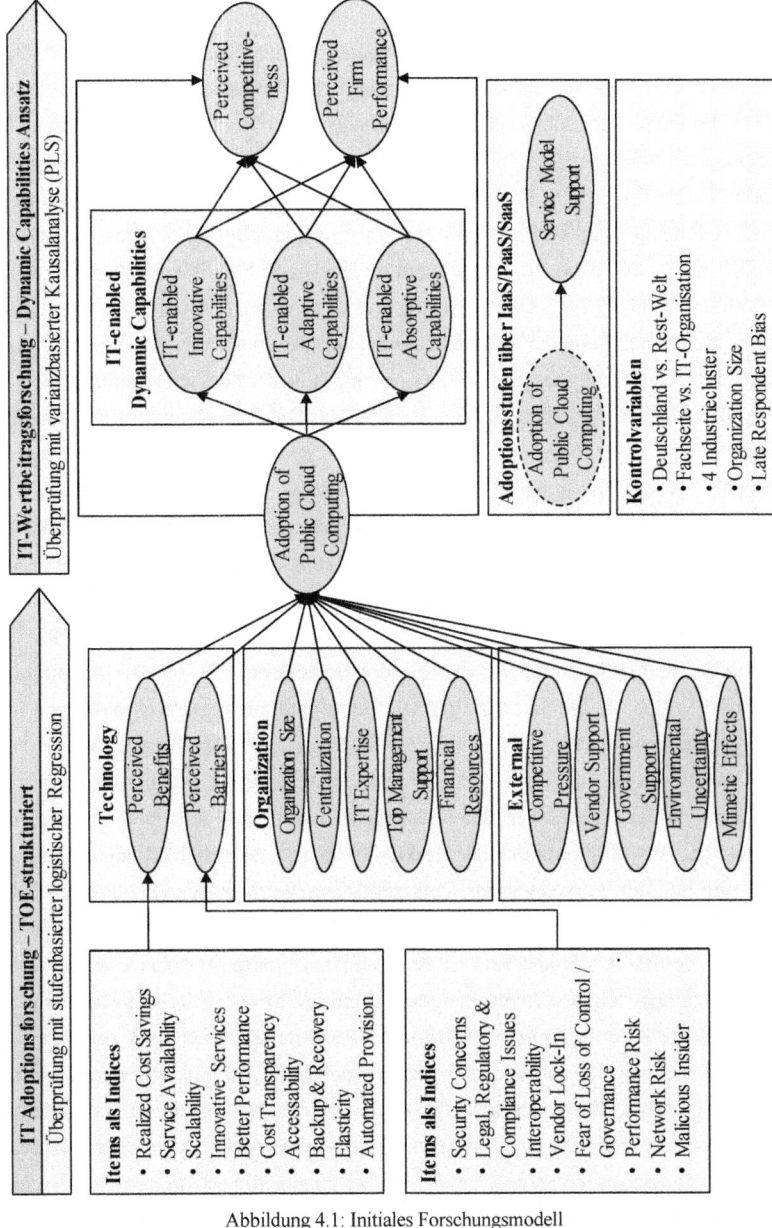

IT-Wertbeitragsforschung – Dynamic Capabilities Ansatz
Überprüfung mit varianzbasierter Kausalanalyse (PLS)

- Perceived Competitiveness
- Perceived Firm Performance

IT-enabled Dynamic Capabilities
- IT-enabled Innovative Capabilities
- IT-enabled Adaptive Capabilities
- IT-enabled Absorptive Capabilities

Adoption of Public Cloud Computing

Adoptionsstufen über IaaS/PaaS/SaaS
- Service Model Support
- Adoption of Public Cloud Computing

Kontrollvariablen
- Deutschland vs. Rest-Welt
- Fachseite vs. IT-Organisation
- 4 Industriecluster
- Organization Size
- Late Respondent Bias

IT Adoptionsforschung – TOE-strukturiert
Überprüfung mit stufenbasierter logistischer Regression

Technology
- Perceived Benefits
- Perceived Barriers

Organization
- Organization Size
- Centralization
- IT Expertise
- Top Management Support
- Financial Resources

External
- Competitive Pressure
- Vendor Support
- Government Support
- Environmental Uncertainty
- Mimetic Effects

Items als Indices
- Realized Cost Savings
- Service Availability
- Scalability
- Innovative Services
- Better Performance
- Cost Transparency
- Accessability
- Backup & Recovery
- Elasticity
- Automated Provision

Items als Indices
- Security Concerns
- Legal, Regulatory & Compliance Issues
- Interoperability
- Vendor Lock-In
- Fear of Loss of Control / Governance
- Performance Risk
- Network Risk
- Malicious Insider

Abbildung 4.1: Initiales Forschungsmodell

Formative und Reflektive Messmodelle

Reflektiv operationalisierte Konstrukte sind häufig in der Psychologie und Verhaltensforschung anzutreffen, wo Handlungen als Folge der Persönlichkeit und Einstellungen eines Individuums beobachtet werden sollen. Aus dieser Beobachtung als kausale Folge können deduktiv Persönlichkeitseigenschaften erklärt werden (Diamantopoulos & Winklhofer 2001, Coltman et al. 2008). Dies bedeutet für die Indikatoren, dass sie potenziell redundant dasselbe Phänomen messen, aus dem gleichen Kontext entstammen und miteinander korrelieren müssen, damit die interne Reliabilität des Konstrukts hoch ist (Bollon & Lenox 1991). Das Konstrukt an sich, z.B. die Einstellung oder Meinung, existiert gleichwohl ohne die Messindikatoren, könnte ohne diese jedoch nicht erhoben werden. Die Kausalität geht jedoch von diesem aus, sodass dessen Änderung eine Änderung der Messwerte der Indikatoren herbeiführt. Die Items formativer Messmodell dagegen stellen einen Index dar, deren Linearkombination das hieraus kausal folgernde Konstrukt formt und induktiv erklärt. Das Konstrukt ist mathematisch demnach das Ergebnis der Funktion aus den Items in ihrer Form als Messvariablen und wird entsprechend einer multiplen Regression geschätzt (Diamantopoulos & Winklhofer 2001, Weiber & Mühlhaus 2010). Daher ist die Vollständigkeit der Items von hoher Wichtigkeit für den semantischen Gehalt, die Charakteristika und Berücksichtigung aller Facetten des Konstrukts, welches erst aus der Gemeinsamkeit der Item-Ansammlung entspringt (Weiber & Mühlhaus 2010). Die Items sind aus diesem Grunde auch nicht austauschbar, bzw. würde der Ausschluss von Items ein anderes Konstrukt erzeugen (siehe Tabelle 4.1). Beispiele für formativ operationalisierte Konstrukte sind der sozioökonomische Status, welcher abgebildet werden kann aus dem Bildungsgrad, Einkommen, der Beschäftigung und der Herkunft oder auch mit Hinblick auf die in dieser Arbeit präsentierten Forschung das Konstrukt *Firm Performance* (Petter et al. 2007). Tabelle 4.1 zeigt die Unterscheidung zum reflektiven Modell. Ein Sonderfall der Bildung eines formativen Konstrukts ist der Composite Index, welcher dem Mittelwert über die gleichgewichteten Items entspricht (Petter & Straub 2007). Er eignet sich bei Multikollinearität der Items oder bei theoretischer Begründbarkeit, z.B. bei Spezifizierungsproblemen. In der vorliegenden Arbeit wurden die Perceived Benefits und Barriers als Composite Index gebildet, da die Items je Konstrukt die Dimensionen des Nutzens oder der Barrieren ggf. nicht vollständig abdecken. Zudem sind so Benefits und Barriers besser miteinander vergleichbar bei vollständiger Durchschnittbildung.

Tabelle 4.1: Unterschiede: Reflektive und Formative Spezifikation[173] [174]

Frage	Reflektives Modell	Formatives Modell
Existenz des Konstruktes	• Existiert unabhängig von seinen Messinstrumenten (Items) - die Beziehung ist deduktiver Natur	• Wird erst als Kombination der Messinstrumente (Items) geformt - die Beziehung ist induktiver Natur
Kausalitäts-richtung	• Vom Konstrukt zu den Items • Items sind Manifestationen, bzw. Konsequenzen des Konstruktes • Änderungen in den Items induzieren keine Änderungen im Konstrukt	• Von den Items zum Konstrukt • Items sind Charakteristika, bzw. Ursachen eines Konstruktes • Änderungen in den Items bewirken Änderungen im Konstrukt
Auswechselbarkeit der Items	• Items entstammen desselben unterliegenden Kontexts/Themas • Streichen oder Auswechseln eines Items hat keine Auswirkung auf die Konzeptionierung des Konstruktes	• Items müssen nicht demselben Kontext oder Thema entstammen • Durch das Auswechseln oder Streichen eines Items ändert sich die Bedeutung des Konstruktes
Interkorre-lationen	• Erwartet und ist wichtig für die interne Konsistenz und Reliabilität	• Erwartung und Prüfung, dass keine Multikollinearität vorliegt
Nomologi-sches Netz	• Das nomologische Netz sollte aus gleichen Beziehungen bestehen	• Items müssen nicht dieselben Antezedenzen und Konsequenzen haben
Fehlerterme	• Mögliche Extraktion der Fehler-terme durch eine Faktorenanalyse bei der internen Konsistenzprüfung	• Keine Identifizierung möglich je Item bei einer isolierten Schätzung, da Fehler nur auf Konstruktebene

Abbildung 4.2 verdeutlich den statistischen Hintergrund der zwei Varianten. Im reflektiven Modell würde ohne die Messfehler ε der Indikatoren x_i eine perfekte Korrelation dieser vorliegen und sich die Varianz des Konstrukts η vollständig denen der Indikatoren widerspiegeln. Daher müssen auch wenig korrelierende Indikatoren aus dem Modell während der Güteprüfung entfernt werden, da sie die interne Validität des Konstruktes stören, bzw. es nicht richtig messen (Eberl 2004, Bollon & Lenow 1991). Im formativen Modell besitzen die Indikatoren keine Fehlerterme, sondern diese werden bei der latenten Variablen aufgefangen (ζ), sind mit den Indikatoren jedoch nicht korrelierend. Die Koeffizienten (γ) dienen der Linearkombination zur Konstituierung der latenten Variable η und können als Validität des Indikators interpretiert werden (Eberl 2004). Dies hat Auswirkungen auf den Forschungsprozess, indem Möglichkeiten der Reliabilitäts- und Validitätsprüfungen bei formativen Modellen nicht anwendbar sind.

---
[173] Petter et al. (2007), Jarvis et al. (2003), Coltman et al. (2008) und Eberl (2004).
[174] Der Begriff *Spezifikation* umfasst sowohl die kausalen Beziehungen der Messmodelle als auch jene zwischen den Konstrukten wie hypothetisch spezifiziert im Strukturmodell. (nach Eberl 2004).

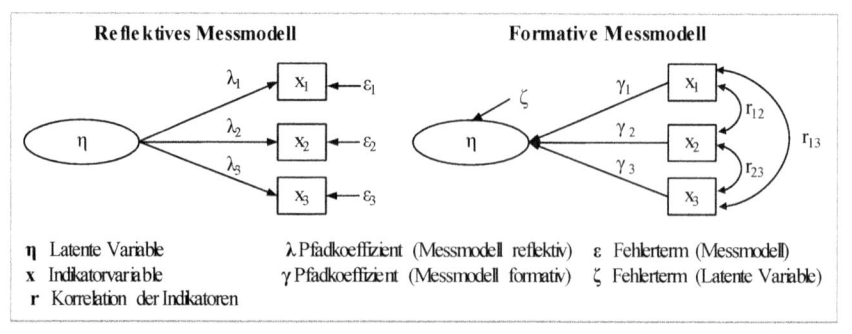

Reflektives Messmodell	Formative Messmodell
η $\xrightarrow{\lambda_1,\lambda_2,\lambda_3}$ $x_1, x_2, x_3 \leftarrow \varepsilon_1, \varepsilon_2, \varepsilon_3$	η $\xleftarrow{\gamma_1,\gamma_2,\gamma_3}$ x_1, x_2, x_3 mit r_{12}, r_{13}, r_{23}, ζ

η   Latente Variable   λ Pfadkoeffizient (Messmodell reflektiv)   ε Fehlerterm (Messmodell)
x   Indikatorvariable   γ Pfadkoeffizient (Messmodell formativ)   ζ Fehlerterm (Latente Variable)
r   Korrelation der Indikatoren

Abbildung 4.2: Reflektives und Formatives Messmodell[175]

Daher ist die theoretische Fundierung von besonderer Relevanz und wird bei der statistischen Auswertung durch die Überprüfungen der Multikollinearität der Indikatoren, der Höhe Pfadgewichtungen sowie durch das Bestimmtheitsmaß unterstützt (Weiber & Mühlhaus 2010). An die korrekte Spezifizierung formativer Messmodelle in Strukturmodelle werden besondere Anforderungen gestellt[176], die vor allem bei der Anwendung von kovarianzbasierten Strukturgleichungsmodellen, z.B. mit LISREL[177] von erheblicher Bedeutsamkeit für Messbarkeit sind, weniger jedoch bei varianzbasierten Modellen wie dem Partial Least Squares Ansatz (PLS) (Weiber & Mühlhaus 2010). Da im Verlauf dieser Arbeit die letzt genannte Variante Anwendung findet, sei hier auf die Aussage von PETTER ET AL. (2007) bezogen auf CHIN (1998b) verwiesen: „A benefit of using component-based SEM [Anmerkung: varianzbasierte Modelle] with formative models is that statistical identification problems are not an issue" (S. 643).

---

[175] Petter et al. (2007), S. 626 und Eberl (2004), S. 3ff.
[176] Fehlspezifikationen sind in der empirischen Sozialforschung häufig anzutreffen. So haben Jarvis et al. (2003) dieses Phänomen mit dem Ergebnis untersucht, dass von 1192 identifizierten latenten Konstrukten in Artikeln von fünf hochrangigen Marketing Journals im Zeitraum von 1977 bis 2000, 827 reflektiv und 365 formativ spezifiziert waren. 29% (353) dieser Konstrukte waren fehlspezifiziert, davon ca. 95% (336) formative Konstrukte als reflektiv operationalisiert. Petter et al. (2007) eine 30-prozentige Fehlspezifikation bei reflektiven Modellen nachweisen, welche eigentlich formativ zu operationalisieren gewesen wären. Zudem haben Petter et al. (2007) die Forschungsergebnisse von Jarvis et al. (2003) dahingehend überprüft, welche Fehler durch die Missspezifikation auftreten können und dabei die kritische Stellung fehlerhaft formativ operationalisierter Konstrukte als endogene Variablen im Strukturmodell betont, wodurch sowohl Fehler des Typ I (Kausalbeziehung bestätigt, obwohl nicht vorliegend) und Typ II (Kausalbeziehung nicht bestätigt, obwohl existent) resultieren können. Für die richtige Spezifikation ist z.B. dem von Eberl (2004, S. 16) präsentierten Entscheidungsprozess zu folgen.
[177] Linear Structural Relations System, http://www.ssicentral.com/lisrel.

4.1 Grundlagen der Modellentwicklung

Konstrukte höherer Ordnung

Diese komplexere Form der Messung latenter Variablen 2. Ordnung über wiederum latente Variablen 1. Ordnung tritt auf, falls neben der eigentlichen Messung des hypothetischen Konstruktes noch dessen unterschiedliche Dimensionen eine Rolle spielen (Albers & Götz 2006). Diese sind ebenfalls nur indirekt beobachtbar, stellen gemeinsam jedoch die vorgelagerte oder nachgelagerte Folgewirkung auf das Konstrukt 2. Ordnung dar (Weiber & Mühlhaus 2010) und verhalten sich diesem gegenüber zumindest bei reflektiver Operationalisierung analog zu reflektiven Messmodellen (Giere et al. 2006). Eine Begründung für die Konzeptionierung eines mehrstufigen Konstrukts können Ergebnisse einer explorativen Faktorenanalyse liefern, falls hierbei erkannt wird, dass anstatt der erwarteten Eindimensionalität mehrere diskrete Faktoren hervortreten, die durch die Indikatoren distinkt gemessen werden (Albers & Götz 2006). Häufiger solle jedoch eine „kausale Simplifikation" (S. 672) erfolgen durch die sachlogische Auftrennung von theoretischen Konzepten in Unterdimensionen zur Repräsentation mehrerer Abstraktionslevel (Becker et al. 2012). Da das Konstrukt 2. Ordnung und die Dimensionen entweder reflektiv oder formativ operationalisiert werden können, ergeben sich vier Modellvarianten (Abbildung 4.3). Rein reflektiv operationalisierte Modelle des Typ I werden auch *Hierarchical Common Factor Model* genannt, da sie auf höherer Ebene einen gemeinsamen Faktor von spezifischen Faktoren messen. Aus statischer Perspektive wird deren Sinnhaftigkeit angezweifelt, da hier mehrstufig redundant gemessen wird und aufgrund der geforderten Multikollinearität zwischen den Indikatoren auch eine eindimensionale Messung möglich sei (Albers & Götz 2006) und so die Komplexität ohne Zusatznutzen erhöht werde.

Modelle des Typ II sind am populärsten und finden ihren Einsatz, falls ein abstraktes Konstrukt aus mehreren Dimensionen vollständig formiert werden kann und hierbei Messfehler berücksichtigt werden, die Dimensionen selber jedoch über verschiedene Weise gemessen werden können. Der bislang am wenig angewendete Typ III wird hinsichtlich seiner theoretischen Validität kritisiert, da die Abstraktion schwierig ist von redundant zu messenden und korrelierenden Dimensionen eines ähnlichen Sachverhaltes (1. Ordnung), darauf, dass diese dann wiederum diskrete und eigenständig formierte Konstrukte seien („In short, Type III models do not represent an appealing option for specifying multidimensional constructs", Diamantopoulos et al. 2008, S. 1208). BECKER ET AL. (2012) betonen dessen Anwendbarkeit z.B. zur Messung von

Firm Performance über mehrere Indices, welche zwar eine gemeinschaftliche Sache, hier die Leistungsfähigkeit messen, dieses jedoch jeweils auf andere Art und Weise („yet using different techniques to accomplish this task", S. 364). Bei Typ IV liegt wie bei Typ II die Situation vor, dass keine der Dimensionen alleine das Gesamtkonstrukt repräsentieren kann (Giere et al. 2006), daher das Konstrukt 2. Ordnung formativ operationalisiert werden muss. Jedoch stellen beim Typ IV die Konstrukte 1. Ordnung keine vergleichbaren, redundant zu erhebenden Indices dar, sondern verschiedene diskrete Aspekte des übergeordnet zu formenden Konstruktes (Becker et al. 2012).

Typ I: 1. Ordnung reflektiv, 2. Ordnung reflektiv   **Typ II:** 1. Ordnung reflektiv, 2. Ordnung formativ

Typ III: 1. Ordnung formativ, 2. Ordnung reflektiv   **Typ IV:** 1. Ordnung formativ, 2. Ordnung formativ

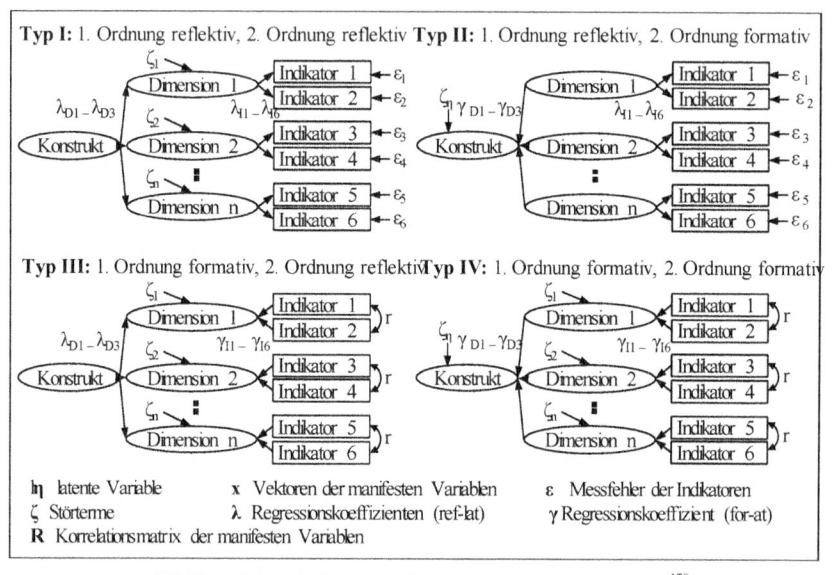

η latente Variable   x Vektoren der manifesten Variablen   ε Messfehler der Indikatoren
ζ Störterme   λ Regressionskoeffizienten (ref-lat)   γ Regressionskoeffizient (for-lat)
R Korrelationsmatrix der manifesten Variablen

Abbildung 4.3: Mehrdimensionale Messmodelle zweiter Ordnung[178]

Gemischt operationalisierte, genannt Multiple Indicators/Multiple Causes Modelle (MIMIC) werden an dieser Stelle nicht behandelt, sondern auf die statistische Ausarbeitung von JÖRESKOG & GOLDBERGER (1975) verwiesen. MIMIC-Modell kontakarieren insbesondere die Herausforderung der Spezifizierung formativ operationalisierter Konstrukte bei deren Einbindung in nomologische Netzwerke, da ohne die gleichzeitige Erhebung mindestens zweier reflektiv operationalisierter Indikatoren diese Konstrukt unterspezifiziert und die emittierten Kausaleffekte verzerrt seien (MacKenzie et

---

[178] Albers & Götz (2006), S. 671 mit Verweis auf Jarvis et al. (2003), S. 201.

al. 2005). Beim varianzbasierten Verfahren der Strukturgleichungsmodellierung (siehe Kapitel 6.1) tritt dieses Problem nicht zu Tage und wird daher hier nicht als kritisch und zu mitigieren erachtet. Einer Studie von RINGLE ET AL. (2012) zufolge über die Anwendung von Hierarchical Latent Models in dem Journal MIS Quarterly, findet Typ II mit 52% am häufigsten Anwendung, gefolgt von Typ IV (24%), Typ I (20%) und Typ III (4%). Das Ergebnis bedeutet, dass in drei Viertel der Fälle (52% + 24%) das Konstrukt 2. Ordnung formativ und fast ebenso häufig (52% + 20%) die Konstrukte 1. Ordnung reflektiv operationalisiert werden. Unabhängig von dem zu wählenden Modell und entsprechend der dieses fundierenden Theorien sowie unter Beachtung der methodischen Korrektheit, sei es stets eine „Aufgabe, die Breite und Reichhaltigkeit mehrdimensionaler Konstrukte mit der Klarheit und Präzision einzelner Dimensionen in einem integrativen Konzept zu vereinen" (Giere et al. 2006, S 679f).

Moderatoren- und Mediatoreneffekte
Neben den eigentlich zu messen beabsichtigten direkten Kausaleffekten zwischen unabhängigen und deren abhängigen Variablen (Baron & Kenny 1986), sind zwei weitere Variablentypen für Messung und Theorie von hoher Relevanz: Moderatoren und Mediatoren (Abbildung 4.4). Moderatoren zeigen auf, unter welchen Bedingungen ein Effekt von einer unabhängigen (Prädiktor) auf eine abhängige Variable vorliegt, und ob und wodurch dieser Prädiktor beeinflusst wird. Sie werden häufig in Form von Kontrollvariablen vorsorglich in das Forschungsmodell aufgenommen oder zu ermitteln versucht, falls unerwartete oder inkonsistente Zusammenhänge gemessen und Störvariablen vermutet werden (Baron & Kenny 2006). Moderatoren können qualitativer Natur und kategorial sein wie bei Berufsgruppen, dichotom wie beim Geschlecht oder ein kontinuierliches metrisches Spektrum bilden wie beim Intelligenzquotient. Ein Moderator muss weder einen eigenständigen Effekt auf die abhängige Variable ausüben noch kausal von dem Prädiktor beeinflusst sein, sondern nur in Interaktion mit diesem auf dessen Effekt einwirken. Entsprechend Art und Ausprägung des Moderators können lineare, exponentielle oder stufenförmige Effekte auftreten, oder sich das Vorzeichen des Effektes ändern (ebd.). Statistisch überprüft werden Moderationseffekte durch Homogenitätstests, Varianz- oder Clusteranalysen, indem basierend auf dem Moderatorwert Gruppen gebildet und die Effektstärke unter diesen verglichen werden (Bortz & Döring 2006). BARON & KENNY (1986) empfehlen, einen Interaktionsprädiktor zu bilden durch eine Matrizenmultiplikation der Messvariablen miteinan-

der (siehe Abbildung 4.4, links) und von der abhängigen Variablen auf diesen eine Regress zu bilden (Pfad c), welcher falls signifikant, die Moderation bestätigt. Gegenüber Moderatoren vermitteln mediierende Variablen den Zusammenhang zwischen einem Prädiktor und der abhängigen Variable und erklärt, wie und warum dieser Zusammenhang überhaupt besteht (Baron & Kenny 1986). Zur Messung eines Mediators müssen die Pfade a und b signifikant sein (Abbildung 4.4, rechte Darstellung). Typischerweise wird zuerst der direkte Zusammenhang über Pfad c modelliert und als signifikant gemessen, bevor der Mediator in das Modell aufgenommen wird zur erneuten Messung der Pfade ob deren Signifikanz. Man spricht von einer vollständigen Mediation, sollte c im Anschluss nicht signifikant sein, bzw. vice versa von einer partiellen Mediation. Zur Bestätigung, dass tatsächlich eine Mediation vorliegt, hat sich der Sobel Test (Sobel 1982) etabliert, welcher misst, ob die Reduktion des direkten Effektes nach Aufnahme des Mediators signifikant geringer ist als im Grundmodell.

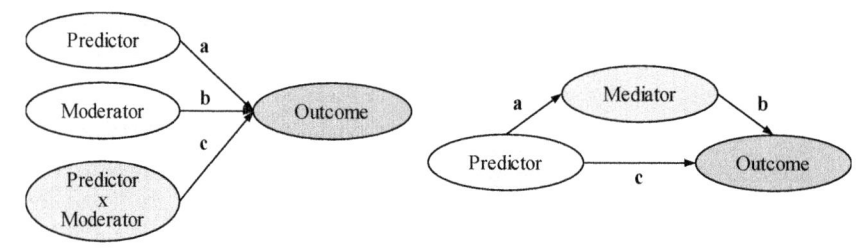

Abbildung 4.4: Moderations- und Mediationseffekte[179]

Zusammenfassend lässt sich festhalten, dass die Operationalisierung eines Forschungsmodells ein komplexes und gleichzeitig erfolgskritisches Unterfangen darstellt, insbesondere falls Konstrukte vollständig neu konstruiert und deren Messmodelle neu definiert werden sollen[180]. Im vorliegenden Modell wird auf bestehende Skalierungen und Fragen zurückgegriffen, bzw. werden leichte Modifizierungen vorgenommen, was bei reflektiv operationalisierten latenten Konstrukten unkritisch ist, da nicht die Abdeckung sämtlicher Facetten im Fokus steht, sondern nur sichergestellt werden muss, dass die kausalen Effekte richtig gemessen werden (Reliabilität) und entspre-

---

[179] Baron & Kenny (1986), S. 1174ff.
[180] Dieses ist in der vorliegenden Arbeit nicht der Fall, daher wird an dieser Stelle nur verwiesen an Moore & Benbasat (1991), Weiber & Mühlhaus (2010) und Rossiter (2002).

4.1 Grundlagen der Modellentwicklung

chend das messen, was unter dem Konstrukt zu verstehen ist (Validität). Beides kann statistisch überprüft werden (Kapitel 5.2 und 6.2).

Die Wiederverwendung bestehender Skalen ermöglicht die Vergleichbarkeit zwischen Forschungsergebnissen und stellt sicher, dass die Messung theoretischer Konzepte valide ist. Eine Modifizierung von Messmodellen[181], z.B. deren Adaption auf den Kontext der Untersuchung (Harkness 2008) ist ein übliches und häufig notwendiges Vorgehen. So war es in der vorliegenden Arbeit wichtig, den Kontext von PuCC und die explizite Nennung dieses Schlagwortes in die Items einzubinden, um bestmöglich zu gewährleisten, dass Studienteilnehmer sich hierauf konzentrieren. Adaption kann auch Reduktion bedeuten, so kritisieren FUCHS & DIAMANTOPOULOS (2009) eine zunehmende Ausuferung an Item-Batterien, welche vornehmlich dem Zweck dienen würden, statistische Gütekriterien zu schönen, dabei jedoch zu Ermüdung während der Befragung führten und zur Erhebung irrelevanter Informationen beitragen würden. Soweit möglich wurde in der Operationalisierung auf bestehende Messmodelle zurückgegriffen, dabei vor allem auf jene, welche sich durch vielfache Rückwärtszitationen als die am häufigsten verwendeten Messmodelle erwiesen haben. Ein gesondertes Augenmerk in diesem Unterkapitel wird auf die Messung des Wertbeitrags gelegt, um der Kritik an der Zeitpunkt-bezogenen Messbarkeit von potenziell zeitlich verzögerten kausalen Effekten, die zudem durch Selbstauskunft geäußert wurden, zu begegnen (Sanhanam & Hartono 2003, Kohli & Grover 2008).

4.1.2 Herausforderungen der Wertbeitragsforschung

Die Wertsteigerung der Assimilation von PuCC für das Unternehmen stellt die übergeordnete Forschungsfrage dieser Arbeit da. Der Wertbeitrag wird über die Verbesserung der Wettbewerbsfähigkeit (Competitiveness), der Schaffung von Wettbewerbsvorteilen (Competitive Advantage) sowie der Steigerung von Marktparametern des Unternehmens (Firm Performace) erhoben. Da eine industrieübergreifende Untersuchung durchgeführt wird, sollen keine weiteren branchen-, produkt- oder prozessspezifischen Erfolgskennzahlen zur Messung beitragen. Die Begriffe Wettbewerbsfähigkeit und Wettbewerbsvorteile sind voneinander zu unterscheiden:

---

[181] Harkness (2008) zeigt u.a. als Gründe der Adaption auf: Sprache, soziokulturelle Anpassungen (z.B. metrische Maße), Schwierigkeitsgrade/Komplexitätsreduzierung, Verständnisverbesserung, Anpassung auf lokale Gegebenheiten (Poliltik, Religion), Design und Höflichkeitsfloskeln.

„Competitiveness [dt. Wettbewerbsfähigkeit] comparative measure between companies within an industry is closely related to the presence of competitive advantage" (Bredup 1995) *und "Competitive advantage [dt. Wettbewerbsvorteil] grows out of value a firm is able to create for its buyers that exceed the firm's cost of creating it. [...]. There are two basic types of competitive advantage: cost leadership and differentiation"* (Porter 1985).

Die Definitionen dieser Begriffe und Operationalisierung sind in Tabelle 4.9 gegeben. Die direkte Messung der Verbesserung der Wettbewerbsposition von Unternehmen über die Adoption oder Assimilation von IT ist herausfordernd. Die Subjektivität erhobener Primärdaten wird kritisiert sowie die Analyse von Zeitverzögerungseffekten, sowie die Beständigkeit von Wettbewerbsvorteilen durch potenziell imitierbare IT hinterfragt (Kohli & Grover 2008, Dedrick et al. 2003). Ebenso sei Wettbewerbsfähigkeit in Bezug auf eine Industrie, den lokalen Markt oder eine Produktlinie und damit über eine Vergleichsgruppe zu definieren und nicht als etwas Allgemeines zu erfragen (Santharnam & Hartono 2003). Da laut KOHLI & GROVER (2008) sowie MELVILLE ET AL. (2004) die Manifestation und Auswirkungen von IT in verschiedener Weise in Unternehmen offensichtlich sind, sollte das Augenmerk der Forschung auf komplementäre und mediierende Faktoren in der Wertschöpfungskette gelegt werden. Diesem Vorschlag der Autoren wird gefolgt, sowie die kritisierten Probleme wie folgt addressiert. Zuerst werden jedoch jene durch CAMERON & WHETTEN (1983) aufgestellten Grundfragen zur Messung der Unternehmensleistung beantwortet (sieheTabelle 4.2).

Tabelle 4.2: Messansatz der Leistungsfähigkeit von Unternehmen[182]

Frage	Antwort
Von wessen Perspektive?	Führungskräfte aus der Industrie
Was soll zur WB beitragen?	Public Cloud Computing Assimilation
Welches Analyse-/Vergleichsobjekt?	Das gesamte Unternehmen
Welcher Zweck?	Ermittlung der Effektstärke auf mehrere Arten der Wettbewerbsfähigkeit
Welcher Zeitraum?	Wahrgenommene Wettbewerbsfähigkeit (letzte drei Jahre)
Welche Art an Daten?	Subjektive Wahrnehmung, Validierung durch objektive Daten
Gegen welche Referenz oder Referenzgruppe wird bewertet?	Durchschnitt gegenüber der durch die Führungs-kraft definierten Vergleichsgruppe an Unternehmen

---

[182] Shang & Seddon (2002), S. 273, in Anlehnung an Cameron & Whetten (1983), S. 270-274.

4.1 Grundlagen der Modellentwicklung

Selbstauskunft und Wahrnehmung

Obwohl Angaben basierend auf subjektiver Wahrnehmung nicht sehr akkurat oder durch Effekte der Eigenwerbung beschönigt sein könnten, was auf den Effekt der Konfundierung zurückzuführen ist (Diller 2006), stellt die Selbstauskunft dennoch eine probate Alternative oder Ergänzung zu objektiven Messzahlen dar (Tallon et al. 2000). Durch langjährige Berufspraxis, die Kenntnis der Historie und Marktstellung des Unternehmens, den regelmäßigen Austausch unter Kollegen sowie durch Kenntnisnahme externer Unternehmensanalysen von Marktforschungsunternehmen oder in Benchmarks sollte eine Führungskraft ausreichend auskunftsfähig über die Leistungsfähigkeit ihres Unternehmen sein (ebd., Kearns & Lederer 2003). Zusätzlich ist jedoch empfohlen, mit belastbaren Marktzahlen die Aussagen ob deren Glaubhaftigkeit zu überprüfen. BHATT & GROVER (2005) haben z.B. *Competitive Advantage* sowohl über objektive als auch subjektive Indikatoren erhoben und per Korrelationsanalyse eine signifikante Konvergenz nachgewiesen und hierdurch dieses methodische Vorgehen als probates Mittel bekräftigt. Um der Kritik der Messungenauigkeit oder Verzerrung durch Selbstauskunft zu begegnen, wählen einige Autoren einen entschärfenden Namen ihrer Konstrukte z.B. *Perceived Business Performance* (Sabherwal & Chan 2001), *Perceived Business Value* (Fink & Neumann 2009) oder *Perceived Financial Performance* (Kim et al. 2011). Diesem Weg der Benennung, um die Limitation der Selbstauskunft kenntlich zu machen, gepaart mit einem Vergleich mit objektiven Daten wird in dieser Arbeit gefolgt. Die Angabe vom Unternehmensnamen aufgrund der Anonymität war freiwillig. Daher wurde eine Validierung der Aussagen (4.3.3) durch einen Vergleich mit erhältlichen Marktkennzahlen nur selektiv durchgeführt über jene Datensätze mit Angabe dieser Information.

Beständigkeit von Wettbewerbsvorteilen

PICCOLI & BLAKE (2005) sehen den Aspekt der Beständigkeit, bzw. Nachhaltigkeit in Bezug auf Wettbewerbsvorteile gegeben, wenn jene gegen die Replikation durch Wettbewerber geschützt werden. Da dieses nie von unbegrenzter Dauer sein könne, sei der Begriff Nachhaltig als Prämisse des kontinuierlichen Wandels der Prozesse und Produkte für die Aufrechterhaltung stetig neuer temporärer Vorteile zu verstehen. Die Autoren kommen zu dem folgenden Schluss: „Sustained competitive advantages accrue, when competitors face significant challenges in acquiring, developing or using the resources underlying the value creating strategy" (S. 749).

Ein Unternehmen ist wettbewerbsfähig, wenn es nachhaltige Wettbewerbsvorteile erzeugen kann[183]. Dies kann durch die Adoption und gezielte Nutzung von IT verbessert werden, soweit hierdurch entsprechende Fähigkeit zur Steigerung der Wettbewerbsfähigkeit resultieren, etwa DC. Dies wurde bereits in den präsentierten Literaturrecherchen aufgezeigt. Als Fazit wird in der vorliegenden Arbeit nur über *Competitiveness* gesprochen und deren Nachhaltigkeit wird durch das Thema der ITDC repräsentiert.

Zeitverzögerung

Informationstechnologie ist bei vielen Prozessen entlang der Wertschöpfungskette von Unternehmen direkt messbar, z.b. während der Produktionssteuerung, Optimierung der Logistikabläufe sowie im Vertrieb. Der sich hieraus längerfristig einstellende Effekt auf strategische Kennzahlen wie bspw. Umsatzwachstum oder Profitabilität ist dagegen schwierig zu erheben. Gerade bei neuen Technologien müssen Unternehmen deren Einsatz und dessen Ausschöpfung von Potenzialen erst erlernen sowie die bereits erwähnten komplementären Ressourcen und Fähigkeiten entwickeln (Goh & Kauffman 2005), wodurch Latenzeffekte auf z.B. die messbare Produktivität von gut vier bis sieben Jahren auftreten können (Brynjolfsson & Hitt 2000, Lee & Kim 2006, Campbell 2012). Dies trägt auch zum bereits im Kapitel 1.1.3 erläuterten Produktivitätsparadox bei (Brynjolfsson 1992). In Bezug auf die Messgenauigkeit ist der Effekt erstens kaum isolierbar zu beobachten, zweitens vom idiosynkrasischen Charakteristika des Unternehmens abhängig und drittens ist der richtige Messzeitpunkt unter Berücksichtigung von Zeitverzögerungseffekten kaum diskret bestimmbar (Dedrick et al. 2003). Zumindest seien Studien, welche die Ursache und Wirkung mit einer Zeitverzögerung erheben, Längsschnittstudien, ein valideres Vorgehen für die Messung vom IT-Wertbeitrag (ebd.). Im Gegensatz zu Querschnittstudien (engl. Cross-Sectorial Studies), welche einmal durchgeführt eine Momentaufnahme bilden, dienen diese Längsschnittstudien der Untersuchung von Wandel und werden daher im identischen Design über einen von der Forschungsfrage abhängigen Zeitraum mehrfach erhoben, um die sich ändernden Parameter zu vergleichen (Bortz & Döring 2008). KOHLI & DEVERAJ

---

[183] „Sustainable Competitiveness" ist bislang im Unternehmenskontext noch nicht etabliert. Er wird vornehmlich angewandt auf Länder, Volkswirtschaften und Industrien, wenn spezielle gesellschaftliche Rahmenbedingen gegeben sind, u.a. Einkommensgleichheit, geringe Jugendarbeitslosigkeit, Social Mobility oder Umweltschutz (World Economic Forum 2012, Lawrence 2008).

4.1 Grundlagen der Modellentwicklung

(2003) haben in einer Meta-Analyse über 66 Studien im Zeitraum 1990 bis 2000 die Aussagekräftigkeit von Längsschnittstudien untersucht, mussten ihre Hypothese jedoch verwerfen, dass Längsschnittstudien die Messung von IT-Payoff[184] verbessern. Die vorliegende Arbeit stellt eine Querschnittstudie dar und untersucht den komplementären bzw. mediierenden Faktor der ITDC. Die Kausalkette ist so zu verstehen, dass Unternehmen, die in der Assimilation von PuCC fortgeschrittener sind, anzunehmend aus IT auch mehr Fähigkeiten entwickeln und dies zu einer wahrgenommenen Wettbewerbsfähigkeit führt, wobei die subjektive Einschätzung durch objektive Daten eine Bestätigung erfahren sollte. Die im finalen Modell aufgestellte mehrfache Weise der Assimilationsmessung, der Einbezug der kompletten Theorie der DC Component Factors von WANG & AHMED (2007) sowie die in diesem Unterkapitel präsentierte methodische Stringenz in der Messung des Wertbeitrags tragen der Limitation des Ausbleibens einer Längsschnittstudie Rechnung (Kohli & Deveraj 2003). Die Forschungsergebnisse können somit als stichhaltig und vergleichbar betrachtet werden

Messzeitraum und Vergleichsgruppe

Mit Hinblick auf die Operationalisierung wird in bestehender Literatur auf den Ansatz von POWELL & DENT-MICALLEF (1997) verwiesen, eine Einschätzung mehrerer Messzahlen der Performance über einen 3-Jahreszeitraum gegenüber Wettbewerber zu treffen. Ebenso befragten LEE ET AL. (2007) ihre Studienteilnehmer über Competitive Position mit: „During the last 3 years, how do you rate your firm's position relative to others in your industry?". Diese klare Abgrenzung der Vergleichsgruppe (engl. peer group), z.B. mit diesem Industriefokus führt zu einer realistischeren Einschätzung und Messung der Wettbewerbsfähigkeit, wie bspw. empirisch bestätigt durch SANTHANAM & HARTONO (2003)[185]. PAVLOU & SAWY (2006) schränkten die Vergleichsgruppe noch stringenter ein auf die hauptsächlichen Wettbewerber („[...] relative to your major competitors [...]") ein und fragen betreffs der Betonung der Wahrnehmung nach *Perceived Competitive Advantange in NPD* [New Product Development]. Auch XIAO & DASGUPTA (2009) und WU ET AL. (2006) setzen den Fokus auf die Wahrnehmung und erheben die *Perceived Financial-* und *Perceived Market-Firm Performance*, ebenfalls

---

[184] Der Begiff bezeichnet sowohl die Amortisation von IT Investitionen wie generell deren Erfolg.
[185] "[...] evident that the industry grouping or benchmark firms used in comparing financial performances are important in analyzing IT capability effects", Santhanam & Hartono (2003), S. 150.

über mehrere Aussagen der Einschätzung gegenüber Wettbewerbern. Als konkrete Indikatoren überwiegen in den in diesem Abschnitt referenzierten Quellen für *Firm Performance* faktische und kalkulierbare Kennzahlen wie *Sales Growth, Profitability* und *Market Share* (Robert & Grover 2012b) oder *Return of Investment* und *Cash Flows* (Xias & Dasgupta 2009). Für*Wettbewerbsfähigkeit* (Witt 2008) oder *Competitive Advantage* dagegen sind eher weiche Parameter zu bewerten wie *Product Quality, Customer Satisfaction, Innovation, Productivity* oder der Zeitfaktor (*Time-to-Market*). Da beide Variablen des Wertbeitrags eine andere Perspektive abdecken, sollten sie getrennt eigenständig erhoben werden (Ravinchandran & Lertwongsatien 2005).

Operationalisierung des Wertbeitrags
In der vorliegenden Studie wurden Perceived Competitiveness (Product Quality, Cost Efficiency, Time-to-Market, Customer Satisfaction) und Perceived Firm Performance (Profitability, Sales Growth, Market Share) über die Frage gemessen: "Over the last 3 years how is your entire organisation in your industry positioned with regard to..."[186]. Ein direkter Bezug zu PuCC oder zu IT, z.B. mit Formulierungen wie „Thanks to IT, ..." (Schwarz & Kalika 2010), "Use of IT to ..." (Bergeron et al. 2001) oder "IT has been used to ..." (Kearns Lederer 2003), sollte nicht erfolgen, um die Variablen unvoreingenommen zu bewerten und gleichfalls die Kausalkette nicht zu überbrücken. Der Bezug zu IT wurde daher bei den ITDC vorgenommen.

4.1.3 Fragebogendesign

Die Gestaltung eines Fragebogens ist ein kreativer und strukturierter Prozess, mit dem Ziel, das Messmodell in einer für die Zielgruppe zur bestmöglich Beantwortung geeigneten Form darzustellen. Zudem soll potenziellen Fehlern beim Ausfüllen proaktiv begegnet werden durch die Vermeidung von Verständnisproblemen, dem Angebot ausreichender und eindeutiger Antwortoptionen sowie dem Aufbau einer nicht ermüdenden, gleichzeitig jedoch nicht irritierenden Dramaturgie der Befragung. Für die Messung des vorliegenden Modells wird die Variante des standardisierten und formalisierten Fragebogens gewählt. Hierbei werden geschlossene Fragen stets in gleicher Reihenfolge gestellt, um über sämtliche Teilnehmer Vergleichbarkeit zu erhalten (Malhotra 2006). Die Fragetypen sollen darauf abzielen, Einstellungen, Meinungen und Verhaltensweisen zu erheben. Dabei äußert sich der Teilnehmer stellvertretend für

---

[186] Anmerkung: Dieses ist der finale Wortlaut nach der Expertenvalidierung.

seine Organistion in Bezug auf die Assimilation von PuCC. Bei der Formulierung des Fragebogens gaben folgende Empfehlungen von MALHOTRA (2006) und TAYLER-POWELL (2006) eine Orientierung:

- Aufklären über Anforderungen, Ziel, Verwendungszweck und Zeitbedarf der Befragung. Hierdurch kann die Antwortmotivation überprüft werden, zudem wird frühzeitig validiert, ob der Teilnehmer auch zur Zielgruppe gehört und eine komplette Antwort zu liefern in der Lage ist
- Verwendung von einfacher und konkreter Sprache, wobei Fachjargon nur entsprechend der Zielgruppe und auch dann nicht missverständlich zu Einsatz kommen sollte (hierbei keine Abkürzungen verwenden)
- Fokus auf wichtige Fragen und Vermeidung von Nebensächlichkeiten
- Gruppierung von Frageblöcken in thematisch kohärente Sektionen, jedoch Aufteilung auf mehrere Seite falls Ermüdung durch die Länge
- Vorgabe eindeutiger, sich gegenseitig ausschließender Antwortoptionen
- Ausbalancierung aus Standardisierung und Wiedererkennungswert, um Fehlantworten durch Verwirrung zu vermeiden, gleichzeitig jedoch Variation einfließen lassen, um Müdigkeit und Abbruchraten zu vermeiden
- Ermöglichung von Variabilität in den Antwortoptionen, durch die Verwendung von 5- bis 9-stufigen Likert-Skalen (Likert 1932) ist empfohlen
- Betonung der Anonymität, repetitiv geäußert bei kritischen Fragen

Common Method Bias
Die zwei letztgenannten Punkte sprechen bereits vorbeugenden Maßnahmen für etwaig auftretende Methodenfehler (*Common Method Bias*) an. KING ET AL. (2007) definieren *Method Bias* als "[...] the systematic variability that can be introduced into the data that are gathered in a study by the method that is used to gather the data" (S. 458). Dieser Effekt trete verstärkt bei der Messung von Wahrnehmung, folglich von subjektiv-interpretativen sowie bei selbstberichteten Daten auf und gefährde die Validität der Studie und Glaubwürdigkeit der Schlussfolgerung auf kausale Zusammenhänge (Podsakoff et al. 2003)[187]. In Tabelle 4.3 wird ein Auszug vorgestellt mit Methodenfehlern und potenziellen Strategien für deren Mitigation vor und während einer Erhebung.

---

[187] Eine Analyse der potenziell auftretenden Effekte wurde von Schwarz et al. (2008) durchgeführt.

PODSAKOFF ET AL. (2003) zeigen eine Chronologie der Fehler auf, so sei zuerst das Verständnis einer Frage zu sichern und während der Interpretation und Abwägung auf die Herstellung einer neutralen Stimmung und eines neutralen Kontexts zu achten. Für die Entscheidung des Beantwortenden über eine Antwort käme danach das Problem des Konsistenzwahrens zum Tragen, zudem bei der tatsächlichen Auswahl der Ankreuzoption die Art der Skalierung. Zur finalen Entscheidung über die Antwort würde ein Studienteilnehmer Aspekte der sozialen Erwünschtheit in Betracht ziehen und diesbzgl. etwaig seine Ankreuzoption ggf. noch einmal überdenken. Während der Ausgestaltung des Fragebogens wurden neben den Hinweisen von MALHOTRA (2006) und TAYLER-POWELL (2006), auch die Mitigationsstrategien von PODSAKOFF ET AL. (2003) und KING ET AL. (2010) beachtet und wie folgt berücksichtigt:

- Zusicherung von Anonymität und Vertraulichkeit bei der Auswertung
- Abwechslungsreiche Fragebogengestaltung mit unterschiedlichen thematischen Sektionen und variierenden Fragestellungen
- Abwechselnde Skalierungen: Zustimmungskalen (*Strongly Disagree* bis *Strongly Agree*), Intensitätsskalen (*No at all Important* bis *Extremely Important*) sowie Bewertungsskalen (*very below the average* bis *very above the average*) (siehe Weiber & Mühlhaus 2010, S. 97)
- Wiederverwendung bereits validierter Messinstrumente (s.o.)
- Durchführung von acht Experteninterviews zur Validierung des Modells und Fragebogens, auch in Bezug auf Verständlichkeit, Arrangement, Skalierung, Ermüdungsauflösung und Ambiquitätsvermeidung
- Analyse des Harman's Single Factor Test mit negativem Ergebnis

Abgesehen wurde jedoch von einer willkürlichen Mischung der Items mehrerer Konstrukten, da dies größere Risiken birgt und daher auch nur praktiziert wurde bei knapp 3% aus 122 untersuchten Studien durch von KING & LIU (2010, S. 479) in den Journals MIS Quarterly, Information Systems Research und Journal of Management Information Systems im Zeitraum 1999 bis 2005. Ebenso wurde die Idee von VISSER ET AL. (2000, S. 239) verworfen, eine unterschiedliche Skalierungshöhe für bipolare (7 Schritte) gegenüber unipolaren (5 Schritte) Skalen einzusetzen, sondern mit Hinblick auf die Orientierung an der Messweise der bestehenden Operationalisierungen und dessen Bestärkung in den Experteninterviews, sich für eine 5-Likert Skala konsistent über den gesamten Fragebogen entschieden.

Tabelle 4.3: Methodenfehler und Mitigationsstrategien[188]

Common Rater Effects

Bewertung mehrerer/sämtlicher Variablen durch denselben Studienteilnehmer

Problem	Sozial erwünschte und idealistische Antworten geben
Lösung	Mitigation durch Zusicherung von Anonymität und Vertraulichkeit
Problem	Aktiver Versuch, ein konsistentes Antwortverhalten zu zeigen
Lösung	Abwechslung in der Fragenanordnung und Skalierung
Problem	Beantwortung entsprechend der implizit vermuteten Theorie des Modells
Lösung	Zeitliche oder/und methodische Trennung der Messung der exogenen und endogenen Variablen. Beantwortung durch unterschiedliche Teilnehmer

Item Characteristic Effects

Verzerrung durch die Formulierung und dem Interpretationsspielraum der Items

Problem	Fragen und Items zeigen Ambiguität und sind missverständlich formuliert
Lösung	Validierung durch Experteninterviews, Vermeidung der Überladung von Items durch Dekomposition und Präsentation von Beispielen zur Erklärung.
Problem	Das Skalenformat induziert Tendenzen oder passt nicht zur Bewertungsart
Lösung	Verwendung bipolarer(Strongly Disagree [-2] bis Strongly Agree [+2]) oder neutraler Skalen (Very Low [1] bis Very High [5]), jedoch stets diametral

Item Context Effects

Beeinflussung der Beantwortung durch die Fragenpositionierung im Fragebogen

Problem	Verstärkung der Item-Korrelation bei gruppierter Anordnung
Lösung	Mischung mehrerer Item-Batterien
Problem	Kontinuierliche und konsistente Antwortmuster
Lösung	Mitigation durch Abwechslung in der Formulierung ("Reverse-Coding")
Anmerk.	Die Lösungen können wiederum Gegen-Bias versursachen

Measurement Context Effects

Auftreten einer von Aussen verursachten Beeinflussung während der Erhebung

Problem	Abhängigkeit des Antwortverhaltens von Zeitpunkt, Umgebung und Medium
Lösung	Falls Kontext der Messung für Prädiktor und Ergebnis trennbar ist, kann die Erhebung durch mehrere Parteien separat durchgeführt werden (siehe auch Common rater effects). Ergänzend sei der Harman's Single Factor Test zur Überprüfung des Vorliegens eines generellen Faktors zu berechnen

---

[188] Podsakoff et al. (2003), King et al. (2010). Siehe diese Referenzen für weitere Methodenfehler.

Diese Variante an ungraden Optionen ermöglicht auch das nach TSANG (2012) methodisch korrekte Vorgehen, eine neutrale Option anzubieten und den Antwortenden nicht in eine Meinungsrichtung zu drängen („this option is desirable because it avoids forcing respondents to choose agree or disagree options, that may evoke misleading confusions", S. 124). Wichtig sei hierbei die Deklarierung als Neutral anstatt der unspezifischen Formulierung Neither agree nor disagree, zudem das Angebot, eine Frage unbeantwortet zu lassen entweder durch eine N/A (not applicable) Option oder die technische Ermöglichung des Freilassens der Item-Skalen (S. 126).

Als Medium der Darbietung und Durchführung der Online-Befragung soll eine am Markt erhältliche professionelle Software dienen. Durch diese Art der internetbasierten Umfrage[189] können die Internationalität der Teilnehmer erhöht, die Kosten der Erhebung begrenzt und die Anonymität gesichert werden, zudem eignet sich diese gängige Form für großumfängliche Studien mit erwartungsweise mehreren hundert Teilnehmern (Leeuw 2008). Ein weiterer Vorteil von Internet Surveys ist, dass keine Terminierung zu erfolgen hat, der Teilnehmer folglich sich die Zeit frei einteilen kann, was mit Hinblick auf die Motivation der Teilnahme von Führungskräften einen großen Vorteil darstellt (Leeuw 2008, Cycyota 2006). Da die Zielgruppe an der Schnittstelle zwischen Fach- und IT-Seite arbeiten sollte und das Thema technologielastig ist, wird durch das Medium Internet keine Hürde erwartet. Dennoch soll die Befragung optisch und im Ablauf einer Papierbefragung gleichen und technisch unfangreiche Möglichkeiten von Online-Befragungen[190] unterbleiben, welchen ohnehin für die Beantwortung der Fragen nicht zielführend wären. Ebenso wird auf grafische Information verzichtet, bis auf jene welche zur Definition und Einführung hilfreich sein könnten. Tabelle 4.4 zeigt den Aufbau des initialen Fragebogens. Die finale Version nach den Experteninterviews als dessen Umsetzung im Online-Tool ist im Anhang aufgeführt.

---

[189] „[...] a form of self-administered questionnaires, in which a computer administers a questionnaire on a web site. Survey questions are viewed and answered using a standard web browser on a PC. The responses are transferred through the Internet to the server" Leeuw (2008), S. 135.
[190] Exemplarisch seien dies das Piping, Branching oder Randomization nach Smith et al. (2006).

Tabelle 4.4: Aufbau des initialen Fragebogens

Sektion	Inhalt	Skalen
Einführung/ Introduction	• Abgrenzung des Forschungsthemas • Vorstellung des Dissertationsprojektes / Kontaktdaten • Angaben über Bearbeitungsdauer und Inzentivierung	keine
Benefits & Barriers	• Abgrenzung von Private zu Public Cloud Computing Hinweis, dass die Fragen über die Servicemodelle IaaS, PaaS und SaaS gemeinschaftlich zu beantworten sind • 10 Fragen zu Benefits, 8 Fragen zu Barriers	5-Likert-Skala (Wichtigkeit)
IT-enabled Dynamic Capabilities	• IT-enabled Innovative Capabilities - 7 Fragen • IT-enabled Adaptive Capabilities – 7 Fragen • IT-enabled Absorptive Capabilities – 7 Fragen	5-Likert-Skala (Zustimmung)
Adoption Factors	• Organisational Factors – 16 Fragen (4 Konstrukte) • Environmental Factors – 20 Fragen (5 Konstrukte) • Frage nach Unternehmensgröße im Demographieteil	5-Likert-Skala (Zustimmung)
Adoption Stage	• Erklärung des 5-stufigen Assimilationsprozesses • Einstufung für IaaS, PaaS, SaaS – 3 Fragen	5 Stufen der Assimilation
Unternehmens -leistung	• Einstufung der Unternehmensleistung in 7 Kategorien gegenüber dem Industriedurchschnitt – 7 Fragen	5-Likert-Skala (Bewertung)
Demographie / Abschluss	• Branche, Position, Land, Unternehmesgröße – 6 Fragen • Freiwillige Angabe der Email-Adresse und Kommentar • Bedankung für die Teilnahme	Ankreuzen einer Option Freitextfelder

4.2 Experteninterviews & Modellvalidierung

Der erste Schritt der geforderten Validierung von Messinstrumenten für latente Variablen ist die Inhaltsvalidität, welche vorliegt, wenn eine Variable in ihren Aspekten vollständig erfasst wurde. Methodisch verbessern dies die Literaturrecherchen sowie die folgenden Experteninterviews (Boudreau et al. 2001). Konkret dienen die Aussagen der Experten in der vorliegenden Studie dazu, den Umfang des Modells zu validieren oder das Modell in der Anzahl der Variablen und Beziehungen zu erweitern. Gleichzeitig wird der Fragebogen in punkto Wortwahl und Verständlichkeit auf den Teilnehmerkreis angepasst, um die Messgenauigkeit zu verbessern.

Die Zielgruppe der geplant großumfänglichen quantitativen empirischen Untersuchung sind Führungskräfte an der Schnittstelle zwischen Fachseite und Informationstechnologie, die zugleich Aussagen über PuCC und dessen Assimilation und Einsatzpotenzial sowie über Unternehmenskennzahlen und die angenommene Wettbewerbsfähigkeit treffen können. CYCYOTA & HARRISON (2006) sehen besondere Herausforderungen und dämpfen die Erwartungen der Forscher bei Studien mit Führungskräften. Da jene häufig die einzig reliable Quelle für Informationen zur Position und Strategie von Unternehmen sind, würden Sie sehr frequent für eine Teilnahme an Studien angefragt, was zu einer Ermüdung und Resistenz führen könne. Daneben sei gerade bei diesen der Faktor Zeit knapp und darüber hinaus verbieten Unternehmensrichtlinien häufig die Herausgabe von etwaig vertraulichen Informationen (S. 134f).

CYCYOTA & HARRISON (2006) haben eine Antwortrate von 32% über 231 Studien in den Jahren 1991 bis 2003 in renommierten Journals der Management-Disziplin. Sie sehen im Zeitverlauf jedoch eine deutliche Senkung der Teilnahmebereitschaft. Allerdings konnten die Autoren zeigen, dass gewisse Faktoren einen positiven Effekt auf die Antwortrate ausüben, z.B.: Relevanz und Aktualität der Studie, Ansprache der Teilnehmer über Sponsoren oder Soziale Netzwerke sowie eine Vorselektion der Teilnehmer nach Eignung. Nur ein inhaltlich qualitativ hochwertiger Fragebogen (4.2.3) mit prägnanten Formulierungen, einem motivationsfördernden dramaturgischen Aufbau und einer akzeptablen Länge (Ausfülldauer) führt zu der benötigen Anzahl an vollständig ausgefüllten Rückmeldungen. Daher wurde sich entschieden, über das initial operationalisierte Modell samt Fragebogen Experteninterviews (4.2.2) als Methode der qualitativen Sozialforschung (4.2.1) durchzuführen zwecks Feinoptimierung, Komplexitätsreduzierung und einer gleichzeitigen Modellvalidierung.

4.2.1 Qualitative Sozialforschung

Die Qualitative Sozialforschung basiert auf wissenschaftstheoretischen Strömungen wie der Hermeneutik, Phänomenologie, Ethnomethodologie und dem symbolischen Interaktionismus[191]. Sie stellt damit die Erforschung und Interpretation der individuellen Konstruktion von Wirklichkeit sowie die Orientierung an Handlungsprozesses und dem Alltagsgeschehen der Untersuchten in den Vordergrund (Bortz & Döring 2006, Flick et al. 2012). Im Gegensatz zur Motivation der Ermittlung und Erklärung von Ursache-Wirkungs-Zusammenhängen in der quantitativen Sozialforschung sollen hierbei komplexe und kontextuelle Zusammenhänge verstanden und dabei die unterschiedlichen Perspektiven der Befragten berücksichtigt werden. Durch ein weniger standardisiertes und offenes methodisches Vorgehen ist die qualitative Sozialforschung dabei

---

[191] Ausführliche Darstellungen der Theorie und Methoden der qualitativen Sozialforschung finden sich bei Lamnek (1995), Bortz & Döring (2006), Denzin & Lincoln (2011) sowie Flick & Steinke (2012).

4.2 Experteninterviews & Modellvalidierung

näher am Phänomen und eignet sich besonders zur Entwicklung von Theorien und Generierung von Forschungshypothesen (Wrona 2005, Kelle & Erzberger 2012).

Methodische Repräsentanten qualitativer Datenerhebungsmethoden sind Einzelinterviews und Gruppendiskussion, die beobachtende nicht-reaktive Feldforschung, Handlungs- oder Biografieforschung, die qualitative Inhaltsanalyse über Dokumente, visuelle Methoden über Film und Foto sowie die Selbsterfahrung (Bortz & Döring 2006, Denzin & Lincoln 1994, Flick et al. 2012). Allen Methoden typisch sind wesentlich kleinere Fallzahlen als im quantitativen Forschungsparadigma. Nicht unüblich ist die Anwendung mehrerer qualitativer und quantitativer Methoden auf das gleiche Phänomen, genannt Triangulation (Flick 2012). Hierdurch können die Validität der Forschung und die Generalisierung der Erkenntnisse erhöht, sowie ein tieferes Verständnis des Phänomens im Sinne einer gesteigerten theoretischen Sättigung erreicht werden (Flick 2012). In der vorliegenden Arbeit wurde zwar keine Triangulation über die Hauptuntersuchung durchgeführt oder ein Mixed-Methods-Ansatz verfolgt[192], jedoch eine methodenkonvergente Validierung der quantitativen Instrumente (Keller & Erzberger 2012) durch Experteninterviews vorgenommen, um die Ergebnisse der Literaturrecherchen und das abgeleitete Initialmodell zu überprüfen.

Experteninterviews stellen als Sonderfall innerhalb der qualitativen Sozialforschung eine Methode dar, für ein Phänomen spezifische und eher objektive Aussagen zu generieren, anstatt das soziale Handeln oder individuelle Sichtweisen zu analysieren (Meuser & Nagel 2009). Aufgrund der Hegemonie von Experten im Sinne der Vormachtstellung innerhalb ihres Unternehmens in ihrem Kompetenzfeld, eignen Sie sich, bzw. Experteninterviews dafür, trotz der Befragung eines Individuums repräsentative Erkenntnisse über Unternehmen zu generieren (Gläser & Laudel 2010). Dies gilt insbesondere, wenn nicht das Erfragen der persönlichen Meinung oder Überzeugung des Experten über eine Sache im Vordergrund steht, sondern objektive, faktische und generalisierbare Aussagen zu einem Phänomen erhoben werden (ebd.). Nach MEUSER & NAGEL (2009) sei die Betitelung als Experte oder Expertin ein vom Forscher verliehener Status (S. 37), der bezogen auf das Phänomen von dem Befragten mehrere Qualifikationen abverlangt (siehe auch Meusel & Nagel 1991):

---

[192] Siehe Tashakkori & Teddlie (2010) sowie das Journal of Mixed Methods Research

- Privilegierter Informationszugang und zurechenbare Zuständigkeit
- Fach-, Prozess- oder Erklärungswissen (Regeln, Ideen, Visionen, Werte)
- Direkte Entscheidungsmacht oder indirekte Entscheidungsbeeinflussung
- Institutionalisierte Kompetenz zur Konstruktion von Wirklichkeit
- Ist hegemonial in einem Funktionskontext und konstruiert so Bedingungen der anderen Akteure in relevanter Weise mit
- Verantwortlich für Lösungen, Strategien und Rahmenbedingungen

Da bei Experten „eine professionelle Neugier am eigenen Handlungsfeld und eine grundsätzlich positive Einstellung gegenüber der Forschung vorliegt" (Christmann 2009, S. 211), seien sie für einen fachlichen Austausch zumeist offen und kooperativ für eine Teilnahme am Forschungsvorhaben. Experten können die eigentliche Zielgruppe der Untersuchung sein oder wie in der vorliegenden Untersuchung eine komplementäre Handlungseinheit darstellen, um „Informationen über die Kontextbedingungen des Handels der Zielgruppe zu liefern" (Meuser & Nagel 1991, S. 445).

4.2.2 Experteninterviews

Experteninterviews sind offene oder teilstandardisierte Variante der qualitativen Einzelbefragungen (Bortz & Döring 2006). Der nicht vollständig prädeterminierte Interviewablauf ermöglicht die Abstimmung der Diskussionstiefe und thematische Fokussierung auf den Kompetenzbereich des jeweiligen Experten. Hierdurch können bislang ungekannter Sachverhalte offengelegt und die kritische Reflektion des Modells gefördert werden (Lamnek 1995). Ein Leitfaden ist hierbei eine wichtige Orientierung, um die vollständige Abarbeitung der Fragen über das Forschungsmodell zu gewährleisten und dadurch die Vergleichbarkeit der Interviews zu sichern. Der Leitfaden zeigt eine Chronologie von Fragen auf, welche nach inhaltlichen Themenkomplexen angeordnet sind. Im Gegensatz zur quantitativen Befragung werden keine geschlossenen Fragen gestellt. Die Tabelle 4.5 zeigt den Leitfaden der Experteninterviews der vorliegenden Studie. Da die Experten eine komplementäre Einheit zu der späteren Zielgruppe in der Hauptuntersuchung darstellen, wurde als Samplingstrategie eine im Rahmen des Forschungskontexts maximale Kontrastierung gewählt. Neben Führungskräften in der Industrie wurden Unternehmensberater, ein Vorsitzender eines Vereins zur Innovationsforschung, ein Forscher der Wirtschaftsinformatik, ein CIO einer Cloud Marketplace Plattform sowie eine Führungskraft eines Anbieters von CC-Services über das initiale Forschungsmodell und den Entwurf des Fragebogens befragt (Tabelle 4.6).

Tabelle 4.5: Leitfaden für Experteninterviews

Abschnitt	Fragen
Beginn des Interviews	• Gegenseitige Vorstellung der Personen und des Forschungsvorhaben • Zusicherung von Anonymität und vertraulicher Behandlung der Angaben • Aufklärung über Methode der stichwortartigen Protokollierung
Einleitungstext	• Klärt der Text über das Forschungsvorhaben ausreichend auf? • Welcher Kenntnisstand in der Materie ist zur Teilnahme gefordert? • Ist der Text verständlich für die Zielgruppe und motiviert zur Teilnahme?
Grundsätzliche Fragen je Abschnitt	• Ist die Skalierung ideal gewählt oder verbesserungswürdig? • Sind die Fragen und Indikatoren verständlich und eindeutig formuliert? • Sind die Indikatoren und Fragen zu umfangreich oder fehlt etwas? • Ist die Reihenfolge der Fragen und Frageblöcke gut gewählt? • Sind die Fragen suggestiv / entsteht Suggestion durch die Anordnung?
Perceived Benefits & Barriers	• Wird die Fokussierung auf Public Cloud Computing transparent? • Fehlen relevante Perceived Benefits & Barriers oder sind überflüssig? • Sind die Benefits & Barriers überschneidungsfrei oder zu aggregieren? • Wieviel technisches Fachwissen ist für die Beantwortung gefordert?
IT-enabled Dynamic Capabilities	• Wird der Fokus auf IT-enablement durch die Frageformulierung „With the help of information technology, our organisation ..." klar? • Ist die Beantwortung ermüdend durch etwaig redundante Indikatoren?
TOE-Assimilations-Faktoren	• Ist die Einordnung der Faktoren in das TOE-Schema eine gute Wahl? • Fehlen relevante Faktoren, bzw. welche Faktoren sind nicht relevant? • Sollen die Indikatoren/Fragen der Variablen randomisiert werden?
Assimilation von PuCC	• Ist die Erhebung nach Stufen sinnvoll und eine valide Methode? • Sind die Stufen der Assimilation gut erklärt und decken den Prozess ab? • Ist die Einstufung der Assimilation nach IaaS/PaaS/SaaS günstig gewählt? • Soll die Assimilation nach einem anderen Schema erhoben werden? • Wie kann die Plausibilität der Antworten überprüft werden?
Unternehmensleistung	• Sind die Fragen zu brisant und bergen das Risiko des Nicht-Beantwortens? • Wieviel Wissen über die Marktlage des Unternehmens ist gefordert? • Ist die Erhebung als 3-Jahresvergleich zu Wettbewerbern treffend? • Wie kann das Problem der Selbstauskunft mitigiert werden?
Demographie	• Ist die Auswahl an Branchen ausreichend? • Ist die Auswahl an Unternehmensrollen des Befragten ausreichend?
Meinung/Kritik /Anregung	• Wie lange wird die Beantwortungsdauer geschätzt und beurteilt? • Meinung zum Grad des benötigen Fach/IT-Wissens des Befragten • Meinung zur thematischen Relevanz und Teilnahmebereitschaft • Meinung zur Inzentivierung durch eine Gutschein-Lotterie
Finalisierung des Interviews	• Frage nach Empfehlung zusätzlicher Experten • Frage nach Empfehlung potenzieller Umfrageteilnehmer • Danke und Verabschiedung

Tabelle 4.6: Konsultierte Experten zur Modellvalidierung

Index	Perspektive	Organisation	Expertise / Rolle	Datum	Dauer
EX1	Industrie	Maschinenbau	Head of CIO Office	22.10.2012	56'
EX2	Beratung	IT-Beratung	IT Security Manager	23.10.2012	52'
EX3	Marktplatz	Cloud Marketplace	Chief Information Officer	23.10.2012	48'
EX4	Forschung	Universität	Forscher	24.10.2012	61'
EX5	Non-Profit	Association/Verein	Innovationsforscher	26.10.2012	42'
EX6	Industrie	Konsumgüter	Strategic IT Planning	27.10.2012	47'
EX7	Beratung	Prozess-Beratung	Supply Chain Manager	31.10.2012	125'
EX8	Anbieter	Cloud Provider	Head of SaaS Development	20.11.2012	51'

Voraussetzung der Qualifikation und Selektion eines Experten war dessen langjährige Erfahrung mit Fragestellungen des strategischen IT-Managements, wobei fortgeschrittene technische und betriebswirtschaftliche Kenntnisse, als auch theoretische und praktische Erfahrung mit IT und der IT-Unterstützung von Geschäftsprozessen gefordert waren. Identifiziert wurden die Experten durch Recherche auf der berufsbezogenen Social Media Plattform Xing[193] sowie durch Empfehlungen über berufliche Kontakte des Autors. Während der Kontaktaufnahme wurde dem Prinzip der informierten Einwilligung (Gläser & Laudel 2010, S. 53) gefolgt und dem potenziellen Experten die Ziele des Forschungsprojektes erörtert, die Art und Weise seiner Mitwirkung dargelegt und die Gewährleistung von Anonymität zugesichert. Nach Zustimmung wurde dem Experten für das Interview der initiale Fragebogen per E-mail zugesandt, um auf Basis dessen diskutieren zu können. Durchgeführt wurden die telefonischen Interviews im Oktober und November 2012, mit einer Dauer von 42 bis 125 Minuten. Da auf keine Theoriegenerierung abgezielt wurde, war der Wegfall non-verbaler Elemente über das Telefon unkritisch (Christmann 2009). Der Interviewer nahm die Rolle eines Co-Experten ein als Interview-Variante des *Systematic Expert Interviews*, die sich auszeichnet durch symmetrische Kommunikation, ein hohes Level an Interaktion und Diskussion über thematische Details (Bogner & Menz 2009). Da in Expertengesprächen die Kompetenz der Experten im Vordergrund steht, sind methodische Probleme wie die Beeinflussung durch den Interviewer wenig relevant und damit diese Variante ergebnisförderlich (Bortz & Döring 2006). Trotzdem und obgleich des Anstrebens ei-

---

[193] www.xing.com

4.2 Experteninterviews & Modellvalidierung

ner natürlichen Gesprächssituation, blieben Bewertungen oder Kritik von Seiten des Interviewers selbstredend aus.

Ziel der Interviews war die Vornahme direkter Anpassungen anhand des Modellentwurfs, dessen Operationalisierung und dem initialen Fragebogen. Daher wurde sich auf das Extrahieren und Protokollieren der relevanten Informationen während des Interview fokussiert und eine Transkription und Kodierung der Gespräche war nicht nötig. In Bezug auf die Reliabilität der qualitativen Sozialforschung kann in dieser im Gegensatz zu quantitativen Studien kein Anspruch auf intersubjektive Nachvollziehbarkeit (Flick et al. 2007, S. 325) erhoben werden, da die Replikation einer begrenzt standardisierbaren Erhebung nicht identisch erfolgen kann. Auch obliegt die Auswertung der Interviews einer dem Interviewer immanenten Eigenbeurteilung. Nach MEUSER & NAGEL (2009) solle die Dokumentation und Auswertung bei Experteninterviews anhand der thematisch zusammengehörenden Einheiten in Protokollform erfolgen. Die Äußerungen der Experten seien „im Kontext ihrer institutionell- organisationalen Handlungsbedingungen" zu verstehen (S. 453), wobei grundsätzlich von einem gemeinsam geteilten Kontext der Experten, eben das Forschungsfeld, ausgegangen werden kann. Nach sieben Interviews wurde vom Forscher eine theoretische Sättigung wahrgenommen und nach insgesamt acht Interviews die Serie abgeschlossen. Nach GLASER & STRAUSS (1967) bedeutet diese Sättigung, dass das Modell infolge der Erhebungen ausreichend bestätigt wurde. Neue Aspekte aus einem Interview wurden daher auch stets in folgenden Interviews zur Diskussion und Validierung durchgesprochen und das Modell sukzessive erweitert und bis zur betonten Sättigung fortvalidiert. Der Forscher hat im Anschluss der Interviews die Anmerkungen der Experten in deren jeweiligen Kontext kritisch reflektiert und die Protokolle zu einer Liste an konkreten Anpassungen im Modell und Fragebogen. Im Folgenden werden die hauptsächlichen Anpassungen textuell dargelegt.

Der am deutlichsten betonte und wiederholt bekräftigte Änderungsvorschlag betraf die Hervorhebung des Studienfokus auf PuCC. Experte Zwei (EX2) schlug vor, in die Einleitungssektion eine grafische Darstellung einzufügen, welche den Unterschied zwischen Private und Public CC skizziert. Ferner empfahl EX6 die stetige Wiederholung des Schlagworts *Public Cloud Computing* in der Fragen- und Antwortformulierung. Dies sei zwar monoton, wirke jedoch als einprägsame Erinnerung, dass bei der Antwortsetzung dieses Objekt zu berücksichtigen ist. Die Art der Messweise der Assimilation von PuCC wurde auch zur Diskussion gestellt. Da diese Variable einen zentralen Charakter für beide Kausalmodelle einnehme (EX2), sei der Assimilationsgrad „bessser redundant zu erfragen" (EX3) und sämtliche Antworten auf Plausibilität zu prüfen, als das Risiko einzugehen, unzureichende oder ungenaue Daten zu erheben. In der finalen Umfrag wird die Assimilation von PuCC nun zu Beginn der Umfrage über die Berücksichtigung von PuCC in der IT-Strategie erfragt. Zudem soll im hinteren Teil der Umfrage eine diskrete Einstufung über die Prozessunterstützung und Verwendung von PuCC-Servicemodellen (EX4) vorgenommen werden.

In Bezug auf die Assimilationsfaktoren wurden zwei Variablen aus dem Modell entfernt. Die Richtung der Hypothese bei *Centralization* sei unklar und in hohem Maße abhängig von der Industrie und der geographischen Lage des Hauptumsatzmarkts, weshalb diese Variable in einem eigenständigen Modell zu erforschen sei (EX3, EX8). Ebenso bedürfe *Environmental Uncertainty* eine erheblich umfangreichere als hier vom „Platz her mögliche" Erhebung (EX7, EX8). Für die rechte Modellhälfte - der Beitrag von PuCC zu DC und der Steigerung von *Perceived Competitiveness* - hat EX7 die Hinzunahme einer Variablen namens *Overall IT Performance* vorgeschlagen. Diese würde ebenso wie die Assimilation von PuCC eine Antezedenz von DC darstellen, denn die Qualität von IT-Services könne generell zur Steigerung von DC führen, was zu validieren sei. Gleichzeitig müssten Mediationseffekte zwischen diesen Antezedenzien eine Überprüfung erfahren. Zielgruppen-orientierte Anmerkungen und Verbesserungsvorschläge über das Verwenden oder entsprechend Unterlassen von Fachsprache wurden von sämtlichen Teilnehmern getroffen. So seien hochtechnologische Fachtermini auszulassen oder durch allgemein verständliche Begriffe zu ersetzen. Nur so würden Fehlinterpretationen vermieden und die Teilnahme von Fachpersonal ohne tiefe IT-Kenntnisse ermöglicht. Final sei erwähnt, dass zu Beginn der Umfrage eine Frage über die Involvierung von Führungskräften bei der Entscheidungsfindung um PuCC hinzugefügt wurde zur „Kommunikation von Führungskräfte-Relevanz" (EX6).

4.2.3 Forschungsmodell & Hypothesen

Zwei zusätzlich latente Variablen haben in das Modell Einzug erhalten. Neben der Messweise der Assimilation von PuCC über die Abdeckung der Prozesslandschaft, wird als dritter Ansatz auch die Beachtung und Einbindung des Themas innerhalb der IT-Strategie der Unternehmen bewertet. *Cloud Strategy* wird über fünf Indikatoren ermittelt. *Enterprise IT Architecture* [Management] definiert das Zusammenspiel von Geschäftsprozessen, der diese unterstützende Anwendungslandschaft und den Daten-

und technischen Strukturen darunter, wobei Interoperabilität und Modularität typische Design-Prinzipien sind (Ross et al. 2006, Joachim et al. 2009). *IT Portfolio Management* ist der Prozess von der Anfordungssammlung über Strategie- und Risikobewertungen potenzieller Investition bis zur Budgetverteilung und der kontinuierlichen Überprüfung der Werthaltigkeit von IT-Projekten und die Zielgerichtetheit des allokierten Budgets (Jeffrey & Leliveld 2004). *IT Sourcing* (Kapitel 2.1.1 und Jouanne-Diedrich 2004) und *IT Security* (Kapitel 3.2.2 und o.V. 2015, S. 60f) wurden bereits umfangreich erläutert. Zudem wird als fünfter Indikator der Willen hinterfragt, im Bereich PuCC zukünftig expandieren zu wollen (Saya et al. 2010).

Für die Bewertung der *Overall IT Performance*, hier der Leistungsfähigkeit der IT-Abteilung als interner[194] Dienstleister für die Geschäftsseite, bieten viele Institutionen, Strategie- und IT-Beratungshäuser Benchmarks wie das IT-Capability-Maturity-Model der Accenture GmbH oder den marktführenden[195] IT–Capability-Maturity-Framework (IVI & BCG 2011) an. Hierbei werden bis zu 50 Parameter über Themen der Strategie, Anwendungsentwicklung, IT-Beschaffung, IT-Governance oder Infrastruktur-Management erhoben (Eul & Röder 2007). Für die handhabbare Operationalisierung dieses reflektiv operationalisierten Konstruktes wird sich in Anlehnung an TALLON ET AL. (2000) und basierend auf dem Experteninterview EX7 auf fünf wahrnehmbare Folgen von Overall IT Performance beschränkt: *IT Service Quality, IT Cost Efficiency, IT Agility and Responsiveness, IT Sourcing* und *IT Innovation*. Die Definition der Variablen folgt ebenfalls den von TALLON ET AL. (2000) aufgeführten wahrgenommenen Wirkungen der Leistungsfähigkeit der internen IT (Tabelle 4.9).

In Abbildung 4.5 ist das angepasste und finale Forschungsmodell dargestellt, welches auf die als relevant erachteten *Perceived Benefits, Perceived Barriers* und Assimilationsfaktoren reduziert wurde. Zudem wurde die Messung von PuCC-Assimilation auf ein Konstrukt 2. Ordnung, Typ III erweitert sowie das Konstrukts *Overall IT Performance* und dessen Kausalbeziehungen hinzugenommen. Zusätzlich werden potenziell vorhandene Moderationseffekt zwischen *Assimilation von PuCC*, bzw. *Overall IT Per-*

---

[194] Hier soll nur die unternehmensinterne Leistung in Betracht gezogen werden. Nicht unüblich ist, dass unternehmenseigene IT-Abteilungen auch als Dienstleister am Markt auftreten, z.B. bei der BASF IT Services, der IT-Tochter der Salzgitter AG oder Vattenfall Europe Information Services.
[195] Veröffentlicht durch das Innovation Value Institute als Zusammenschluss über 70 markführender Industrieunternehmen, IT-Anbietern, Strategieberatungen und Universitäten. https://ivi.nuim.ie

formance auf die nachgelagerten Wirkungszusammenhänge jeweils gegenseitig untersucht, skizziert durch einen gestrichelten Pfeil in der Abbildung. *Perceived Firm Performance* steht jetzt nicht mehr im direkten Kausalzusammenhang zur *Assimilation von PuCC* oder *Overall IT Performance*, sondern ist als Folge von *Perceived Competitiveness* modelliert, da dieser Zusammenhang kausal plausibler ist. Zur Beantwortung der Forschungsfragen aus Kapitel 1.2 wurden 35 Forschungshypothesen aufgestellt (Tabelle 4.8), welche als Ziel und Ergebnis der empirischen Untersuchungen bestätigt oder verwofen werden. Dieses Vorgehen folgt dem quantitativ-orientierten Forschungsparadigma, in welchem sachlogisch begründet und deduktiv entworfene Hypothesen in puncto Generalisierbarkeit eine Überprüfung erfahren. In der weiteren Tabelle 4.9 sind die Definitionen der Variablen und in Tabelle 4.10 deren Operationalisierungen, bzw. Messmodelle aufgeführt, welche den ausformulierten Fragen des späteren Online-Fragebogens entsprechen. Bei den Variablen steht eine Kodierung als Verweis auf die jeweilige Variante der Skalierung (Tabelle 4.7). Diese Varianten und Gründe der Auswahl wurden in Kapitel 4.1.3 erörtert.

Tabelle 4.7: Verwendete Skalen der Modelloperationalisierung

Skalierung	Wert 1	Wert 2	Wert 4	Wert 4	Wert 5	Quelle
Assimilationsstufen	Stage 1 Initiation	Stage 2 Adoption	Stage 3 Adaptation	Stage 4 Acceptance	Stage 5 Routinized	Cooper/ Zmud 1990
5-Likert Agreement	Strongly Disagree	Disagree	Neutral	Agree	Strongly Agree	Likert 1932, Malhotra 2006
5-Likert Intensity	Not at all important	Not important	Moderatly important	Very important	Extremely important	Weiber/Mühlhaus 2010
Performance	Very below the average	Below the average	About average	Above the average	Very above the average	Wu 2010, Powell/Dent-Micallef 1997
Logarithmisch	$0 - 50^1$	$50 - 500$	$500 - 5^*$	$5^* - 50^*$	$50^* - 500^*$	Chwelos 2001, Gibbs/Kraemer 2004
	Mitarbeiter: 0 - 500.000 / Umsatz: 0 - 500 Mrd. € (^{1} Mio. €)					

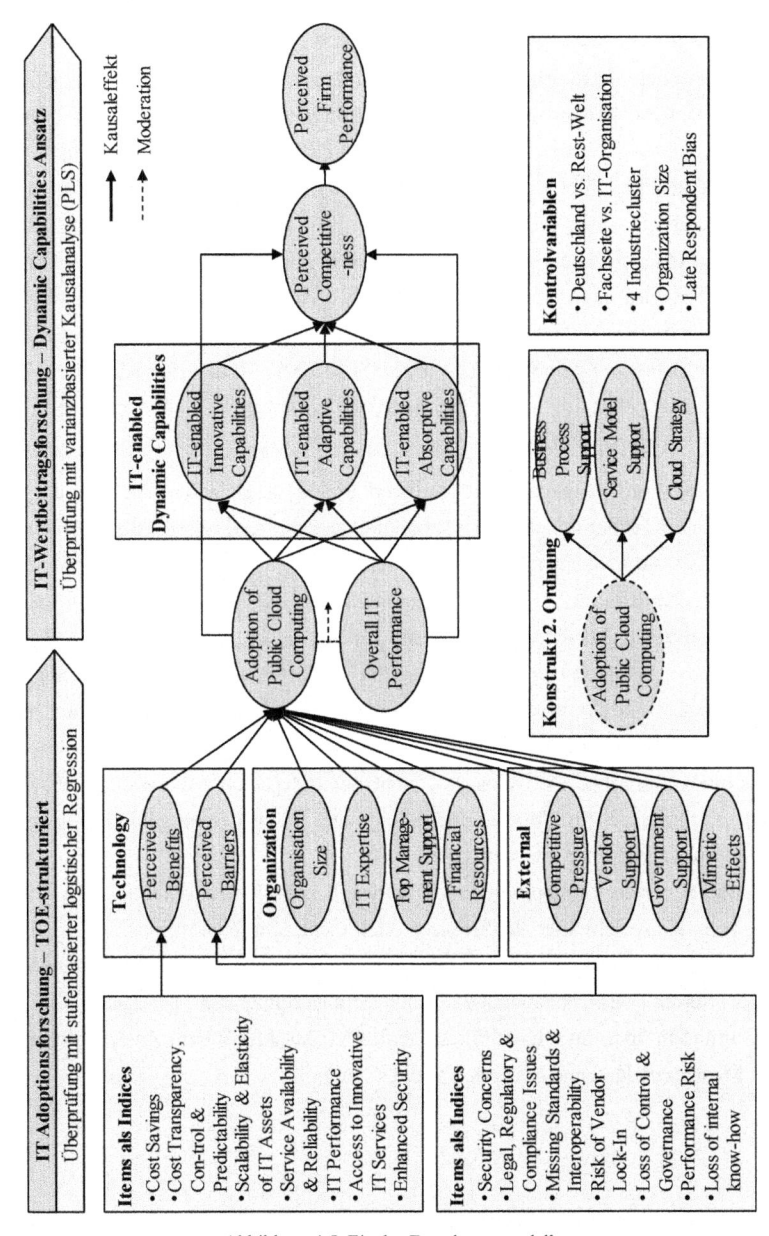

Abbildung 4.5: Finales Forschungsmodell

Aggregierung in der Innovationsforschung
Eine weitere betonenswerte Diskussion in der Innovationsforschung ist, inwiefern aggregierte Untersuchungen von Adoption über mehrere Technologien oder Assimilationsstufen wissenschaftlich valide sind (Fichman 2010). In der vorliegenden Arbeit wird zwar das Phänomen CC auf das Liefermodell PuCC begrenzt, jedoch der Adoptionsgrad aggregiert über die Servicemodell IaaS, PaaS und SaaS erhoben. Zudem erfolgt keine separate Selektion von Assimilationsprädiktoren je Stufe, sondern die Faktorenbatterie wird aggregiert über sämtliche Stufen analysiert. Allerdings wird diese Annahme mit einer stufenbasierten Regression validiert und dabei die Größe der Effekte je Stufe separat gemessen. Laut FICHMAN (2001) ist dieses methodische Vorgehen valide und erhöhe die erklärte Varianz, soweit einige Bedingungen, wie im Kontext dieser Arbeit gegeben seien:

- Das Innovationsverhalten ist generalisierbar und vergleichbar über die aggregiert gemessenen Technologien (hier: Annahme, dass die Assimilationsfaktoren über alle CC-Servicemodelle einen Einfluss ausüben)
- Das Forschungsmodell ist über den gesamten Assimilationsprozess gültig und nicht stufenspezifisch (Forschungsfrage wird validiert)
- Die Innovationscharakteristika werden im Unternehmen als homogen angesehen oder die Innovation wird für das gesamte Unternehmen adoptiert (Annahme der zentralen Beschaffung der IT-Abteilung)
- Die Innovationscharakteristika sind nicht nur unternehmensindividuell bedeutsam, sondern bestehen für die gesamte Stichprobe (Identifizierung allgemein gültiger Faktoren während der Literaturrecherchen)
- Die aggregierten Technologien sind schwach komplementär (Annahme: Die CC-Assimilation weicht über alle Servicemodell nicht deutlich ab)
- Absicht ist der Ausgleich von Messfehlern als Resultat des unvollständigen Wissen oder durch Missverständnisse beim Studienteilnehmer (Messung der CC-Assimilation über ein mehrstufiges latentes Konstrukt mit dem Zwecke der gewollten Messredundanz und höheren Validität

Tabelle 4.8: Forschungshypothesen

Hyp	Formulierung	UV		AV	FF[196]
H_1	Perceived Benefits wirkt positiv auf Assimilation von Public Cloud Computing während der (a) Pre-, bzw. (b) Post-Adoption	PBE	⇒+	APCC	2
H_2	Perceived Barriers wirkt negativ auf Assimilation von Public Cloud Computing während der (a) Pre-, bzw. (b) Post-Adoption	PBA	⇒-	APCC	2
H_3	Organisation Size wirkt negativ auf Assimilation von Public Cloud Computing während der (a) Pre-, bzw. (b) Post-Adoption	SIZ	⇒-	APCC	2
H_4	IT Expertise wirkt positiv auf Assimilation von Public Cloud Computing während der (a) Pre-, bzw. (b) Post-Adoption	ITE	⇒+	APCC	2
H_5	Top Management Support wirkt positiv auf Assimilation von Public Cloud Computing während der (a) Pre-, bzw. (b) Post-Adoption	TMS	⇒+	APCC	2
H_6	Financial Resources wirkt positiv auf Assimilation von Public Cloud Computing während der (a) Pre-, bzw. (b) Post-Adoption	FIN	⇒+	APCC	2
H_7	Competitive Pressure wirkt positiv auf Assimilation von Public Cloud Computing während der (a) Pre-, bzw. (b) Post-Adoption	COM	⇒+	APCC	2
H_8	Vendor Support wirkt positiv auf Assimilation von Public Cloud Computing während der (a) Pre-, bzw. (b) Post-Adoption	VEN	⇒+	APCC	2
H_9	Government Support wirkt positiv auf Assimilation von Public Cloud Computing während der (a) Pre-, bzw. (b) Post-Adoption	GOV	⇒+	APCC	2
H_{10}	Mimetic Effects wirkt positiv auf Assimilation von Public Cloud Computing während der (a) Pre-, bzw. (b) Post-Adoption	MIM	⇒+	APCC	2
H_{11}	Assimilation von Public Cloud Computing wirkt positiv auf IT-enabled Innovative Capabilities	APCC	⇒+	DIN	4
H_{12}	Assimilation von Public Cloud Computing wirkt positiv auf IT-enabled Adaptive Capabilities	APCC	⇒+	DAD	4
H_{13}	Assimilation von Public Cloud Computing wirkt positiv auf IT-enabled Absorptive Capabilities	APCC	⇒+	DAB	4
H_{14}	Assimilation von Public Cloud Computing wirkt positiv auf IT-enabled Dynamic Capabilities (2nd Order)	APCC	⇒+	ITDC	4
H_{15}	Assimilation von Public Cloud Computing wirkt positiv auf die wahrgenommene Wettbewerbsfähigkeit	APCC	⇒+	CPT	4
H_{16}	Overall IT Performance wirkt positiv auf IT-enabled Innovative Capabilities	ITP	⇒+	DIN	6
H_{17}	Overall IT Performance wirkt positiv auf IT-enabled Adaptive Capabilities	ITP ·	⇒+	DAD	6
H_{18}	Overall IT Performance wirkt positiv auf IT-enabled Absorptive Capabilities	ITP	⇒+	DAB	6
H_{19}	Overall IT Performance wirkt positiv auf IT-enabled Dynamic Capabilities (2nd Order)	ITP	⇒+	ITDC	6
H_{20}	Overall IT Performance wirkt positiv auf die wahrgenommene	ITP	⇒+	CPT	6

---

[196] Bezug zu der entsprechenden Forschungsfrage (FF).

Hyp	Formulierung	UV	AV	FF[196]
	Wettbewerbsfähigkeit			
H_{21}	IT-enabled Innovative Capabilities wirkt positiv auf die wahrgenommene Wettbewerbsfähigkeit	DIN	$\Rightarrow$+ CPT	4
H_{22}	IT-enabled Adaptive Capabilities wirkt positiv auf die wahrgenommene Wettbewerbsfähigkeit	DAD	$\Rightarrow$+ CPT	4
H_{23}	IT-enabled Absorptive Capabilities wirkt positiv auf die wahrgenommene Wettbewerbsfähigkeit	DAB	$\Rightarrow$+ CPT	4
H_{24}	IT-enabled Dynamic Capabilities wirkt positiv auf die wahrgenommene Wettbewerbsfähigkeit	ITDC	$\Rightarrow$+ CPT	4
H_{25}	Der Effekt von Assimilation von Public Cloud Computing auf die wahrgenommene Wettbewerbsfähigkeit wird vollständig mediiert durch a. DIN, b. DAD, c. DAB und d. ITDC	APCC	DIN CPT DAD DAB ITDC	5
H_{26}	Der Effekt von Assimilation von Public Cloud Computing auf die wahrgenommene Wettbewerbsfähigkeit wird partiell mediiert durch a. DIN, b. DAD, c. DAB und d. ITDC	APCC	DIN CPT DAD DAB ITDC	5
H_{27}	Der Effekt von Overall IT Performance auf die wahrgenommene Wettbewerbsfähigkeit wird vollständig mediiert durch a. DIN, b. DAD, c. DAB und d. ITDC	ITP	DIN CPT DAD DAB ITDC	5
H_{28}	Der Effekt von Overall IT Performance auf die wahrgenommene Wettbewerbsfähigkeit wird partiell mediiert durch a. DIN, b. DAD, c. DAB, und d. ITDC	ITP	DIN CPT DAD DAB ITDC	5
H_{29}	Der Effekt von Assimilation von Public Cloud Computing auf dessen endogenen Variablen (a. DIN, b. DAD, c. DAB, d. ITDC) wird von Overall IT Performance moderiert.	APCC	ITP $\Rightarrow$+	DIN DAD DAB ITDC	6
H_{30}	Der Effekt von Overall IT Performance auf dessen endogenen Variablen (a. DIN, b. DAD, c. DAB, d. ITDC) wird von Assimilation von Public Cloud Computing moderiert	ITP	APCC $\Rightarrow$+	DIN DAD DAB ITDC	6
H_{31}	Die erwartete Wettbewerbsfähigkeit wirkt positiv auf die erwartete Firm Performance	CPT	$\Rightarrow$+ FIP	4
H_{32}	Das Antwortverhalten ist Unternehmensgrößen-spezifisch	Moderator		7
H_{33}	Das Antwortverhalten ist nicht Länder-spezifisch	Moderator		7
H_{34}	Das Antwortverhalten ist Industrie-Cluster-spezifisch	Moderator		7
H_{35}	Das Antwortverhalten ist Teilnehmer-spezifisch (Fachseite vs. IT)	Moderator		7

Tabelle 4.9: Definitionen der Variablen des Forschungsmodells[197]

Variable	Abkz.	Definition	Quellen
Assimilation of Public Cloud Computing	APCC	The current stage in the process from initial awareness to formal adoption and implementation until full scale deployment and use of public cloud computing	2nd Order aus CLS, CSM, CPR
Cloud Strategy	CLS	The means and IT decisions addressing how an organisation will assimilate public cloud computing	Accenture 2012
Service Model Support	CSM	The current stage in the assimilation of public cloud computing with regard to the cloud computing service models IaaS, PaaS and SaaS	Mell/Grance 2011
Business Function Support	CPR	The current stage in assimilation of public cloud computing measured as the level of supporting particular core and supportive business functions	Joachim et al. 2011
Perceived Benefits of Public Cloud Computing	PBE	The anticipated advantages that a technology can provide to the organisation and the degree to which this technology provides more benefits than old ones	Chwelos et al. 2001, Lin/Lin 2008
Perceived Barriers of Public Cloud Computing	PBA	The inhibiting factors associated with the transition of current information systems to a cloud computing environment and the potentially hazardous threats occurring, if problems are not properly fixed thereby	Son/Lee 2011
IT Expertise	ITE	The level and availability of specialized knowledge and expertise in the adopting organisation	Ifinedo 2011b, Lin/Lin 2008
Top Management Support	TMS	The commitment, involvement, enthusiasm, motivation, support, and encouragement provided by management towards public cloud computing	Thong/Yap 1996
Financial Resources	FIN	The organisation's internal and external capital available for investments in public cloud computing and the actual assignment of budget to it	Chwelos et al. 2001
Organisation Size	SIZ	The size of the organisation measured in number of employees and annual revenue	-
Competitive Pressure	COM	A threat of losing competitive advantage against peers and in particular rivals, which forces firms to adopt and diffuse public cloud computing and to focus on successfully overcome obstacles and resistance to innovation diffusion within the organisation.	Lin/Lin 2008, Bradford 2003, Robertson /Gatignon 1986
Vendor Support	VEN	The adequacy and effectiveness of technical support and training an organisation obtains from external sources of technical expertise, provided during and after the implementation of public cloud computing	Thong/Yap 1996, Ifinedo 2011b
Government Support	GOV	The assistance provided by the authority to encourage the spread of public cloud computing in businesses	Ifinedo 2011a
Mimetic Effects	MIM	The pressure felt to imitate other organisations, in particular rivals that are perceived as successful with public cloud computing and to follow fashions and best practices to avoid being perceived less innovative.	Henderson et al. 2012, Abrahamson 1996

---

[197] Sprachlich adaptiert auf den Kontext von Public Cloud Computing.

IT-enabled Dynamic Capabilities	ITDC	An organisation's IT-enabled behavioral orientation constantly to integrate, reconfigure, renew and recreate its resources and capabilities and upgrade and reconstruct its core capabilities in response to the changing environment to attain and sustain competitive advantage.	Wang/Ahmed 2007
IT-enabled Innovative Capabilities	DIN	The ability to leverage technology to improve existing and introduce new products, services and structures to the market for the purpose of addressing new opportunities of competitive advantage	Wang/Ahmed 2004, He & Wong 2004
IT-enabled Adaptive Capabilities	DAD	Generally the capability and experience at creating change. With regard to IT, it is an organisation's ability to maintain flexible IT capabilities and deploy them quickly and efficiently to enable the building, renewing and re-configuring of organisational competences and to trans-late the demands of the business environment into action.	Fey/Denison 2003, Paschke /Molla 2011, Xiao/Dasgupta 2009
IT-enabled Absorptive Capabilities	DAB	An organisation's ability to utilize internal and external knowledge through three sequential processes: 1. Recognizing and acquiring potentially valuable knowledge through exploratory learning 2. Assimilating valuable new knowledge through transformative learning 3.Using the assimilated knowledge to create commercial outputs through exploitation	Lane et al. 2006, Ye /Kankanhalli 2011
Overall IT Performance	ITP	The combined level of user satisfaction, efficiency and quality of service in IT operations, and how IT delivers innovation and business value which correlates with economic performance such as productivity or profit	Tallon 2000, IVI/BCG 2011
Perceived Competitiveness	CPT	The perceived (self-reported) reflection in market success measures such as outstanding product quality, efficiency, customer satisfaction or time-to-market as a cause of an organisation's vital competitive ability to: 1. continually sense and seize market opportunities, 2. use an innovation to support its core competencies, 3. enhance product effectiveness and process efficiency, 4. sustain loyal and profitable customer relationships, 5. erect unassailable first-mover advantages, 6. produce sustainable resource complementaries, 7. create impediments and imitation barriers against rivals, 8. prevail the erosion of its competitive advantage by reinvention of its advantages perpetually through continuous, leading-edge innovation	Lee/Lim/ Sambamurthy 2007, Pavlou/Sawy 2006, Powell /Dent-Micallef 1997, Ravichandran 2005
Perceived Firm Performance	FIP	The perceived (self-reported) market-based outputs of an organisation, measured in growth targets, financial performance or market share against competitors, which explains how effective an organisation is using its resources (inputs) to generate market returns	Xiao /Dasgupta 2009, Ravichandran 2005

4.2 Experteninterviews & Modellvalidierung

Tabelle 4.10: Operationalisierung des finalen Forschungsmodells[198]

Variable	Item	Frage	Quellen
CLS Cloud Strategy f/1	CLS1	Public cloud computing is the primary design principle of our enterprise IT architecture	Joachim et al. 2009, Saya et al. 2010, Jeffrey /Leliveld 2004, Experteninterviews
	CLS2	Public cloud computing initiatives are represented in our IT project portfolio	
	CLS3	Public cloud computing is a significant part of our IT sourcing strategy	
	CLS4	Public cloud computing aspects are integrated in our IT security and risk strategy	
	CLS5	Our organisation intents to expand its public cloud computing efforts in the near future	
CSM Service Model Support f/1	CSM1	Storage, network or computing power provided via public clouds (Infrastructure-as-a Service)	Mell/Grance 2011, BITKOM 2010
	CSM2	Software accessed via public clouds, eg. Salesforce as CRM-Solution (Software-as-a Service)	
	CSM3	Systems development on programming environments sourced via public cloud (Platform-as-a Service)	
CPR Business Function Support f/1	CPR1	Research & Development	Joachim et al. 2009, Porter 1985, Experteninterviews
	CPR2	Procurement & Inventory	
	CPR3	Production & Manufacturing	
	CPR4	Logistics & Distribution	
	CPR5	Sales & Marketing	
	CPR6	Finance, Accounting, HR	
PBE Perceived Benefits of Public Cloud Computing f/3	PBE1	Realised cost savings (overall savings across IT and business organisation)	Literaturrecherche, Armbrust et al. 2009, Chwelos et al. 2001, Clark 2010, Geczy et al. 2012, ENISA 2009, Heier et al. 2012, CSA 2010, McAfee 2011, ENISA 2009, Clemons /Chen 2011, Durkee 2011, Pan/Jang 2008, Subashini
	PBE2	Improved cost transparency, control & predictability (eg. pay-as-you-go, cost alerts)	
	PBE3	Enhanced scalability and elasticity of IT assets (eg. storage, computing power, application instances)	
	PBE4	Improved service availability & reliability (eg. less outages, disaster recovery, SLAs)	
	PBE5	Enhanced IT performance (eg. higher capacities, handle peak-loads, better functionalities)	
	PBE6	Access to innovative IT services (eg. newest releases, automatic updates)	
	PBE7	Enhanced security (eg. higher standards, better monitoring, security as provider's core competence)	
PBA Perceived Barriers of Public Cloud Computing	PBA1	Security concerns (eg. data privacy, network & physical security, malicious insider)	
	PBA2	Legal, regulatory & compliance issues (eg. data export laws, data citizenship, cross-border litigation)	
	PBA3	Missing standards & interoperability (eg. Cloud migration, on-premise integration, legacy IT support)	

---

[198] Kodierung der Operationalisierung: Formativ (f) oder Reflektiv (r) / Skalen Assimilationsstufen (1), 5-Likert [Agreement] (2), 5-Likert [Intensity] (3), Performance (4), Logarithmisch (5)

Variable	Item	Frage	Quellen
f/3	PBA4	Risk of vendor lock-in (eg. service comparability, data portability, switching costs)	2011, Experten-interviews
	PBA5	Loss of control & governance (eg. customisation, demand process, flexibility)	
	PBA6	Performance risk (eg. SLA breaches, network congestion, availability)	
	PBA7	Loss of internal IT-know how (eg. hosting, customizing, security)	
ITE IT Expertise r/2	ITE1	Our employees know how public cloud computing can be used to support the business	Ifinedo 2011b, Henderson et al. 2012, Chong/Chan 2012, Lin/Lin 2008
	ITE2	Our employees receive adequate training on public cloud computing	
	ITE3	We have the technical knowledge and managerial skills to implement public cloud computing	
	ITE4	Our organisation hires highly specialized and knowledgeable personnel for public cloud computing	
TMS Top Management Support r/2	TMS1	Our top management envisions the organisation to become a leader in the use of public cloud computing	Prekumar /Ramamurthy 1995, Grover 1993
	TMS2	Our top management provides adequate resources for the adoption of public cloud computing	
	TMS3	Our top management takes risks involved in the adoption of public cloud computing	
	TMS4	Our top management has announced their strong support for public cloud computing	
FIN Financial Resources r/2	FIN1	Our organisation has the financial resources to adopt public cloud computing	Chong/Chan 2012, Chwelos et al. 2001, Ifinedo 2011b
	FIN2	In the overall IT budget, a significant amount is dedicated to implement public cloud computing solutions	
	FIN3	We believe that financial support for public cloud computing can be obtained easily from financial institutions	
	FIN4	Financial resources are a cornerstone of success in the adoption of public cloud computing	
COM Competitive Pressure r/3	COM1	Our organisation experiences competitive pressure to adopt public cloud computing	Bradford 2003, Grandon /Pearson 2004, Ifinedo 2011b
	COM2	Our organisation would experience a competitive disadvantage if public cloud computing is not adopted	
	COM3	Our competitors know the importance of public cloud computing and strengthen their initiatives	
	COM4	We depend on other organisations that already use public cloud computing technologies	
VEN Vendor Support r/3	VEN1	Vendors encourage us to use public cloud computing by providing incentives for adoption	Ifinedo 2011, Prekumar /Roberts 1999, Thong/Yap 1996
	VEN2	Vendors promote their public cloud computing offering with add-on services (eg. cost management)	
	VEN3	Vendors provide adequate support during and after public cloud computing implementation	
	VEN4	Vendors form relationships with other parties and cloud promoters in our organisation (executives, consultants,....)	
GOV Government	GOV1	The government provides us with incentives to adopt public cloud computing	Ifinedo 2011a, Gibbs

4.2 Experteninterviews & Modellvalidierung

Variable	Item	Frage	Quellen
Support r/3	GOV2	The government is active in setting up the facilities to enable public cloud computing	/Kraemer 2004, Al-Somali et al. 2010
	GOV3	The government provides sufficient information about public cloud computing laws and regulations	
	GOV4	The current business laws and legal regulations support the adoption of public cloud computing	
MIM Mimetic Effects r/3	MIM1	Third parties (associations, media, experts) promote to our organisation the adoption of cloud computing	Henderson et al. 2012, Ke/Liu 2009, Fichman 2004, Abrahamson 1996
	MIM2	We consider public cloud computing to become the dominant IT platform in the future	
	MIM3	Our competitors benefit greatly from public cloud computing adoption	
	MIM4	We think adopting public cloud computing is fashionable	
DIN[199] IT-enabled Innovative Capabilities r/2	DIN1	We internally and externally promote the importance of IT for innovation	Wang/Ahmed 2004, He & Wong 2004
	DIN2	We encourage people to think and behave in original and novel ways with regard to IT	
		With the help of Information Technology, our organisation...	
	DIN3	... introduces products and services which are perceived as novel by customers	
	DIN4	... is first to market when introducing new products and services	
	DIN5	... has higher innovation success rates than competitors	
	DIN6	... is on the cutting edge of technology with its new products and services	
DAD[199] IT-enabled Adaptive Capabilities r/2		With the help of Information Technology, our organisation...	Fey/Denison 2003 Paschke /Molla 2011, Oktemgil /Greenley 1997
	DAD1	... is very responsive to changes in the business environment	
	DAD2	... changes organisational structures in a timely manner	
	DAD3	... continually adopts new and improved ways to do tasks	
	DAD4	... adapts quickly to modified business processes and new organisational structures	
	DAD5	... reacts to customer comments and interests	
	DAD6	... coordinates actions and efforts between different divisions in our organisation	
DAB[199] IT-enabled Absorptive Capabilities r/2		With the help of Information Technology, our organisation...	Jansen et al. 2005, Lichtenthaler 2009, Pavlou/Sawy 2006
	DAB1	... is successful in learning new things	
	DAB2	... acquires internal (eg. intra-organisation) and external (eg. market) knowledge	
	DAB3	... observes market trends and quickly analyzes changing market demands	
	DAB4	... stores, shares and transfers knowledge and information	
	DAB5	... effectively transforms existing information into knowledge	

---

[199] Die Operationalisierungen basieren auf den Quellen in Kapitel 2.3 und wurden validiert durch Experteninterviews. Da die bisherige Spezifizierung der Items bis auf den IT-Zusatz unverändert bleibt, wurde auf das Verfahren des Q-Sorting nach MOORE & BENBASAT (1991) verzichtet.

Variable	Item	Frage	Quellen
	DAB6	... successfully exploits internal and external knowledge and information into new products and services	
ITP Overall IT Performance r/4		Over the last 3 years how do you rate the performance of your IT-Organisation with regard to ...	Tallon 2000, IVI/BCG 2011, Eul/Röder 2010
	ITP1	IT Service Quality	
	ITP2	IT Cost Efficiency	
	ITP3	IT Agility and Responsiveness	
	ITP4	IT Sourcing	
	ITP5	IT Innovation	
CPT Perceived Competitiveness f/4		Over the last 3 years how is your entire organisation in your industry positioned with regard to...	Pavlou/Sawy 2006, Wu 2010, Powell/Dent-Micallef 1997, Roberts/Grover 2012, Xiao/Dasgupta 2009, Witt 2008, Lee/Lim/Samba-murthy 2007
	CPT1	Product Quality	
	CPT2	Cost Efficiency	
	CPT3	Time-to-Market	
	CPT4	Customer Satisfaction	
FIP Perceived Firm Performance f/4		Over the last 3 years how is your entire organisation in your industry positioned with regard to...	
	FIP1	Sales Growth	
	FIP2	Market Share	
	FIP3	Profitability	
SIZ Organization Size r/5	SIZ1	Total number of employees in organisation end of 2012	Hsu et al. 2006 Zhu et al. 2004, Pan/Jang 2008, Joachim 2011
	SIZ2	Total revenue of organisation in 2012 in EUR	
	n/a	Total number of IT employees end of 2012	
	n/a	Total IT budget of organisation in 2012 in EUR	
Demographische Daten und optionale Zusatzinformationen im Fragebogen			
Role		1. Business Executive 2. Head of Business Department/Unit/Line 3. Business Manager/Specialist/Analyst 4. IT Executive 5. Head of IT Department /Unit/Line 6. IT Manager/Specialist/Analyst	Messerschmidt 2009, Zhu et al. 2006
Decision Maker		Who are driving initiatives and the adoption of public cloud computing in your organisation (mark all that apply)? CEO, CTO, CIO, COO, Business Departments, IT Departments, Clients, Supplier, IT Provider, Consultants	
Industry		1. Banking/Insurance/Financial Services, 2. Communication/High-Tech, 3. Consulting Services / IT Services, 4. Consumer Goods, 5. Government/Public Services, 6. Manufacturing/Automotive, 7. Pharma/Healthcare, 8. Resources/Utilities, 9. Retail/Wholesale, 10. Transportation/Logistics	
Legal Form		1. Verein/Association, 2. OHG/General Partnership, 3. KG/Limited Partnership, 4. GmbH/Private Limited Company, 5. AG/Public Limited Company	
Organisation		Name of Organisation and Business Unit (optional)	
Country		Country of organisations headquarter	
Extra Benefits		Any other perceived benefits of public cloud computing except those listed?	
Extra Barriers		Any other perceived barriers of public cloud computing except those listed?	
Function		Your functional area or expertise in the organisation ...	
Comments		Your Comments:	
Email		Your email address (for study results & voucher lottery)	

4.3 Datenerhebung

Variable	Item	Frage	Quellen
Assimilationstufen			
		Please imagine the implementation of PuCC in your organisation along the followins steps	
	None	We currently do not undertake any PuCC activities and are not planning any	
	Initiation	We scan our organisation for opportunities to adopt public cloud computing	
	Adoption	Rational and political negotiations are held to get organisational backing for PuCC	
	Adaptation	PuCC is currently implemented, organisational procedures adjusted, people trained	
	Acceptance	In our organisation, public cloud computing is largely accepted and frequently used	
	Routinized	The use PuCC is organisation-wide a normal and routinized activity	

4.3 Datenerhebung

Für die Durchführung der Online-Befragung wurde die Software SurveyGizmo[200] verwendet. Die Auswahl wurde infolge einer umfangreichen Recherche über marktführende Software getroffen. Begründet wird diese Auswahl über die Preisgünstigkeit, Benutzerfreundlichkeit, Konfigurierbarkeit, dem angebotenen Anwender-Support und dem Funktionsumfang z.B. Datenexport, Berichtswesen, Kampagnen-Management. Zudem sollte sich die den Teilnehmern zu versprechende Vertraulichkeit der Datenauswertung und Verwendung auch im Vertragswerk des Software-Anbieters widerspiegeln, d.h. Daten nicht in den Besitz dessen übergehen oder unverschlüsselt einsehbar sein. Dies war bei SurveyGizmo gegeben.

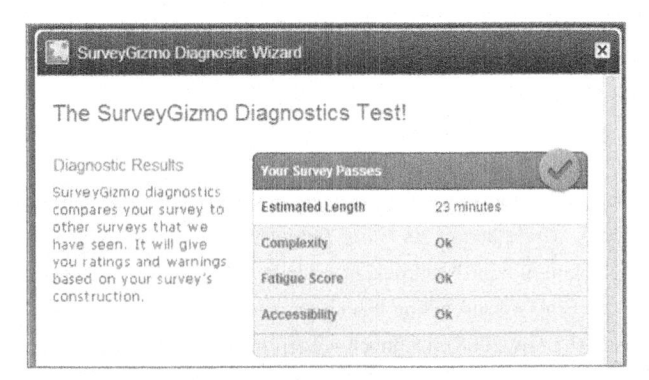

Abbildung 4.6: Resultat des SurveyGizmo Diagnose-Tests

---

[200] www.surveygizmo.com

Ein Ausdruck des Fragebogens, der in die Software übertragen wurde, befindet sich im Anhang. Dieser wurde vor dem Pretest von wissenschaftlichen Mitarbeitern überprüft. Zudem bietet SurveyGizmo eine Diagnose an, ob die Komplexität niedrig und der Ermüdungsgrad als gering erwartet werden sowie mit einer Schätzung über die Beantwortungsdauer (Abbildung 4.6). Diese wurde mit 23 Minuten angeben.

4.3.1 Stichprobendesign

Im Fokus der Untersuchung stand die industrieübergreifende Befragung von Führungskräften der Fach- und IT-Abteilungen von Unternehmen über das Forschungsmodell. Die Zielgruppe wurde derart definiert in Erwartung, dass jene die strategisch orientierten Fragen stellvertretend für das gesamte Unternehmen am besten zu beantworten wissen. Entgegen der durch CHIASSON & DAVIDSON (2005) oder NEIROTTI & PAOLUCCI (2011) geäußerten Forderung nach mehr industriespezifischen Studien wurde hier kein Branchenfokus gesetzt, um die Technologie des PuCC am gesamten Markt zu beurteilen. Es erfolgte jedoch während der Auswertung eine Analyse, ob signifikante Gruppenunterschiede vorliegen. Hierbei wurde sich an NEIROTTI & PAOLUCCI (2011) an deren vier Industrie-Clustern orientiert[201]. Um vergleichbare Stichproben über die Branchen und eine Balance zwischen Teilnehmern der Fach- und IT-Seite (siehe Zhu et al. 2006) zu erhalten, wurde dem *Stratified Sampling*-Ansatz gefolgt. Hierbei wird gezielt nach spezifischen Teilnehmergruppen recherchiert, etwa nach Industriezugehörigkeit oder Expertise. In diesen Untergruppen werden Teilnehmer randomisiert angesprochen mit Bitte um Teilnahme (Bortz & Döring 2008). Die Ansprache erfolgte hier persönlich, da dieses individualisierende Vorgehen zu einer höheren Teilnahmequote führt (Dillman 2000). Obwohl die Experten wenig Nutzen in einer monetärer Inzentivierung sahen, da Zeit ein höheres Gut für Führungskräfte darstelle (Cycyota 2006), wurde hieran als Geste festgehalten, um eine Wertschätzung gegenüber den Teilnehmern zum Ausdruck zu bringen. Bei Internet-basierten Umfragen besteht neben der Ergebniszusendung ansonsten wenig Möglichkeit zur Überzeugung an der Teilnahme (Leeuw 2008). Dennoch sollten monetäre Anreize nicht zu hoch sein, um potenziell nicht motivierte oder von der Kompetenz her zur Beantwortung eher ungeeignete Teilnehmer nicht hierdurch zu überzeugen und die Antwortqualität zu mindern (ebd.). In der vorliegenden Studie wurde zugesichert, jedem dritten Teilneh-

---

[201] Neirotti & Paolucci (2011) trennen in Traditional Manufacturing (z.B. Metal), Material Services (z.B. Resources), Hi-Tech Manufacturing (z.B. Electronics) und Information Services (z.B. Financial Services) und ermittelten Unterschiede der ersten zwei gegenüber den letzten zwei Clustern.

4.3 Datenerhebung

mer per Lotterie einen Gutschein des Unternehmens Amazon in Höhe von 15 Euro zukommen zu lassen. Die Onlineumfrage war geöffnet vom 20.11.2012 bis zum 30.05.2013 unter *http://cloud-adoption-survey.escpeurope.de*.

Identifiziert wurden die Teilnehmer über bestehende Kontakte, über das berufsbezogene soziale Netzwerke Xing, wie bereits erfolgt bei den Experteninterviews und welches vornehmlich im deutschen Sprachraum populär ist, und die internationale Plattform LinkedIn[202]. Die Suche wurde durchgeführt über das Schlagwort *Cloud Computing*, welches Mitglieder in Ihren Profilen unter *Background* oder *Ich biete* auflisten, ergänzt durch die erweiternde Einschränkung nach dem *Beruflicher Status* bei Xing (Führungskraft, Unternehmer), bzw. *Seniority Level* bei LinkedIn (CXO[203], VP, Director). Über Xing wurden 681 und bei LinkedIn 312 Personen kontaktiert. Zusätzlich wurden 121 Personen direkt per Email angeschrieben, welche aus langjährigen beruflichen Kontakten sowie Empfehlungen der Experten entstammten. Somit ergab sich als Gesamtheit eine Stichprobe von 1114 potenziellen Teilnehmern. Die Erstansprache wurde über einen Zeitraum von Ende November 2012 bis Ende Februar 2013 gestreut. Zusätzlich wurde am 19.02.2013 die Umfrage im monatlichen Newsletter der für IT-Themen führenden Xing-Gruppe IT-Connection mit über 75.000 Mitgliedern beworben. Hierdurch wurde keine Zunahme der Antworthäufigkeit festgestellt. Im März wurde eine Nachfassaktion begonnen, wodurch anzunehmend 57 Rückläufer entstanden sind (Abbildung 4.7). Im Rahmen von Untersuchungen über Gruppendifferenzen wurde das Forschungsmodell separat für die frühe und spätere Hälfte der Rückläufer (*early & late responses*) berechnet und keine signifikanten Unterschiede festgestellt.

Die System-ID von SurveyGizmo hat nach Abschluss der Umfrage 498 retournierte Fragebögen ausgewiesen, 192 vollständig ausgefüllt (*completed*) und entsprechend 306 abgebrochen (*partial*). Damit liegt bezogen auf 1114 Kontakte die Antwortrate bei 44,8 % mit Abbrechern, bzw. bei tatsächlichen 17,2 % bezogen auf die vollständig bearbeiteten Rückläufer. Dieser Wert ist mit Hinblick auf die Zielgruppe ein übliches und nicht auffälliges Ergebnis (Cycyota 2006, Messerschmidt 2009).

---

[202] www.linkedin.com
[203] CXO ist eine Abkürzung der Unternehmenspositionen, die aus dem Angelsächsischen stammend als C-Level bezeichnet werden, z.B. CEO (Chief Executive Officer, dt. Vorstandsvorsitzender), CFO (Chief Financial Officer, Finanzvorstand) oder CIO (Chief Information Officer, IT-Leiter).

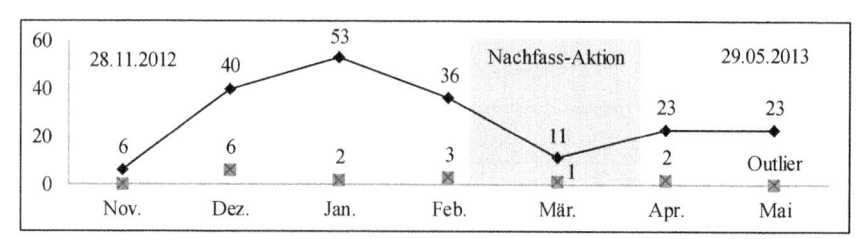

Abbildung 4.7: Antwortverteilung über Erhebungszeitraum

Über die Güte der ersten Prozentzahl ist zu äußern, dass keine Erkenntnis darüber besteht, wieviele der Teilnehmer ein- oder mehrmals den Link aus informativen Gründen geöffnet haben und damit per ID registriert wurden, um die Umfrage letztendlich zu einem späteren Zeitpunkt zu beantworten. Ebenso ist bei den Abbrechern nicht ersichtlich, ob ggf. ein Stellvertreter, z.B. ein Assistent, die Umfrage geöffnet und nicht weiter beachtet hat. Dennoch wurden stichpunktartig die abgebrochenen Umfragen geöffnet und kontrolliert, ab welcher Seite der Abbruch erfolgte. Dies war bei regelmässig nach Seite 2 der Fall, der Definition von Adoption und der Abgrenzung von PuCC oder gleich nach dem Einführungstext auf Seite 1. Daher wird angenommen, dass die geplante Filterung der Erstinteressenten nach Qualifikation und Motivation realisiert wurde, was die Repräsentativität der Stichprobe steigert. Eine weitere Untersuchung des Non-Response-Bias wird nicht durchgeführt, da nicht festgestellt wurde, dass auffällig viele Teilnehmer einer Branche die Teilnahme abgelehnt hätten.

4.3.2 Pretest

Um dem Risiko vorzubeugen, in der Hauptuntersuchung Messfehler zu erzeugen, was zu einer Unbrauchbarkeit der empirisch erhobenen Daten führen würde, sollten Pretests ein fester Bestandteil jeder empirischen Untersuchung sein (Boudreau 2001). Der Umfang der Stichprobe sollte es erlauben, valide statistische Auswertungen vorzunehmen und ist im besten Fall vergleichbar mit dem Umfang der Hauptuntersuchung. ZUKERBERG ET AL. (1995) sprechen jedoch von mindestens 20 Datensätzen. Wird das Messmodell vollständig bestätigt und die Hauptuntersuchung zeitlich direkt fortgeführt, können die Teilnehmer des Pre-Tests als erster Stichprobenumfang der Hauptuntersuchung dienen. Dies ist gerade dann sinnvoll wenn das Erreichen der geforderten Stichprobe eine Herausforderung ist, wie in der vorliegenden Studie mit der Zielgruppe der Führungskräfte. Der Pre-Test wurde mit 20 Datensätzen durchgeführt und die Berechnungen mit dem Programm IBM SPSS Statistics 22 (infolge abgekürzt als *SPSS*

4.3 Datenerhebung

bezeichnet) durchgeführt (siehe Anhang für die Auswertungen). Die folgenden Aussagen und der beschriebene Prüfungsprozess beziehen sich auf WEIBER & MÜHLHAUS (2010) und behandeln die Prüfung von reflektiv operationalisierten Konstrukten (S. 105-127). Im Anschluss folgen Ausführungen zur Messung formativ spezifizierter Messmodelle. Tabelle 4.11 listet die für den Pretest vollständigen und auch in der Hauptuntersuchung zur Anwendung kommenden Gütekriterien auf, deren kurze inhaltliche Beschreibung hier folgt. Für detaillierte Erläuterungen und eine mathematische Herleitung sei auf die referenzierte Begleitliteratur verwiesen.

Generell werden zunächst die Gütekriterien 1. Generation berechnet, um Reliabilitätsprüfungen vorzunehmen und die Zuverlässigkeit und Genauigkeit des Messinstrumentes zu bestimmen. Methodisch wird sich hier der Explorativen Faktorenanalyse (EFA) bedient, um durch die Korrelationen zwischen den Indikatoren eines Konstruktes dessen Operationalisierung zu bestätigen. Die Kriterien 2. Generation, berechnet mit der Konfirmatorischen Faktorenanalyse (KFA) als strukturprüfendem Verfahren, sichern im Anschluss die konzeptionelle Richtigkeit der Messinstrumente.

Tabelle 4.11: Gütekriterien des Messmodells[204]

Nachweis	Name	Abkz.	Schwelle
Reflektiv			
Eindimensionalität	Measure of Sampling Adequacy	MSA	>0,4
	Kaiser-Meyer-Olkin-Kriterium	KMO	>0,5
	Kommunalität	Komm	>0,5
Indikatorreliabilität	Korrigierte-Item-to-Total-Korrelation	KITK	>0,5
Konstruktreliabilität	Cronbach's Alpha	Alpha	>0,6
	Composite Reliability (Faktorreliabilität)	C.R.	>0,6
Konvergenzvalidität	Durchschnittlich extrahierte Varianz	DEV	>0,5
Formativ			
Kollinearitätsprüfung	Standardisierte Regressionsgewichte	Weights	>0,1
Indikatorvalidität	Signifikante Korrelation mit Zielkonstrukt	t-Wert	>1,64

Gütekriterien der ersten Generation – Reliabilitätsprüfung

Initial ist die Eindimensionalität der Item-Struktur zu prüfen, als Eignungstest, ob überhaupt eine Faktorenanalyse sinnvoll wäre. Die *Measure of Sampling Adequacy*

---
[204] Generell Weiber & Mühlaus (2010) und Hildebrandt & Temme (2006). Für die Gütekriterien: MSA (Backhaus et al. 2011), KMO (Kaiser & Rice 1974), Komm (Bortz & Döring 2005), KITK (Zaichkowsky 1985), Alpha (Churchill 1979), C.R. (Bagozzi & Yi 1988), DEV (Fornell & Larcker 1981), Weights (Petter & Straub 2007, Chin 1998a), t-Wert (Diamantopoulos & Winklhofer 2001).

(MSA) und die *Kommunalität* (Komm) messen die Zusammengehörigkeit der Indikatoren, bzw. zeigen die Prozentzahl der erklärten Varianz in den Indikatoren durch den extrahierten Faktor an. Eine aggregierte Kennzahl ist dabei das *Kaiser-Meyer-Olkin-Kriterium* (KMO). Eine zweite Prüfung ermittelt die eigentliche Indikatorreliabilität, über *Cronbach's Alpha* (Alpha) als Maß der internen Konsistenz einer Skala. Dieses wird berechnet als Durchschnitt der Item-Korrelationen. Als Ergänzung zu Alpha wurde zusätzlich die *Korrigierte Item-to-Total Korrelation* (KITK) berechnet, welches von der Anzahl der Items beeinflusst wird. Einige der Indikatoren unterschritten die Schwellwerte. Bei ITP haben die Werte nur sehr knapp die Grenzwerte nicht erzielt und dies konnte auf das Item ITP2 für *Cost Efficiency* zurückgeführt werden. Bei MIM und FIN war Alpha deutlich unterschritten, was nahelegt, dass diese Konstrukte später entweder vollständig aus dem Modell ausgeschlossen oder bzgl. FIN zumindest ein Item entfernt werden müssten.

Gütekriterien der zweiten Generation - Validitätsprüfung
Da die Kriterien der 1. Generation einige Schwächen verzeichnen (Weiber & Mühlhaus 2010), wurden die Kriterien 2. Generation als zusätzliche Indikatoren vor einer Änderung des Modells berechnet. Diese erlauben eine Schätzung des Messfehlers und den Vergleich, ob dessen Varianz durch die Indikatoren erklärt wird und Konstruktreliabilität vorliegt. Die Berechnung zweier Kriterien wurde durchgeführt mit SmartPLS. Als Maß der Reliabilität über sämtliche Indikatoren je Konstrukt wurde die Faktorreliabilität (engl. Composite Reliability, C.R.) berechnet sowie die durchschnittliche je Faktor extrahierte Varianz (DEV), welche als die erklärte Streuung der Indikatoren des latenten Konstruktes den Wert 0,5 überschreiben sollte. Bei diesen Messungen wurden bessere Ergebnisse erzielt, da auch für MIM und ITP die Schwelle für C.R. überschritten wurde, jedoch beide bei DEV nur knapp den Wert von 0,5 unterschritten.

Prüfung der Formativen Messmodelle
Formative Messmodelle lassen sich durch ihre Unteridentifizierung nur durch MIMIC-Modelle kovarianzbasiert (4.1.1) eigenständig messen (Weiber & Mühlhaus 2010) oder im varianzbasierten Ansatz im nomologischen Netzwerk eines Strukturmodells. Grundsätzlich entfallen die Gütekriterien der Reliabilität, da Multikollinearität nicht vorhanden sein darf bei formatorischer Spezifizierung, welches durch den Variance Inflation Factor (VIF, Kapitel 6.2) nachzuweisen ist. Das einzige Gütekriterium ist das Vorhandensein signifikanter Regressionsgewichte vom Indikator auf das Konstrukt

4.3 Datenerhebung

(Wert aus zweiseitigem t-Test größer als 1,645 bei 10% Signifikanzniveau), um hierüber Aussagen hinsichtlich der Qualität eines Items zu tätigen. Eine Entfernung bedingt stets eine Abwägung ob der inhaltlichen Spezifizierung des Konstruktes, welches eben hierdurch eine Änderung seiner theoretischen Bedeutung erfahren würde (Rossiter 2002). Auch hier wurden im Pretest einige der Schwellenwerte unterschritten.

Ergebnis des Pretests

Obwohl einige der Indikatoren sowohl der reflektiv als auch formativ operationalisierten Modelle Gütekriterien unterschritten, wurde entschieden, am bisherigen Modell festzuhalten und die begonnene Hauptuntersuchung fortzuführen. Zu dieser Entscheidung trug bei, dass die meisten Konstrukte basierend auf in der Literatur etablierten Modellen operationalisiert wurden und in einem zweiten Schritt durch die Experteninterviews eine Bestätigung erfahren haben. Zudem wiesen pro Konstrukt ausreichend Indikatoren solide Werte auf, sodass genug Spielraum für eine spätere Entfernung von Indikatoren bestünde, sollten sich die Indizien erhärten.

4.3.3 Datenauswertung & -bereinigung

Die statistische Überprüfung der Reliabilität der Mess- und Strukturmelle über die Hauptuntersuchung wird für die jeweiligen Hälften des Forschungsmodells in den Folgekapiteln 5 und 6 abgehandelt. In diesem Unterkapitel wird vorerst die Datenbereinigung um Ausreißer verschiedener Art erläutert, die Validierung der Selbstauskünfte über *Perceived Competitiveness* und *Perceived Firm Performance* durch objektive Marktdaten vorgestellt und die allgemeine demographische Auswertung präsentiert.

Bereinigung von Ausreißern

Die 192 Datenbestände waren bis auf zwei Rückläufer vollständig, was anzunehmend an der Einstellung *soft-required* lag, wobei die Teilnehmer auf leere Felder hingewiesen wurden. Bei 11 Datensätzen wurde der Jahresumsatz aus 2012 in U.S. Dollar anstatt in Euro angegeben. Diese Beträge wurden einheitlich zum Wechselkurs von 1,32 USD/EUR am 31.12.2012 in Euro konvertiert. 14 der Datensätze wurden als Ausreißer aus den 192 Rückläufern gestrichen, wie im Folgenden gerechtfertigt:

- Sieben Antworten wurden aussortiert, da die Bearbeitungszeiten deutlich von der sonstigen Verteilung der Stichprobe abwichen, konkret zwei Fragebögen unter 8 Minuten und fünf mit 75 bis 119 Minuten.
- Zwei Rückläufer (ID370, ID399) wiesen viele fehlende Daten aus, wobei u.a. der komplette Block zur Einschätzung von ITP, CPT und FIP fehlte (ID370) und auch durch Mittel wie *Data Imputation*, d.h. das Ersetzen fehlender Werte als Durchschnitt der sonstigen Werte bezogen auf die Indikatoren eines Konstruktes und für den jeweiligen Datensatz, keine Abhilfe möglich war (Vries & Sinharay 2006).
- GASKIN (2014) empfiehlt einen Test über Ermüdung oder willkürliches Antwortverhalten, indem die Standardabweichung über sämtliche Items gemessen wird. Ein niedriger Wert (hier <0,7) zeigt, dass fast kontinuierlich die gleichen Werte angeklickt wurden. Dies war bei ID443 und ID309 der Fall, welche aussortiert wurden.
- Wie vom Experten EX3 vorgeschlagen, ist ein Plausibilitäts-Check über die Angabe der Assimilation von PuCC über die drei Messarten ClS, CSM und CPR erfolgt. Hierbei wurde der Durchschnitt der jeweiligen Absolutwerte der drei Mittelwertsvergleiche berechnet (Abbildung 4.9). Fünf Ausreißer wurden identifiziert, wobei zwei davon bereits zur Gruppe der Ausreißer bezogen auf die Bearbeitungsdauer gehören. Ferner wurden die Pearsonschen Korrelationskoeffizienten (ohne Ausreißer) berechnet und wiesen hochsignifikante Werte von 0,79 bis 0,82 aus.
- Aufgrund methodenspezifischer Gütekriterien wurden bei der Logistischen Regression noch zwei weitere Datensätze (ID284, ID11) entfernt.

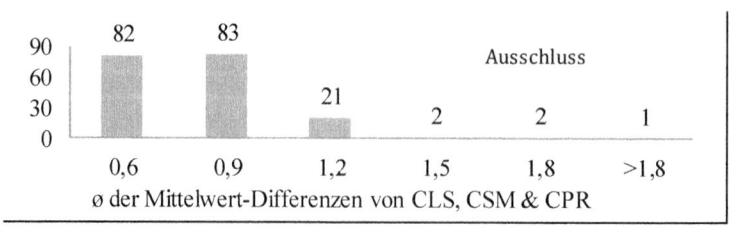

Abbildung 4.8: Plausibilitäts-Check über PuCC-Assimilation

Validierung der Angaben zur Unternehmensleistung

In Kapitel 4.1.2 wurde die Herausforderung bei der Wertbeitragsforschung aufgezeigt, dass durch Selbstauskunft und Wahrnehmung eine verzerrte Darstellung der tatsächlichen Ergebniswerte, hier die Wettbewerbsfähigkeit und Unternehmensleistung, erfolgen kann. Nach BHATT & GROVER (2005) ist die Konvergenzvalidität zu sichern durch die ergänzende Erhebung objektiver Daten und deren Vergleich mit den durch ein Individuum geäußerten Angaben zum Unternehmen. Hier wurden über die Datenbank *Global Business* des Marktforschungsunternehmens Xerfi[205] 16 Branchenreports recherchiert und von den darin gelisteten 184 Unternehmen 16 identifiziert, deren Name explizit von Studienteilnehmern angegeben wurden. In den Benchmarks waren die Kennzahlen *Sales Growth*, *Market Share* und *Profitability* präsentiert, jene Indikatoren der *Firm Performance*. Den Beurteilungen der Analysten folgend wurde vom Forscher eine Einordnung vorgenommen auf einer 5-Punke Likert-Skala in gleicher Form wie in der eigentlichen Erhebung, d.h. nach *very below the average* bis *very above the average*, wobei das komplette Spektrum von 1 bis 5 als Wert vorkam und sich ein Mittelwert von 3,65 ergab. Da der Mittelwert von *Firm Performance* über die Gesamtheit der 178 Unternehmen bei 3,55 lag, kann der Extrakt der 16 Unternehmen als repräsentativ in Bezug auf die gesamte Stichprobe gelten. Mit einem t-Test wurden die Zahlenreihen, bzw. Differenzen des Wertes der Variablen über die 16 Unternehmen verglichen und die Nullhypothese akzeptiert, dass die Mittelwerte von den objektive Kennzahlen gegenüber den subjektiven Angaben gleich sind (Bortz & Döring 2008). Damit erfolgt vergleichbar mit BHATT & GROVER (2005) die Bestätigung, dass die subjektiv geäußerten Daten der Wahrheit entsprechen, was die Ergebnisse der Studie stärkt.

Demographische Auswertung

Die Auswertung nach dem Hauptsitz zeigt eine deutliche Dominanz in Deutschland ansässiger Unternehmen, was zum einen sicherlich der Plattform Xing geschuldet ist, zudem den zumeist deutschen Teilnehmern, welche direkt per Email kontaktiert wurden (Abbildung 4.9). Dies ist zwar eine Limitation der Studie, sollte jedoch die Repräsentativität in Bezug auf die Aussagen zum Forschungsobjekt nicht schmälern, da erstens Deutschland eine sehr bedeutende Position auf dem Markt für CC inne hat (siehe Kapitel 2.1.5) und zweitens bisherige Studien zu diesem Thema ebenfalls eine starke Konzentration auf eine Region, konkret die USA, Deutschland oder Taiwan, auswiesen (siehe Kapitel 3.2.3). Von potenziell größerer Bedeutung ist die deutliche Repräsentanz von Großunternehmen, was sich sowohl in der Verteilung von Umsatz, Mitarbeiterzahl als auch der Rechtsform widerspiegelt. Damit ist anzuzweifeln, dass die Variable SIZ belastbare Resultate liefern kann. Positiv ist jedoch anzumerken, dass hier-

---

[205] www.xerfiglobal.com, aus Gründen des Copyrights dürfen die Inhalte hier nicht gezeigt werden.

durch z.B. die Forschungsergebnisse von REPSCHLÄGER & ZARNEKOW (2011) über klein- und mittelständische Unternehmen ergänzt werden können. Die Auswertungen nach der Rolle der Teilnehmer (Abbildung 4.10) sowie der Industrie-Abdeckung (Abbildung 4.11) zeigen, dass der Ansatz des Stratefied Sampling gute Resultate erzielt hat. So entstammen ca. ein Drittel der Teilnehmer von der Fachseite, was aufgrund des technologieorientierten Themas eine zufriedenstellende Ratio ist[206]. Beachtlich ist der dominierende Anteil an Führungskräften der obersten Führungsebene.

Hauptsitz des Unternehmens			Umsatz in 2012 (n=175 Angaben)		
Deutschland	116	65%	0 - <50 Mio.€	7	4 %
Schweiz	15	8%	50 Mio. € - <500 Mio. €	10	6 %
Frankreich	8	5%	500 Mio. € - <5 Mrd. €	54	31 %
Vereinigtes Königreich	7	4%	5 Mrd. € - <50 Mrd. €	81	46 %
USA	6	3%	50 Mrd. € - 500 Mrd. €	23	13 %
Italien	4	2%	**Anzahl der Mitarbeiter in 2012**		
Brasilien	3	2%	Min 5 - <50	3	2 %
Österreich	2	1%	50 – <500	4	2 %
China	2	1%	500 - <5.000	21	12 %
Australien	2	1%	5.000 - <50.000	86	48 %
Weitere Länder (je 1)*	13	7%	50.000 – max 549.000	64	36 %
Antwortdauer in Minuten (Ø 18:47)			**Rechtsform des Unternehmens**		
Min 9:28 - <12	36	20%	Verein/Association	2	1 %
12 – <18	64	36%	OHG/General Partnership	0	0 %
18 – <24	39	22%	KG/Ltd. Partnership	2	1 %
24 – <30	18	10%	GmbH/Private Ltd. Comp.	50	28 %
30 – max 39:47	21	12%	AG/Public Ltd. Company	124	70 %
* Dänemark, Finnland, Indien, Japan, Kanada Luxemburg, Mexiko, Niederlande, Schweden, Singapur, Spanien, Südafrika, Venezuela / n=178 Teilnehmer					

Abbildung 4.9: Demographische Studienauswertung (n=178)

IT-Abteilung	Rolle / Job Position	Fachseite	Summe
49	Business & IT Executives	16	65 (37%)
30	Head of Department Unit/Line	28	58 (32%)
32	Manager Specialist/Analyst	23	55 (31%)
111 (63%)		67 (37%)	178

Abbildung 4.10: Unternehmensrolle der Studienteilnehmer

---

[206] Bei der e-Business-Studie von Zhu et al. (2006) lag der Anteil der Non-IS Manager bei 26,5%.

4.3 Datenerhebung

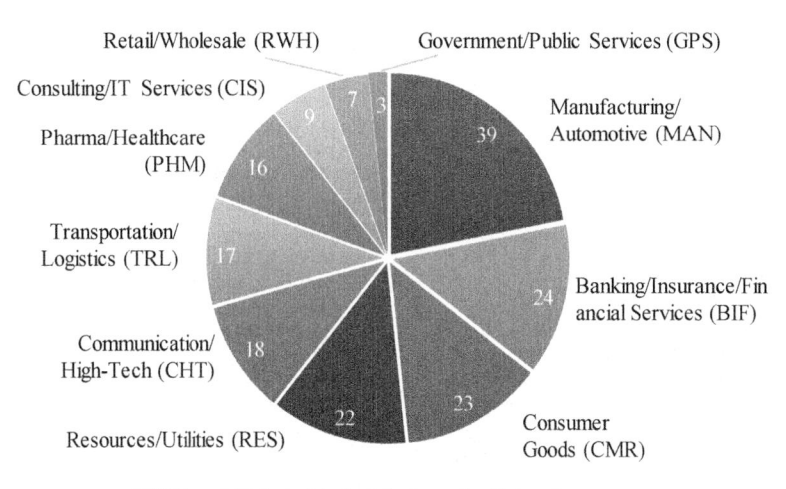

Abbildung 4.11: Industrie der teilnehmenden Unternehmen

Bzgl. der Branchen steht die Dominanz von *Manufacturing / Automotive* anzunehmend im Zusammenhang mit dem Land Deutschland (27 der 39 Nennungen) als Industrie- und Automobilstandort. Die Einordnung in die vier Cluster nach NEIROTTI (2011) ist aber durchaus ausgeglichen:

- Traditional Manufacturing (Manufactur., Consumer Goods) $\sum 62$
- Material Services (Resources, Transport., Retail & Wholes.) $\sum 46$
- Hi-Tech Manufacturing (Communication, Pharmaceuticals) $\sum 34$
- Information Services (Financial Serv., Consulting, Govern.) $\sum 36$

Der Vollständigkeit halber sind die Angaben in den Freifeldern für die *Perceived Benefits* und *Barriers* dokumentiert (Tabelle 4.12), welche nur von 15 Teilnehmern ergänzend genannt wurden. Die Angaben induzieren keine rückwirkend festzustellende Missachtung wichtiger Aspekte. Unter dem weiteren Freifeld für *Functional Area* und *Expertise* wurden 108 Angaben gemacht. Hier wurden u.a. eingetragen: Chief Cloud Strategist, CIO, Digital Marketing, IT Service Management, R&D+Operations, Strategy, Enterprise Architecture, Executive Director Technology, Production Systems, SAP Application Development, CRM und Compliance. Unter dem *Any Comments* wurden keine im Sinne der Erhebung relevanten Kommentare eingetragen, sondern entweder die Zustimmung zur Relevanz des Themas betont, der Ausschluss aus der Gutschein-Lotterie erbeten oder beste Wünsche für die Vollendigung der Doktorarbeit geäußert.

Tabelle 4.12: Ergänzende Perceived Benefits und Barriers

Freifeld: Extra Benefits	Freifeld: Extra Barriers
• Time savings in internal IT operations • Speed of commoditisation/implementation • Reducing risks of capacity bottlenecks • Reduced lead times • Show IT modernity • Provision of cloud-based services to clients • Increased Agility • New business for high potential areas • Governance enforcement through provider • Ability to test new initiatives in the cloud	• Legal issues for cross-border hosting • Integration with existing landscapes • Tax implications • Transformation of internal IT- organisation to service oriented delivery model • Breach of own internal (global) policies by granting web access • Missing fallback scenarios to leave the cloud to old IT storages

4.4 Zwischenfazit

In Kapitel 4 wurde nach einer Einführung in Methoden und zu beachtenden Methodenfehlern bei der Modelloperationalisierung und dem Fragebogendesign beides durchgeführt und das zu evaluierende initiales Forschungsmodell aufgestellt. Dieses Modell wurde per Experteninterviews diskutiert und auf Basis der Resultate umfangreiche Anpassungen vorgenommen. Dieses Vorgehen dient dem Zweck sowohl ein inhaltlich valides, methodisch korrektes und empirisch zu untersuchendes Forschungsdesign aufzustellen. Zudem wurde die Qualität mit Hinblick auf die Gewinnung der Zielgruppe der Führungskräfte noch deutlich erhöht. Die Anbahnung und Durchführung des Pretests und der Hauptuntersuchung wurden infolge ausführlich beschrieben und die Datenbereinigung und demographische Datenauswertungen präsentiert. Mit diesem Datenbestand sind jetzt die statistischen Auswertungen möglich. Zuerst wird die Auswertung des Assimilationsmodells (ab jetzt betitelt als APCC-Modell) per stufenbasierter logistischer Regression präsentiert. Im Anschluss wird sich der Kausalanalyse mit SmartPLS für die Fragestellungen um den BVCC gewidmet.

5 Public Cloud Computing Assimilation

Im Gegensatz zu der linearen Regression, bei welcher die unabhängige Variable in metrischer Skalierung vorliegt wird bei der logistischen Regressionsanalyse (*LOG*) gegenüber dichotomen oder kategorialen Variablen der Regress gebildet. Die LOG wurde im Kapitel 3.3 bei der Literaturrecherche zur IT-Adoptionsforschung als prominente Methode vorgefunden. Dabei wurden Wirkungen von meist TOE-strukturierten Faktoren auf die IT-Adoption untersucht, wobei die endogene Variable in diskreten Adoptionsstufen definiert war, getrennt in Non-Adopter und Adopter. Als zu adoptierende Technologien wurden etwa EDI (Kuan & Chau 2001), E-Business (Zhu et al. 2003), E-Markets (Duan et. al 2010), RFID (Wang & Wang 2010), ERP (Pan & Jang 2008), Enterprise Systems (Ramdami 2009), IT Innovation (Chau & Tam 1997) oder CC (Low et al. 2011) untersucht. COOPER & ZMUD (1990) haben einen stufenbasierten Ansatz verfolgt und über Bedarfsplanungssysteme Prädiktoren auf das Erreichen der Stufe *Adoption* sowie den Übergang auf die darauf folgende *Infusion* erhoben.

Da in der vorliegenden Studie das Assimilationsmodell von PuCC ebenfalls zu diskreten Stufen aggregiert gemessen werden soll, findet die LOG gleichfalls Anwendung, wobei dem stufenbasierten Ansatz von COOPER & ZMUD (1990) gefolgt wird. Nach einer methodischen Einführung (5.1) und der Messmodellauswertung (5.2), werden vorerst deskriptiv-statische Auswertungen über den Status der Assimilation von PucC (5.3) sowie die in Form eines Index zu bildenden Perceived Benefits & Barriers (5.4) präsentiert. Daran anschließend erfolgt die Schätzung der logistischen Regression (5.5), die Analye von Moderationseffekten durch Kontrollvariablen und die zusätzlich in der Befragung erhobene Partizipation von Stakeholdern bei der Adoption und während des Assimilationsprozesses (5.6).

5.1 Stufenbasierte Logistische Regression

Das grundsätzliche Verfahren der linearen Regressionsanalyse dient der Erklärung, quantitativen Beschreibung, Prognostizierung und Analyse von Beziehungen zwischen einer oder bei der multiplen Regression mehreren unabhängigen und einer hiervon abhängigen Variablen, welche durch eine Linearkombination der ersteren gebildet wird (Backhaus et al. 2011). Beide Variablentypen müssen hierbei eine metrische Skalierung aufweisen im Gegenzug zur logistischen Regression (LOG), durch welche der

Effekt einer unabhängigen Variablen auf eine in dichotomer oder kategorialer Form erhobenen oder aggregierten abhängigen Variablen regressiert wird (Field 2010). Bei der LOG können hierdurch die Wahrscheinlichkeit einer Gruppgenzugehörigkeit und dessen Änderung bezogen auf veränderte Ausprägungen der Prädiktorwerte berechnet und darauf basierend Prognosen getroffen werden. Die LOG positioniert sich sich daher methodisch zwischen der linearen Regression und der Diskriminanzanalyse (Fromm 2010). Letztere ermittelt rückwärtig Trennungsmerkmale von Gruppen ohne eine Betrachtung vorzunehmen, inwiefern Parameterverbesserungen vorwärtsgerichtet eine abhängige Variable positiv oder negativ beeinflussen. Ferner erfordert die Diskrimanzanalyse eine multivariate Normalverteilung der Prädiktoren sowie dessen Intervallskalierung (ebd.). Aus diesen Gründen wurde sich hier für die LOG entschieden.

Die aufgestellte Schätzgleichung entspricht zunächst jener der linearen Regression. So ergibt sich die abhängige Variable, bzw. dessen Merkmalsträger y_i als Linearkombination aus einer Regressionskonstanten b_0, den Beta-Regressionskoeffizienten b_j, mulitipliziert mit der Ausprägung x_{ij} der unabhängigen Variablen j und dessen Merkmalsträger i sowie dem Residuum e_i. Die entsprechende Formel lautet (Fromm 2010, S. 109):

$$y_i = b_0 + b_1 \ast x_{i1} + b_2 \ast x_{i2} + ... + b_k \ast x_{ik} + e_i / Logit\ y = log\ [\ p(y=1)/(1-p(y=1))\ ]$$

Da y hierbei eine Gruppenzugehörigkeit darstellt und im binären Fall die Werte 0 oder 1 annimmt, wird bei der LOG eine abhängige Variable der Wahrscheinlichkeit der Zugehörigkeit gebildet. Dazu werden die relativen Häufigkeiten der Zugehörigkeit über alle y_i als Wahrscheinlichkeiten extrapoliert. Diese endogenen Werte berechnen sich als sogenannte *Odds*-Werte von Wahrscheinlichkeit zu Gegenwahrscheinlichkeit nach p(y=1)/(1-p(y=1)). Die Beta- und Merkmals-Werte berechnen folglich nicht länger die Zugehörigkeit oder Wahrscheinlichkeit selbst, sondern die relative Wahrscheinlichkeit der Zugehörigkeit gegenüber der Nicht-Zugehörigkeit.

Da das Wertespektrum der Odds von null bis minus-unendlich reicht, wird dieses durch Logarithmieren auf plus- bis minus-unendlich erweitert, sodass die Funktion positive und negative Werte annehmen kann. Ist das Ergebnis der obigen Gleichung positiv, bzw. negativ, bedeutet dies jetzt eine Zuordnung von y zu entweder Gruppe 1, bzw. zu Gruppe 0, entsprechend der relativen Wahrscheinlichkeit. BACKHAUS ET AL. (2011) verdeutlichen, dass die rechte Seite der Gleichung als „z" abgekürzt, zu interpretieren sei als „aggregierte Einflussstärke der verschiedenen unabhängigen Variablen" (S. 255), welche das Ereignis herbeiführen und die logistische Funktion somit als eine Wahrscheinlichkeitsbeziehung zwischen den Ereignis Y=1 und den exogenen Variablen zu bezeichnen wäre. Geschätzt wird die Funktion über die Maximum-Likelihood-Methode mit dem Ziel, jene Beta-Werte zu bestimmen, dass sich die beobachteten und berechneten Werte für y gleichen. Daher ist ein Gütekriterium der LOG die Minimierung des Wertes der -2 Log-Likelihood-Funktion, welche eine Aussage über die verbliebene Unerklärtheit des Modells konstatiert und sich errechnet wie das Bestimmtheitsmaßes bei der linearen Regression durch die Aufsummierung der Residuen. Ergänzend zu den Beta-Werten und als Pendant zur t-Statistik der linearen Regression, wird die Wald-Statistik (Wald 1943) zur Bestimmung des Beitrags der Variablen berechnet darüber, ob sich dieser signifikant von Null unterscheidet. Die sonst durch den Algorithmus errechneten Beta-Koeffizienten sind schwierig zu interpretierende Terme, da sie die Veränderungen der logarithmierten Chancen für y=1 bei einer Erhöhung der exogenen Variablen um 1 angeben. Daher werden diese entlogarithmiert (Field 2010). Diese Effektkoeffizienten e^b geben somit an, um welchen Faktor die *Odds* steigen (b positiv, e^b [1;∞]) oder sinken (b negativ, e^b [0;1]) falls sich die exogene Variable um den Wert 1 erhöht.

Als Richtwert für die geforderte Stichprobengröße bei einer LOG nennen HAIR ET AL. (2010) das Zehnfache der Parameteranzahl und FROMM (2010) gibt n>100 für aussagekräftige Ergebnisse an. Da hier vorerst die latenten Variablenwerte durch eine konfirmatorische Faktorenanalyse als Input-Werte in SPSS für die LOG errechnet werden, liegen nur 9 exogene und 1 endogener Parameter vor. Somit errechnet sich eine Mindestmenge von 100 und das Kriterium ist mit 178 Teilnehmern für die gesamte Stichprobe erfüllt. Zur Berechnung von Moderationseffekten musste jedoch die Strukturgleichungsmodellierung zur Anwendung kommen (siehe Kapitel 6). Da etwa die Industrie-Cluster nur einen Stichprobenumfang von 34 bis 62 aufweisen, wäre die Bedingung nicht erfüllt gewesen. PLS hingegen berechnet auch bei geringeren Stichprobengrößen belastbare Ergebniswerte.

5.2 Gütebeurteilung des Messmodells

Neben Reliabilitätsprüfungen als notwendige Voraussetzung, dass korrekt gemessen wurde, stehen bei der Messmodellauswertung Validitätskriterien im Vordergrund, um zu evaluieren, ob das Richtige gemessen wurde (Weiber & Mühlhaus 2010). HOM-

BURG & GIERING (1996) erläutern vier Arten der Validität (S. 7), wobei diese selbst nicht bewiesen, nur geschlussfolgert werden kann (Weiber & Mühlhaus 2010).

- Die *Inhaltsvalidität* sagt etwas über den Grad aus, ob die konstruierenden Items alle Facetten des Konstruktes abbilden und dem inhaltlich-semantischen Bereich des Konstruktes angehören. Dies setzt eine fundierte Konzeptualisierung voraus und sollte zusätzlich durch Experten eine externe Validierung erfahren (Weiber & Mühlhaus 2010). HILDEBRANDT & TEMME (2006) sehen eine Widerspiegelung der Inhaltsvalidität bei einer hohen Interkorrelation der Indikatoren gegeben.
- Die *Konvergenz-, Diskriminanz- und Nomolologische Validität* stellen Aspekte der *Konstruktvalidität* dar. Zur Bestätigung von *Konvergenz* müssten eigentlich Messungen mit unterschiedlichen Methoden, z.b. Befragung und Beobachtung erfolgen, um Messmethodenfehler auszuschließen. Nach FORNELL & LARCKER (1981) könne jedoch aufgrund hoher Faktorreliabilität (C.R.) auf die Erfüllung dieses Kriteriums geschlossen werden, bzw. sei dies ein Hinweis auf die Nichtverletzung.
- *Diskriminanz* liegt vor, wenn die Indikatoren eines Faktors gegenseitig stärker assoziativ sind als gegenüber jenen der anderen Konstrukte. Die Messung geht ebenfalls auf FORNELL & LARCKER (1981) zurück.
- *Nomologische Validität* ist die Prüfung ob sich die postulierten, theoretischen Zusammenhänge zwischen den Konstrukten auch bestätigen.

Die Kriterien zur Messung der Reliabilität und Konvergenzvalidität wurden bereits beim Pretest erläutert (4.3.2, Tabelle 4.11) und daher hier nicht wiederholt, ebenso w iefür die Messmodellauswertungen in Kapitel 6.2. Bei vier Indikatoren sowie dem Konstrukt *Mimetic Effects* (MIM) hat sich die Indikation aus dem Pretest bestätigt. Die Messwerte haben sich auch durch die knapp 9-fache Stichprobengröße nicht verbessert (siehe Anhang und Tabelle 5.1). Deutlich zeigen die unterschrittenen Kriterien der Kommunalität (*Kom*), Korrigierten Item-Total-Korrelation (*KITK*) sowie dem Ladungswert (λ), dass die entsprechenden Indikatoren sich nicht in ihre Gruppe zur Messung des latenten Konstruktes einfügen und daher entfernt werden müssen. Dies wird auch durch den jeweils höheren Wert für Cronbach's Alpha ohne das ausgemusterte Item bestätigt. In Bezug auf MIM lagen zuviele Querladungen vor, sodass dieses Konstrukt nicht konvergiert. Folgend wird ein Erklärungsversuch gegeben, wobei anzumerken ist, dass diese Überlegungen nur hypothetische Aussagekraft haben.

- MIM1 hinterfragt den Einfluss von Drittparteien und korreliert entsprechend hoch und konsistent mit dem Konstrukt *Vendor Support*.

5.2 Gütebeurteilung des Messmodells

- MIM2 als Frage, ob PuCC in Zukunft die *Dominant IT platform* werden könnte, zeigte eine starke Korrelation mit *Perceived Benefits*.
- MIM3 (competitors) und MIM4 (fashionable) zeigten wenig Korrelation.
- ITE4 (we hire specialised people for PuCC) zeigte Querladungen zu TMS. Offensichtlich ist dieser Aspekt mit Hinblick auf die aktuell frühe Phase der Assimilation von PuCC zu weit vorgegriffen und noch nicht relevant
- FIN4 (financial resources are a cornerstone of success for PuCC) zeigt kaum Korrelationen zu FIN, denn dieser Punkt wurde zumeist verneint.
- COM4 (we depend on other organisations, that already use PuCC) wies ebenfalls kaum Korrelationen auf. Der niedrige Durchschnittswert von 2,24 bestätigt die verhältnismäßig hohe Verneinung der Frage.
- GOV4 (business laws and legal regulations support PuCC) und dessen niedriger Beitrag scheint auszusagen, dass die Regierungen zwar Anreize (GOV1), Facilities (GOV2) als auch Informationen (GOV3) liefern, die Gesetze und Regularien selbst jedoch adoptionshinderlich sind.

Tabelle 5.1: Entfernte Indikatoren – APCC-Modell

Item	Ø	S.D.	MSA	Kom	KMO	~ohne	KITK	α	~ohne	λ
MIM1	3,11	0,92	0,73	**0,38**		-	**0,32**			**0,49**
MIM2	2,96	1,13	0,61	0,61	0,64		**0,47**	0,57	-	0,88
MIM3	2,54	0,84	0,62	0,49			**0,38**			0,74
MIM4	3,21	0,93	0,68	**0,29**			**0,27**			**0,37**
ITE4	2,52	0,99	0,80	**0,37**	0,74	0,64	**0,40**	0,74	0,77	**0,64**
FIN4	2,83	0,89	0,77	**0,08**	0,70	0,69	**0,15**	0,64	0,75	**0,21**
COM4	2,24	0,95	0,67	**0,07**	0,73	0,73	**0,15**	0,72	0,84	**0,27**
GOV4	2,09	0,81	**0,49**	**0,03**	0,71	0,72	**0,11**	0,69	0,83	**-0,21**
			>0,5	>0,4	>0,6	>0,6	>0,5	>0,7	>0,7	>0,7

Die Auswertung des finalen Messmodells für das APCC-Modell nach Herausnahme der ungeeigneten Items zeigt Tabelle 5.2. Die Werte übersteigen die empfohlenen Richtwerte deutlich. Tabelle 5.3 weist die finale Prüfung über die Diskriminanzvalidität aus, welche misst, ob die Assoziationen der Indikatoren eines Faktors zueinander größer sind als zu denen anderer Faktoren. Übersteigen die quadrierten Werte der durchschnittlich extrahierten Varianz (DEV, Fettdruck auf der Diagonalen) die Querladungen zu den anderen reflektiven Messmodellen so ist das Kriterium nach FORNELL & LARCKER (1981) wie im vorliegenden Fall erfüllt.

Tabelle 5.2: Auswertung der reflektiven Messmodelle – APCC-Modell

	Explorative Faktorenanalyse					Konfirmatorische Faktorenanalyse				
Item	MSA	Kom	KMO	KITK	α	Variable	Λ	t	α	C.R.	DEV
TMS1	0,79	0,76	0,82	0,75	0,86	Top Management Support	0,87	54,5	0,86	0,91	0,70
TMS2	0,83	0,71		0,71			0,84	33,8			
TMS3	0,84	0,67		0,68			0,83	32,0			
TMS4	0,83	0,69		0,69			0,82	27,0			
ITE1	0,68	0,71	0,64	0,62	0,75	IT Expertise	0,83	24,4	0,77	0,86	0,68
ITE2	0,69	0,69		0,60			0,84	34,2			
ITE3	0,72	0,65		0,57			0,81	26,9			
FIN1	0,69	0,66	0,69	0,57	0,75	Financial Resources	0,81	20,6	0,75	0,85	0,66
FIN2	0,70	0,65		0,56			0,84	32,8			
FIN3	0,68	0,68		0,59			0,78	17,3			
COM1	0,74	0,75	0,73	0,70	0,84	Competitive Pressure	0,88	49,8	0,84	0,91	0,76
COM2	0,72	0,77		0,71			0,88	47,6			
COM3	0,72	0,77		0,72			0,87	40,9			
VEN1	0,80	0,60	0,79	0,60	0,81	Vendor Support	0,78	8,3	0,81	0,87	0,63
VEN2	0,77	0,69		0,67			0,79	6,1			
VEN3	0,79	0,65		0,64			0,83	14,1			
VEN4	0,81	0,59		0,59			0,77	7,8			
GOV1	0,70	0,77	0,72	0,71	0,83	Government Support	0,85	19,8	0,83	0,90	0,74
GOV2	0,72	0,75		0,69			0,86	21,5			
GOV3	0,75	0,72		0,67			0,88	24,4			
SIZ1	0,50	0,86	0,5	0,72	0,83	Organisation Size	0,97	2,2	0,84	0,92	0,85
SIZ2	0,50	0,86		0,72			0,87	2,1			
	>0,5	>0,4	>0,6	>0,5	>0,7	KMO: 0,88***	>0,7	>1,64	>0,7	>0,6	>0,5

Tabelle 5.3: Diskriminanzvalidität – APCC-Modell

Item	TMS	ITE	FIN	COM	VEN	GOV	SIZ
TMS	**0,84**						
ITE	0,40	**0,82**					
FIN	0,44	0,26	**0,81**				
COM	0,57	0,40	0,34	**0,87**			
VEN	0,14	0,19	0,20	0,13	**0,79**		
GOV	-0,13	-0,20	-0,10	-0,11	0,01	**0,86**	
SIZ	0,01	-0,21	0,03	-0,03	0,12	0,11	**0,92**
PBE (Index)	0,43	0,26	0,34	0,39	0,22	-0,18	-0,02
PRI (Index)	-0,11	-0,20	-0,15	-0,23	0,10	0,03	0,22

5.3 Status Quo der Assimilation

Die deskriptiven Auswertungen zum Status Quo der Assimilation von PuCC zeigen, dass Unternehmen sich im Durchschnitt etwa auf Stufe zwei des fünfstufigen Phasemodells (siehe S. 87) befinden. Sie treffen gegenwärtig Entscheidung und führen

5.3 Status Quo der Assimilation

Adoptionsverhandlungen (Abbildung 5.1)[207]. Die Positionierung des Themas in einigen Bereichen der IT- und Cloud Strategy ist schon etwas vorangeschrittener. Konkret ist in der Hälfte der befragten Unternehmen PuCC im IT-Portfolio verankert und erhält Budget, dabei werden sicherheits- und risikorelevante Aspekte diskutiert. Nur das Enterprise Architecture Management (EAM), jene Funktion, welche die Interoperabilität und technische Flexibilität der IT zu verantworten hat, setzt auf PuCC noch keinen Fokus. Dies könnte zum Risiko avancieren, da viele der unter den Perceived Barriers benannten potenziellen Probleme auf Schwächen im EAM zurückzuführen sind. CLS5 (Future Expansion) hat die verhältnismäßig höchsten Werte erzielt. Hier gaben etwa 40% der Stichprobe einen Wert von 4 oder 5 an und planen demzufolge diesem Thema zukünftig mehr Gewichtung zu geben. Die höchsten Werte bei CLS erzielten die Branchen CHT, CSL, CMR und PHM (siehe Seite 229).

Betreffs des durch PuCC am häufigsten bezogenen Servicemodells ist SaaS führend vor IaaS und mit hohem Abstand vor PaaS. Dies verwundert nicht, bietet SaaS doch einen nicht riskanten Einstieg in die Cloud. PHM erzielt hier den höchsten Wert mit 2,9. Demnach befinden sich viele Unternehmen bereits in der Implementierungs- oder Nutzungsphase. PaaS genießt aktuell in den Industrien CIS und CHT einen höheren Stellenwert und bei IaaS sind Unternehmen aus CMR in etwa eine Stufe voraus. Die Dimension CPR zeigt ein sehr heterogenes Bild. Sales & Marketing sind bereits oder werden anzunehmend zukünftig eindeutig vom Thema PuCC tangiert. Für die Unterstützung von Prozessen der Entwicklung oder Produktion hat das zumindest erfragte Liefermodell des PuCCs bislang keine Relevanz. Dieses Verhalten ist konsistent mit Vorgehens- und Entscheidungsmodellen über die Adoption von PuCC (2.1.4). Im Gegensatz zu Vertriebs- oder Finanzlösungen, sind Entwicklung und Produktion Kernkompetenzen von Unternehmen und eignen sich weniger für IT-Outsourcing. Hier spielen auch Latenzzeiten eine Rolle und stellen neben ebenfalls hohen Anforderungen an Compliance und Sicherheit eine Barriere für die PuCC-Adoption dar. Nur Unter-

---

[207] Die in diesem Kapitel zu den deskriptiven Statistiken gezeigten Werte über die Assimilation von PuCC sind Mittelwerte. Diese weichen minimal von den latenten Variablenwerten ab, welche sich durch die formative Spezifizierung der Variablen erster Ordnung (CLS, CSM, CPR), bzw. für das als Second-Order Typ III (reflektiv/formativ) spezifizierte Modell errechnen. Dies ist zu Beachten, falls diese Werte mit jenen der Modellauswertungen oder den auf der CD dargereichten Daten und Reports verglichen werden. Die Aussagekraft der Argumente basierend auf den Mittelwerten in diesem Kapitel ist ungetrübt, da die Unterschiede geringst sind, siehe [Mittelwert/LVS-APCC/LVS-BVCC]: CLS (2,71 / 2,71 / 2,68), CSM (2,13 / 2,14 / 2,10), CPR (1,83 / 1,84 / 1,79).

nehmen aus CHT und CIS, deren Wertschöpfung zu großen Teilen im Dienstleistungssegment stattfindet, zeigen erhöhte Werte. In Bezug auf die Unterstützung von Sales & Marketing Prozessen nehmen CMR Unternehmen eine Pionierstellung ein. Knapp ein Drittel dieser Branchen-Stichprobe nutzt hierfür bereits PuCC-basierte Lösungen.

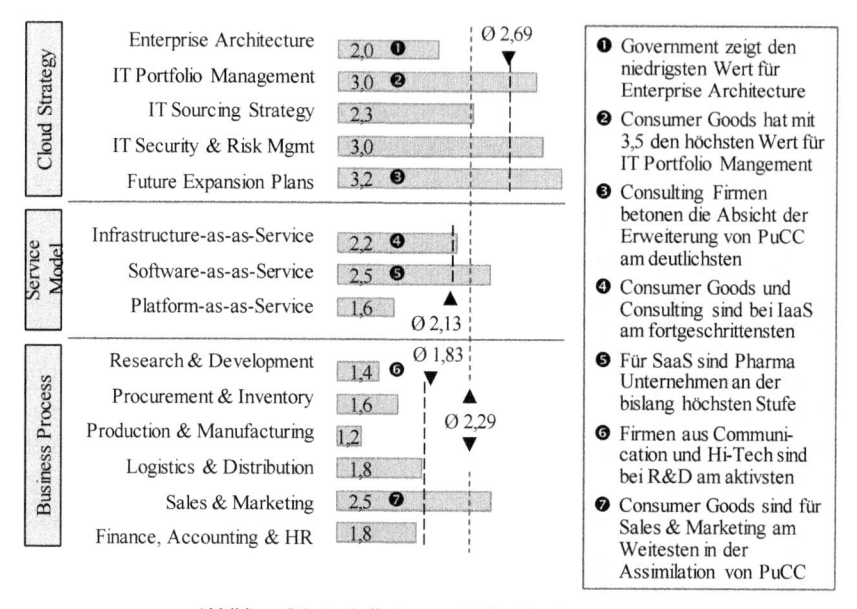

Cloud Strategy	Enterprise Architecture	2,0 ❶	Ø 2,69	❶ Government zeigt den niedrigsten Wert für Enterprise Architecture
	IT Portfolio Management	3,0 ❷		❷ Consumer Goods hat mit 3,5 den höchsten Wert für IT Portfolio Mangement
	IT Sourcing Strategy	2,3		
	IT Security & Risk Mgmt	3,0		
	Future Expansion Plans	3,2 ❸		❸ Consulting Firmen betonen die Absicht der Erweiterung von PuCC am deutlichsten
Service Model	Infrastructure-as-as-Service	2,2 ❹		❹ Consumer Goods und Consulting sind bei IaaS am fortgeschrittensten
	Software-as-as-Service	2,5 ❺		
	Platform-as-as-Service	1,6	Ø 2,13	
Business Process	Research & Development	1,4 ❻	Ø 1,83	❺ Für SaaS sind Pharma Unternehmen an der bislang höchsten Stufe
	Procurement & Inventory	1,6	Ø 2,29	❻ Firmen aus Communication und Hi-Tech sind bei R&D am aktivsten
	Production & Manufacturing	1,2		
	Logistics & Distribution	1,8		
	Sales & Marketing	2,5 ❼		❼ Consumer Goods sind für Sales & Marketing am Weitesten in der Assimilation von PuCC
	Finance, Accounting & HR	1,8		

Abbildung 5.1: Assimilation von Public Cloud Computing

Die Auswertung der Korrelationen zwischen den Items von CSM und CPR (Tabelle 5.4) zeigen erwartungsgemäß, dass SaaS hauptsächlich im Bereich Sales & Marketing zum Einsatz kommt. Der weitere Zusammenhang zwischen PaaS und Manufacturing scheint insbesondere auf relativ hohe Werte bei beiden Items durch die Branchen CHT, CIS und CMR zurückführbar zu sein. Andere CSM kommen bei MAN sonst kaum zum Einsatz. Zwischen den CSM korrelieren IaaS und SaaS moderat, sowie SaaS und PaaS gering. Zwischen IaaS und PaaS ist der ermittelte Wert insignifikant.

Tabelle 5.4: Service Model & Business Process Support Korrelation[208]

	R&D	PRC	MAN	LOG	SAL	FI	SaaS	PaaS
IaaS	0,21	0,32	0,20	0,31	0,38	0,36	0,30	0,14[ns]
SaaS	0,21	0,36	0,16	0,37	0,65	0,41	-	0,19
PaaS	0,32	0,28	0,43	0,24	0,26	0,25	-	-

Zusammengefasst zeigt die Studie, dass PuCC gegenwärtig am Anfang seiner Assimilation in Unternehmen steht. Dieses Ergebnis ist konsistent mit Einschätzung von Marktforschungsunternehmen, etwa von IDC oder Gartner, welche bis auf die SaaS-Lösung von SalesForce.com die Einschätzung treffen, dass bis zum wirtschaftlichen Durchbruch von PuCC mit hohen Adoptionsraten noch zwei bis fünf Jahre vergehen werden (IDC 2012b, Gartner 2013c). Zudem ist das Thema bereits im Rahmen der Definition der IT-Strategie im Unternehmen positioniert und es werden Pläne für die Expansion der Nutzung von PuCC genannt. Für den Erfolg wäre zu empfehlen, die EAM Funktion auf dieses Thema einzuorden, um spätere technische Problem zu vermeiden. Bezugnehmend auf die Eignung von IT-Ressourcen zur Beschaffung über die Cloud, sollte sich theoretisch in Zukunft ein weiterer Trend der Substitution von Support-Prozessen, sprich der Finanz-, Rechnungswesen- und Personalprozesse, durch die Cloud abzeichnen. Seit Gründung im Jahr 2005 etabliert sich z.B. der U.S. amerikanische Anbieter Workday[209] in diesem Markt.

5.4 Perceived Benefits & Barriers

Die detaillierte deskriptiv-statistische Auswertung der wahrgenommenen Vorteile und Adoptionsbarrieren zeigt, dass sich eine ähnliche Reihenfolge über die geäußerten Prioritäten der einzelnen Faktoren entwickelt, wie in den Literaturrecherchen ermittelt (Abbildung 3.4, S. 134). Vor allem Skalierfähigkeit und Kosteneinsparungen werden von der Public Cloud erhofft, wobei Befürchtungen um Sicherheit sowie potenzielle Risiken um Regularien, Gesetzgebung und Compliance die Euphorie bremsen. Im Durchschnitt werden die aggregierten Risiken sogar knapp höher gewichtet als die Vorteile, insbesondere hervorgerufen durch die entsprechend zwei benannten und als gravierend eingestuften Risiken. Interessant ist der Vorteil *Enhanced IT Security*, wel-

---

[208] R&D: Research & Development, PRC: Procurement & Inventory, MAN: Production & Manufacturing, LOG: Logistic & Distribution, SAL: Sales & Marketing, FI: Finance, Accounting & HR
[209] www.workday.com.

cher zwar letztgenannt, jedoch im Durchschnitt auf 3,0 lag und damit als nicht völlig unerheblich für Adoptionsentscheidungen beurteilt wurde. *Enhanced IT Performance* und *Performance Risk* halten sich die Waage und viele Teilnehmer gaben gleichzahlige Antworten für beide konträren Faktoren an, sind in diesem Punkt also unentschlossen bzgl. ihrer Erwartungshaltung. Interessant sind die Industrie-Cluster-Unterschiede. So werden Vorteile etwa gleichwertig eingeschätzt, jedoch äußern Unternehmen gerade aus informations-intensiven Branchen (Information Services, Hi-Tech Manufacturing) deutlichere Bedenken als die Segmente *Manufacturing* und *Material Services*.

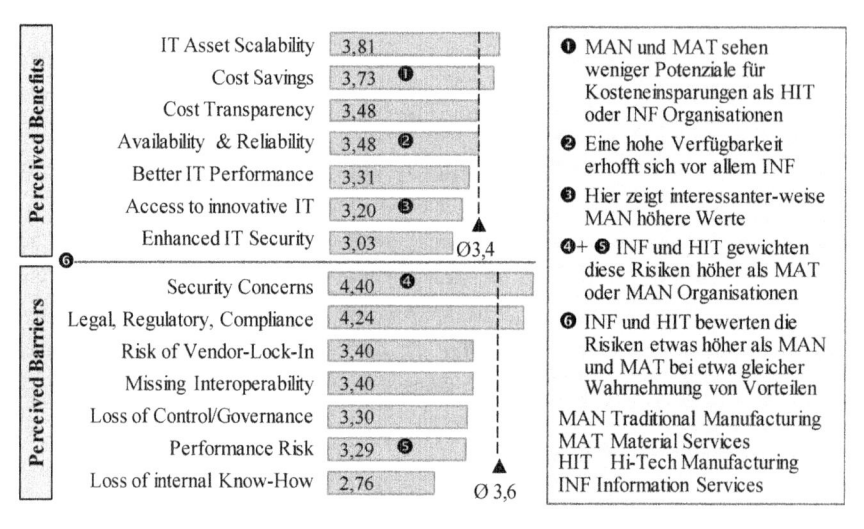

Perceived Benefits	IT Asset Scalability	3,81	❶ MAN und MAT sehen weniger Potenziale für Kosteneinsparungen als HIT oder INF Organisationen
	Cost Savings	3,73 ❶	
	Cost Transparency	3,48	
	Availability & Reliability	3,48 ❷	❷ Eine hohe Verfügbarkeit erhofft sich vor allem INF
	Better IT Performance	3,31	
	Access to innovative IT	3,20 ❸	❸ Hier zeigt interessanter-weise MAN höhere Werte
	Enhanced IT Security	3,03 Ø 3,4	❹+❺ INF und HIT gewichten diese Risiken höher als MAT oder MAN Organisationen
Perceived Barriers	Security Concerns	4,40 ❹	
	Legal, Regulatory, Compliance	4,24	❻ INF und HIT bewerten die Risiken etwas höher als MAN und MAT bei etwa gleicher Wahrnehmung von Vorteilen
	Risk of Vendor-Lock-In	3,40	
	Missing Interoperability	3,40	
	Loss of Control/Governance	3,30	MAN Traditional Manufacturing
	Performance Risk	3,29 ❺	MAT Material Services
	Loss of internal Know-How	2,76 Ø 3,6	HIT Hi-Tech Manufacturing INF Information Services

Abbildung 5.2: Auswertung der Perceived Benefits & Barriers

5.5 Modellschätzung

Zur Schätzung der LOG müssen vorerst die sich im Zuge der Second-Order-Spezifizierung der Assimilation von PuCC ergebenen standardisierten LVS (siehe Kapitel 6.2) zu diskreten Assimilationsstufen aggregiert werden. Abbildung 5.3 zeigt die Assimilationskurve, wobei die 178 Werte der Stichprobe über die x-Achse vom niedrigsten zum höchsten Adoptionswert sortiert sind. Der y-Wert zeigt die absolute Abweichung bezogen auf den gesamten Mittelwert an, um Aufschluss über die Verteilungskurve zu erlangen. Wie in Kapitel 0 geschildert, waren die befragten Unternehmen zum Zeitpunkt der Querschnittstudie nicht weiter vorangeschritten als in der dritten Phase *Adaptation*. Nur drei Unternehmen hatten summierte Durchschnittswerte

5.5 Modellschätzung   241

über 3,5, konkret 3,6 und zweimal 3,8. Die Trennung der Gruppen wurde unter Berücksichtung des individuellen Durchschnittswertes, der LVS sowie des Gesamtdurchschnittswertes über dann alle Stichproben einer Stufe vorgenommen. Im Ergebnis befinden sich 58 Unternehmen in der Stufe *Initiation* und jeweils 60 sind entweder bei der *Adoption* oder schon in die *Adaptation*-Phase eingeordnet.

ø LVS	Initiation			Adoption			Adaptation	
	0,6	ø 1,1	1,7	1,8	ø 2,1	2,5	2,6	ø 3,1	3,8
	-2,6		-0,4	-0,5		+0,5	+0,6		+2,6

min

Absolute
Mittelwerts-
Abweichung

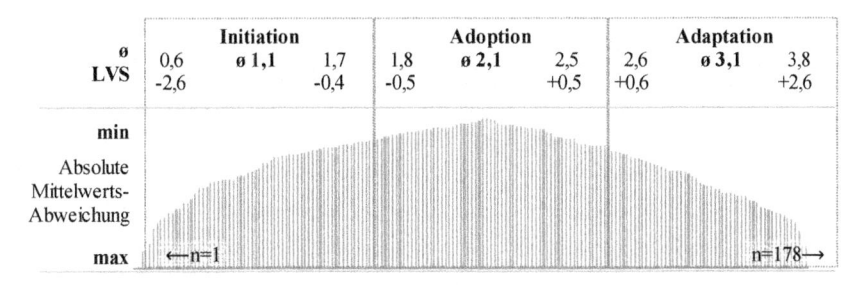

max   ←n=1   n=178→

Abbildung 5.3: Assimilationskurve

Durch den Vergleich der Absolutwerte zum Stichprobenmittelwert wird deutlich, dass am linken Rand des Spektrums (*Initiation*) ein starker Anstieg zu erkennen ist, gefolgt von einem Plateau durch die Phase *Adoption* zu einem linear abflachenden Verlauf zum Ende des Spektrum in der *Adaptation*-Phase. Es scheinen demnach wenige Unternehmen zu existieren, denen das Thema völlig fremd ist und bei welchen keine Ambitionen bestehen, sich zukünftig hiermit auseinander zu setzen. Bezogen auf das Plateau befinden sich die meisten Unternehmen im ungefähr gleichen Stadium. Sie antizipieren die Anwendbarkeit von PuCC, evaluieren dessen Nutzen und verhandeln die Einführung mit Anbietern. Im Pool jener Unternehmen, die bereits in der Einführungsphase sind, ist dann eine deutliche Schere zu erkennen und nur wenige Unternehmen haben bereits die technologischen und unternehmenspolitischen Hürden gemeistert. MOORE (2001) beschreibt diese Situation bei disruptiven Innovationen als Kluft, die zu überbrücken sei. Visionäre würden zwar eine Innovation sehr frühzeitig angehen, jedoch gegenüber den Pragmatisten aufgrund falscher Erwartungen während der Implemtierung im Progress zurückfallen. Ergänzend zeigt Tabelle 5.5 noch die Verteilung der Stufen über die Industrie-Cluster, wobei sich zeigt, dass bis auf eine Kluft in der Adoption-Phase der Unternehmen des Clusters *Information Service* kaum Cluster-spezifische Effekte der Ungleichverteilung über Stufen zu erkennen sind.

Tabelle 5.5: Assimilationsstufen und Industrie-Cluster

Stufe	LVS / ø	Traditional Manufact.	Material Science	Hi-Tech Manufacturing	Information Services
Initiation	-2,6 bis -0,4	17	15	11	15
Adoption	-0,5 bis +0,5	22	19	10	9
Adaptation	+0,6 bis +2,2 // 3,1	23	12	13	12
Summe		62	46	34	36

Bzgl. der Gütekriterien (Tabelle 5.6) wurde bereits im Kapitel 5.1 auf die Minimierung des -2 Log-Likelihood-Wertes als Zeichen der Anpassungsgüte eingegangen, gepaart mit der Wald-Statistik auf Signifikanz. Diese Werte sind anfällig für unterschiedliche Verteilungen innerhalb der Gruppen, falls der Regressionskoeffizient hohe Werte annimmt (Field 2010). Daher ist das präferierte Modellgüte-Kriterium der Hosmer-Lemeshow-Test, welcher mit Hilfe eines Chi-Quadrat-Tests die Nullhypothese prüft, ob sich die vorhergesagten und beobachteten Werte unterscheiden und der Test idealerweise approximativ den Wert 1 erreichen sollte (Field 2010). Ferner existieren die sogenannten Pseudo-R^2-Statistiken, welche ebenfalls auf Verhältnisbetrachtungen der Likelihood-Werte zwischen dem Nullmodell und dem vollständigen Modell beruhen und Werte der Formel $R_{cs}^2 = 1 - e^{[-2/n(LL(Neu)-LL(Nullmodell))]} > 0,4$ als gut bezweichnet werden (Backhaus et al. 2011, Field 2010). NAGELKERKE (1991) hat über R_{cs}^2 eine Gewichtung vorgenommen, so dass R^2 jetzt maximal 1 erreichen kann und über 0,5 liegen sollte. Bei Regressionanalysen ist zudem über die unabhängigen Variablen sicherzustellen, dass diese untereinander nicht stark korrelieren, heißt dass sie jeweils separat einen Einfluss auf die endogene Variable ausüben. Hierzu wird vertiefend bei der Überprüfung formativer Messmodelle in Kapitel 6.2 eingegangen. Hier sei erwähnt, dass die VIF[210]-Werte von 2,0 nicht überschritten wurden und das Kriterium als erfüllt gilt (Diamantopoulos et al. 2008). Während der Modellschätzung sollten Fälle ausgeschlossen werden, die ein stark atypisches Verhalten zeigen, welches über die standardisierten Residuen ZResid ermittelt wird (Backhaus et al. 2011). Dies sind Fälle, welche signifikant einer Gruppen zuzuordnen wären, und gleichzeitig für die endogene Variable genau die andere Gruppe beobachtet wurde. Diese Ausreißer stören den Schätzalgorithmus und verzerren die Resultate, daher mussten hier je Regression jeweils ein Fall (ID 11, 284) verworfen werden.

---

[210] Variance Inflation Factor, siehe Kapitel 6.2.

Tabelle 5.6: Gütekriterien der logistischen Regression[211]

Name	Schwelle	Referenzen
-2 Log-Likelihood (-2LL)	minimal	Aldrich & Nelson (2006)
Wald-Statistik	Signifikant	Hosmer & Lemeshow (2000)
Hosmer-Lemeshow-Test	max [0;1]	Hosmer & Lemeshow (2000)
Cox & Snell's R^2	>0,4	Cox & Snell (1989)
Nagelkerke's R^2	>0,5	Nagelkerke (1991)
Multikollinearität / Variance Inflation Factor	<10	Diamantopoulos et al. (2008)
Zresid	>3	Backhaus et al. (2011)

Abbildung 5.4 zeigt Tabellen und die Darstellung der Auswertungen mit SPSS. Die Gütekriterien sind in vergleichbarer Güte wie bei den referenzierten LOG-Studien erfüllt und die Effekte sind vor allem bei dem zweiten Übergang stark. Dies resultiert aus dem höheren Prozentsatz der richtigen Zuordnung (92,4%$_{Post}$ / 85,5%$_{pre}$), verursacht durch die signifikant größeren Maximalwerte der Effektkoeffizienten e^b der Faktoren (56,8$_{post}$ / 15,2$_{pre}$) und im kleineren -2 Log-Likelihood-Wert (29$_{post}$ / 58$_{pre}$). Demnach nehmen die Erfolgsfaktoren[212] der Assimilation von PuCC während der Post-Adoption, also dem Übergang von *Adoption* auf *Adaptation* und folglich dem als „Crossing the Chasm" (Moore 2001) beititeltem Schritt einen deutlicheren Stellenwert ein als zu den Pre-Adoption-Phasen. Die Resultate der Modellschätzung zeigen, dass neun Hypothesen bestätigt, neun verworfen und zwei offen bleiben, da MIM (5.2) ausgeschlossen wurde (Tabelle 5.7). Am deutlichsten treiben TMS und PBE die Assimilation, da sie über sämtliche Phasen relevant sind. Die weiteren Faktoren ITE und FIN sind bedeutend für die *Adoption* und den erfolgreichen Beginn der *Adaptation*, wobei FIN im Modell den höchsten Wert für e^b erzielt. Die einzige Variable, welche ausschließlich für den Anstoß der Adoption während der *Initiation* von Relevanz ist, dann jedoch die anderen Faktoren dominiert, ist COM. Offensichtlich sehen sich Unternehmen motiviert, deshalb PuCC zu eruieren, da sie diesen Vorgang bei Wettbewerbern beobachten und daher als wichtig einschätzen. Der Indikator COM2 über die Frage, ob man Nachteile im Wettbewerb vermute, sollte man PuCC nicht adoptieren, wurde am niedrigsten bewertet bei COM. GOV hat interessante Ergebnisse erzielt.

---

[211] Field (2010), S. 223, Backhaus et al. (2011), S. 276.
[212] Es sei verwiesen auf die kritische Auseinandersetzung der Begriffs der *Erfolgsfaktoren* durch Nicolai & Kieser (2002), in welcher auch viele der methodischen Probleme und Verzerrungseffekte der BVIT-Forschung (siehe Kapitel 4.1.2) angesprochen werden.

244 5 Public Cloud Computing Assimilation

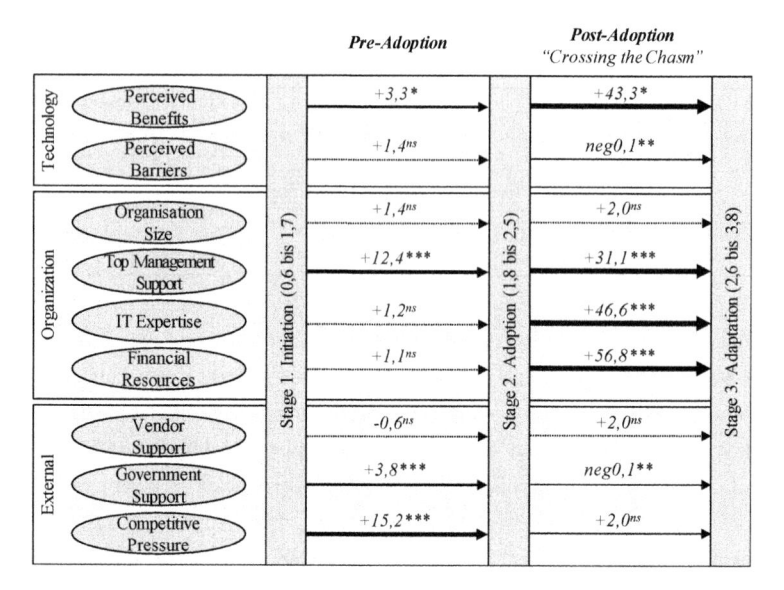

		Pre-Adoption	Post-Adoption "Crossing the Chasm"
Technology	Perceived Benefits	+3,3*	+43,3*
	Perceived Barriers	+1,4ns	neg0,1**
Organization	Organisation Size	+1,4ns	+2,0ns
	Top Management Support	+12,4***	+31,1***
	IT Expertise	+1,2ns	+46,6***
	Financial Resources	+1,1ns	+56,8***
External	Vendor Support	-0,6ns	+2,0ns
	Government Support	+3,8***	neg0,1**
	Competitive Pressure	+15,2***	+2,0ns

Stage 1. Initiation (0,6 bis 1,7)   Stage 2. Adoption (1,8 bis 2,5)   Stage 3. Adaptation (2,6 bis 3,8)

Initiation -> Adoption		Beta	Sig	Exp(B)	Low 5%	High 5%	Effekt
Technology	PBE	1,20	0,07	3,33	0,89	12,44	+*
	PRI	0,33	0,63	1,39	0,37	5,24	
Organization	SIZE	0,35	0,42	1,42	0,60	3,33	
	TMS	2,52	0,00	12,38	2,76	55,47	+***
	ITE	0,14	0,74	1,15	0,50	2,65	
	FIN	0,06	0,86	1,07	0,53	2,16	
External	VEN	-0,47	0,22	0,62	0,29	1,33	
	GOV	1,34	0,00	3,82	1,56	9,34	+***
	COM	2,72	0,00	15,19	3,75	61,56	+***
-2 Log Likelihood (min)		57,51	CoxSnell R^2 >0,4		0,591	%-richtig	85,5%
Hosmer-Lemeshow (n.s.)		0,906	Nagelkerke R^2 >0,5		0,788	ZResid>3	ID284

Adoption -> Adaptation		Beta	Sig	Exp(B)	Low 5%	High 5%	Effekt
Technology	PBE	3,76	0,05	42,97	0,98	1878,9	+*
	PRI	-3,04	0,04	0,05	0,00	0,84	-**
Organization	SIZE	0,68	0,33	1,97	0,50	7,74	
	TMS	3,47	0,01	32,09	2,35	437,59	+**
	ITE	3,84	0,01	46,63	2,89	751,52	+**
	FIN	4,04	0,01	56,79	3,02	1067,4	+**
External	VEN	0,70	0,28	2,01	0,57	7,16	
	GOV	-3,00	0,01	0,05	0,01	0,47	-**
	COM	0,70	0,28	2,02	0,56	7,23	
-2 Log Likelihood (min)		26,98	CoxSnell R^2 >0,4		0,686	%-richtig	92,4%
Hosmer-Lemeshow (n.s.)		0,937	Nagelkerke R^2 >0,5		0,915	ZResid>3	ID11

Wald-Statistik / Signifikanz: p< 0,01 (***), <0,05 (**),< 0,10 (*), >0,10 (ns)

Abbildung 5.4: Auswertung der logistischen Regression

5.6 Kontrollvariablen & Stakeholder

Tabelle 5.7: Hypothesen-Auswertung des APCC-Modells

UV	AV	Pre-Adoption (H_a)	Post-Adoption (H_b)	Ergebnis	
PBE	⇒+ APCC	Positiv, signifikant	Positiv, signifikant	H_1	a/b Bestätigt
PBA	⇒- APCC	Effekte unsignifikant	Negativ, signifikant	H_2	b Bestätigt
SIZ	⇒- APCC	Effekte unsignifikant	Effekte unsignifikant	H_3	Verworfen
ITE	⇒+ APCC	Effekte unsignifikant	Positiv, signifikant	H_4	b Bestätigt
TMS	⇒+ APCC	Positiv, hochsignifikant	Positiv, signifikant	H_5	a/b Bestätigt
FIN	⇒+ APCC	Effekte unsignifikant	Positiv, signifikant	H_6	b Bestätigt
COM	⇒+ APCC	Positiv, hochsignifikant	Effekte unsignifikant	H_7	a Bestätigt
VEN	⇒+ APCC	Effekte unsignifikant	Effekte unsignifikant	H_8	Verworfen
GOV	⇒+ APCC	Positiv, hochsignifikant	Negativ, signifikant	H_9	a Bestätigt

Relativ einflussvoll zu Beginn, ebbt dieser Effekt in der post-Adoption-Phase ins leicht Negative ab. Hier werden Erwartungen augenscheinlich enttäuscht und Regularien zeigen sich in der praktischen Umsetzung als ungenügend. Jedoch ist dieser negative Effekt ähnlich wie bei PBE verschwindend klein. Barrieren werden zwar gesehen und sogar im Durchschnitt höher bewertet als die PBE (Abbildung 5.2), faktisch kann jedoch kein Einfluss auf die Varianz von APCC beobachtet werden. Gänzlich irrelevant sind SIZ und VEN, wobei bzgl. der Aussagen über die Größe die Limitation vorliegt, dass fast ausschließlich große Unternehmen bis Großkonzerne befragt wurden. Eine weitere Limitation der Studie ist, dass nur die Transitionen zwischen den ersten Phasen beobachtet werden konnten aufgrund des grundsätzlich gemessenen niedrigen Assimilationsgrades. Damit kann keine Aussage erfolgen, inwiefern die Faktoren Effekte zeigen für das Erreichen der Phasen *Acceptance* oder *Routinisation*.

5.6 Kontrollvariablen & Stakeholder

Die theoretischen Grundlagen sowie die Ansätze zur Berechnung von Mediatoren und Moderatoren wurde bereits in Kapitel 4.1.1 vorgestellt. HUBER ET AL. (2006) grenzen voneinander die kategorialen, reinen und Quasi-Moderatoren ab. Erstere sollten als Gruppen getrennt ausgewertet werden, z.B. nach Partei oder Branche und die Ergebnispfade verglichen werden (Hair et al. 2010). Für die Überprüfung dieser Gruppen-

Moderations-effekte, hier speziell für die Kontrollvariablen wurden Kausalmodelle[213] (siehe 6.1) berechnet und mit der Formel nach CHIN (2000) ausgewertet (Abbildung 5.5). Diese liefert den Wert der zweiseitigen t-Verteilung, woraus ein Signifikanzniveau (p) berechnet wird. Gegenüber den kategorialen unterliegen die reinen Moderatoren einer metrischen Skalierung und stehen dabei in keinem eigenständigen Zusammenhang mit der endogenen Variable (Huber et al. 2006). Diese Art kam im Modell nicht vor. Aus der letzten Gruppe der Quasi-Moderatoren, welche eigenständige Effekte auf die endogene Variable ausüben, werden bei der BVCC-Modellauswertung (Kapitel 6.4) die Interaktion zwischen APCC und ITP auf ITDC untersucht. Im Kapitel 6.4 werden integrativ die Industrieunterschiede präsentiert.

$$t = \frac{Path_{sample\_1} - Path_{sample\_2}}{\sqrt{\frac{(m-1)^2}{(m+n-2)} * S.E._{sample\_1}^2 + \frac{(n-1)^2}{(m+n-2)} * S.E._{sample\_2}^2} * \sqrt{\frac{1}{m} + \frac{1}{n}}}$$

Abbildung 5.5: Formel zur Berechnung von Gruppeneffekten[214]

Kontrollvariablen

Die Überprüfung von Kontrollvariablen im APCC-Modell erfolgt in diesem Kapitel mit dem Ansatzes zur Messung von Gruppeneffekten. Zwischen den frühen und späteren Teilnehmern wurden keine signifikanten Unterschiede festgestellt und ein Verzerrungseffekt (*Respondent Bias*) entlang der Beantwortungsdauer kann ausgeschlossen werden. Auf Indikatoren-Ebene sind zwischen Aktiengesellschaften und Nicht-Aktiengesell-schaften keine signifikanten Unterschiede zu dokumentieren. Auch das Pfadmodell über sämtliche Stufen lässt keine Unterschiede zwischen den Assimilationsfaktoren und APCC erkennen. Die Detailanalyse per Stufe münzt jedoch in vier nennenswerte Effekte (Tabelle 5.8). Zum einen scheinen kleinere Unternehmen durch die wahrgenommenen Vorteile eher Adoptionsbereitschaft zu zeigen (*Initiation*: $0{,}47_{small}$ vs. $0{,}10_{large}$) und lassen sich nach der Adoption weniger durch *Perceived Barriers* in der Implementierung behindern (*Adoption*: $-0{,}03_{small}$ vs. $-0{,}14_{large}$). Während der *Adoption*-Stufe ist jedoch *IT Expertise* bei kleineren Unternehmen wichtiger als

---

[213] Der kausalen Richtung des Forschungsmodells folgend, war die Auswertung des Assimilationsmodells über den BVCC voranzustellen. Dennoch sollte die theoretische Einführung hierzu, erst dort erfolgen. Dass die Auswertung der Gruppen-moderativen Effekte per Kausalanalyse und nicht per Logistischer Regression erfolgen musste, lag vor allem bei den Industrie-Cluster an dem ansonsten zu geringen Stichprobenumfang (siehe 5.1).
[214] Chin (2000).

5.6 Kontrollvariablen & Stakeholder

bei großen (*Adoption*: $0{,}43_{small}$ vs. $0{,}28_{large}$), dafür zählen *Financial Resources* signifikant weniger (*Adoption*: $0{,}07_{small}$ vs. $0{,}26_{large}$). Dies ist ein plausibles Ergebnis. Während die großen und global aufgestellten Unternehmen anzunehmend zügiger die geforderte Expertise ausbilden oder hierfür geeignetes Personal einstellen können, ist dies für kleinere Unternehmen eine Herausforderung. Aus finanzieller Sicht ist wiederum in Konzernen der Weg in die Cloud in Summe wesentlich Ressourcen-intensiver und die Budgetvergabe potenziell bürokratischer und langwieriger als in den kleineren Unternehmen, welche hier flexibler agieren können.

Tabelle 5.8: Stufenabhängige Effekte – Unternehmensgröße

Signifikante Effekte zwischen den Assimilationsstufen	Small S1->S2	Large S1->S2	Small S2->S3	Large S2->S3
PBE -> APCC	**0,47**	0,10	0,28	0,21
PBA -> APCC	-0,23	-0,24	**-0,03**	-0,14
ITE -> APCC	0,33	0,12	**0,43**	0,28
FIN -> APCC	-0,06	0,04	0,07	**0,26**

Bei der Länderbetrachtung sind vier Effekte identifizierbar (Tabelle 5.9). *Top Management Support* zeigt in deutschen Unternehmen einen höheren Einfluss als in anderen Ländern. Gleichfalls lassen sich nicht-deutsche Unternehmen stärker vom Wettbewerbsdruck in frühen Phasen der Adoption motivieren (*Initiation*: $0{,}19_{DE}$ vs. $0{,}39_{Non-DE}$). Bezogen auf die Phase direkt nach der Adoption, d.h. während der Implementierung (*Adaptation*) sind in *Non-DE* die *Financial Resources* höher als in Deutschland (*Adoption*: $0{,}14_{DE}$ vs. $0{,}32_{Non-DE}$). Und als vierter Effekt fällt auf, dass sich der während der Auswertung der logistischen Regression identifizierte negative Effekt von *Government Support* in späteren Adoptionsphasen, fast vollständig durch nicht-deutsche Unternehmen zu erklären lässt (*Adoption*: $-0{,}09_{DE}$ vs. $-0{,}29_{Non-DE}$).

Tabelle 5.9: Stufenabhängige Effekte – Länder

Signifikante Effekte zwischen den Assimilationsstufen	DE S1->S2	Non-DE S1->S2	DE S2->S3	Non-DE S2->S3
TMS	**0,41**	0,21	**0,37**	0,17
FIN	-0,04	-0,02	0,14	**0,32**
GOV	-0,04	0,10	-0,09	**-0,29**
COM	0,19	**0,39**	0,21	-0,05

Auch bei den Differenzen zwischen den Teilnehmern der Fachseite und der IT-Abteilung sind vier Unterschiede gewichtig. So scheinen Führungskräfte der Fachseite zu Beginn der Assimilation Vorteile als weniger positiv und dafür Risiken als wesentlich gravierender zu beurteilen als ihre Kollegen der IT-Abteilung. Sie sehen auch die Bemühungen von Anbietern kritischer (*Initiation* [VEN]: $-0,26_{BUS}$ vs. $0,21_{IT}$) und zeigen hierdurch eher ein zögerliches Verhalten, wohingegen die IT-Abteilung hier offener zu sein scheint, demnach die Anbieter dort punkten können.

Tabelle 5.10: Stufenabhängige Effekte – Fachseite vs. IT

Signifikante Effekte zwischen den Assimilationsstufen	Fach S1->S2	IT S1->S2	Fach S2->S3	IT S2->S3
PBE	**0,12**	0,22	0,26	0,29
PBA	**-0,41**	-0,13	-0,15	-0,05
VEN	**-0,26**	**0,21**	-0,01	-0,02
GOV	-0,03	**0,16**	-0,24	-0,15

In Tabelle 5.11 sind die Ergebnisse der Auswertungen der Kontrollvariablen zusammengefasst. Die Bestätigung der Hypothesen bezieht sich hier vorerst auf die erste Modellhälfte und wird ergänzt durch die Analyse im BVCC-Modell in Kapitel 6.4.

Tabelle 5.11: Test der Kontrollvariablen – APCC

Kontrollvariable	Kommentar	Hyp	Ergebnis
Unternehmensgröße	Kleinere Unterschiede in der Relevanz von PBE in Stufe 1 und PBA, ITE und FIN in Stufe 2	$H_{32.1}$	Bestätigt
Länderunterschiede	Effekte identifiziert bei TMS im Generellen, COM in den frühen Assimilationsstufen sowie signifikante Differenzen bei FIN und GOV	$H_{33.1}$	Verworfen
Teilnehmer	Abweichungen bei PBE, PBA, VEN, GOV	$H_{35.1}$	Bestätigt
Respondent Bias	Keine signifikanten Differenzen	-	Verworfen

Eine von EX6 empfohlene Frage, dessen Antwort nicht in die multivariatstatistischen Modelle einfloß, war die nach der Nennung jener Personen oder Rollen im Unternehmen, welche Entscheidungen pro oder contra PuCC maßgeblich beeinflussen. Tabelle 5.12 zeigt die deskriptiv-statistische Auswertung. Demnach nehmen der CIO und die IT-Unit zwar erwartungsgemäß die führende Rolle ein, dennoch ist dies generell bei nur etwa 50% der Unternehmen der Fall. Zumindest bei 37% der befragten Unternehmen ist die Geschäftsseite beteiligt, und bei bereits 33% der IT-intensiven Branchen Communication/High-Tech und Consulting/IT-Services bereits der CEO. Unterneh-

5.6 Kontrollvariablen & Stakeholder

mensexterne Gruppen wie Lieferanten, CC-Anbieter, Consultants und Kunden werden bislang noch kaum als potenzielle Mitentscheider für die CC-Adoption angesehen.

Tabelle 5.12: Entscheider beim Public Cloud Computing[215]

In Prozent	CEO	CIO	CTO	COO	BU	ITU	CLI	SUP	PRO	CON	ø
Summe	15	55	16	6	37	51	7	14	21	18	2,4
Manufacturing (1.)	15	61	8	3	45	58	5	16	21	23	2,5
Material Servces (2.)	9	63	15	7	28	41	9	9	24	11	2,2
Hi-Tech (3.)	18	41	24	3	44	50	12	15	15	15	2,4
Information Services (4.)	19	47	25	11	28	53	6	17	25	22	2,5
1.Consumer Goods	17	74	13	0	43	70	9	13	9	26	2,7
1.Manufacturing/Automotive	13	54	5	5	46	51	3	18	28	21	2,4
2.Resources/Utilities	5	82	18	5	23	23	9	5	27	18	2,1
2.Retail/Wholesale[216]	0	29	14	14	29	57	14	14	14	0	1,9
2.Transportation/Logistics	18	53	12	6	35	59	6	12	24	6	2,3
3.Communication/High-Tech	33	33	39	6	44	50	17	11	17	11	2,6
3.Pharma/Healthcare	0	50	6	0	44	50	6	19	13	19	2,1
4.Banking/Insurance/FS	17	42	25	13	25	58	4	17	29	21	2,5
4.Consulting/IT Services[216]	33	56	33	11	44	33	11	22	11	22	2,8
4.Government/PublicServ.[216]	0	67	0	0	0	67	0	0	33	33	2,0

Ebenfalls nehmen Kunden einen unteren Platz ein und werden folglich außer im Cluster Hi-Tech kaum in Entscheidungen über CC involviert. Eine weitere Auswertung ergab, dass die IT-intensiven Branchen, zudem Konsumgüterhersteller im Schnitt mehr Entscheider konsultieren als z.B. der Handel, Verbraucher- und Rohstoffunternehmen oder pharmazeutische Unternehmen.

---

[215] CEO (Chief Executive Officer), CIO (Chief Information Officer), CTO (Chief Technology Officer), COO (Chief Operating Officer), BU (Business Unit), ITU (IT Unit), CLI (Clients), SUP (Supplier), PRO (Provider), CON (Consultants)
[216] Aufgrund kleiner Stichproben für diese Industrien sind diese Werte wenig repräsentativ.

6 Business Value of Cloud Computing

Die Strukturgleichungsmodellelierung (SGM[217]) zählt zu den multivariaten Analysemethoden zweiter Generation. Sie unterscheidet sich gegenüber denen der ersten Generation, z.b. der Hauptkomponenten-, Faktoren- und Diskriminanzanalyse sowie der multiplen Regression dadurch, dass hypothetische Variablenzusammenhänge durch den Vergleich von empirischen zu den modelltheoretischen Daten getestet werden können (Chin 1988). Bei der Kausalanalyse werden dazu Abhängigkeiten von latenten, nicht direkt beobachtbaren Variablen geschätzt. Sie eignet sich zur strukturellen Prüfung besonders umfangreicher Modelle mit mehreren unabhängigen (*exogenen*) und abhängigen (*endogenen*) Variablen, welche komplexe reale Sachverhalte beschreiben und deren Aufstellung z.b. dem Zweck dienen, Prognosen für zukünftige Entwicklungen abzuleiten (Backhaus et al. 2011). In der vorliegenden Arbeit wird mit deren Einsatz bezweckt, die theoretisch hergeleiteten und in Hypothesen formulierten Zusammenhänge zwischen der Assimilation von PuCC, den erwartungsweise mediierenden ITDC und den Wertbeitragsparametern zu überprüfen und die Größenordnung der potenziellen Effekte, die Effektstärke, aufzuzeigen. Nach einer methodischen Einführung[218] (6.1) wird die Auswertung des Mess- (6.2) und Strukturmodells (6.3.) präsentiert, gefolgt von der Untersuchung über Kontrollvariablen und erwartete Moderations- und Mediationseffekte (6.4). Das Kapitel schließt mit einer deskriptiven Auswertung der Konstrukte der Leistungsfähigkeit bezogen auf die Assimilationsstufe (6.5).

6.1 Strukturgleichungsmodellierung

SGM[219] beruht auf der Pfadanalyse, welche die Betrachtung von Wechselwirkungen zwischen Variablen basierend auf sachlogisch begründeten Kausalzusammenhängen erlaubt. Für jede endogene, abhängige Variable wird dabei jeweils eine Regressionsgleichung aufgestellt, woraus sich als Ganzes die Strukturgleichungen ergeben und daraus die standardisierten partiellen β-Regressionskoeffizienten für die Kausalzu-

---

[217] Die Akbürzung wird sowohl für die Methode als auch für *Strukturgleichungsmodelle* verwendet
[218] Für umfangreiche Ausführungen zur Strukturgleichungsmodellierung wird hier verwiesen auf Weiber & Mühlhaus (2010), Hair et al. (2010), Vinzi et al. (2010), Götz & Liehr-Gobbers (2004) und insbesondere auf zwei Specials zu diesem Thema in den Zeitschriften „DBW Die Betriebswirschaft", Ausgabe 6 im Jahr 2006 sowie „Long Range Planning", Vol. 45 im Jahr 2012.
[219] Engl. Structural Equation Modeling (SEM).

sammenhänge errechnet werden, kombiniert mit t-Werten für Aussagen über das Signifikanzniveau (Weiber & Mühlhaus 2010). Wo jedoch bei der Pfadanalyse ausschließlich manifeste, direkt beobachtbare metrisch skalierte Variablen betrachtet werden können, ermöglicht die Kausalanalyse jene durch Messmodelle latenter Variablen zu erweitern, sodass in ein äußeres Messmodell und ein inneres Strukturmodell zu unterscheiden ist (Backhaus et al. 2011). Eine Beziehung gilt dann als kausal, wenn eine unabhängige Variable systemisch und chronologisch eine über die Kovarianz messbare Veränderung an der von ihr abhängigen Variable ausübt, und dies vor allem plausibel, also sachlogisch erklärbar ist (Weiber & Mühlhaus 2010).

Grundsätzlich kommen zwei Methoden, die Faktoren- und die Regressionsanalyse entweder simultan wie im sogenannten kovarianzbasierten (covariance-based-SEM, *CBSEM*) oder seriell wie beim varianzbasierten (Partial Least Squares, *PLS*) Ansatz zum Einsatz. Der Algorithmus des kovarianz-basierten Verfahrens schätzt simultan sämtliche Modellparameter derart, dass sich die modelltheoretische und empirische Kovarianzmatrix maximal angleichen, bzw. sich die Diskrepanzfunktion minimiert. Konkret wird etwa mit Hilfe der Maximum Likelihood Methode eine bestmögliche Reproduktion der erhobenen Daten durch die geschätzten Modellparameter angestrebt (Reinartz et al. 2009, Weiber & Mühlhaus 2010). PLS strebt dagegen an, die erklärte Konstruktvarianz entgegen der Kovarianzerklärung in den Beziehungen der Items zu maximieren und geht dabei zweistufig vor. Zuerst werden die Faktorwerte im Messmodell als geschätzte Beobachtungswerte im Sinne linearer Kombinationen der äußeren Indikatoren ermittelt, welche dann iterativ über eine wechselseitige Approximation zwischen Mess- und Strukturmodell verbessert werden. Das Ziel ist die Minimierung der Varianz der Residual-, bzw. Störvariablen durch die Kleinstquadratemethode (Partial Least Squares) bis zur Unterschreitung eines Konvergenzkriteriums (Götz & Liehr-Gobbers 2004). Daran anschließend werden Regressionanalysen zur Schätzung der Beziehungen berechnet (Backhaus et al. 2011). Daher verursachen schlechte Konstruktoperationalisierungen auch keine überhöhten Beziehungsschätzungen, wie es bei CBSEM der Fall sein kann (Reinartz et al. 2009). Jedoch führt die Übertragung der Messfehler der Indikatoren auf die Konstruktwerte dazu, dass das Messmodell typischerweise überschätzt wird (Huber 2007, Hair et al. 2010). Da sich die Über- und Unterschätzungen nivellieren gelten die Vorhersageeigenschaften von PLS als gleichwertig zu CBSEM (Huber 2007). Die Abbildung 6.1 zeigt ein SGM, wobei zur Spezifizierung der reflektiven und formativen Messmodelle sowie jener höherer Ordnung hier

6.1 Strukturgleichungsmodellierung

auf Kapitel 4.1.1 verwiesen wird, wo ebenfalls Moderator- und Mediatoreffekte bereits erklärt wurden. Außerdem sind die Unterschiede der zwei Verfahren in Tabelle 6.1 noch einmal ausführlicher zusammengefasst und dienen auch als Entscheidungskriterium zur Identifizierung des geeigneten Ansatzes.

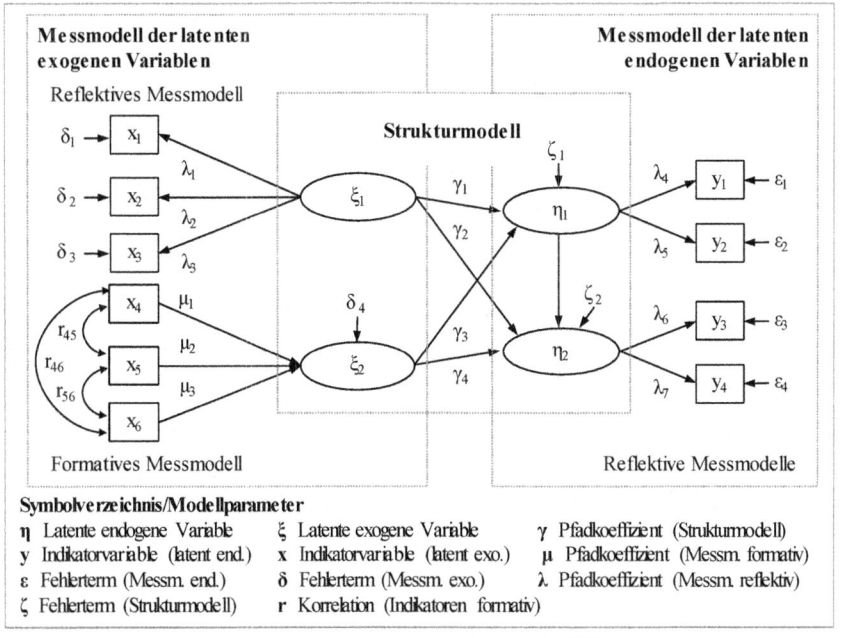

Abbildung 6.1: Strukturgleichungsmodell[220]

Literaturrecherchen von REINARTZ ET AL. (2009) und HAIR ET AL. (2012) zufolge wurde die Verletzung der Multinormalverteilung als hauptsächliche Rechtfertigung für PLS gegenüber LISREL vorgebracht. Davon gefolgt dient ein exploratives Forschungsdesign als Begründung, sowie die Verwendung formativ operationalisierter Konstrukte oder ein kleiner Stichprobenumfang. Auch in der vorliegenden Arbeit kommt PLS zum Einsatz und folgt in der Begründung ebenso der oben dargelegten Rangfolge. Die deskriptive Auswertungen haben aufgedeckt, dass bei den meisten Variablen keine Normalverteilung der Antwortwerte vorliegt. Zudem wurden die Variab-

---
[220] In Anlehnung an Backhaus et al. (2011), S. 519.

len CLS, CSM, CPR, PBE, PBA, CPT und FIP formativ operationalisiert. Im Weiteren weist die Studien einen explorativen Charakter und ein äußerst komplexes Modell mit vielen gleichzeitig zu schätzenden Variablen auf. Auch unter Betrachtung des für die Anwendung von kovarianzbasierten Verfahren der SGM benötigten Stichprobenumfangs, erfährt die Entscheidung für PLS hier eine weitere Bestätigung, da Gruppenvergleiche durchgeführt werden über wesentlich kleinere Stichprobengrößen. Nach HAIR ET AL. (2012) würden viele Publikationen keine Auskünfte erteilen über die gewählten Algorithmus-Parameter, z.b. den *Weighting Scheme*, *Abort Criteria* oder *Maximum Iterations* sowie beim *Bootstrapping*-Mechanismus. Diese Informationen werden bei der Auswertung des Strukturmodells in Kapitel 6.3 wie gefordert dargelegt.

Tabelle 6.1: Varianz- und Kovarianzanalytischer Ansatz[221]

Kriterium	Kovarianzanalytischer Ansatz	Varianzanalytischer Ansatz
Zielsetzung	Konfirmatorischer Charakter, Theorieevaluation	Exploratives Forschungsdesign, Prognosezwecke
Methodik	Faktoranalytischer Ansatz mit simultaner Schätzung aller Paramater des Kausalmodells	Zweistufige Schätzung von Mess- und Strukturmodell im regressionsanalytischen Ansatz
Schätzverfahren	Minimierung der Diskrepanzfunktion zwischen modelltheoretischer und empirischer Kovarianzmatrix	Minimierung der Residualvarianzen im Mess- und Strukturmodell
Messmodelle	Primär reflektiv	Formativ und Reflektiv
Verteilung	Multinormalverteilung gefordert bei Minimum-Likelihood-Methode	Robust gegen Abweichungen von multivariater Normalität
Modellumfang	Häufige Instabilitäten bei großen und komplexen Modellen, aufgrund von Konfundierung (Homburg & Klarmann 2006)	Hohe Anzahl an Messvariablen möglich und gleichzeitige Schätzung komplexer Zusammenhänge unkritisch
Umfang der Stichprobe	Großer Umfang, mindestens 200. Ab etwa n>250 ist bei CBSEM die Fehlerrate nach Reinartz et al. (2009) signifikant geringer als beim varianzanalytischen Ansatz	Geringer Umfang, minimal das 10-fache der Anzahl an unabhängigen Messmodellvariablen oder der Summe an Pfadbeziehungen zu einer latenten Variablen
Gütekriterien	Lokale inferenzstatistische und globale Gütemaße	Heuristische Werte (R^2, Q^2, t-Tests), Bootstrapping, Jackknifing
Software	LISREL, EQS, AMOS, Mplus	PLS Graph, SmartPLS, SPAD-PLS

---

[221] Weiber & Mühlhaus (2010), S. 66, Homburg & Klarmann (2006), S. 735 und Hair et al. (2012).

6.2 Gütebeurteilung des Messmodells

Als Pendant zu Kapitel 5.2 wird hier die Messmodellauswertung des BVCC-Modells präsentiert, wobei zusätzlich die Güte der formativen und Second-Order Modelle beschrieben werden. Für Erklärungen zu bereits erörterten Kriterien sei auf den Pretest (4.3.2) und Kapitel 5.2 verwiesen. Durch die Auswahl des varianzbasierten Ansatzes PLS können formative Messmodelle direkt geschätzt werden (Tabelle 6.2). Die Gewährleistung der Inhaltsvalidität erfolgte bereits ex-ante bei der Spezifizierung, wobei inhaltliche und sachlogische Begründungen zu dieser beitrugen und dies durch Experteninterviews zu bestätigen war (Götz & Liehr-Gobbers 2010).

Tabelle 6.2: Auswertung der formativen Messmodelle – BVCC-Modell

Item	Inhalt des Items	ø	S.D.	μ	t	Variable	ø	S.D.	VIF	Kom
CLS1	Enterprise Architecture	1,99	0,91	0,26	4,17	Cloud Strategy	2,71	0,71	<2,0	0,49
CLS2	IT Portfolio Management	2,97	1,10	0,28	4,10					
CLS3	IT Sourcing Strategy	2,35	0,91	0,30	4,02					
CLS4	IT Security	3,03	1,07	0,40	6,07					
CLS5	Future Expansion of PuCC	3,22	1,05	0,20	2,55					
CSM1	Infrastructure-as-a-Service	1,42	1,27	0,45	8,15	Service Model Support	2,14	0,86	<1,2	0,47
CSM2	Software-as-a Service	1,60	1,24	0,52	11,19					
CSM3	Platform-as-a Service	1,24	1,17	0,47	9,37					
CPR1	Research & Development	1,84	1,25	0,29	4,46	Business Function Support	1,84	0,73	<1,4	0,42
CPR2	Procurement & Inventory	2,53	1,42	0,28	4,97					
CPR3	Production & Manufact.	1,79	1,32	0,21	2,79					
CPR4	Logistics & Distribution	2,19	1,31	0,28	4,64					
CPR5	Sales & Marketing	2,51	1,22	0,41	6,02					
CPR6	Finance, Accounting, HR	1,56	1,23	0,25	3,80					
CPT1	Product Quality	3,96	0,86	0,53	7,63	Perceived Competitiveness	3,54	0,89	<1,3	0,41
CPT2	Cost Efficiency	3,24	0,89	0,28	3,30					
CPT3	Time-to-Market	3,25	0,77	0,38	5,56					
CPT4	Customer Satisfaction	3,71	0,83	0,35	5,02					
FIP1	Sales Growth	3,47	0,90	0,34	2,60	Perceived Firm Performance	3,55	0,93	<1,3	0,52
FIP2	Market Share	3,69	0,90	0,56	4,80					
FIP3	Profitability	3,49	0,99	0,47	3,67					
				>0,2	>1,64					>0,4

Grundsätzlich entziehen sich formative Modelle der Beurteilung durch jene auf Kollinearität basierenden und berechenbaren Gütekriterien der reflektiven Modelle, da hier entsprechend ein Nichtvorliegen an Multikollinearität gefordert ist zur Sicherstellung, dass jeder Indikator einen anderen Aspekt des Konstruktes formt und durch Kollinearität etwa zwei Faktoren ihren Einfluss auf den Konstruktwert nicht gegenseitig aufblähen (Diamantopoulos et al. 2008). Diese Überprüfung folgt der Regressionsanalyse entsprechend dem bei der Indexkonstruktion formativer Modelle gefolgtem regressionsanalytischen Ansatz über den *Variance Inflation Factor* (VIF). Dieser berechnet sich durch multiple Regressionen anzahlig der Indikatoren, wobei jeder einmal die endogene Variable konstatiert und ein R_i^2 errechnet wird. Einen Cut-Off-Wert berechnet die Formel $VIF_i=1/(1-R^2)$, welcher kleiner als 10 (Weiber & Mühlhaus 2010, Diamantopoulos et al. 2008) sein sollte. Dann wäre $R^2=0,9$ und es würden 10% der Varianz nicht von anderen Indikatoren erklärt werden. Bei VIF=5 sind dies 20% oder 33% bei VIF=3. Im vorliegenden Modell wurde der Wert 2,0 nicht überschritten.

Tabelle 6.3: Entfernte Indikatoren – BVCC-Modell

Item	Ø	S.D.	MSA	Kom	KMO	~ ohne	KITK	α	~ ohne	λ
DIN6	3,03	0,92	0,86	0,35	0,84	0,79	0,42	0,81	0,79	0,64
DAD2	3,48	0,87	0,88	0,31	0,86	0,81	0,42	0,81	0,81	0,53
DAB2	3,48	0,82	0,77	0,21	0,81	0,80	0,32	0,79	0,80	0,49
ITP2	3,12	1,02	0,75	0,28	0,76	0,76	0,34	0,73	0,74	0,43
			>0,5	>0,4	>0,6	>0,6	>0,5	>0,7	>0,7	>0,7

Ein Kriterium zur Überprüfung der Indikatorreliabilität sind die errechneten Gewichtungen und deren Signifikanz auf das zu formende Konstrukt (Götz & Liehr-Gobbers 2010). Tabelle 6.2 weist aus, dass sämtliche Werte über 0,2 und dem t-Test nach hochsignifikant sind (Seltin & Keeves 1994). Die Prüfung der Konstruktvalidität erfolgt über die Beurteilung der Prognosevalidität im Gesamtmodell, wobei die „Bestätigung der theoretisch postulierten Beziehungen zum Nachweis nomologischer Validität dienen kann" (Weiber & Mühlhaus 2010, S. 209). Dies ist gegeben. Eine Diskriminanzvalidität nach Fornell & Larcker (1981) kann nicht berechnet werden. Auch in diesem Modell mussten Items aufgrund signifikanter Abweichungen der Faktorladungen gegenüber Richtwerten entfernt werden (Tabelle 6.3) - ein Erklärungsversuch:

- DIN6 misst offensichtlich einen wesentlich höheren Grad der IT-induzierten Innovationsfähigkeit gegenüber Aussagen wie *novel products, first to market* oder *higher innovation success rates* und hat weniger mit diesen anderen Items korrespondiert.
- Bei DAD2 und DAB2 liegen die Durchschnittswerte deutlich über denen anderer Indikatoren der Konstrukte. Wobei der Wert bei DAB2 und dem IT-Beitrag plausibel erscheint, ist der Wert bei DAD2 gegenüber dem auf Koordination, Geschäfts-

prozessen oder Kundenorientierung fokussierenden Items zu diskutieren. Eventuell trat der Bias auf, dass IT häufig mit organisationalem Wandel einhergeht, sowohl bei der IT selbst und bei Restrukturierungen der Geschäftsseite.

- ITP2 (IT Cost Efficiency) wich ebenso von sonstigen Performance Parameter, u.a. Service Quality, Agility und Innovation ab. Offensichtlich ist dieser Kriterium von der IT Performance losgelöst. Dies zeigt deutlich, dass Kosteneffizienz alleine offensichtlich und gleichfalls verständlicherweise nicht mit IT-Performance einhergeht, bzw. diese konterkariert

Tabelle 6.4: Auswertung der reflektiven Messmodelle – BVCC-Modell

	Explorative Faktorenanalyse					Konfirmatorische Faktorenanalyse				
Item	MSA	Kom	KMO	KITK	α	Variable	Λ	t	α	C.R.	DEV
DIN1	0,83	0,52		0,55			0,72	16,9			
DIN2	0,81	0,53		0,56		IT-enabled	0,74	22,5			
DIN3	0,77	0,61	0,80	0,63	0,79	Innovative	0,78	26,9	0,79	0,86	0,55
DIN4	0,79	0,55		0,57		Capabilities	0,74	17,9			
DIN5	0,83	0,53		0,56			0,72	17,4			
DAD1	0,85	0,57		0,60			0,74	18,4			
DAD3	0,86	0,54		0,57		IT-enabled	0,73	19,0			
DAD4	0,84	0,56	0,84	0,59	0,81	Adaptive	0,77	29,0	0,81	0,87	0,57
DAD5	0,85	0,57		0,60		Capabilities	0,74	17,3			
DAD6	0,83	0,62		0,64			0,78	19,8			
DAB1	0,85	0,57		0,60			0,72	14,6			
DAB3	0,83	0,54		0,57		IT-enabled	0,78	22,3			
DAB4	0,80	0,55	0,82	0,58	0,80	Absorptive	0,73	16,5	0,80	0,86	0,56
DAB5	0,80	0,62		0,63		Capabilities	0,78	21,3			
DAB6	0,81	0,52		0,56			0,73	15,1			
ITP1	0,80	0,48		0,48			0,70	13,4			
ITP3	0,72	0,63	0,75	0,59	0,74	Overall IT	0,80	21,4	0,74	0,84	0,56
ITP4	0,78	0,54		0,52		Performance	0,68	12,1			
ITP5	0,73	0,61		0,58			0,82	28,2			
CLS	0,78	0,88		0,85		Assimilat. of	0,93	71,9			
CSM	0,79	0,87	0,76	0,85	0,93	Public Cloud	0,95	90,1	0,93	0,96	0,88
CPR	0,73	0,90		0,88		Computing	0,93	65,0			
	>0,5	>0,4	>0,6	>0,5	>0,7	KMO: 0,88***	>0,7	>1,64	>0,7	>0,6	>0,5

In Tabelle 6.4 ist das finale Second-Order Modell Typ III zur Messung der Assimilation von PuCC (APCC) in den Kontext der einfachen reflektiven Modelle eingebracht. Dies sind formative latente Konstrukte erster Ordnung als reflektive Messvariablen für das Konstrukt zweiter Ordnung (4.1.1). Hierzu wurde das 2-Stufen-Verfahren angewendet, sodass zuerst die Latenten-Variablen-Werte (engl. *Latent Variable Scores*, LVS) der drei formativen Konstrukte CLS, CSM und CPR errechnet und dann APCC auf diese separaten Indikatoren reflektiv gerichtet wird (Giere et al. 2006). Dieser Typ III findet hier entsprechend der Begründung von BECKER ET AL. (2012) Anwendung, da für die Erhöhung der Messsicherheit vor allem von den Experten betont wurde, eine redundante Messung von APCC durchzuführen. Daher dient die zusätzliche Überprüfung der Reliabilität und Konstruktvalidität zur Bestätigung, dass APCC korrekt gemessen wurde.[222] Dieses Vorgehen ist aufgrund der Notwendigkeit einer reflektiven Spezifizierung zweiter Ordnung nur für Second-Order der Typen I und III möglich. Tabelle 6.5 zeigt die Werte zur Sicherung der Diskriminanzvalidität.

Tabelle 6.5: Diskriminanzvalidität – BVCC-Modell

Item	DIN	DAD	DAB	ITP	APCC
DIN	**0,74**				
DAD	0,56	**0,75**			
DAB	0,41	0,46	**0,75**		
ITP	0,43	0,49	0,33	**0,75**	
APCC	0,58	0,54	0,43	0,27	**0,94**
CPT (formativ)	0,61	0,57	0,44	0,39	0,51
FIP (formativ)	0,33	0,36	0,23	0,23	0,30

6.3 Auswertung des Strukturmodells

Direkt anschließend an die Spezifizierung des Second-Order-Modells wurde für die Berechnung des Strukturmodells der in PLS anwendbare und nach BECKER ET AL. (2012) effektstärkere Repeated-Indicators-Approach angewendet (Albers & Götz 2006). Hierbei werden die Indikatoren der ersten Ordnung zusätzlich und gemeinschaftlich dem Konstrukt zweiter Ordnung zugewiesen und das Strukturmodell berechnet[223]. Im Gegensatz zu CBSEM können mit SmartPLS aufgrund des verteilungsfreien Charakters, der Nicht-Simultanität der Schätzung und der Orientierung an der

---

[222] Anmerkung: Im Rahmen der Plausibilitätsprüfungen ist bereits ein Ausschluss jener Fragebögen erfolgt, in welchen die Durchschnittswerte von CLS, CSM und CPR erheblich voneinander abwichen. Daher sind in der verbleibenden Stichprobe offentlich jene Antworten vertreten, in denen die drei Indikatoren ohnehin eine hohe Konsistenz aufweisen. Dies erklärt auch die hohen Werte im Rahmen der Validitätsprüfung mit der konfirmatorischen Faktoranalyse.

[223] Beide Varianten wurden verglichen, wobei nur geringe Differenzen mit Abweichungen bei den Pfaden um maximal 2,8% (APCC->DIN, 0,50 anstatt 0,49) und beim Bestimmungsmaß endogener Varialben um 2,4% (ebenfalls DIN mit 0,418 entgegen 0,408) auftraten.

6.3 Auswertung des Strukturmodells

Replikation der Ausgangsdaten und nicht der Kovarianzmatrix keine globalen Kriterien über die Anpassungsgüte ermittelt werden[224] (Weiber & Mühlhaus 2010, Ringle 2004). Jedoch existieren Kennzahlen zur Bewertung und diese werden im Vorfeld der Ergebnispräsentation diskutiert (Tabelle 6.6). Das erste Maß zur Bestätigung der basierend auf den Hypothesen konstruierten Kausalzusammenhänge ist die Höhe der Pfadkoeffizienten (γ) sowie deren Signifikanz (t-Wert), berechnet mit dem Bootstrapping-Algorithmus, welcher die Schwächen des Nicht-Kennens der theoretischen Verteilung kompensiert (Efron 1979). Zweitens gibt das Bestimmtheitsmaß R^2 der endogenen latenten Variablen an, ob und wieviel von dessen Varianz durch die auf sie gerichteten exogenen, kausal vorgelagerten Variablen erklärt wird (Chin 1998a). Ab einem Wert von 0,67 liegt eine substanzielle Erklärung vor, ab 0,33 spricht CHIN (1998a) von durchschnittlich, bzw. ab 0,19 von schwach. Um Aufschluss über den Gehalt einer exogenen Varialben an dieser Verbesserung von R^2 zu erhalten, sobald diese ihr für die Schätzung zugeordnet wird und gesetz der Situation, dass hierbei mehrere Prädiktoren parallel einen Effekt ausüben, sollte jeweils die Effektstärke berechnet werden nach $f^2=(R^2_{inkl}-R^2_{excl})/(1-R^2_{inkl})$ (Gefen et al. 2000). Mit dem Stone-Geisser-Kriterium (Fornell & Cha 1994) kann noch die Prognoserelevanz von reflektiven latenten Varialben ermittelt werden (Ringle 2004). Hierbei errechnet der Algorithmus durch Multiplikation von Konstruktwerten, Strukturkoeffizienten und Ladungen modelltheoretische Werte und Residuen und vergleicht diese mit trivialen Schätzungen über arithmetische Mittel der reflektiven Indikatoren[225] (Huber 2007). Das Resultat muss über Null liegen, damit das Modell Vorhersagekraft besitzt.

In Tabelle 6.8 und Abbildung 6.2 sind die Ergebnisse der Kausalanalyse dokumentiert samt sämtlicher Gütekriterien und Bezug zu Hypothesen[226]. Auch enthalten sind die Resultate einer ergänzenden Betrachtung für DIN, DAD und DAB als Typ II-Second-Order Modell ITDC. Dieses wurde dahingehend überprüft, ob es reliabel und valide formbar ist sowie ob die drei Konstrukte DIN, DAD und DAB als Paket eine höhere

---

[224] Bei AMOS würden Überprüfungen vorgenommen a) hinsichtlich Modellsparsamkeit und Möglichkeiten der Komplexitätsreduzierung, b) inwieweit das Forschungsmodell gegenüber einem Nullmodell mit willkürlichen Beziehungen eine inkrementell bessere Vorhersagekraft zeigt und c) wie gut sich die modell-theoretische und empirische Kovarianzmatrix durch die Schätzung gleichen.

[225] Diese Werte werden dem Verfahren des Bootstrappings nach systematisch als fehlend angenommen und entsprechend darum auf diese Art und Weise reproduziert (Chin 1998a).

[226] SmartPLS-Settings: PLS-Algorithmus: Path Weighting Scheme, Standardized, Maximum 300 Iterations, No Missing values. Bootstrapping-Settings: No Sign Changes. 180 Cases, 200 Samples.

Modellgüte erzielen. Da auf die Reliabilität und Validität der einzelnen Konstrukte bereits im vorherigen Kapitel geschlossen wurde, erfolgt hier die Bildung von ITDC innerhalb des Modells mit dem Repeated-Indicator-Ansatz. Tabelle 6.7 weist die Gütekriterien aus, welche zuerst die Formbarkeit knapp bestätigen. Der Wert der Kommunalität überschreitet nicht den Schwellwert von 0,4, was am geringen Pfadkoeffizient von 0,21 und dem geringen 5%-Signifikanzniveau von DAB liegen könnte.

Tabelle 6.6: Gütekriterien der Strukturmodellüberprüfung[227]

Name	Abkz.	Schwelle	Quelle
Standardisierte Pfadkoeffizienten	γ	>0,2	Chin 1998a
t-Werte	-	>1,64	Chin 1998a
Effektstärke	f^2	>0,15	Gefen et al. 2000
Bestimmtheitsmaß	R^2	>0,19	Chin 1998a
Stone-Geisser-Kriterium	Q^2	>0	Fornell & Cha 1994

Tabelle 6.7: IT-enabled Dynamic Capabilities als Second-Order Modell

Item	Inhalt des Items	ø	S.D.	μ	t	Variable	ø	S.D.	VIF	Kom
DIN	IT-enabled Innovative Cap	3,37	0,93	0,41	18,8	IT-enabled Dynamic Capabilities	3,37	0,52	<1,5	0,36
DAD	IT-enabled Adaptive Cap	3,41	0,89	0,43	24,8					
DAB	IT-enabled Absorptive Cap	3,34	0,86	0,39	24,4					
			>0,2	>1,64					<3	>0,4

Die Ergebnisse zeigen, dass das Strukturmodell in hohem Maße bestätigt wurde und keine Probleme bestehen, im Gegensatz zu den Gütekriterien im unbereinigten Messmodell. Sowohl die Werte für R^2 als auch Q^2 bestätigen die Prognosekraft. Interessant sind die geringen Werte zwischen jeweils APCC und ITP auf CPT im vollständigen Modell, sobald die hypothetisierten mediierenden Pfade über die ITDC gesetzt sind. Die stärksten Zusammenhänge bestehen zwischen APCC und den ITDC-Konstrukten und übersteigen jene von ITP. Vor allem bei DAB zeigt die geringe ITP-Effektstärke von f^2=0,06, dass APCC die Fähigkeiten der DAB deutlicher steigert. Grundsätzlich wurde DAB mit R^2 schwach erklärt. Nur bei DAD sind die kausalen Effekte in der Größenordnung von APCC und ITP vergleichbar. Adaptivität scheint demnach durch APCC und ITP verbessert zu werden. Die IT-unterstützte Innovationsfähigkeit DIN nimmt sowohl als von APCC aus endogen, bzw. von CPT aus exogen gesehene Vari-

---
[227] Weiber & Mühlhaus (2010), S. 250.

6.3 Auswertung des Strukturmodells

able die dominanteste Rolle im Modell ein. So trägt DIN auch zu CPT in erheblich höherem Maße bei als DAD, wobei DAB hier nur einen äußerst unwesentlichen Einfluss auf die wahrgenommene Wettbewerbsfähigkeit ausübt. Der hohe Effekt von CPT auf FIP wurde erwartet, denn es sollte sich Wettbewerbsfähigkeit kausal in Marktanteilen, Profitabilität und Umsatzwachstum widerspiegeln, was hier erneut bestätigt wurde. Hierzu sei ergänzt, dass die Modellierung dieser Kausalkette von zuerst CPT und darauf folgend FIP richtig war und durch das Modell bestätigt wurde. Dieses beweisen zwei Berechnungen, aus denen CPT als mediierender Faktor sowohl zwischen ITP, APCC als auch ITDC hervorgeht (Abbildung 6.3). Zur Bestätigung der nomologischen Validität des Second-Order-Modells ist hervorzuheben, dass zwar das R^2 von CPT von 0,464 auf 0,440 leicht sinkt, jedoch der signifkante Pfadkoeffizient von 0,66 die Validität gewährleistet. Anzunehmend dämpft die geringe Kommunalität die Euphorie, denn DAB scheint weniger bündelbar mit DIN und DAD als jene miteinander.

Tabelle 6.8: Strukturmodell – BVCC-Modell

Pfadkoeffizienten			Effektstärke			Modellgüte		Hypothesen	
Exo.	Endo.	γ	t-Wert/p	R^2 Diff	f^2	Effekt	R^2	Q^2	Hyp Ergebnis
Hauptmodell									
APCC	DIN	0,502	9,09***	0,232	0,40	high	DIN	DIN	H_{11} Bestätigt
APCC	DAD	0,437	6,94***	0,176	0,30	med	0,418	0,212	H_{12} Bestätigt
APCC	DAB	0,364	4,99***	0,122	0,16	med	DAD	DAD	H_{13} Bestätigt
APCC	CPT	0,136	1,65*	0,010	0,01	none	0,417	0,220	H_{15} Bestätigt
ITP	DIN	0,294	5,03***	0,080	0,14	low	DAB	DAB	H_{16} Bestätigt
ITP	DAD	0,372	6,68***	0,125	0,21	med	0,230	0,114	H_{17} Bestätigt
ITP	DAB	0,229	3,41***	0,048	0,06	low	CPT		H_{18} Bestätigt
ITP	CPT	0,062	0,87^{ns}	0,008	0,01	none	0,464		H_{20} Verworfen
DIN	CPT	0,386	5,59***	0,098	0,18	med	FIP		H_{21} Bestätigt
DAD	CPT	0,287	4,14***	0,049	0,09	low	0,279		H_{22} Bestätigt
DAB	CPT	0,149	2,26**	0,017	0,03	low			H_{23} Bestätigt
CPT	FIP	0,528	11,24***	-	-	-			H_{31} Bestätigt
Second-Order IT-enabled Dynamic Capabilities Modell									
APCC	ITDC	0,532	9,03***	0,264	0,56	high	ITDC	0,529	H_{14} Bestätigt
ITP	ITDC	0,377	6,91***	0,132	0,28	med	CPT	0,440	H_{19} Bestätigt
ITDC	CPT	0,664	19,40***	-	-	-	FIP	0,280	H_{24} Bestätigt
p< 0,01 (***), 0,05 (**), 0,10 (*)				>0,02(l), 0,15(m), 0,33(h)			>0,19	>0,0	

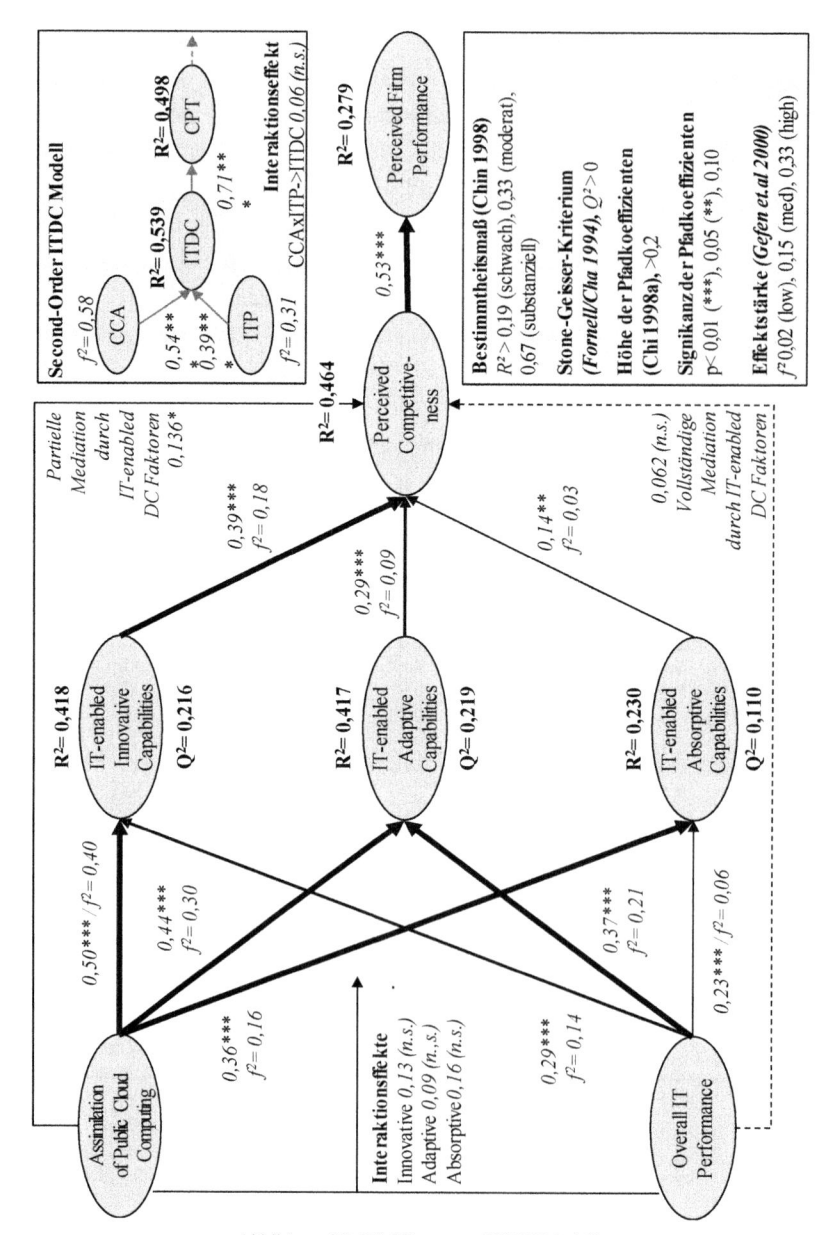

Abbildung 6.2: Pfaddiagram – BVCC-Modell

6.4 Mediatoren und Moderatoren

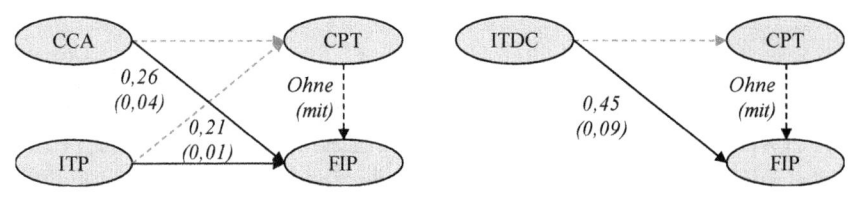

```
  CCA ─────────────→  CPT            ITDC ────────────→  CPT
    0,26           Ohne                                  Ohne
   (0,04)          (mit)              0,45               (mit)
         \  0,21                     (0,09)
   ITP    (0,01)   FIP                         ────→     FIP
```

Abbildung 6.3: Validierung der kausalen Nachlagerung von FIP[228]

6.4 Mediatoren und Moderatoren

In die theoretischen Grundlagen sowie die Ansätze zur Berechnung von Mediatoren und Moderatoren wurde in Kapitel 4.1.1 eingeführt, die Formel zur Berechnung von Gruppeneffekten nach CHIN (2000) in Kapitel 0 aufgezeigt sowie auf HUBER ET AL. (2006) referenziert bzgl. der Trennung in kategoriale Gruppen, reinen Moderatoren und Quasi-Moderatoren. Letzte Gruppe ist repräsentiert durch den angenommenen Interaktionseffekt zwischen APCC und ITP, da vermutlich eine höhere IT-Performance auch die Potenzialausschöpfung von PuCC treibt, bzw. PuCC auch die *Overall IT Performance* anheben sollte, beides bezogen auf die Kausaleffekte zu DIN, DAD, DAB und ITDC. Berechnet wurden die Interaktionseffekte nach dem einstufigen PLS-Verfahren, wobei dem Ansatz von BARON & KENNY (1986) folgend die Kreuzprodukte der Indikatoren auf die endogenen Variablen abgebildet und das Modell mit dieser Ergänzung simultan vollständig geschätzt wird (Huber et al. 2006)[229]. Wie in Abbildung 6.1 und in Tabelle 6.9 dokumentiert wurde keiner dieser wechselseitigen nur einfach zu modellierenden Effekte bestätigt und die Hypothesen verworfen.

Tabelle 6.9: Test auf Interaktionseffekte der Quasi-Moderatoren

Mod1		Mod2	Endo	β	t-wert	Hyp	Ergebnis
APCC	⇔	ITP	DIN	0,132	1,093	$H_{29/30a}$	Verworfen
APCC	⇔	ITP	DAD	0,094	0,531	$H_{29/30b}$	Verworfen
APCC	⇔	ITP	DAB	0,157	0,876	$H_{29/30c}$	Verworfen
APCC	⇔	ITP	ITDC	0,059	0,573	$H_{29/30d}$	Verworfen

---

[228] Zusätzliche Nachweise über den Sobel-Test (Kapitel 6.4) waren hier nicht notwendig.
[229] Siehe auch diese Referenz für einen Vergleich von acht Verfahren zur Interaktionsmessung.

Kontrollvariablen

Eine generelle Anforderung ist die Überprüfung von Kontrollvariablen, hier mit Hilfe des Ansatzes zur Messung von Gruppeneffekten, in diesem Kapitel bezogen auf die BVCC-Hälfte des Modells. Beim Vergleich von deutschen und nicht-deutschen Unternehmen gab es in den Pfaden keine nennenswerten Abweichungen, jedoch zwei auffällige Differenzen auf Indikatorebene. So gaben deutsche Unternehmen wesentlich höhere Werte für CPT1 (*Produktqualität*) an und zugleich signifikant geringere Werte für CPT3 (*Time-to-Market*). Bei großen Unternehmen (*Organisation Size*), hier wurden die Aktiengesellschaften als Gruppe separiert, war der Einfluss von IT auf DAD, DIN und ITDC signifikant höher gegenüber dem von kleinen Unternehmen. Der höhere Stellenwert von Informationstechnologie in größeren Unternehmen wurden häufig empirisch bestätigt (Rogers 2003) und sachlogisch u.a. damit begründet, dass Größe auch ein Indikator für „scale, wealth, specialisation, and slack resources" sei (Fichman 2000, S. 13, Tornatzky & Fleischer 1990). Damit überrascht diese Differenz nicht, steht jedoch im Widerspruch mit der Insignifikanz von *Organisation Size* im APCC-Modell (Kapitel 5.5). Alternativ könnte auch argumentiert werden, dass gerade durch PuCC dieser bisher bestehende Effekt jetzt nivelliert wurde. Aus dem Antwortvergleich zwischen Teilnehmern der IT-Abteilung gegenüber der Fachseite wurde bei Ersteren ein signifikant höherer Pfad zwischen der *Overall IT Performance* und den ITDC errechnet. Gleichzeitig kann aus den Antworten der Teilnehmer der Fachseite gefolgert werden, dass die Assimilation von Public Cloud Computing (APCC) einen stärkeren Effekt auf DIN, DAB und ITDC ausübt. Dieses Resultat ist zu erklären, da IT-Personal offensichtlich die Leistungsfähigkeit der eigenen Abteilung betont und mit den geringeren Werten zu PuCC etwaig eine Sorge signalisiert über deren Substituierbarkeit durch diese und der damit steigenden IT-Industrialisierung (Wiehr 2011, Business Cloud 2012). Aus Perspektive der Fachseite erschließt sich ein anderes Bild. Offensichtlich wird die IT-Abteilung kritisiert und CC weckt Hoffnungen, dynamische Fähigkeiten zur Steigerung der Wettbewerbsfähigkeit aufbauen zu können, unabhängig von der IT-Abteilung (*Loss of Control*, S. 152) (Heier et al. 2012).

6.4 Mediatoren und Moderatoren

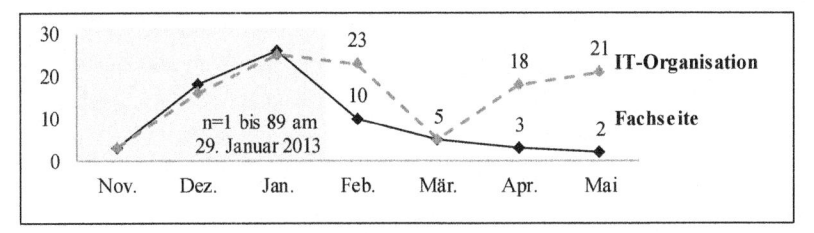

Abbildung 6.4: Antwortverteilung über Fach- und IT-Abteilung

Bezogen auf die letzte Kontrollvariablen, dem Vergleich der frühen und späteren 50% der Rückläufer wurde nur ein signifikant unterschiedlicher Pfad ermittelt zwischen APCC und dem Second-Order Konstrukt ITDC. Dies dürfte ebenfalls mit der Verteilung der Antworten aus Personal der IT-Abteilung gegenüber der Fachseite korrespondieren (Abbildung 6.4), da letztere hier ebenfalls einen deutlichen Unterschied ausweisen und entsprechend der Effekte ebenfalls gering ausfiel. Tabelle 6.10 fasst die Ergebnisse und Hypothesen zusammen, ergänzend zu Tabelle 5.11.

Tabelle 6.10: Test der Kontrollvariablen - BVCC

Kontrollvariable	Kommentar	Hyp	Ergebnis
Unternehmensgröße	Höherer Effekt von Overall IT Performance auf Dynamic Capabilities (DIN, DAD, ITDC)	$H_{32.2}$	Bestätigt
Länderunterschiede	Keine Unterschiede bei den Pfadkoeffizienten	$H_{33.2}$	Bestätigt
Teilnehmer	Deutliche Differenzen bzgl. dem Stellenwert von APCC (Fachseite), bzw. ITP (IT-Organisation) auf die Dynamic Capabilities	$H_{35.2}$	Bestätigt
Respondent Bias	Abweichung auf Teilnehmer zurückzuführen	-	Verworfen

Industrieunterschiede

IT hat für Unternehmen einen unterschiedlichen Stellenwert, abhängig von der Branchendynamik, den Kernkompetenzen und vor allem dem eigentlich gefertigten Produkt, bzw. der angebotenen Dienstleistung (Chiasson & Davidson 2005). Grob polarisieren lassen sich Informations-intensive vs. nicht-intensive Branchen, erstere vertreten durch Banken, Beratungsunternehmen, Verwaltung, Telekommunikationsunternehmen und vor allem IT-Unternehmen (Drennan 1989), in welchen die Wertschöpfung auf Qualität und Geschwindigkeit der Informationsverarbeitung beruht. Jene Unternehmen demonstrieren diese IT-Relevanz auch durch größere Innovationsfreude bei neuen Technologien, ein höheres jährliches IT-Budget sowie einer hohen Integration von IT mit weiteren komplementären Technologien im Unternehmen (Neirotti & Paolucci 2011), sodass der IT mehr als nur, auf die Porter'sche Wertschöpfungskette bezogen (Porter 1985), eine Unterstützungsfunktion zukommt. Hier wurde eine Gruppentrennung entsprechend der vier Kategorien von NEIROTTI & PAOLUCCI (2011) vorgenommen und nach signifikanten Unterschieden sowohl auf Indikatorebene wie auch im Strukturmodell geforscht. Die Resultate sind in Tabelle 6.11 zusammengefasst und wurden ergänzt durch Details zu den jeweiligen Clustern. Die statischen Auswertungen sind im Anhang dokumentiert.

Unternehmen aus *Traditional Manufacturing* verwenden PuCC vor allem im Servicemodell von SaaS und platzieren dieses Thema hoch auf der IT-Strategieagenda. Jedoch scheint der Effekt von APCC auf Dynamic Capabilities gering im Gegensatz zu den zu den anderen Clustern relativen hohen Pfadkoeffizienten von ITP auf jene Konstrukte. Hier scheint die IT-Performance als Ganzen relevanter als potenzielle Vorteile durch PuCC, wobei dann wiederum die Frage besteht, warum der Wert für APCC hier am höchsten ist. Dies sollte in Zukunft tiefer erforscht werden. Zusätzlich sei erwähnt, dass DIN den stärksten Pfad zu CPT bilden, IT daher bedeutsam zur Innovationsfähigkeit beiträgt. In Bezug auf das APCC-Modell und die Assimilationsfaktoren kann dieser wenig kausale Zusammenhang zwischen APCC und ITDC auch ein Grund sein, warum *Top Management Support* in diesem Cluster deutlich stärker aus APCC lädt. Eine zweite Auffälligkeit ist der wesentlich höhere Effekt von ITE auf APCC ($\beta=0{,}31$) gegenüber Unternehmen anderer Industriesegmente. Das Vorhandensein von Expertise und die erklärte Bereitschaft von der Führungsebene, PuCC einzuführen, sind folglich ausschlaggebend für die Adoption.

Das Cluster *Material Services*, in welchem die IT womöglich eine strategisch untergeordnete Rolle spielt, zeigt auch den geringen PuCC-Assimilationsgrad. Der hohe Effekt von COM könnte bedeuten, dass Unternehmen nur tätig werden, wenn der Wettbewerbsdruck entsprechend hoch ist und Aktionismus erfordert. Eine weitere Resistenz wird aus dem negativen Wert von VEN interpretiert. Je mehr ein Anbieter versucht, das Thema zu vermarkten, desto eher scheint hierdurch der gegenteilige Effekt erzielt zu werden. Auch ITP zeigt keinerlei Effekte auf die ITDC-Faktoren. Eine Ausnahme in Form einer zweistufigen Kausalbeziehung ist anzumerken. APCC treibt DAB, was wiederum sehr relevant für CPT ist. Daraus ist abzuleiten, dass cloudbasierte Szenarien zur Verbesserung des *Organisational Learning* hier von wettbewerbsstrategischer Relevanz sein könnten. Im Cluster *Hi-Tech Manufacturing* sind

6.4 Mediatoren und Moderatoren

gegenüber den anderen Clustern nur wenige Auffälligkeit zu dokumentieren. Hier scheint die *Overall IT Performance* einen bedeutenden Stellenwert für die ITDC einzunehmen und APCC lädt verhältnismäßig hoch auf DIN, was wiederum einen hohen Effekt auf CPT ausübt. Damit bleibt festzuhalten, dass PuCC hier offensichtlich der Innovationsfähigkeit dient und dies relevant für die Wettbewerbsfähigkeit ist, bzw. so wahrgenommen wird. Dazu sei ergänzt, dass in diesem Cluster der Pfad von CPT auf die wahrgenommene Firm Performance mit 0,717 bedeutend hoch war.

Tabelle 6.11: Test der Industrie-Cluster-Unterschiede - BVCC[230]

Cluster	Traditional Manufacturing	Material Science	Hi-Tech Manufacturing	Information Services
Branchen	Consumer Goods, Metal, Industry Goods	Construction, Retail Resources, Logistics	Pharmaceuticals, Special Purposes	Financial Services, Telco, Government
Umfang	N=62	N=46	N=34	N=36
Strategische Rolle von IT	Less co-specialized with core technology	Strategically unimportant	High in process and product technologies	Core Technology used to deliver services
Dynamik	Low	Low	High	High
Assimilation von PuCC	Hoher Werte bei SaaS und Cloud Strategy	Assimilation fällt am niedrigsten aus	Hoher Wert bei der R&D-Unterstützung	CPR6: Hoher Wert bei Support-Prozessen
Assimilations-faktoren	Sehr hohe Relevanz von ITE und TMS für den Assimilationsfortgang, vor allem ex-post Adoption	COM zeigt höhere Effekte entgegen anderen Clustern. Anbieter-Promotion wird kritisch gesehen (VEN negativ)	Wenig Relevanz von TMS. Negativer Einfluss von PRI über alle Phasen und von GOV ex-ante Adoption	Gravierender Wandel von GOV von positiv vor der Adoption (0,36) bis zu stark negativ (-0,38) in späteren Phasen
APCC & Dynamic Capabilities	Bzgl. der Indikatoren hat dieses Cluster die mit Abstand höchsten Werte bei DIN erzielt. Die Pfade von APCC auf DIN und DAD sind dagegen am geringsten.	Der Pfad von APCC auf DAB ist relativ am höchsten und der Effekte auf DAD ist sehr hoch gegenüber Traditional und Hi-Tech Manufacturing.	Der Effekt von APCC auf DAB ist bedeutend geringer gegenüber den andern Clustern. Sonstige Werte sind normal, APCC auf DIN sogar recht hoch.	Den im gesamten Modell mit Abstand stärksten Pfad (0,725) bildet der Effekt von APCC auf DAD, wobei auch die weiteren Pfade hoch sind.

---

[230] In Anlehnung an Neirotti & Paolucci (2011), S. 250.

ITP & Dynamic Capabilities	ITP lädt hoch auf DAD, jedoch relativ gering auf DAB.	ITP zeigt hier die geringsten Pfade auf alle ITDC-Faktoren.	Relativ die signifikant höchsten Effekte von ITP auf DAD.	Höchste Werte der Pfadkoeffizienten für ITP auf DAB und DIN.
Business Value of Cloud Computing	DIN zeigt einen relativ signifikant stärkeren Effekt auf CPT als bei den anderen Cluster. Dafür ist der Effekt von DAD klein.	Der Effekt von DAB zu CPT ist am höchsten. Dies ist das einzige Cluster, welches hier einen Effekt zeigt. DIN dagegen ist Null.	Ebenso wie bei Manufacturing ist der Pfad von DIN zu CPT sehr hoch, was mit den hohen Werten für R&D korrespondiert.	Hier zeigt DAD den höchsten und DIN hohe Werte. DAB ist am geringsten, was in der Branche verwundert.

Dies kann aus der Dynamik in dieser Branche resultieren sowie auf einen hohen Wettbewerbsdruck hinweisen. Die Ergebnisse lassen den Schluss zu, dass die Assimilation von PuCC für dieses Segment ein positives Differenzierungsmerkmal konstatiert, umso wichtiger, dass hier wenige Hürden bestehen. Hier zeigt das Segment eine Besonderheit. *Perceived Barriers* zeigen in frühen Phasen ex-ante Adoption negative Effekte (β=-0,75). Auf Indikatorebene zeigen die Unternehmen auch die höchsten Werte für *Security Concerns, Legal, Regulatory and Compliance Issues* und *Performance Risk*. Der Mitigation dieser Risiken kommt für dieses Cluster hohe Bedeutung zu.

Das letzte Branchensegment *Information Services* bestätigt in vielerlei Hinsicht die hierüber bestehenden Annahmen hoher Werte aufgrund der IT als Kernkompetenz in der Darbietung von informationsbasierten Dienstleistungen. Faktisch ist der Assimilationsgrad zwar nur vergleichbar zu den anderen Clustern, wobei hier allerdings geringfügig höhere Werte für PaaS erhoben wurden. Jedoch zeigen die Pfadkoeffizienten sowohl von APCC in Bezug auf DAD, wie ITP auf DIN und DAB die höchsten Wirkungszusammenhänge. DIN und DAD wiederum sind hoch-signifikante Treiber der wahrgenommenen Wettbewerbsfähigkeit. Im Fazit dient PuCC hier der Agilität und Reaktionsgeschwindigkeit und die IT als Ganzes fördert die IT-gestützte Innovationsfähigkeit und die ABC. Nur bzgl. eben dieser wirft ein Resultat Fragen auf. Der Effekt von DAB auf CPT ist gering, trotz dass in dieser wissensintensiven Branche gerade die Sammlung (exploration), Aufbereitung (transformation) und Ausschöpfung (exploitation) von Wissen das Kerngeschäft bildet (Nusser 2008). Dieses Ergebnis konstatiert eine neue Forschungslücke[231]. Eine Besonderheit ist noch in Bezug auf die

---

[231] Es wäre bei der Entwicklung einer Forschungsfrage ggf. zu berücksichtigen, inwiefern das Wissen um die Möglichkeiten des Wissensmanagement, welches in dieser Branche hoch sein sollte, einen

6.4 Mediatoren und Moderatoren 269

Assimilationsfaktoren zu dokumentieren. Dass ex-ante der Adoption bezogen auf die Ergebnisse der logistischen Regression ein signifikant hoher Effekt von Government Support besteht, der sich ex-post nivelliert, wurde bereits dokumentiert. In diesem Cluster jedoch wechselt der Effekt von β=(+)0,36 auf β=(-)0,38, kehrt sich also vollständig um. Offensichtlich ist der Enthusiasmus von Unternehmen hier immens, auch denkbar getrieben durch das eigene IT-basierte Geschäftsmodell und etwaig dem Willen, den eigenen Kunden Cloud-basierte Dienste anzubieten. Später wird dieser anfängliche Treiber jedoch zur Hürde und Erwartungen an die Gesetzgebung und Informationstransparenz werden nicht erfüllt. Zusammengefasst zeigen die Auswertungen, dass jedes Industrie-Cluster Besonderheiten zeigt und die Ergebnisse von Neirotti & Paolucci (2011) Bestätigung finden. APCC ist zwar aktuell etwa überall ähnlich, jedoch der Effekt auf Dynamic Capabilities und die Wettbewerbsfähigkeit sind bei den IT-intensiven Branchen höher. Im Fazit ist H_{34} bzgl. Forschungsfrage sieben und des Vorliegens von Industrie-spezifischen Effekten zu bestätigen.

IT-enabled Dynamic Capabilities als Mediator
Die Auswertungen des Sobel-Test (Sobel 1982, Tabelle 6.12, Kapitel 4.1.1) zeigen, dass die Component Factors DIN, DAD und DAB der ITDC sowie das Second-Order ITDC wie hypothetisiert den Effekt der exogenen Variablen APCC und ITP auf die wahrgenommene Wettbewerbsfähigkeit CPT partiell bzw. vollständig mediieren. Bestätigt wurden die Hypothesen entsprechend der Klassifizierung als vollständige (H_{25}, H_{27}) oder partielle (H_{26}, H_{28}) Mediation, wobei genau dann von einer vollständigen Mediation gesprochen wird, sobald der direkte Effekt mit Hinzunahme des Mediators insignifikant wird, wie im vorliegenden Fall bei dem Second-Order-Konstrukt ITDC und ITP. Zusätzlich wurde das Kriterium *Variance Accounted For* (VAF) berechnet, welches die Stärke des mediierenden Effektes errechnet als Verhältnis vom indirekten Effekt (Multiplikation der indirekten Pfadkoeffizienten...) zum Gesamteffekt (...plus dem Koeffizienten vom direkten Pfad) (Nitzl 2010). Diese Ergebnisse sind ein Kernstück des Erkenntnisgewinns und Forschungsbeitrags der vorliegenden Arbeit, weil neben der Bestätigung des IT-Wertbeitrags durch *Overall IT Performance* damit hier

---

Bias konstatiert. Eventuell ist de facto die Beziehung von DAB auf CPT gar nicht so unkausal, DAB wird leider nur viel kritischer bewertet, da die Erwartungshaltung in diesem Cluster entsprechend höher sein könnte und das Antwortverhalten dazu entsprechend selbstkritischer ausfällt.

auch der zu bestätigende BVCC bezogen auf die Wirkung des Konstruktes *Assimilation von Public Cloud Computing* nachwiesen wurde. Eine aggregierte, integrative und weniger statistisch-technische Sicht der Resultate der Kausalanalyse, gepaart mit sämtlichen Ergebnissen der vorliegenden Dissertationsschrift, wird im Folgekapitel 7 vorgenommen und hierbei wissenschaftliche wie praktische Implikationen aufgezeigt und Anreize für weitere Forschung basierend auf diesen Erkenntnissen gegeben.

Tabelle 6.12: Sobel Test auf Signifikanz von Mediationseffekten[232]

Exo	Med	β(+)	β(-)	p	Sobel	VAF	Mediation	Hyp	Ergebnis
APCC	DIN	0,249	0,528	***	5,311	0,52	Partiell	$H_{25/26a}$	26a Bestätigt
APCC	DAD	0,310	0,528	***	4,805	0,42	Partiell	$H_{25/26b}$	26b Bestätigt
APCC	DAB	0,419	0,528	***	2,660	0,21	Partiell	$H_{25/26c}$	26c Bestätigt
APCC	ITDC	0,180	0,528	***	2,200	0,35	Partiell	$H_{25/26d}$	26d Bestätigt
ITP	DIN	0,169	0,431	***	6,035	0,58	Partiell	$H_{27/28a}$	28a Bestätigt
ITP	DAD	0,181	0,431	***	5,980	0,57	Partiell	$H_{27/28b}$	28b Bestätigt
ITP	DAB	0,307	0,431	***	3,313	0,26	Partiell	$H_{27/28c}$	28c Bestätigt
ITP	ITDC	0,093	0,431	n.s.	7,955	0,77	Vollständig	$H_{27/28d}$	27d Bestätigt
Endo.	CPT				>1,96				

6.5 Leistungsfähigkeit nach Assimilationsstufe

Abschließend zeigt Abbildung 6.5, obwohl nur auf einer deskriptiv-statistischen Auswertung basierend, dass sich die Assimilation von PuCC auf sämtliche erhobenen Leistungsparameter, bzw. Indikatoren dieser sehr positiv auswirkt. Gerade bei den ITDC zeigen Unternehmen, welche die Assimilation bisher stärker forciert haben (*Adoption* und *Adaptation*), deutlich höhere DIN, DAD und DAB als jene Unternehmen in *Initiation*. Bei der *Overall IT Performance* hebt sich sachlogisch plausibel der Indikator *IT Innovation* ab. Jene Unternehmen, welche in ihrer internen IT-Abteilung den Grad an IT Innovation als höher gegenüber dem Durchschnitt bewerten, sind gleichfalls führend bei der Technologieeinführung von PuCC. Ähnliche Effekte sind bei der wahrgenommenen Wettbewerbsfähigkeit und Firm Performance präsent, vor allem in puncto *Product Quality*, *Customer Satisfaction* und *Sales Growth*. Auch in dieser Studie trat der Dunning-Kruger-Effekt (Dunning et al. 2003) auf, dass sich Teilnehmer nur bei 18% der Antworten als unterhalb, jedoch bei 45% als besser als der Durchschnitt sahen (bezogen auf 2136 Items über ITP, CTP, FIP, n=178).

---

[232] Sobel (1982) und Soper (2014).

6.5 Leistungsfähigkeit nach Assimilationsstufe

		Initiation	Adoption	Adaptation	
Dynamic Capabilities	Innovative Capabilities	2,9		3,8	
	Adaptive Capabilities	3,0		3,8	
	Absorptive Capabilities	2,9		3,6	Ø 3,4
Overall IT Performance	IT Service Quality	3,1	3,5		
	IT Cost Efficiency	2,9	3,2		
	IT Agility	2,9		3,3	
	IT Sourcing		3,1	3,4	
	IT Innovation	2,8		3,5	Ø 3,1
Perceived Competitivenesss	Product Quality		3,5	4,1	
	Cost Efficiency	2,9		3,6	
	Time-to-Market	2,9		3,5	
	Customer Satisfaction		3,3	4,0	Ø 3,4
Perceived Firm Performance	Sales Growth	3,1		3,8	
	Market Share		3,5	3,9	
	Profitability	3,2		3,7	Ø 3,6

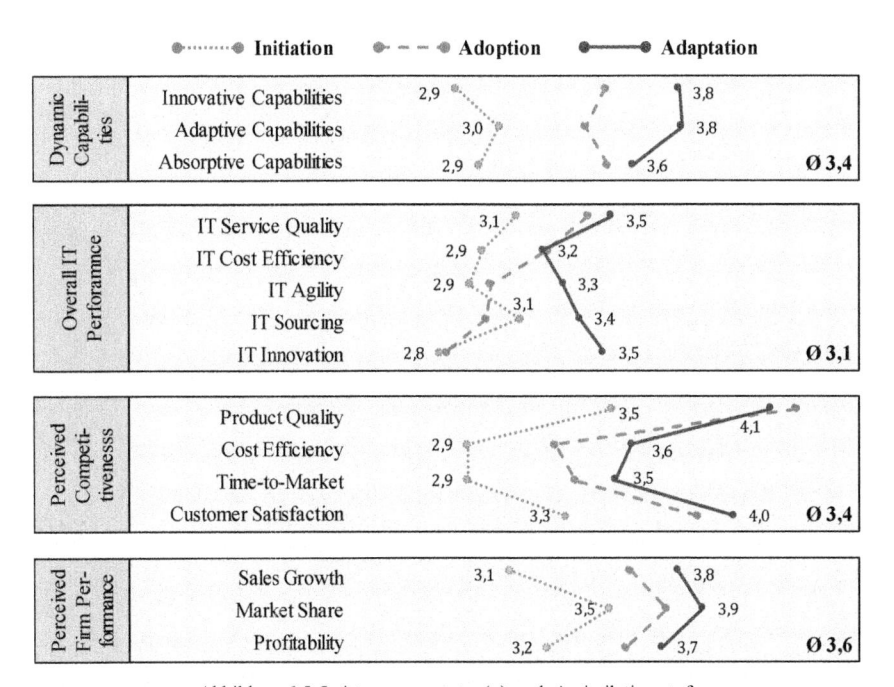

Abbildung 6.5: Leistungsparameter (ø) nach Assimilationsstufe

7 Forschungsergebnisse

Die vorliegende Arbeit hat zwei Ziele. Zum einen soll die Assimilation von Public Cloud Computing über mehrere Stufen analysiert werden. Dabei werden relevante Faktoren aus den Technology-Organisation-Environment Dimensionen identifiziert und deren Beitrag zur Assimilation. Zudem wird die Hypothese untersucht, ob die Assimilation von Public Cloud Computing zu einem Wertbeitrag führt im Sinne der wahrgenommenen Wettbewerbsfähigkeit. Ebenso wird untersucht, ob dieser Wertbeitrag durch IT-enabled Dynamic Capabilities mediiert erfolgt. In Kapitel 7.1 werden die Forschungsfragen aus Kapitel 1.2 und 2.4 wieder aufgenommen und jeweils die Forschungserkenntnisse zusammenfassend beantwortet. In Kapitel 7.2 sind die Limitationen der Studie aufgezeigt, sowohl die beabsichtigt gesetzten Limitationen im Forschungsdesign und jene, die sich durch die Anwendung qualitativer und quantitativer Methoden der Sozialforschung ergeben. Kapitel 7.3 beendet die Arbeit mit Ausführung zum wissenschaftlichen und praxisrelevanten Beitrag und zeigt, basierend auf den Studienerkenntnissen, eine weiterführende Forschungsagenda auf.

7.1 Beantwortung der Forschungsfragen

Im Kapitel 2 zur Grundlagenschaffung über die Forschungsobjekte, Theorien und Methoden wurden Forschungslücken aufgezeigt, die sich zu sieben Forschungsfragen manifestiert haben (siehe Tabelle 2.20). Infolge werden die erarbeiteten Erkenntnisse je Forschungsfrage zusammengefasst.

Frage 1: Welche erwarteten Vorteile und Risiken von Cloud Computing dominieren die Diskussion in Wissenschaft und Praxis?

Eine Literaturrecherche über 204 Publikationen ergab, dass wahrgenommene Vorteile und Barrieren der Assimilation von Cloud Computing in ungefähr gleicher Größenordnung diskutiert werden (Kapitel 3.2). Bei den Vorteilen sind Cost Savings mit 39 Nennungen das häufigste Kriterium, gefolgt von Service Availability (21), Scalability (18), Access to Innovative Services (11) und Better Performance (9). Die Aussicht, günstiger als bisher hochverfügbare, moderne und im Bedarfsfall skalierbare IT-Ressourcen beziehen zu können, ist zusammengefasst das in Publikationen meistgenannte Nutzenpotenzial von Cloud Computing. Jedoch werden ebenso Risiken befürchtet, die durch den Wechsel zu Cloud Computing entstehen und sich zu Adoptionshürden manifestieren könnten. Am häufigsten werden hier Security Concerns (38) sowie Legal & Compliance Issues (31) genannt. Danach folgen Interoperability (15), Vendor Lock-In (14) und Loss of Control (12). Dem Nutzen von Cloud Computing gegenüber steht folglich die Sorge, nicht mehr Herr über die IT zu sein, etwaig Kompatibilitätsprobleme mit anderer unternehmenseigener IT zu erfahren und sich vor allem durch die Verteilung der Cloud über Landesgrenzen hinweg in puncto IT-Sicherheit und Rechtssicherheit angreifbar zu machen.

Frage 2: Wie ist der Status der Assimilation von Public Cloud Computing in Unternehmen, hinweg über mehrere Dimensionen?

Im Schnitt befinden sich die Unternehmen in der Adoptionsphase (ø 2,3, σ 0,7), der zweite Stufe des sechsstufigen Modells nach COOPER & ZMUD (1990) (Kapitel 0). Sie treffen gegenwärtig Entscheidungen und führen Adoptionsverhandlungen. Knapp 40% der Stichprobe gaben an, dem Thema zukünftig deutlich mehr Gewichtung zu geben und „Future Expansion Plans" (Indikator CLS5) zu verfolgen. In den strategischen IT-Funktionen des IT Portfolio Managements und IT Security & Risk Managements wird das Thema Cloud Computing bereits berücksichtigt. Nur beim Enterprise Architecture Management, jener Funktion, welche zu gewährleisten hat, dass sich auch Cloud-basierte IT-Ressourcen zukünftig in die IT-Landschaft nahtlos integrieren und betreiben lassen, wird auf Cloud Computing noch kein ausreichender Fokus gesetzt. Bezogen auf die Servicemodelle ist SaaS (ø 2,5, σ 1,2) deutlich weiter assimiliert als IaaS (ø 2,2, σ 1,3) und vor allem PaaS (ø 1,6, σ 1,2). Gerade nicht geschäftskritische Prozesse wie Sales & Marketing und Finance, Accounting & HR werden insbesondere durch SaaS unterstützt. Prozesse zur Unterstützung von Kernkompetenzen – Research & Development oder Production & Manufacturing – spielen bislang für die Auslagerung in die Cloud noch keine Rolle, sondern werden durch proprietäre IT unterstützt.

Frage 3: Welchen je nach Adoptionsstufe potenziell anderen Einfluss haben dedizierte technologische, organisationale[233] und externe Faktoren auf die Assimilation von Public Cloud Computing?

Grundsätzlich waren die während der empirischen Erhebung erhaltenen Rangfolgen der Wichtigkeit der Perceived Benefits und Barriers vergleichbar mit der Ordnung aus

---

[233] Hier bezogen auf Unternehmen.

7.1 Beantwortung der Forschungsfragen

der Literaturrecherche (Kapitel 5.4). Bei den Benefits wurden Scalability (ø 3,8) und Cost Savings (ø 3,7) am höchsten bewertet gefolgt von Cost Transparency (ø 3,5) und Availability & Reliability (ø 3,5). Bei den Barriers wurden Security Concerns (ø 4,4) und Legal, Regulatory & Compliance Issues (ø 4,2) als äußerst relevant eingestuft, gefolgt von Risk of Vendor Lock-In (ø 3,4) und Missing Interoperability (ø 3,4).

In Kapitel 5.5 wurden der Einfluss der Perceived Benefits und Perceived Barriers sowie aller Variablen des TOE-Frameworks auf den Assimilationsfortschritt dokumentiert. Jener von Vendor Support ist über den gesamten Assimilationsverlauf als insignifikant zu beurteilen, und die Hypothesen H_{8a} und H_{8b} konnten nicht bestätigt werden. Zum Erreichen der Stufe 2 (Adoption) sind zu Competitive Pressure (Exp^b=15,2***) und Top Management Support (12,4***) sowie Government Support (3,8**) und Perceived Benefits (3,3*) effektvoll. Wesentlich stärkere Effektgrößen wurden vom Sprung von Stufe 2 (Adoption) zu Stufe 3 (Adaptation) empirisch beobachtet. Hier sind Financial Resources (56,8***), IT Expertise (46,6***) und Perceived Benefits (43,0*) sowie erneut Top Management Support (32,1***) jene Variablen, welche den Assimilationsfortschritt signifikant treiben.

Frage 4: Besteht ein Kausalzusammenhang zwischen der Assimilation von Public Cloud Computing, IT-enabled Dynamic Capabilities und der Wettbewerbs- und Leistungsfähigkeit von Unternehmen?

Diese Forschungsfrage konstatiert den Kern der Forschungsarbeit und deren Beantwortung war die Motivation zu der vorliegenden Arbeit. Bereits in Kapitel 1.1.1 wurden die folgenden zwei Fragen als übergeordnete Leitfragen aufgeworfen, die sich dann in der Forschungsfrage 4 manifestierten:

- Steigern IT und insbesondere die neuen Möglichkeiten durch Cloud Computing signifikant die Dynamic Capabilities, sodass jene den steigenden Wettbewerbsanforderungen adäquat beggnen können?

Diese Frage lässt sich über die Studienergebnisse wie dokumentiert in Kapitel 6.3 bejahen, denn sämtliche modellierte Pfadbeziehungen waren signifikant und positiv. Vor allem Innovative Capability wird durch Overall IT Performance und Assimilation of Public Cloud Computing gesteigert und ist gleichfalls der effektstärkste Prädiktor von Perceived Competitiveness.

- Ist IT bereits so sehr industrialisiert, dass dessen Vorhandensein und die neuen Möglichkeiten durch Cloud Computing kein Differenzierungsmerkmal und keine Strategie zur Schaffung oder Aufrechterhaltung von Wettbewerbsvorteilen mehr bieten?

Im Kapitel 1.1.2 wurde die Trennung von IT Resources zu IT Assets und IT Capabilities nach ARAL & WEILL (2007) vorgestellt. Studien zufolge schaffen IT Assets keinen direkten Wert für die Wettbewerbsfähigkeit, IT Capabilities jedoch schon (Bhatt & Grover 2005). Dieser Effekt ist umso stärker, je volatiler und dynamischer das Wettbewerbsumfeld ist (Wu 2010). Cloud Computing, d.h. der automatisierte, zeitnahe, standardisierte und jederzeit skalierfähige Bezug von IT-Ressourcen, stellt den wesentlichen Anwendungsfall für IT-Industrialisierung dar (Fröschle & Strahringer 2007). Dem ressourcenbasierten Ansatz (Barney 1991) nach setzt Cloud Computing jene Eigenschaften von Ressourcen außer Kraft, z.B. Seltenheit und Nicht-Imitierbarkeit[234], welche diese als einen differenzierenden Faktor in der Wettbewerbsfähigkeit von Unternehmen bislang haben gelten lassen. Dies bezieht sich jedoch auf IT-Resources als IT-Assets, von welchem sich ein Unternehmen eh keine Wertsteigerung erhoffen könne (Carr 2004), und nicht auf IT befähigte Capabilities (Nevo & Wade 2011). Diese helfen, strategische Entscheidungen im Kerngeschäft besser treffen können und effektiver Kundenmehrwerte zu generieren (Carr 2004). Exakt hier wurde in der vorliegenden Arbeit nachgewiesen, dass Assimilation von Public Cloud Computing diesen Wertbeitrag leistet und Unternehmen indirekt über die Ausprägung von IT-enabled Dynamic Capabilities befähigt werden und so kontinuierlich temporäre Wettbewerbsvorteile zu realisieren (Reeves at al. 2013, Gibson & Birkinshaw 2004).

Frage 5: Wird der Einfluss von Public Cloud Computing auf die erwartete Wettbewerbsfähigkeit vollständig oder partiell mediiert durch drei Arten von IT-enabled Dynamic Capabilities, den Innovative Capabilities, Adaptive Capabilities und Absorptive Capabilities?

Größtenteils liegt eine partielle Mediation vor durch IT-enabled Dynamic Capabilities von der Assimilation von Public Cloud Computing und der Overall IT Performance auf die Perceived Competitiveness (Kapitel 6.4). Das Aggregieren der Dynamic Capabilities Variablen zu einem Konstrukt zweiter Ordnung führt lediglich zu einer vollständigen Mediation der Overall IT Performance. Die Innovative Capabilities mediie-

---

[234] Bzgl. der VRIN-Kriterien siehe Seite 7.

ren bei beiden Antezedenzien am stärksten, gefolgt von Adaptive Capabilities. Hier zeigt sich erneut, dass IT und Public Cloud Computing auf Agilität und Innovation von Unternehmen den höchsten Einfluss ausüben.

Frage 6: Welchen Einfluss übt die Overall IT Performance des Unternehmens auf IT-enabled Dynamic Capabilities aus und liegt ein Interaktionseffekt vor mit der Assimilation von Public Cloud Computing?

Sämtliche Kausalbeziehung zwischen Overall IT Performance und IT-enabled Dynamic Capabilities sind signifikant, wenn auch jeweils weniger effektstark als durch Public Cloud Computing (Kapitel 6.3). Moderation, d.h. Interaktionseffekte zwischen diesen exogenen Variablen auf die Mediatoren konnte jedoch nicht nachgewiesen werden (Kapitel 6.4). Dies ist eine interessante Erkenntnis und sollte in Folgestudien detaillierter analysiert werden. Offensichtlich wird Cloud Computing als etwas Eigenständiges verstanden und schafft auf seine eigene Art und Weise einen Wertbeitrag.

Frage 7: Welche weiteren und moderierenden Einflüsse bestimmen die zur Beantwortung der Forschungsfragen untersuchten Modelle?

Als Moderatoren, bzw. Kontrollvariablen für die Effekte der modellierten Kausalbeziehungen wurden untersucht: Unternehmensgröße (klein vs. groß), Hauptsitz des Unternehmens (Deutschland vs. Non-DE), Teilnehmer (Fachseite vs. IT-Abteilung) und Industrieunterschiede (4 Cluster). Kleinere Unternehmen zeigen eine stärkere Adoptionsbereitschaft durch Perceived Benefits. IT-Expertise ist ebenfalls ein stärkerer Prädiktor (Kapitel 0). Bei größeren Unternehmen (hier: Aktiengesellschaften) ist der Einfluss der Overall IT Performance auf die IT-enabled Dynamic Capabilities dafür größer (Kapitel 6.4). In deutschen Unternehmen wird Top Management Support höher gewichtet als in Non-DE bei der Adoptionsentscheidung, weniger jedoch der Wettbewerbsdruck (COM). Zur Weiterführung der Umsetzung zählen in Non-DE Financial Resources mehr, dafür ist die empfundene Hürde durch zu geringen Government Support in Non-DE geringer. Bei den Teilnehmern äußerten jene der Fachseite, dass sie mehr Perceived Barriers wahrnehmen als die Kollegen der IT-Abteilung (alles Kapitel 0). Letztere wiederum sehen einen deutlich stärkeren Einfluss von Overall IT Performance auf IT-enabled Dynamic Capabilities gegeben (Kapitel 6.4). Die Unterschiede zwischen Industrie-Clustern wurden in ebenfalls in Kapitel 6.4 umfangreich erörtert und hier darauf verwiesen.

7.2 Limitationen

Die vorliegende Arbeit unterliegt Limitationen, welche im Forschungsdesign begründet sind (7.2.1) sowie aus der Erhebung der empirischen Daten und der Anwendung multivariater statischer Verfahren (7.2.2) resultieren.

Beim Forschungsdesign stand das Forschungsobjekt des Public Cloud Computings im Fokus der Untersuchung und sollte aus der Perspektive von Entscheidern der Fachseite und IT-Abteilung in Unternehmen ohne Einschränkung auf eine bestimmte Industrie beurteilt werden. Dieser Kontext ist bei der Sichtung, Beurteilung und Anwendung der Studienergebnisse zu berücksichtigen. Untersucht wurden Fragestellungen der Wertbeitragsleistung und der IT-Adoption. Herausforderungen und potenzielle Schwachstellen bei diesen Forschungsströmungen wurden aus bisherigen Studien und theoretischen Arbeiten identifiziert und bei der Modellentwicklung berücksichtigt, um die Validität der Ergebnisse zu gewährleisten. Dennoch sollten die Ergebnisse unter Kenntnis möglicher Effekte kritisch interpretiert und in Folgestudien weiter validiert werden.

Aus der Anwendung qualitativer und quantitativer Methoden der Sozialforschung, hier dem Experteninterview, der stufenbasierten logistischen Regression und der Kausalmodellierung sowie aus der Erhebung empirischer Daten resultieren weitere Limitationen. Durch statistische Gütekriterien, gezieltem Sampling und der strikten Beachtung von Empfehlungen zum Fragebogendesign wurde diesen bestmöglich begegnet.

7.2.1 Definierte Limitationen im Forschungsdesign

In dieser Arbeit wurde der Fokus auf Public Cloud Computing gesetzt (Kapitel 2.1.2, Abschnitt Liefermodell) und derart begründet, dass diesem Liefermodell die höchste Relevanz für IT-Industrialisierung innewohne und gegenüber anderen Liefermodelle ein größeres Nutzenpotenzial vorliege. Eine explizite Trennung nach Servicemodellen, d.h. IaaS, PaaS oder SaaS, wurde unterlassen und es wurde im Ergebnis ersichtlich, dass tatsächlich andere Servicemodelle zur Unterstützung von jeweils anderen Unternehmensprozesse präferiert werden (Kapitel 0). Daher müssen die empirisch belegten Kausalbeziehungen stets als nur für das Liefermodell PuCC als gültig verstanden werden. Generalisierbare Aussagen über diskrete Wertbeiträge der jeweiligen Servicemodelle oder ausschließlich bezogen auf bestimmte Unternehmensprozesse können nicht getätigt werden. Dass eine aggregierte Messung von IT-Assimilation über diskrete

7.2 Limitationen

Stufen und Servicemodell hinweg probat ist, wurde im Einschub zu Kapitel 4.2.3 erörtert und mit Berufung auf Bedingungen nach FICHMAN (2001) legitimiert.

Befragt über Faktoren der Assimilation von PuCC und dessen durch IT-enabled Dynamic Capabilities mediierten Wertbeitrag wurden Führungskräfte aus Fach- und IT-Abteilungen von Unternehmen. Gleichfalls wie bei den Experteninterviews ist davon auszugehen, dass jene Zielgruppe die strategisch orientierten Fragen stellvertretend für das gesamte Unternehmen zu beantworten weiß (Gläser & Laudel 2010). Es bedeutet jedoch eine Konzentration auf die Kundenperspektive, also die Nachfrager nach PuCC. Andere Akteure wie PuCC-Anbieter, vermittelnde Parteien, regulierende Institutionen oder Dienstleister wie IT- oder Managementberatungen (Marston et al. 2011, siehe auch Kapitel 7.3) wurden nicht befragt. Die Generalisierbarkeit der Erkenntnisse muss demnach stets als nur aus der Kundenperspektive gültig verstanden werden.

Kapitel 2.2.5 beinhaltet Missstände der bisherigen IT-Adoptionsforschung. Im Kapitel wurde zudem erläutert, wie das Forschungsmodell dieser Arbeit aufgestellt war, um den bekannten Problemen proaktiv zu begegnen und die Validität der Erkenntnisse zu erhöhen (Tabelle 2.16). Einige Limitationen bleiben bestehen, denn kultur-, industrie- und kontingenzspezifische Betrachtungen waren nicht Teil des Designs. Zudem wurde eine zeitpunktbezogene Querschnittsstudie durchgeführt wie im Folgenden geschildert.

Obwohl die Untersuchung keinen Fokus auf eine geographische Region zu setzen motiviert war, waren 65% der teilnehmenden Unternehmen aus Deutschland. Signifikante Unterschiede wurden bei den Assimilationsfaktoren identifiziert (siehe Anhang). So hat Top Management Support (TMS) mehr Effekt in Deutschland auf die Assimilation, Financial Resources (FIN), Government Support (GOV) oder Competitive Pressure (COM) dagegen weniger. Eine interkulturelle Vergleichsstudie wurde nicht vorgenommen und hier sehen WEBER & KAUFFMANN (2011) wegen steigender Globalisierung von IT-Dienstleistungen einen hohen Bedarf. Dies ist eine Limitation der vorliegenden Studie und Rückschlüsse darüber, ob Pfadbeziehungen durch latente Variablen wie z.B. Machtdistanz oder Langzeitorientierung (Hofstede 2001) mediiert waren, können nicht gezogen werden. Hinsichtlich der Branchenorientierung bedient auch diese Studie zuerst nicht die Forderung von CHIASSON & DAVIDSON (2005), wonach die IT-Adoptionsforschung in Zukunft primär einen Industriefokus einnehmen solle. Ähnlich wie der Verzicht, sich auf dedizierte durch PuCC unterstützte Prozesse zu konzentrieren, wurde auch das Studienmodell nicht auf die Anforderungen einer Industrie hin exklusiv entwickelt. Dennoch wurden ex post eine Separierung der Stichprobe in die Industriecluster nach NEIROTTI & PAOLUCCI (2011) vorgenommen und hierüber Vergleiche angestellt (Siehe Kapitel 6.4 und Anhang). Trotz des Erkenntnisgewinns, dass einige Pfadbeziehungen signifikant unterschiedlich ausgeprägt sind im Vergleich der Cluster untereinander, stellt dies keine im Sinne von CHIASSON & DAVIDSON (2005) geforderte Industriespezialisierung dar. Der praktischen Anwendung der generellen Erkenntnisse dieser Studie sind also stets industriespezifische Vorüberlegungen und Fallstudien voranzustellen.

Eine weitere Limitationen ist, dass keine kontigenzspezifische Betrachtung vorgenommen wurde (Weill & Olson 1989), um die jeweiligen Unternehmen und darin angedachten Anwendungsszenarien von PuCC zu unterscheiden und als Antezedenzien in das Modell mit aufnehmen. Etwa kann die Komplexität die IT-Landschaft oder die geographische Verteilung der Geschäftstätigkeit des Unternehmens die Erwartung an Nutzenpotenzialen und die Assimilation von PuCC signifikant beeinflussen. Pfadabhängigkeiten wurden ebenfalls nicht untersucht (Lim 2011, Lyytinen & Damsgaard 2001) und es liegt keine Erkenntnis vor, ob die Historie des Unternehmens mit IT-Adoption, Cloud Computing und Outsourcing einen Einfluss ausübt.

Über Querschnittsstudien, welche zu einem diskreten Moment, bzw. über ein kurzes Zeitfenster hinweg durchgeführt werden, wird kritisch angemerkt, dass sie Messgenauigkeit einbüßen sowie Veränderungen der Parameter über die Zeit vernachlässigen würden (Bortz & Döring 2008). Gleichfalls könne die Kausalität von der IT-Adoption zur Realisierung von Wertbeiträgen nur ungenügend als Zusammenhang interpretiert werden, da Zeitverzögerungseffekte berücksichtigt werden müssten (Brynjolfsson & Hitt 2000). KOHLI & DEVERAJ (2003) wiederum konnten eben jene Hypothesen der besseren Messbarkeit von hier „IT-Payoff" über Langzeitstudien nicht bestätigen. Daher wird allgemein empfohlen die Erkenntnisse dieser vorliegenden Studien mit zukünftigen Erkenntnissen zu vergleichen und sukzessive zu validieren oder zu falsifizieren. Auch sollte diese Studie durch gezielte Langzeitstudien ausgebaut und ergänzt, dabei z.B. auch industriespezifische und interkulturelle Aspekte abgehandelt werden.

Neben den aufgezeigten Limitationen im Modell zur Messung der Assimilation von PuCC, muss im Modell zum Business Value of Cloud Computing die Messung der Wettbewerbsfähigkeit kritisch hinterfragt werden. Mit der Titulierung der entsprechenden Modellvariable als „Perceived Competitiveness" (siehe auch Tallon et al.

7.2 Limitationen

2000) wurde bereits der Tatsache Rechnung getragen, dass der Studienteilnehmer hier eine Selbstauskunft erteilt über sein Unternehmen und dieses nur bedingt valide sein kann. Jedoch wurde eben diese potenzielle Schwachstelle der Studie durch eine ergänzende Validierung über objektive Marktkennzahlen gestützt (Siehe Kapitel 4.3.3), einer nach MONCHAK & KIM (2011) validen Praktik. Darüber hinaus wurden während der Erhebung sowohl eine Einschätzung über einen 3-Jahres-Horizont (Powell & Dent-Micallef 1997) sowie ein Vergleich zu Wettbewerbern (Santhanam & Hartono 2003) gefordert. Daher kann zwar in dieser Studie von einer hohen externen Validität ausgegangen werden, in Zukunft sei jedoch empfohlen, exogene und endogene Variablen zum einen von unterschiedlichen Teilnehmern bewerten zu lassen und gleichfalls bei der Erhebung sogenannter Erfolgsfaktoren (Nicolai & Kieser 2002) auf die Erhebung objektiver und mehrjähriger Marktkennzahlen zu setzen.

7.2.2 Limitationen durch angewandte Forschungsmethoden

Die Gestaltung des Fragebogens, Auswahl der Stichprobe, Durchführung von Interviews und Anwendung multivariater statistischer Verfahren stellt den Forscher vor Herausforderungen, die den Methoden inhärent sind. Selbst bei deren Kenntnis und strikter Beachtung von Scientific Rigor (siehe Kapitel 1.3) könnten sie die Validität der Forschungsergebnisse verringern. Daher sind die Erkenntnisse unter dieser Gewissheit zu verstehen. Bei der Erstellung des Fragebogens können Effekte des Common Method Bias auftreten, welche in Kapitel 4.1.3 abgehandelt wurden (Podsakoff et al. 2003, Malhotra 2006, Tayler-Powell 2006, King et al. 2010). Durch die Gewährung von Anonymität und Vertraulichkeit, einer abwechslungsreichen und Ermüdung vorbeugenden Gestaltung des Fragebogens, den Experteninterviews zwecks besserer Zielgruppenorientierung und dem Pre-Test wurde angestrebt, Bias-Effekte zu minimieren. Ein Kompromiss war die Durchführung der Onlineumfrage auf Englisch, wodurch es zu Fehlinterpretationen kommen konnte oder Interessenten etwaig von einer Teilnahme absahen. Da Führungskräfte mit langjähriger Berufserfahrung als Zielgruppe anvisiert waren, wird dieses Risiko als eher gering eingestuft. Während des Befragungszeitraums wurde zudem nicht eine Anfrage zur Übersetzung gestellt.

Als Vorstufe der Online-Umfrage wurden Experteninterviews durchgeführt. Diese dienten zur Validierung der quantitativen Instrumente (Keller & Erzberger 2012) und dazu, das aus sachlogischen Überlegungen und Literaturrecherchen abgeleitete Initialmodell zu überprüfen. Auf eine Theoriegenerierung wurde nicht abgezielt, sondern eine symmetrische Kommunikation und interaktive Diskussion angestrebt (*Systematic Expert Interviews*, siehe Bogner & Menz 2009). Thematisch stand dabei die Erarbeitung von objektiven Fakten aus Sicht des Unternehmens und generalisierbaren Aussagen zum Phänomen Public Cloud Computing im Vordergrund. Da es demnach nicht um das Erfragen der persönlichen Meinung oder Überzeugung des Experten ging, sind methodische Probleme wie die Beeinflussung durch den Interviewer als unkritisch einzustufen (Bortz & Döring 2006, Christmann 2009). Erhalten bleibt nur der Mangel an intersubjektiver Nachvollziehbarkeit der Interviews (Flick et a. 2007), da diese ein einmaliges und nicht standardisiertes Vorgehen darstellen.

Um von einer Generalisierbarkeit der Studienergebnisse ausgehen zu können (Wilde & Hess 2007), ist die Repräsentativität der Stichprobe eine notwendige Bedingung. Um dies zu gewährleisten wurde sich für den *Stratified Sampling Ansatz* entschieden, d.h. im Ergebnis 1114 potenzielle Teilnehmer nach Industriezugehörigkeit, Position und Expertise gezielt selektiert und persönlich angesprochen (Bortz & Döring 2008, Dillmann 2000). Davon haben 192 den Fragebogen ausgefüllt, was einer Response Rate von 17,2% entspricht und für Führungskräftestudien ein guter Wert ist (Cycyota 2006). Dennoch herrscht bei Online-basierten Umfragen nie Gewissheit, ob tatsächlich der angesprochene Teilnehmer auch die Umfrage selbst beantwortet hat, auch wenn zum Erhalt der Studie eine Unternehmens- oder private Email-Adresse angegeben wurde. Der finale Umfang der Stichprobe (n=178) ist für die Anwendung der logarithmischen Regression[235] und PLS[236] für aussagekräftige Resultate ausreichend.

Nach der Datenerhebung wurden die Konstrukte hinsichtlich Inhalts- und Konvergenzvalidität geprüft, d.h. die Indikatorreliabilität (Hildebrandt & Temme 2006), die Konstruktreliabilität und Diskriminanzvalidität (Fornell & Larcker 1981) gemessen, für größtenteils gegeben bewertet, (Kapitel 5.2 & 6.2) und nur einige Indikatoren wurden entfernt. Die Notwendigkeit, die latente Variable Mimetic Effects vollständig aus dem Modell zu entfernen, bedarf einer kritischen Reflexion. Offensichtlich wurde eine zu starke Aggregation von Inhalten der Theorie des institutionellen Isomorphismus vorgenommen. Eine Folgestudie sollte sich dem Thema widmen. MESSERSCHMIDT &

---

[235] HAIR ET AL. (2010) nennen das 10-fache der Parameteranzahl. FROMM (2010) spricht von n>100.
[236] Geringer Umfang, minimal das 10-fache der Anzahl an unabhängigen Messmodellvariablen oder der Summe an Pfadbeziehungen zu einer latenten Variablen

HINZ (2013) haben *Institutional Pressures* auf die Absicht der Adoption von Grid Computing untersucht und konnten zwar geringe, jedoch signifikante Effekte messen. Etwaig sind die in dieser Studie verwendeten Operationalisierungen stichhaltiger.

Für die logistische Regression lassen sich globale Gütekriterien errechnen (Backhaus 2011) wie beschrieben in Kapitel 5.5 und die dokumentierten Schwellenwerte aus Tabelle 5.6 wurden überschritten (Abbildung 5.4). Eine Limitation bei der logistischen Regression ist, dass die endogene Variable zwangsläufig kategorial sein muss. Daher wurde in der Studie die kontinuierliche Skala der Assimilation von Public Cloud Computing zu diskreten Stufen verdichtet. Es wurde damit ein harter Schnitt vorgenommen zur Einteilung der Unternehmen in Stufen der Assimilation. Die Maßnahme, den Assimilationsgrad über absichtlich drei Variablen CLS, CSM und CPR redundant zu messen wirkt dieser potenziellen Schwachstelle entgegen.

Für die Kausalanalyse wurde wie in Kapitel 6.1 begründet der varianzanalytische Partial-Least-Squares (PLS) Ansatz angewandt. Aufgrund des verteilungsfreien Charakters, der Nicht-Simultanität der Schätzung sowie der Orientierung an der Replikation der Ausgangsdaten können hierbei keine lokalen inferenzstatistischen und globalen Gütemaße ermittelt werden (Weiber & Mühlhaus 2010, Ringle 2004). Ebenso unterliegt die Modellierung der Pfadbeziehung der Annahme linearer Kausaleffekte. Die heuristischen Werte wie das Bestimmtheitsmaß R^2, das Stone-Geisser-Kriterium Q^2, die Pfadkoeffizienten, deren t-Werte und die Effektstärke (siehe Tabelle 6.6) dienen hier der Qualitätssicherung und wurden im Ganzen erfüllt.

7.3 Implikationen

Forschungsarbeiten sind motiviert, den Stand der Wissenschaft zu erfassen, neue Fragestellungen aufzuwerfen, zu untersuchen und neue Erkenntnisse als Forschungsbeitrag in die Wissenschaft einzubringen. In Kapitel 7.3.1 wird ausgeführt, welchen Mehrwert die vorliegende Studie bietet. Mit Rückbesinnung auf die Diskussion der Relevanz (Kapitel 1.3) war die zweite Motivation, einen Beitrag zur Praxis zu leisten (Kapitel 7.3.2). Die dokumentierten Erkenntnisse soll Nachfragern, Anbietern und weiteren Stakeholdern von Cloud Computing eine solide Referenz für das Phänomen Public Cloud Computing sein. Zudem kann die Adoptionsentscheidung mit diesen Erkenntnissen besser getroffen und argumentiert werden. Im finalen Kapitel 7.3.3 werden zukünftige Forschungsinhalte angeregt.

7.3.1 Wissenschaftlicher Beitrag

In Kapitel 1.3 (Abbildung 1.3) wurde eine Einordnung der Arbeit in aktuelle Forschungsschemata und proklamierte Agenden vorgenommen. In die Agenda zur BVIT-Forschung (Kohli & Grover 2008) reiht sich die Arbeit in das Themenfeld „IT-Embeddedness" ein. Es wurde erarbeitet, dass Capabilities grundsätzlich durch IT-unterstützt werden können, zum anderen welcher Wert hieraus entstehen kann, wenn jene IT tatsächlich assimiliert wird. Bisherige Schwachstellen und potenzielle Kritikpunkte hinsichtlich der Validität von Ergebnissen der IT-Wertbeitragsforschung wurden im Forschungsdesign berücksichtigt (Siehe Kapitel 4.1.2). Für die Forschung zu Dynamic Capabilities beinhaltet die vorliegende Arbeit die einzige quantitativ-empirische Untersuchung zu den Component Factors nach WANG & AHMED (2007). Auch die Bestätigung des Second-Order-Modells konstatiert einen Forschungsbeitrag. Zudem wurden die erarbeiteten Messmodelle erprobt und können wiederverwendet werden. Bislang waren die Studien zur Rolle von Dynamic Capabilities als Mediator sehr kleinzahlig, wie in der Literaturrecherche erarbeitet (Kim et al. 2011, Liu et al. 2009, Pavlou & Sawy 2010). Die Schlüsselrolle von Dynamic Capabilities in Kausalketten manifestiert sich demnach. Zukünftige Forschungsarbeiten sollten bei Untersuchungen von Beiträgen von Ressourcen daher Dynamic Capabilities berücksichtigen und analysieren, ob jene den Erklärungsgehalt von kausalen Beziehungen verbessern.

Bezogen auf die Agenda von Marston et al. (2011) zu Cloud Computing hat diese Arbeit einen Beitrag zu dessen Adoption in Unternehmen beigetragen. Die durchgeführte Literaturrecherche zum Thema geht dabei über die bis dato identifizierten Recherchen von Yang & Tate (2012) und Hoberg et al. (2012) deutlich hinaus (Siehe Kapitel 3.2). In dieser Arbeit wurden die Artikel inhaltlich gesichtet und die aus der Sicht von Forschern am häufigsten diskutieren Adoptionstreiber und -barrieren identifiziert. Deren Einfluss wurde mit Hilfe der logistischen Regression größtenteils bestätigt. Die umfangreiche Messart und die Ermittlung des Status Quo der Assimilation von Public Cloud Computing hierbei ist ein weiterer Beitrag. Gleichzeitig bietet die Arbeit auch methodisch eine Referenz durch die Seltenheit der Anwendung des Typ III Second-Order Modells (Siehe 4.1.1). Grundsätzlich heben die Internationalität, der getroffene Vergleich von Industrie-Clustern, die Separierung von Aussagen der Fachseite und Teilnehmern der IT-Abteilung, die Prozesssicht der Assimilation, die Sicht über alle Servicemodelle (SaaS, IaaS, PaaS) und insbesondere die Fokussierung auf Public

7.3.2 Praktische Relevanz und Adressaten

Cloud Computing diese Studie von bisherigen Forschungsbeiträgen zu Cloud Computing ab (Siehe Kapitel 3.2.3).

7.3.2 Praktische Relevanz und Adressaten

Laut MARSTON ET AL. (2011) sind vier Interessengruppen im Kontext von Cloud Computing zu adressieren. Aus den Erkenntnissen der vorliegenden Studie kann jede Gruppe einen jeweils eigenen Nutzen ableiten.

Consumers / Nutzer und Anwender von Cloud-basierter IT

Nutzer und Einkäufer von Cloud Computing verstehen jetzt besser, welche Nutzenpotenziale und Risiken von Unternehmen allgemein geäußert werden. Sie können so ihre Einstellung mit denen anderer Teilnehmer vergleichen und gleichzeitig feststellen, ob Sie von weiteren nicht-technologischen Assimilationsfaktoren (Organisation, Environment) in anderem Maße betroffen sind. Gleichfalls haben sie jetzt Aufschluss darüber, welche Fähigkeiten des Unternehmens durch die Assimilation von Public Cloud Computing offensichtlich am deutlichsten gesteigert werden, konkret die Innovationsfähigkeit. Im Rahmen einer Einführung kennen Nutzer und Entscheider im Unternehmen jetzt die Hebel, wodurch im Unternehmen die Assimilation schneller und erfolgreicher vorangetrieben und welche Risiken dabei proaktiv mitigiert werden sollten. Auch helfen die Auswertungen aus den Industriecluster-Vergleichen, die generellen Erkenntnisse noch spezifischer auf das eigene Unternehmen und dessen Kontext zu interpretieren (Tabelle 6.11). Schlussendlich sollte diese Arbeit auch bei der Entscheidungsfindung für oder gegen die Cloud unterstützen.

Providers / Anbieter von Cloud-basierten IT-Dienstleistungen

Anbieter von Cloud-basierten IT-Services erfahren, welche Erwartungen an Public Cloud Computing bei ihren Kunden gestellt werden und welche Risiken die Adoptionsentscheidungen konterkarieren können. Bzgl. der Vorteile können die Studienerkenntnisse eine Indikation für zielgruppenspezifisches Marketing geben. Es sollten folglich insbesondere jene strategischen Nutzenpotenziale betont werden, den ein signifikant positiver Einfluss auf die Wettbewerbsfähigkeit nachgewiesen wurde. Darüber hinaus eröffnet die Studie, welche Servicemodelle bislang den geringsten Assimilationsstand haben und welche Geschäftsprozesse bislang mehr und welche weniger durch die Cloud unterstützt werden. Ganz besonders den Providern helfen die industrie-, landes- und rollen-spezifischen Auswertungen (Siehe Anhang), um Bestandskunden und potenzielle Nachfrager mit spezifischen Angeboten gezielter bedienen zu können.

Enablers / Dienstleister und Orchestratoren
Enabler sind zum einen mittelnde Akteure, welche gleichzeitig die Rolle eines Consumers und Providers einnehmen können. Diese beziehen etwa mehrere Cloud-Lösungen, aggregieren diese wertschöpfend und bieten eine Gesamtlösung an inklusive Betrieb. Auch sind Enabler Dienstleister wie IT- und Management-Beratungsunternehmen, welche bei ihren Kunden die Auswahl, Beschaffung, Implementierung den Betrieb begleiten. Kunden von Beratungsleistungen können jedoch ebenfalls Provider sein. Enabler profitieren von sämtlichen Erkenntnissen dieser Arbeit, denn für sie ist das Zusammenspiel des gesamten Umfeldes von Relevanz. Sie müssen Kundentrends frühzeitig als Anbieter identifizieren, Kunden professionell beraten und den Erhalt ihrer Position als mittelnder Enabler sichern.

Regulators / Staatliche Institutionen
Prinzipiell stellen staatliche Institutionen in genau dieser Rolle, und nicht als Nachfrager, einen vom Markt außenstehenden Akteur dar, welcher nicht in die monetären Wertschöpfungsketten eingebunden ist. Sie etablieren jedoch wirtschaftliche und rechtliche Rahmenbedingungen in dem jeweiligen Markt und definieren dazu die länderübergreifende Legislative. Die Erkenntnisse der vorliegenden Arbeit sind daher von Interesse, zu erfahren, ob die anderen Akteure die politischen und ökonomischen Rahmenbedingungen als ausreichend und förderlich empfinden oder ob Handlungsbedarf besteht. Können schlechte Rahmenbedingungen die Assimilation erschweren und leidet konsekutiv die Wettbewerbsfähigkeit? Konkret wies Government Support in der vorliegenden Studie zwar keinen hohen Effekt auf die Assimilation der unteren Stufen aus (Siehe Kapitel 5.5), dies war jedoch vor allem in deutschen Unternehmen der Fall. Der Effekt unterschied sich signifikant gegenüber Teilnehmern aus Non-DE. Hieraus leitet sich der Forschungsbedarf ab, international Unterschiede in der Arbeit von Regulatoren zu erheben und kritisch zu vergleichen.

7.3.3 Anregung zur weiterführenden Forschung

Basierend auf den vorgestellten Erkenntnissen ergeben sich weitere Fragestellungen, die in zukünftigen Studien zu untersuchen sind. Die Querschnittsstudie in dieser Arbeit

7.3 Implikationen

könnte zu einer Langzeitstudie ausgebaut werden. Hierdurch kann die Entwicklung der Assimilation von Public Cloud Computing tiefer verstanden werden. Etwaig ändern sich die Prädiktoren, welche die Assimilation begünstigen oder negativ beeinflussen im Zeitraum, denn gerade mit zunehmendem Fortschritt der Assimilation können sich die Anforderungen an ein assimilationsförderliches Umfeld ändern. Ebenfalls kann untersucht werden, welche konkreten Probleme bei der Einführung und der Routinisierung auftreten. Warum gerade Vendor Support kein signifikanter Effekt nachgewiesen werden konnte, wirft Fragen auf, da für die Einführung dies ein wichtiges Erfolgskriterium sein sollte. Hier muss ergänzend erwähnt werden, dass die Literaturrecherche zu TOE-Assimilationsfaktoren (siehe Tabelle 3.8) bereits eröffnet hat, dass diese Variable nie ein signifikanter Effekt nachgewiesen werden konnte. Die Gründe hierfür sind jedoch noch nicht geklärt. Schlussendlich ruft ROGERS (2003) auf, nicht nur Erfolgsstudien durchzuführen, d.h. zu analysieren, was zur positiven Adoption beigetragen hat, sondern auch „a rejected and/or a discontinued innovation" (S. 110) zu untersuchen.

Es bietet sich im Weiteren an, dedizierte Studien über einzelne Servicemodelle oder Prozesse durchzuführen, um spezifischere Resultate zu erhalten und die Relevanz der Erkenntnisse zu erhöhen. Das gleiche gilt für Ländervergleiche und dabei die Einbeziehung von Variablen aus der interkulturellen Vergleichsforschung. Auch ist noch ungeklärt, ob Pfadabhängigkeiten eine gewichtige Rolle spielen. Eine Erweiterung der Perspektive zu Providers, Enablers und Regulators ist ferner angeraten, um das Modell und die Hypothesen in der Breite zu testen. Mit Blick auf die Forschungsagenda für Cloud Computing von MARSTON ET AL. (2011) werden noch Punkte ersichtlich, mit denen das bestehende Modell auf Ebene der Prädiktoren angereichert werden könnte, z.B. Cloud Pricing und Zahlungsbereitschaft, die Eignung von Applikationstypen für die Migration in die Cloud oder die Präsenz von Alternativen, z.B. traditionellem Outsourcing, Private Cloud Computing oder eigene virtualisierte Datenzentren.

Die Studie hat gezeigt, dass Innovative Capabilities eine dominierende Stellung einnehmen in der Wertbeitragsfrage. Die genauen Gründe hierfür und vice versa, warum Absorptive Capabilities weniger prominente Resultate erzielten, lassen sich etwaig durch gezielte Fallstudien oder sogar Methoden wie Design Science (vgl. Hevner et al. 2004) besser verstehen. Trotz dass also weiterhin zu quantitativ-empirischen Studien aufgerufen wird, um die Generalisierbarkeit der Erkenntnisse zu erhöhen, scheint es gleichfalls angebracht, qualitative Methoden der Sozialforschung zu praktizieren, um das Forschungsmodell fallspezifischer auszuprägen und zu überprüfen.

Die zunehmender digitale Durchdringung der Gesellschaft und Wirtschaft wird ersichtlich bei der Recherche nach aktuellen Trends in Wertschöpfungsketten, z.B. „Industrie 4.0, Smart Services, mobiles Internet, Internet der Dinge, Big Data, Cloud Computing, Share Economy, Connected Car, autonome Systeme, Smart Home, Smart Grid, Integration der Elektromobilität, 3-D-Anwendungen, Handel 4.0, Handwerk 4.0, mobiles Arbeiten und Crowdworking" (Bundesministerium für Wirtschaft und Energie 2014, S. 2). Daher ist anzunehmen, dass Cloud Computing für Unternehmen zunehmend zur gängigen Art und Weise wird, IT-Ressourcen zu beziehen. Dann sollten Studien, welche jene Phänomene erforschen, die vorliegenden Erkenntnisse in ihre konzeptionellen Überlegungen einbeziehen. Die ersten Grundlagen hierfür sind mit der vorliegenden Forschungsarbeit gelegt.

8 Anhang

8.1 Online-Befragung

Adoption of Cloud Computing to enhance Organizational Competitiveness
Chair of Business Information Systems - Prof. Dr. Markus Bick, Dipl.-Ing. Marc Roman Franke

Adoption of Cloud Computing to enhance Organizational Competitiveness
ESCP Europe Business School Berlin, Chair for Business Information Systems

Which factors impact the decision to source IT services via cloud computing? Are potential benefits such as enhanced innovativeness and increased organisational agility actually realized, thus can we talk about "The Business Value of Cloud"? Despite the high relevance for science and industry, there are no studies from the perspective of cloud clients to examine these effects so far. This independent and science-oriented study of the ESCP Europe Business School aims at discovering evidences and presenting new insights.

We appreciate your participation. As thanks for your time and valuable input, you receive a complimentary summary of the key findings. In addition, every third participant with a complete questionnaire wins a 15€ Amazon gift card. The survey should take no longer than 15 minutes to complete.

Your information will be kept strictly confidential and the statistical analysis is carried out anonymously. Corporate and personal names are not used likewise. Please try to fill out the questionnaire entirely and to the best of your knowledge: an approximate answer is much more valuable than an unanswered question. For any questions or concerns you may have, please don't hesitate to contact: Marc Roman Franke, mfranke@escpeurope.eu, +49-178-6392251 or Prof. Dr. Markus Bick, markus.bick@escpeurope.eu.

Again, we thank you for participating in this survey!

Prof. Dr. Markus Bick   Marc Roman Franke

Adoption of Cloud Computing to enhance Organizational Competitiveness
Chair of Business Information Systems - Prof. Dr. Markus Bick, Dipl.-Ing. Marc Roman Franke

Adoption research seeks to understand the factors that lead organizations to select, deploy and effectively use an innovation. This study examines ONLY the adoption of public cloud computing.

Please remind this scope when answering the questions.

	Study Scope	NOT Study Scope
Location of Data / Infrastructure	Service Provider Site	Customer Site
Exclusiveness & Sharing	Shared among multiple tenants	Dedicated to a single Organisation
Delivery Model	Public Cloud	Private Cloud

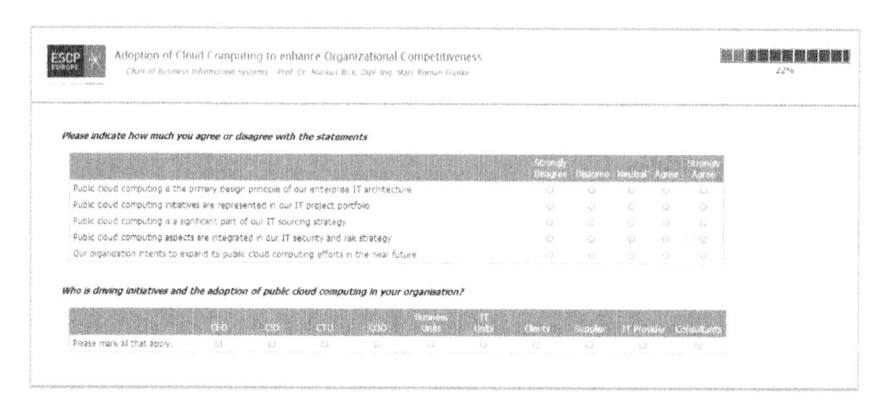

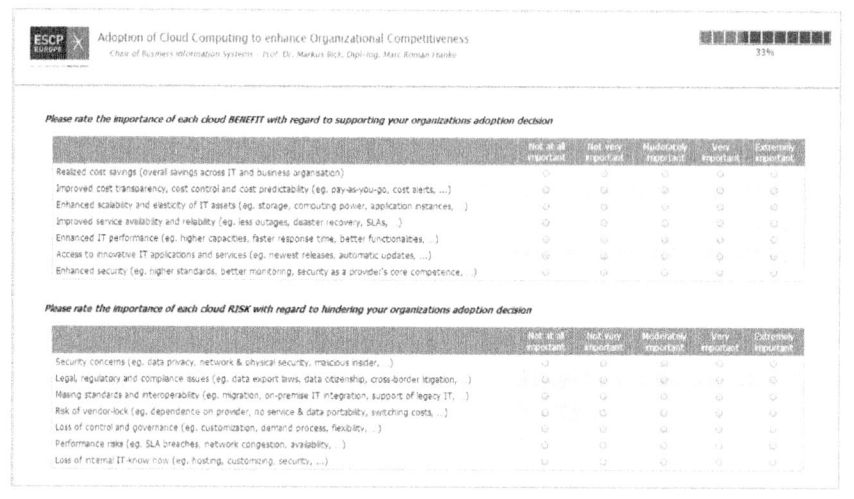

Adoption of Cloud Computing to enhance Organizational Competitiveness
Chair of Business Information Systems – Prof. Dr. Markus Bick, Dipl.-Ing. Marc Roman Franke

Please indicate how much you agree or disagree with the statements

	Strongly Disagree	Disagree	Neutral	Agree	Strongly Agree
Public cloud computing is the primary design principle of our enterprise IT architecture	○	○	○	○	○
Public cloud computing initiatives are represented in our IT project portfolio	○	○	○	○	○
Public cloud computing is a significant part of our IT sourcing strategy	○	○	○	○	○
Public cloud computing aspects are integrated in our IT security and risk strategy	○	○	○	○	○
Our organization intends to expand its public cloud computing efforts in the near future	○	○	○	○	○

Who is driving initiatives and the adoption of public cloud computing in your organisation?

	CEO	CIO	CTO	COO	Business Units	IT Units	Clients	Supplier	IT Provider	Consultants
Please mark all that apply:	☐	☐	☐	☐	☐	☐	☐	☐	☐	☐

Adoption of Cloud Computing to enhance Organizational Competitiveness
Chair of Business Information Systems – Prof. Dr. Markus Bick, Dipl.-Ing. Marc Roman Franke

Please rate the importance of each cloud BENEFIT with regard to supporting your organizations adoption decision

	Not at all important	Not very important	Moderately important	Very important	Extremely important
Realized cost savings (overall savings across IT and business organisation)	○	○	○	○	○
Improved cost transparency, cost control and cost predictability (eg. pay-as-you-go, cost alerts, …)	○	○	○	○	○
Enhanced scalability and elasticity of IT assets (eg. storage, computing power, application instances, …)	○	○	○	○	○
Improved service availability and reliability (eg. less outages, disaster recovery, SLAs, …)	○	○	○	○	○
Enhanced IT performance (eg. higher capacities, faster response time, better functionalities, …)	○	○	○	○	○
Access to innovative IT applications and services (eg. newest releases, automatic updates, …)	○	○	○	○	○
Enhanced security (eg. higher standards, better monitoring, security as a provider's core competence, …)	○	○	○	○	○

Please rate the importance of each cloud RISK with regard to hindering your organizations adoption decision

	Not at all important	Not very important	Moderately important	Very important	Extremely important
Security concerns (eg. data privacy, network & physical security, malicious insider, …)	○	○	○	○	○
Legal, regulatory and compliance issues (eg. data export laws, data citizenship, cross-border litigation, …)	○	○	○	○	○
Missing standards and interoperability (eg. migration, on-premise IT integration, support of legacy IT, …)	○	○	○	○	○
Risk of vendor-lock (eg. dependence on provider, no service & data portability, switching costs, …)	○	○	○	○	○
Loss of control and governance (eg. customization, demand process, flexibility, …)	○	○	○	○	○
Performance risks (eg. SLA breaches, network congestion, availability, …)	○	○	○	○	○
Loss of internal IT-know how (eg. hosting, customizing, security, …)	○	○	○	○	○

8.1 Online-Befragung

Adoption of Cloud Computing to enhance Organizational Competitiveness
Chair of Business Information Systems – Prof. Dr. Markus Bick, Dipl.-Ing. Marc Roman Franke

44%

Please indicate how much you agree or disagree with the statements

Statement	Strongly Disagree	Disagree	Neutral	Agree	Strongly Agree
Our employees know how public cloud computing can be used to support the business	○	○	○	○	○
Our employees receive adequate training on public cloud computing	○	○	○	○	○
We have the technical knowledge and managerial skills to implement public cloud computing	○	○	○	○	○
Our organisation hires highly specialized and knowledgeable personnel for public cloud computing	○	○	○	○	○
Our top management envisions our organization to become a leader in the use of public cloud computing	○	○	○	○	○
Our top management provides adequate financial and other resources for the adoption of public cloud computing	○	○	○	○	○
Our top management takes risks involved in the adoption of public cloud computing	○	○	○	○	○
Our top management has announced their strong support for public cloud computing	○	○	○	○	○
Our organization has the financial resources to adopt public cloud computing	○	○	○	○	○
In the overall IT budget, a significant amount is dedicated to implement public cloud computing solutions	○	○	○	○	○
We believe that financial support for public cloud computing can be obtained easily from financial institution	○	○	○	○	○
Financial resources are a cornerstone of success in the adoption of public cloud computing	○	○	○	○	○
Our organisation experiences competitive pressure to adopt public cloud computing	○	○	○	○	○
Our organisation would experience a competitive disadvantage if public cloud computing is not adopted	○	○	○	○	○
Our competitors know the importance of cloud computing and strengthen their public cloud computing initiatives	○	○	○	○	○
We depend on other organizations that already use public cloud computing technologies	○	○	○	○	○

Adoption of Cloud Computing to enhance Organizational Competitiveness
Chair of Business Information Systems – Prof. Dr. Markus Bick, Dipl.-Ing. Marc Roman Franke

56%

Please indicate how much you agree or disagree with the statements

Statement	Strongly Disagree	Disagree	Neutral	Agree	Strongly Agree
Vendors encourage us to use public cloud computing by providing incentives for adoption	○	○	○	○	○
Vendors promote their public cloud computing offering with add-on services (eg. cost management tools, …)	○	○	○	○	○
Vendors provide adequate support during and after public cloud computing implementation	○	○	○	○	○
Vendors form relationships with other parties and cloud promoters in our organisation (executive, consultants, …)	○	○	○	○	○
The government provides us with incentives to adopt public cloud computing	○	○	○	○	○
The government is active in setting up the facilities to enable public cloud computing	○	○	○	○	○
The government provides sufficient information about public cloud computing laws and regulations	○	○	○	○	○
The current business laws and legal regulations support the adoption of public cloud computing	○	○	○	○	○
Third parties (associations, media, experts) promote to our organisation the adoption of public cloud computing	○	○	○	○	○
We consider public cloud computing to become the dominant IT platform in the future	○	○	○	○	○
Our competitors benefit greatly from public cloud computing adoption	○	○	○	○	○
We think that adopting public cloud computing is fashionable	○	○	○	○	○
We internally and externally promote the importance of IT for innovation	○	○	○	○	○
We encourage people to think and behave in original and novel ways with regard to information technology	○	○	○	○	○

Adoption of Cloud Computing to enhance Organizational Competitiveness

Chair of Business Information Systems - Prof. Dr. Markus Bick, Dipl.-Ing. Marc Roman Franke

Please imagine the implementation of **public** cloud computing in your organisation along the following stages:

None	We currently do not undertake any public cloud computing activities and we are not planning any
Stage One	We scan our organisation for opportunities to adopt public cloud computing
Stage Two	Rational and political negotiations are held to get organisational backing for public cloud computing adoption
Stage Three	Public clouds are currently implemented, organisational procedures are being adjusted and people are in training
Stage Four	In our organisation, public cloud computing is largely accepted and frequently used
Stage Five	The use of public cloud computing technologies is organisation-wide a normal and routinized activity

Which stage best describes the current state of public cloud computing adoption in your organisation with regard to ...

Support of Business Functions

	Stage None	Stage One	Stage Two	Stage Three	Stage Four	Stage Five
Research & Development	○	○	○	○	○	○
Procurement & Inventory	○	○	○	○	○	○
Production & Manufacturing	○	○	○	○	○	○
Logistics & Distribution	○	○	○	○	○	○
Sales & Marketing	○	○	○	○	○	○
Finance, Accounting, HR	○	○	○	○	○	○

Public Cloud Computing Service Models

	Stage None	Stage One	Stage Two	Stage Three	Stage Four	Stage Five
Storage, network or computing power provided via public clouds (Infrastructure-as-a-Service)	○	○	○	○	○	○
Software accessed via public clouds, eg. Salesforce as CRM-Solution (Software-as-a-Service)	○	○	○	○	○	○
Systems development on programming environments sourced via public clouds (Platform-as-a-Service)	○	○	○	○	○	○

Adoption of Cloud Computing to enhance Organizational Competitiveness

Chair of Business Information Systems - Prof. Dr. Markus Bick, Dipl.-Ing. Marc Roman Franke

Please indicate how much you agree or disagree with the statement

"With the help of information technology our organisation ... "

	Strongly disagree	Disagree	Neutral	Agree	Strongly Agree
introduces products and services which are perceived as novel by customers	○	○	○	○	○
is a first to market when introducing new products and services	○	○	○	○	○
has higher innovation success rates than competitors	○	○	○	○	○
is on the cutting edge of technology with its new products and services	○	○	○	○	○
is very responsive to changes in the business environment	○	○	○	○	○
changes organisational structures in a timely manner	○	○	○	○	○
continually adopts new and improved ways to perform tasks	○	○	○	○	○
adapts quickly to modified business processes and new organisational structures	○	○	○	○	○
reacts to customer comments and interests	○	○	○	○	○
coordinates actions and efforts between different divisions in our organisation	○	○	○	○	○
is successful in learning new things	○	○	○	○	○
acquires internal (eg. intra-organisation) and external (eg. market) knowledge	○	○	○	○	○
observes market trends and quickly analyses changing market demands	○	○	○	○	○
stores, shares and transfers knowledge and information	○	○	○	○	○
effectively transforms existing information into knowledge	○	○	○	○	○
successfully exploits internal (eg. intra-organisation) and external (eg. market) knowledge into new products and services	○	○	○	○	○

8.1 Online-Befragung

Adoption of Cloud Computing to enhance Organizational Competitiveness
Chair of Business Information Systems – Prof. Dr. Markus Bick, Dipl.-Ing. Marc Roman Franke

89%

Your information will be kept STRICTLY CONFIDENTIAL and the statistical analysis is carried out ANONYMOUSLY. Corporate and personal names are not used.

Over the last 3 years and in your industry, how is your entire organisation positioned with regard to ...

	Very below the average (*) / About average (***) / Very above the average (*****)
Product Quality	○ ✲ ✲ ✲ ✲ ✲
Cost Efficiency	○ ✲ ✲ ✲ ✲ ✲
Time-to-Market	○ ✲ ✲ ✲ ✲ ✲
Customer Satisfaction	○ ✲ ✲ ✲ ✲ ✲
Sales Growth	○ ✲ ✲ ✲ ✲ ✲
Market Share	○ ✲ ✲ ✲ ✲ ✲
Profitability	○ ✲ ✲ ✲ ✲ ✲

Over the last 3 years, how do you rate the performance of your IT organisation with regard to ...

	Very below the average (*) / About average (***) / Very above the average (*****)
IT Service Quality	○ ✲ ✲ ✲ ✲ ✲
IT Cost Efficiency	○ ✲ ✲ ✲ ✲ ✲
IT Agility and Responsiveness	○ ✲ ✲ ✲ ✲ ✲
IT Sourcing	○ ✲ ✲ ✲ ✲ ✲
IT Innovation	○ ✲ ✲ ✲ ✲ ✲

Your Organisation's Industry
[▼]

Country of your organisation's headquarter
[Germany ▼]

Legal Form of Your Organisation
[▼]

Your Job Position
[▼]

Name of Organization and Business Unit (optional)
[ ]

Your functional area or expertise in the organization
[ ]

Organisational Figures

	Total number of employees in organisation end of 2011	Total number of IT employees in organisation end of 2012	Total Revenue of organisation in 2012 in EUR	Total IT Budget in 2012 in EUR
Data (number / EUR)				

Adoption of Cloud Computing to enhance Organizational Competitiveness
Chair of Business Information Systems – Prof. Dr. Markus Bick, Dipl.-Ing. Marc Roman Franke

100%

Thank you very much for participating in this survey.
Your response is very important to us!

(You can close this window now)

8.2 Pretest-Auswertung

Formativ operationalisierte Messmodelle

Variable	Item	Inhalt des Items	Weights	T-Wert
Cloud Strategy	CLS1	Enterprise Architecture	0,065	0,123
	CLS2	IT Portfolio Management	0,810	18,435
	CLS3	IT Sourcing Strategy	-0,034	4,433
	CLS4	IT Security	0,333	5,176
	CLS5	Future Expansion of PuCC	-0,061	1,882
Service Model Support	CSM1	Infrastructure-as-a Service	0,298	4,984
	CSM2	Software-as-a Service	0,683	11,983
	CSM3	Platform-as-a Service	0,467	7,239
Business Function Support	CPR1	Research & Development	0,480	9,637
	CPR2	Procurement & Inventory	0,181	7,436
	CPR3	Production & Manufacturing	0,056	1,601
	CPR4	Logistics & Distribution	0,149	5,627
	CPR5	Sales & Marketing	0,534	5,627
	CPR6	Finance, Accounting, HR	0,277	2,734
Perceived Competitiveness	CPT1	Product Quality	0,486	7,690
	CPT2	Cost Efficiency	0,043	0,568
	CPT3	Time-to-Market	0,615	9,129
	CPT4	Customer Satisfaction	0,374	5,261
Perceived Firm Performance	FIP1	Sales Growth	0,152	1,186
	FIP2	Market Share	0,906	10,810
	FIP3	Profitability	0,034	0,222
Gütekriterien			>0,1	>1,64

Reflektiv operationalisierte Messmodelle

Variable	Item	MSA	Komm	KMO	KITK	Alpha	C.R.	DEV
Top Management Support	TMS1	0,793	0,722	0,803	0,777	0,880	0,919	0,739
	TMS2	0,794	0,683		0,763			
	TMS3	0,817	0,568		0,697			
	TMS4	0,809	0,643		0,739			
IT Expertise	ITE1	0,665	0,745	0,708	0,675	0,710	0,710	0,533
	ITE2	0,714	0,534		0,587			
	ITE3	0,754	0,412		0,519			
	ITE4	0,773	0,079		0,246			
Financial Resources	FIN1	0,758	0,630	0,660	0,443	0,430	0,673	0,570
	FIN2	0,690	0,738		0,427			
	FIN3	0,625	0,592		0,692			
	FIN4	0,317	0,052		0,217			
Gütekriterien		>0,4	>0,5	>0,6	>0,5	>0,6	>0,6	>0,5

8.2 Pretest-Auswertung

Variable	Item	MSA	Komm	KMO	KITK	Alpha	C.R.	DEV
Competitive Pressure	COM1	0,685	0,839	0,672	0,829	0,796	0,870	0,656
	COM2	0,823	0,708		0,761			
	COM3	0,628	0,862		0,782			
	COM4	0,205	0,020		0,146			
Vendor Support	VEN1	0,798	0,769	0,765	0,798	0,867	0,905	0,707
	VEN2	0,868	0,942		0,868			
	VEN3	0,670	0,512		0,670			
	VEN4	0,581	0,369		0,581			
Government Support	GOV1	0,685	0,880	0,707	0,812	0,729	0,815	0,657
	GOV2	0,675	0,936		0,755			
	GOV3	0,834	0,773		0,780			
	GOV4	0,437	0,251		0,153			
Mimetic Effects	MIM1	0,517	0,625	0,519	0,493	0,513	0,707	0,424
	MIM2	0,514	0,694		0,534			
	MIM3	0,520	0,218		0,122			
	MIM4	0,592	0,110		0,120			
Organisation Size	SIZ1	0,500	0,582	0,500	0,583	0,735	0,881	0,788
	SIZ2	0,500	0,582		0,583			
IT-enabled Innovative Capabilities	DIN1	0,762	0,726	0,709	0,691	0,802	0,857	0,518
	DIN2	0,631	0,514		0,622			
	DIN3	0,775	0,794		0,734			
	DIN4	0,605	0,427		0,547			
	DIN5	0,773	0,587		0,535			
	DIN6	0,330	0,251		0,269			
IT-enabled Adaptive Capabilities	DAD1	0,841	0,577	0,703	0,712	0,876	0,909	0,629
	DAD2	0,451	0,563		0,360			
	DAD3	0,651	0,840		0,872			
	DAD4	0,728	0,725		0,731			
	DAD5	0,742	0,746		0,752			
	DAD6	0,738	0,654		0,690			
IT-enabled Absorptive Capabilities	DAB1	0,782	0,346	0,682	0,490	0,831	0,877	0,545
	DAB2	0,574	0,736		0,522			
	DAB3	0,626	0,770		0,695			
	DAB4	0,648	0,703		0,644			
	DAB5	0,715	0,628		0,560			
	DAB6	0,830	0,562		0,720			
Overall IT Performance	ITP1	0,562	0,768	0,632	0,471	0,693	0,802	0,474
	ITP2	0,405	0,236		0,194			
	ITP3	0,739	0,565		0,544			
	ITP4	0,655	0,790		0,647			
	ITP5	0,660	0,382		0,468			
Gütekriterien		>0,4	>0,5	>0,6	>0,5	>0,7	>0,6	>0,5

8.3 Industrien & Industrie-Cluster

Assimilation von Public Cloud Computing

Variable	Manufacturing	Material/Services	Hi-Tech/Pharma	Information Services	Banking/Insurance/FS	Communication/Hi-Tech	Consulting /IT Services	Consumer Goods	Government/Public Serv	Manufact./Automotive	Pharma/Healthcare	Resources/Utilities	Retail/Wholesale	Transportat./Logistics
APCC	2,3	2,1	2,1	2,2	2,0	2,5	2,3	2,5	2,1	2,1	2,3	2,0	2,0	2,1
CLS	2,8	2,6	2,7	2,7	2,5	3,0	3,0	3,0	2,5	2,7	2,8	2,5	2,6	2,7
CLS1	1,9	2,0	1,8	2,2	2,1	2,2	2,2	2,0	1,3	2,0	1,9	1,8	1,7	2,1
CLS2	3,1	2,7	3,0	2,9	2,8	3,3	3,3	3,5	3,0	2,8	3,3	2,7	2,7	2,8
CLS3	2,4	2,3	2,2	2,4	2,2	2,5	2,7	2,6	2,3	2,4	2,3	2,2	2,4	2,2
CLS4	3,1	3,0	3,3	2,9	2,5	3,6	3,1	3,3	2,7	2,9	3,3	2,9	3,0	3,2
CLS5	3,3	3,1	3,2	3,2	3,1	3,5	3,6	3,4	3,3	3,2	3,2	3,0	3,1	3,0
CSM	2,2	2,0	2,0	2,1	1,9	2,5	2,1	2,4	2,0	2,0	2,2	1,9	1,9	2,0
CSM1	2,2	2,3	2,0	2,2	1,9	2,7	2,0	2,8	2,3	2,1	1,6	2,0	1,9	2,2
CSM2	2,7	2,3	2,5	2,4	2,3	2,7	2,3	2,7	2,0	2,6	2,9	2,6	2,3	2,6
CSM3	1,6	1,4	1,5	1,7	1,5	2,1	2,1	1,7	1,7	1,5	2,0	1,0	1,4	1,2
CPR	1,8	1,6	1,7	1,8	1,6	2,1	1,8	2,1	1,7	1,7	1,9	1,5	1,6	1,6
CPR1	1,2	1,1	2,1	1,6	1,8	2,4	2,0	1,5	1,7	1,1	1,8	1,0	0,3	1,1
CPR2	1,9	1,6	1,2	1,5	1,4	1,6	1,8	1,8	1,3	2,0	1,5	1,5	1,4	1,4
CPR3	1,4	1,1	1,2	1,2	0,8	1,9	1,6	1,6	1,3	1,2	1,5	0,9	0,9	0,8
CPR4	2,3	1,9	1,4	1,6	1,6	1,7	1,0	2,3	2,3	2,0	2,0	1,5	1,7	1,8
CPR5	2,6	2,4	2,5	2,6	2,3	2,9	2,1	3,3	1,3	2,4	2,5	2,7	2,9	2,6
CPR6	1,7	1,6	1,7	2,1	2,0	2,2	2,1	2,0	2,3	1,6	1,8	1,6	2,3	1,9

Die t-Tests haben folgende signifikante Unterschiede aufgezeigt:

- CPR1 (Research & Develop.) Hi-Tech*** signifikant höher
- CPR4 (Logistics & Distr.) Hi-Tech*** und InfoServ*** niedriger
- PBE1 (Cost Savings) MaterialServ** signifikant niedriger
- PBA1 (Security Concerns) Hi-Tech** und InfoServ*** höher
- PBA2 (Legal & Compliance) Hi-Tech** und InfoServ*** höher
- PBA6 (Performance Risk) Hi-Tech** und InfoServ*** höher
- ITE1 (Internal KnowHow) MaterialServ niedriger**
- ITE2 (Employee Training) MaterialServ niedriger**
- DIN2-DIN5 (Innovative Cap.) Manufact*** signifikant höher

8.3 Industrien & Industrie-Cluster

Pfadkoeffizienten

Industrie		Manufacturing		Material Serv.		Hi-Tech		Info.-Services	
Exo.	Endo.	Pfad	S.E	Pfad	S.E	Pfad	S.E	Pfad	S.E
PBE	APCC	0,219	0,045	-0,031	0,056	0,090	0,057	0,271	0,078
PBA	APCC	-0,103	0,077	-0,227	0,224	-0,291	0,044	-0,022	0,077
ORG	APCC	0,199	0,051	-0,028	0,044	-0,045	0,112	0,104	0,047
TMS	APCC	0,416	0,046	0,476	0,061	0,230	0,074	0,470	0,086
FIN	APCC	0,001	0,058	0,123	0,044	0,059	0,050	0,101	0,049
ITE	APCC	0,310	0,039	0,098	0,058	0,029	0,084	0,108	0,081
GOV	APCC	-0,087	0,038	-0,020	0,043	-0,154	0,045	0,089	0,089
COM	APCC	0,152	0,041	0,338	0,057	0,280	0,072	0,178	0,051
VEN	APCC	0,000	0,033	0,062	0,045	0,198	0,058	-0,037	0,055
DAB	CPT	0,167	0,062	0,360	0,085	0,079	0,091	0,043	0,095
DAD	CPT	0,166	0,060	0,357	0,090	0,319	0,060	0,411	0,120
DIN	CPT	0,554	0,056	-0,025	0,077	0,419	0,075	0,341	0,108
APCC	DAB	0,471	0,074	0,579	0,041	0,133	0,121	0,476	0,054
APCC	DAD	0,312	0,083	0,612	0,048	0,436	0,068	0,725	0,032
APCC	DIN	0,415	0,052	0,695	0,042	0,629	0,043	0,576	0,046
CPT	FIP	0,575	0,047	0,582	0,048	0,717	0,027	0,530	0,043
ITP	DAB	0,196	0,060	0,161	0,069	0,277	0,114	0,327	0,056
ITP	DAD	0,477	0,064	0,210	0,056	0,364	0,050	0,230	0,038
ITP	DIN	0,364	0,051	0,062	0,076	0,216	0,054	0,412	0,047

p-Werte aus t-Tests über latente Variablenwerte im Vergleich der Cluster

p [%]		Group1	Manuf	Manuf	Manuf	Material	Material	Hi-Tech
		Group2	Material	Hi-Tech	Info-Serv	Hi-Tech	Info-Serv	Info-Serv
PBE	APCC		0%	8%	53%	13%	0%	6%
PBA	APCC		56%	8%	49%	81%	43%	0%
ORG	APCC		0%	2%	21%	87%	4%	21%
TMS	APCC		42%	2%	54%	1%	95%	3%
FIN	APCC		11%	50%	24%	33%	74%	54%
ITE	APCC		0%	0%	1%	48%	92%	49%
GOV	APCC		24%	27%	4%	3%	23%	2%
COM	APCC		1%	9%	69%	52%	4%	24%
VEN	APCC		25%	0%	54%	6%	16%	0%
DAB	CPT		6%	41%	25%	3%	1%	78%
DAD	CPT		7%	10%	4%	74%	71%	50%
DIN	CPT		0%	15%	5%	0%	0%	55%
APCC	DAB		24%	1%	96%	0%	12%	1%
APCC	DAD		0%	31%	0%	3%	6%	0%
APCC	DIN		0%	1%	4%	28%	6%	40%
CPT	FIP		92%	3%	52%	3%	43%	0%
ITP	DAB		70%	48%	14%	35%	7%	68%
ITP	DAD		0%	23%	1%	5%	78%	3%
ITP	DIN		0%	6%	53%	12%	0%	1%

8.4 Kreuzladungen im Messmodell

Item	APCC	DIN	DAD	DAB	ITP	CPT	FIP
CLS	0,93	0,52	0,50	0,37	0,23	0,47	0,27
CSM	0,94	0,55	0,53	0,45	0,24	0,49	0,29
CPR	0,94	0,52	0,45	0,36	0,22	0,44	0,27
DIN1	0,39	0,72	0,38	0,25	0,30	0,48	0,19
DIN2	0,41	0,74	0,42	0,37	0,40	0,47	0,28
DIN3	0,45	0,78	0,45	0,28	0,32	0,48	0,27
DIN4	0,45	0,74	0,41	0,33	0,32	0,38	0,25
DIN5	0,40	0,72	0,39	0,28	0,23	0,43	0,22
DAD1	0,38	0,48	0,74	0,38	0,35	0,38	0,22
DAD3	0,47	0,43	0,73	0,34	0,34	0,38	0,24
DAD4	0,42	0,45	0,77	0,34	0,38	0,56	0,34
DAD5	0,37	0,39	0,74	0,31	0,34	0,40	0,24
DAD6	0,33	0,35	0,78	0,35	0,43	0,40	0,30
DAB1	0,18	0,31	0,34	0,72	0,18	0,28	0,17
DAB3	0,36	0,37	0,39	0,78	0,32	0,43	0,23
DAB4	0,31	0,24	0,28	0,73	0,23	0,26	0,03
DAB5	0,34	0,32	0,36	0,78	0,27	0,33	0,19
DAB6	0,34	0,27	0,33	0,73	0,19	0,30	0,22
ITP1	0,19	0,28	0,36	0,25	0,70	0,36	0,20
ITP3	0,13	0,31	0,39	0,30	0,80	0,26	0,12
ITP4	0,15	0,24	0,29	0,14	0,68	0,24	0,16
ITP5	0,25	0,43	0,42	0,27	0,82	0,32	0,20
CPT1	0,32	0,49	0,41	0,32	0,29	0,77	0,41
CPT2	0,30	0,24	0,35	0,22	0,31	0,52	0,30
CPT3	0,32	0,35	0,35	0,30	0,22	0,61	0,34
CPT4	0,36	0,43	0,35	0,27	0,20	0,62	0,29
FIP1	0,29	0,32	0,35	0,26	0,20	0,37	0,69
FIP2	0,21	0,32	0,28	0,19	0,25	0,42	0,79
FIP3	0,17	0,09	0,17	0,08	0,05	0,36	0,69

Item	TMS	ITE	FIN	COM	VEN	GOV	SIZ
TMS1	0,87	0,35	0,43	0,52	0,14	-0,08	0,05
TMS2	0,84	0,35	0,36	0,45	0,13	-0,07	0,00
TMS3	0,83	0,31	0,33	0,49	0,04	-0,17	-0,03
TMS4	0,82	0,34	0,36	0,45	0,17	-0,13	0,01
ITE1	0,27	0,83	0,24	0,34	0,13	-0,11	-0,18
ITE2	0,36	0,84	0,18	0,31	0,16	-0,19	-0,13
ITE3	0,34	0,81	0,24	0,35	0,18	-0,19	-0,20
FIN1	0,31	0,24	0,81	0,24	0,20	-0,10	-0,03
FIN2	0,42	0,21	0,84	0,34	0,16	-0,14	0,00
FIN3	0,34	0,19	0,78	0,22	0,11	0,01	0,11
COM1	0,55	0,36	0,34	0,88	0,07	-0,10	-0,12
COM2	0,49	0,33	0,32	0,88	0,08	-0,12	0,03
COM3	0,44	0,36	0,22	0,87	0,20	-0,08	0,02
VEN1	0,19	0,11	0,15	0,12	0,78	-0,12	0,06
VEN2	0,04	0,11	0,13	0,11	0,79	0,03	0,11
VEN3	0,11	0,19	0,17	0,14	0,83	0,08	0,06
VEN4	0,09	0,20	0,17	0,05	0,77	0,04	0,15
GOV1	-0,03	-0,10	-0,02	-0,05	0,05	0,85	0,16
GOV2	-0,18	-0,19	-0,12	-0,09	0,02	0,86	0,08
GOV3	-0,11	-0,21	-0,11	-0,14	-0,03	0,88	0,07
SIZ1	0,02	-0,21	0,06	0,01	0,12	0,12	0,97
SIZ2	-0,01	-0,15	-0,05	-0,09	0,09	0,08	0,87

9 Literatur

Aamodt, Agnar; Nygard, Mads (1995): Different roles and mutual dependencies of data, information, and knowledge. An AI perspective on their integration. In: *Data & Knowledge Engineering*, 16(3), S. 191–222.

Abrahamson, Eric (1996): Management Fashion. In: *Academy of Management Review*, 21(1), S. 254–285.

Abrahamson, Eric; Fairchild, Gregory (1999): Management Fashion. Lifecycles, Triggers, and Collective Learning Processes. In: *Administrative Science Quarterly*, 44(4), S. 708–740.

Accenture (2012): Building your cloud strategy with Accenture. Url: http://www.accenture.com/SiteCollectionDocuments/PDF/Building-Your-Cloud-Strategy-with-Accenture.pdf, Zugriff am 03.06.2012.

Accorsi, Rafael; Lowis, Lutz; Sato, Yoshinori (2011): Automated Certification for Compliant Cloud-based Business Processes. In: *Business & Information Systems Engineering*, 3(3), S. 145–154.

Ahmad, Rizwan; Janczewski, Lech (2011): Governance Life Cycle Framework for Managing Security in Public Cloud: From User Perspective. *3rd IEEE International Conference on Cloud Computing, CLOUD 2011*, Washington, USA, 4.-9. Juli 2011.

Ajzen, Icek (1991): The Theory of Planned Behavior. In: *Organisational Behavior and Human Performance*, 50(2), S. 179–211.

Alaghehband, Forough Karimi; Rivard, Suzanne (2010): The strategic role of information technology sourcing. A dynamic capabilities perspective. *2010 International Conference on Information Systems*, Saint Louis, Missouri, USA, 12.-15. Dezember 2010.

Albers, Sönke; Götz, Oliver (2006): Messmodelle mit Konstrukten zweiter Ordnung in der betriebswirtschaftlichen Forschung. In: *Die Betriebswirtschaft*, 66(6), S. 669–675.

Aldrich, John; Nelson, Forrest (2006): Linear Probability, Logit, and Probit Models. Quantitative Applications in the Social Sciences, Nr. 45. Newbury Park, California: Sage Publications.

Allende, Jorge (2004): Rigor. The essence of scientific work. In: *Electronic Journal of Biotechnology*, 7(1), Editorial.

Al-Somali, Sabah; Gholami, Roya; Clegg, Ben (2010): An investigation into the adoption of electronic business in Saudi Arabia using the Technology-Organisation-Environment Framework. *UK Academy for Information Systems Conference*, Oxford, United Kingdom, 23.-24. März 2010.

Ambrose, Christopher; Morello, Diane (2004): Designing the Agile Organisation: Design Principles and Practices. Gartner Research, ID: R-21-7532.

Ambrosini, Véronique; Bowman, Cliff (2009): What are dynamic capabilities and are they a useful construct in strategic management? In: *International Journal of Management Reviews*, 11(1), S. 29–49. –51.

Ambrosini, Véronique; Bowman, Cliff (2009): What are dynamic capabilities and are they a useful construct in strategic management? In: *International Journal of Management Reviews*, 11(1), S. 29–49.

Andriole, Stephen (2012): Seven Indisputable Technology Trends That Will Define 2015. In: *Communications of the Association for Information Systems*, 30(4), S. 61–72.

Angst, Corey; Agarwal, Ritu; Sambamurthy, Venkatesh (2010): Social Contagion and Information Technology Diffusion. The Adoption of Electronic Medical Records in U.S. Hospitals. In: *Management Science*, 56(8), S. 1219–1241.

Anthes, Gary (2010): Security in the cloud. In: *Communications of the ACM*, 53(11), S. 16-18.

Aral, Sinan; Weill, Peter (2007): IT Assets, Organisational Capabilities, and Firm Performance: How Resource Allocations and Organisational Differences Explain Performance Variation. In: *Organisation Science*, 18(5), S. 763–780.

Ardelt, Mathias; Dölitzscher, Frank; Knahl, Martin et al. (2011): Sicherheitsprobleme für IT-Outsourcing durch Cloud Computing. In: *Fröschle, Hans Peter (Hg.) (2011): IT-Sicherheit & Datenschutz. HMD Praxis der Wirtschaftsinformatik, 48(281). Heidelberg: dpunkt-Verlag*, S. 6–18.

Armbrust, Michael et al. (2010): A view of cloud computing. In: Communications of the ACM, 53(4), S. 50-58.

Armstrong, Curtis; Sambamurthy, Venkatesh (1999): Information Technology Assimilation in Firms: The Influence of Senior Leadership and IT Infrastructures. In: *Information Systems Research*, 10(4), S. 304–327.

Ashurst, Colin; Freer, Alison; Ekdahl, Jessica et al. (2012): Exploring IT-enabled innovation: A new paradigm? In: *International Journal of Information Management*, 32(4), S. 326–336.

Backhaus, Klaus; Erichson; Bernd, Plinke Wulff; Weiber, Rolf (2011): Multivariate Analysemethoden. Eine anwendungsorientierte Einführung. 13. Auflage. Berlin: Springer-Verlag.

Bagozzi, Richard; Yi, Youjae (1988): On the evaluation of structural equation models. In: *Journal of the Academy of Marketing Science*, 16(1), S. 74–94.

Baker, Jeff (2012): The Technology–Organisation–Environment Framework. In: *Dwivedi, Yogesh et al. (Hg.): Information Systems Theory. Explaining and Predicting Our Digital Society*, Vol. 1. New York: Springer, S. 231–245.

Barney, Jay (1991): Firm resources and sustained competitive advantage. In: *Journal of Management Information Systems*, 17(1), S. 99–120.

Baron, Reuben; Kenny, David (1986): The moderator-mediator variable distinction in social psychological research: conceptual, strategic, and statistical considerations. In: *Journal of Personality and Social Psychology*, 51(6), S. 1173–82.

Barreto, Ilidio (2010): Dynamic Capabilities. A Review of Past Research and an Agenda for the Future. In: *Journal of Management*, 36(1), S. 256–280.

Bates, Martin; Davis, Kendall; Haynes, Douglas (2003): Reinventing IT Services. In: *McKinsey Quarterly*, 39(5), S. 143–153.

Baur, Nina; Fromm, Sabine (2010): Multivariate Verfahren für Querschnittsdaten. Reihe: *Datenanalyse mit SPSS für Fortgeschrittene, Nr. 2*. 2. Auflage. Wiesbaden: Verlag für Sozialwissenschaften.

Becker, Jan-Michael; Klein, Kristina; Wetzels, Martin (2012): Hierarchical Latent Variable Models in PLS-SEM. Guidelines for Using Reflective-Formative Type Models. In: *Long Range Planning*, 45(special), S. 359–394.

Becker, Joerg et al. (2011): Industrialisierung von IT-Dienstleistungen. Anwendung industrieller Konzepte und deren Auswirkungen aus Sicht von IT-Dienstleistern. *Proceedings of the 10th International Conference on Wirtschaftsinformatik*. Zurich, Switzerland, 16.-18. Februar 2011.

Becker, Joerg; Pfeiffer, Daniel (2006): Beziehungen zwischen behavioristischer und konstruktionsorientierter Forschung in der Wirtschaftsinformatik. In: *Stephan Zelewski (Hg.): Fortschritt in den Wirtschaftswissenschaften. Wissenschaftstheoretische Grundlagen und exemplarische Anwendungen*. Wiesbaden: Deutscher Universitäts-Verlag, S. 1–17.

Behrend, Tara; Wiebe, Eric; London, Jennifer; Johnson, Emily (2011): Cloud computing adoption and usage in community colleges. In: *Behaviour & Information Technology*, 30(2), S. 231–240.

Beimborn, Daniel; Miletzki, Thomas; Wenzel, Stefan (2011): Platform as a Service. In: *Business & Information Systems Engineering*, 3(6), S. 381–384.

Benbasat, Izak; Zmud, Robert (1999): Empirical Research in Information Systems. The Practice of Relevance. In: *MIS Quarterly*, 23(1), S. 3–16.

Benitez-Amado, Jose; Perez-Arostegui, Maria Nieves; Tamayo-Torres, Javier (2010): Information Technology-Enabled innovativeness and green capabilities. In: *Journal of Computer Information Systems*, 51(2), S. 87–96.

Benlian, Alexander (2009): A transaction cost theoretical analysis of software-as-a-service (SAAS)-based sourcing in SMBs and enterprises. *17th European Conference on Information Systems*, Verona, Italien, 08.-10. Juni 2009.

Benlian, Alexander; Hess, Thomas (2011): Opportunities and risks of software-as-a-service: Findings from a survey of IT executives. In: *Decision Support Systems*, 52(1), S. 232–246.

Benlian, Alexander; Hess, Thomas; Buxmann, Peter (2009): Treiber der Adoption SaaS-basierter Anwendungen. In: *Wirtschaftsinformatik*, 51(5), S. 414–428.

Benlian, Alexander; Koufaris, Marios; Hess, Thomas (2011): Service Quality in Software-as-a-Service. Developing the SaaS-Qual Measure and Examining Its Role in Usage Continuance. In: *Journal of Management Information Systems*, 28(3), S. 85–126.

Berbner, Rainer; Bechthold, Jochen (2010): Innovationsmanagement als elementarer Bestandteil des IT-Managements. In: Keuper, Frank (Hg.): Innovatives IT-Management. Management von IT und IT-gestütztes Management. 2. Aufl. Wiesbaden: Gabler, S. 258–276.

Bergeron, Francois; Raymond, Louis; Rivard, Suzanne (2001): Fit in strategic information technology management research: an empirical comparison of perspectives. In: *Omega*, 29(2), S. 125–142.

Bernius, Steffen; Krönung, Julia (2012): Fostering academic research by Cloud Computing. The Users Perspective. *20th European Conference on Information Systems*, Barcelona, Spanien, 10.-13. Juni 2012.

Bhadauria, Rohit; Sanyal, Sugata (2012): Survey on Security Issues in Cloud Computing and Associated Mitigation Techniques. In: *International Journal of Computer Applications*, 47(18), S. 47–66.

Bharadwaj, Anandhi (2000): A Resource-Based Perspective on Information Technology Capability and Firm Performance: An Empirical Investigation. In: *MIS Quarterly*, 24(1), S. 169–196.

Bhatt, Ganesh; Emdad, Ali; Roberts, Nicholas (2010): Building and leveraging information in dynamic environments. The role of IT infrastructure flexibility as enabler of organisational responsiveness and competitive advantage. In: *Information & Management*, 47(7-8), S. 341–349.

Bhatt, Ganesh; Grover, Varun (2005): Types of Information Technology Capabilities and Their Role in Competitive Advantage: An Empirical Study. In: *Journal of Management Information Systems*, 22(2), S. 253–277.

Biedenbach, Thomas; Müller, Ralf (2012): Absorptive, innovative and adaptive capabilities and their impact on project and project portfolio performance. In: *International Journal of Project Management*, 30(5), S. 621–635.

Biggeleben, Matthias et al. (2009): Prüfkriterien für Geschäftsmodelle im Kontext von Software as a Service. 9. Internationale Tagung Wirtschaftsinformatik, Wien, Österreich, 25.-27. Februar 2009.

BITKOM (2009): Cloud Computing. Evolution in der Technik, Revolution im Business. Bundesverband Informationswirtschaft, Telekommunikation und neue Medien. www.cloud-practice.de, Zugriff am 12.01.2012.

BITKOM (2013): Die Hightech-Trends des Jahres 2013. Url: www.bitkom.org/de/themen/74763_74757.aspx, Zugriff am 10.12.2013.

Bittner et al. (2013): Weiter denken - Mythen entlarven. Warum die Cloud nicht nur die IT, sondern auch das Business verändern wird. Url: http://www.accenture.com/SiteCollectionDocuments/Local_Germany/PDF/Accentur e-Warum-die-Cloud-nicht-nur-die-IT-sondern-auch-das-Business-ver%C3%A4ndern-wird.pdf, Zugriff am 12.12.2013.

Bogner, Alexander; Littig, Beate; Menz, Wolfgang (Hg.) (2009): Experteninterviews. Theorie, Methoden, Anwendungsfelder. 3. Auflage. Wiesbaden: Verlag für Sozialwissenschaften.

Böhmann, Tilo; Krcmar, Helmut (2005): Modularisierung: Grundlagen und Anwendung bei IT-Dienstleistungen. In: *Herrmann et al. (Hg.): Konzepte für das Service Engineering*. Heidelberg: Physica-Verlag, S. 45–83.

Bollon, Kenneth; Lenox, Richard (1991): Conventional wisdom in measurement. A structural equation perspective. In: *Psychological Bulletin*, 110(2), S. 305–314.

Bortz, Jürgen; Döring, Nicola (2006): Forschungsmethoden und Evaluation für Human- und Sozialwissenschaftler. 4. Auflage. Heidelberg: Springer Medizin Verlag.

Boudreau, Marie-Claude; Gefen, David (2001): Validation in IS Research. A State-of-the-Art Assessment. In: *MIS Quarterly*, 25(1), S. 1–16.

Bradford, Marianne; Florin, Juan (2003): Examining the role of innovation diffusion factors on the implementation success of enterprise resource planning systems. In: *International Journal of Accounting Information Systems*, 4(3), S. 205–225.

Bredner, Mark; Ackermann, Tobias (2010): Schutzziele der IT-Sicherheit. In: *Datenschutz und Datensicherheit*, 34(5), S. 323–328.

Brender, Nathalie; Markov, Iliya (2013): Risk perception and risk management in cloud computing: Results from a case study of Swiss companies. In: *International Journal of Information Management*, 33(5), S. 726–733.

Brenner, Walter (1994): Grundzüge des Informationsmanagements. Berlin, Heidelberg: Springer-Verlag.

Brocke, Jan vom; Buddendick, Christian (2004): Organisationsformen in der Referenzmodellierung – Forschungsbedarf und Gestaltungsempfehlungen auf Basis der Transaktionskostentheorie. In: *Wirtschaftsinformatik*, 46(5), S. 341–352.

Bruhin, Leo (2008): The Influence of Corporate Culture Alienation to IT- Outsourcing. An Exploration and Analysis to which Extent Corporate Culture Alienation may Influence the Transition During an IT Application Outsourcing. Saarbrücken: VDM Verlag Dr. Müller.

Brynjolfsson, Erik (1992): The productivity paradox of information technology. In: *Communications of the ACM,* 36(12), S. 67–77.

Brynjolfsson, Erik (1992): The productivity paradox of information technology. In: *Communications of the ACM,* 36(12), S. 67–77

Brynjolfsson, Erik; Hitt, Lorin (2000): Beyond Computation: Information Technology, Organisational Transformation and Business Performance. In: *The Journal of Economic Perspectives,* 14(4), S. 23–48.

Brynjolfsson, Erik; Hofman, Paul und Jordan, John (2010): Cloud Computing and Electricity. Beyond the Utility Model. In: *Communications of the ACM,* 53(5), S. 32–34.

Brynjolfsson, Erik; Saunders, Adam (2010): Wired for innovation. How information technology is reshaping the economy. Cambridge: MIT Press.

BSA (2013): Global Cloud Computing Scorecard. Url: http://cloudscorecard.bsa.org/2013/countries.html, Zugriff am 02.03.2014.

Buchta, Dirk; Eul, Marcus; Schulte-Croonenberg, Helmut (2009): Strategisches IT-Management. Wert steigern, Leistung steuern, Kosten senken. 3. Auflage. Wiesbaden: Gabler.

Bullon, Luis (2009): Competitive Advantage of Operational and Dynamic Information Technology Capabilities. In: *Journal of Centrum Cathedral,* 2(1), S. 86–107.

Bundesamt für Sicherheit in der Informationstechnik (2012): Leitfaden Informationssicherheit. IT-Grundschutz kompakt. Url: https://www.bsi.bund.de/SharedDocs/Downloads/DE/BSI/Grundschutz/Leitfaden/GS-Leitfaden_pdf, Zugriff am 09.12.2013.

Bundesministerium für Wirtschaft und Energie (2014): Maßnahmenpaket „Innovative Digitalisierung der Deutschen Wirtschaft 2014/2015". Nationaler IT Gipfel Hamburg 2014. Url: http://www.bmwi.de/BMWi/Redaktion /PDF/I/it-gipfel-2014-massnahmenpaket, Zugriff am 20.11.2014.

Bundesministerium für Wirtschaft and Technology; Booz & Company (2012): The Standardisation Environment for Cloud Computing. Forschungszentrum Informatik. Url: http://www.trusted-cloud.de/documents/BMWi_ Cloud _Standards_Studie_e_web.pdf, Zugriff am 25.04.2012.

Burns, Tom; Stalker, George (2009): The Management of Innovation. In: *Tosi, Henry (Hg.): Theories of organisation.* Los Angeles: Sage Publications, S. 103-108.

Business Cloud (2011): Cloud Computing killt tatsächlich Jobs. Pironet NDH. Corporate Blog über Cloud Computing im Mittelstand. Url: www.business-cloud.de/cloud-computing-killt-tatsaechlich-jobs, Zugriff am 10.04.2012.

Buyya, Rajkumar et al. (2009): Cloud computing and emerging IT platforms: Vision, hype, and reality for delivering computing as the 5th utility. In: *Future Generation Computer Systems,* 25(6), S. 599–616.

Buyya, Rajkumar; Broberg, James; Goscinski, Andrzej (Hg.) (2011): Cloud computing. Principles and Paradigms. Hoboken, New Jersey: Wiley.

Cameron, Kim; Whetten, David (1983): Organisational effectiveness. A comparison of multiple model. New York: Academic Press.

Campbell, Matt (2012): What a Difference a Year Makes, Time Lag Effect of Information Technology Investment on Firm Performance. In: *Journal of Organisational Computing and Electronic Commerce*, 22(3), S. 237–255.

Cao, Qing; Baker, Jeff; Wetherbe, James et al. (2012): Organisational adoption of innovation. Identifying factors that influence RFID adoption in the healthcare industry. *20th European Conference on Information Systems*, Barcelona, Spain, 10.-13. Juni 2012.

Carr, Nicholas (2003): IT Doesn't Matter. In: *Harvard Business Review*, 81(5), S. 41–49.

Carr, Nicholas (2004): Does IT matter? Information technology and the corrosion of competitive advantage. Boston: Harvard Business School Press.

Carr, Nicholas (2009): The Ways Cloud Computing will disrupt IT. CIO Magazine. Url: www.cio.com/article/print/486632, Zugriff am 10.04.2012.

Chan, Yolande (2000): IT Value. The great divide between qualitative and quantitative and individual and organisational measures. In: Journal of Management Information Systems, 16(4), S. 225–261.

Chandler, Daniel; Munday, Rod (2011): Oxford dictionary of media and communication. Oxford: Oxford University Press.

Chandrasekaran, Arun; Kapoor, Mayank (2010): State of Cloud Computing in the Public Sector. A strategic analysis of the business case and overview of initiatives across Asia Pacific. Market Insight by Frost & Sullivan. Url: www.frost.com, Zugriff am 02.03.2014.

Chard, Kyle; Caton, Simon; Rana, Omer et al. (2010): Social Cloud: Cloud Computing in Social Networks. *2nd IEEE International Conference on Cloud Computing*, Miami, Florida, 05.-10. Juli 2010.

Chau, Patrick; Tam, Kar (1997): Factors Affecting the Adoption of Open Systems. An Exploratory Study. In: *MIS Quarterly*, 21(1), S. 1–24.

Chebrolu, Shankar (2011): Assessing the relationships among cloud adoption, strategic alignment and IT effectiveness. In: *Journal of Information Technology Management*, 22(2), S. 13–29.

Chee, Brian; Franklin, Curtis (2010): Cloud computing. Technologies and strategies of the ubiquitous data center. New York: CRC Press.

Chen, Ruey-Shun et al. (2008): Aligning information technology and business strategy with a dynamic capabilities perspective: A longitudinal study of a Taiwanese Semiconductor Company. In: *International Journal of Information Management*, 28(5), S. 366–378.

Cherian, Sajeev (2009): IT Enabled Innovation. A Theoretical and Empirical Investigation of the Role of Information Technology and Outsourcing in Business Innovation. *Proceedings of the 15th Americas Conference on Information Systems*, San Francisco, California, 6.-9. August 2009.

Chiasson, Mike; Davidson, Elizabeth (2005): Taking Industry seriously in Information Systems Research. In: *MIS Quarterly*, 29(4), S. 591–605.

Chin, Wynn (1998a): The Partial Least Squares approach for Structure Equation Modeling. In: *Marcoulides, George (Hg.): Modern methods for business research*. Mahwah, New Jersey: Lawrence Erlbaum Associates, S. 295–336.

Chin, Wynne (1998b): Commentary: Issues and Opinion on Structural Equation Modeling. In: *MIS Quarterly*, 22(1), S. 7–16.

Chin, Wynne (2000): Frequently asked questions. Partial Least Squares & PLS-Graph. Url: http://disc-nt.cba.uh.edu/chin/plsfaq/plsfaq.htm, zuletzt aktualisiert am 15.06.2013.

Chong, Alain; Chan, Felix (2012): Structural equation modeling for multi-stage analysis on Radio Frequency Identification (RFID) diffusion in the health care industry. In: *Expert Systems with Applications*, 39(10), S. 8645–8654.

Chorafas, Dimitris (2011): Cloud Computing Strategies. Bota Raton, Florida: Taylor & Francis Group.

Christensen, Clayton (1997): The innovator's dilemma. The revolutionary book that will change the way you do business. New York: Harvard Business School Press.

Christensen, Clayton; Overdorf, Michael (2000): Meeting the Challenge of Disruptive Change. In: *Harvard Business Review*, 78(2), S. 66–76.

Christmann, Gabriela (2009): Telefonische Experteninterviews. Ein schwieriges Unterfangen. In: *Bogner, Littig & Menz (Hg.): Experteninterviews. Theorie, Methoden, Anwendungsfelder*. 3. Auflage. Wiesbaden: Verlag für Sozialwissenschaften, S. 197–222.

Christmann, Stefan; Hilpert, Hendrik; Thöne, Meik (2010): Datensicherheit und Datenschutz im Cloud Computing. Risiken und Kriterien zur Anbieterauswahl. In: *Fröschle & Reinheimer (Hg.) : Cloud Computing & SaaS. HMD Praxis der Wirtschaftsinformatik, 47(275). Heidelberg: dpunkt-Verlag*, S. 62–70.

Churchill, Gilbert (1979): A Paradigm for Developing Better Measures of Marketing Constructs. In: *Journal of Marketing Research*, 16(1), S. 64–73.

Chwelos, Paul; Benbasat, Izak; Dexter, Albert (2001): Research Report: Empirical Test of an EDI Adoption Model. In: *Information Systems Research*, 12(3), S. 304–321.

Ciborra, Claudio (2002): The Labyrinths of Information. Challenging the Wisdom of Systems. Oxford, New York: Oxford University Press.

Clarke, Roger (2010): Computing Clouds on the Horizon? Benefits and Risks from the User's Perspective. *23rd Bled eConference*. Bled, Slovenien, 20.-23. Juni 2010.

Clemons, Eric; Chen, Yuanyuan (2011): Making the Decision to Contract for Cloud Services: Managing the Risk of an Extreme Form of IT Outsourcing. *44th Hawaii Conference on System Sciences*. Poipu, Hawaii, 04.-07. Januar 2011.

Coase, R. (1937): The Nature of the Firm. In: *Economica*, 4(16), S. 386–405.

Cohen, Wesley; Levinthal, Daniel (1990): Absorptive Capacity. A New Perspective on Learning and Innovation. In: *Administrative Science Quarterly*, 35(1), S. 128–152.

Coltman, Tim; Devinney, Timothy; Midgley, David et al. (2008): Formative versus reflective measurement models. Two applications of formative measurement. In: *Journal of Business Research*, 61(12), S. 1250–1262.

Compuware (2011): North American and European businesses lose millions of revenue dollars yearly due to poor cloud performance. Compuware Corporation Press Release, März 2011. Url: http://investor.compuware.com/ releasedetail.cfm?ReleaseID=553490, Zugriff am 01.12.2013.

Comte, Auguste; Fetscher, Iring (1994): Rede über den Geist des Positivismus. Reihe: *Philosophische Bibliothek, Nr. 468*. Hamburg: Meiner Verlag.

Conboy, Kieran; Morgan, Lorraine (2012): Assimilation of the Cloud: Challenges to Acceptance, Routinisation and Infusion of Cloud Computing. *33rd International Conference on Information Systems*, Orlando, Florida, 16.-19. Dezember.

Cooper, Randolph; Zmud, Robert (1990): Information Technology Implementation Research: A Technological Diffusion Approach. In: *Management Science*, 36(2), S. 123–139.

Cooper, Robert; Edgett, Scott (2009): Product innovation and technology strategy. United States: Product Development Institute.

Coulouris, George; Dollimore, Jean; Kindberg, Tim (2012): Distributed Systems. Concepts and Design. 5. Auflage. Boston: Addison-Wesley.

Cox, David; Snell, Joyce (1989): Analysis of Binary Data. Reihe: *Monographs on statistics and applied probability, Nr. 32*. 2. Auflage. London, New York: Chapman and Hall.

CSA (2011): Security guidance for critical areas of focus in cloud computing. Cloud Security Alliance. Url: https://cloudsecurityalliance.org/research/ security-guidance, Zugriff am 20.10.2013.

Cua, Francisco (2012): Applying Business Case Construct Using the Diffusion of Innovations Theory Framework. Empirical Case Study in the Higher Education. In: *Dwivedi, Yogesh et al. (Hg.): Information Systems Theory. Explaining and Predicting Our Digital Society*, Vol. 1. New York: Springer-Verlag, S. 303–333.

Cunningham, Patrick; Wilkins, Jesse (2009): A Walk in the Cloud. In: *Information Management Journal*, 43(1), S. 22–30.

Cusumano, Michael (2010): Cloud computing and SaaS as new computing platforms. In: *Communications of the ACM*, 53(4), S. 27–29.

Cycyota, Cynthia (2006): What (Not) to Expect When Surveying Executives: A Meta-Analysis of Top Manager Response Rates and Techniques Over Time. In: *Organisational Research Methods*, 9(2), S. 133–160.

D'Aveni, Richard (1994): Hypercompetition. Managing the dynamics of strategic maneuvering. Maxwell MacMillan, New York.

D'Aveni, Richard; Dagnino, Giovanni Battista; Smith, Ken (2010): The age of temporary advantage. In: *Strategic Management Journal*, 31(13), S. 1371–1385.

Davis, Fred (1989): Perceived Usefulness, Perceived Ease of Use, and User Acceptance of Information Technology. In: *MIS Quarterly*, 13(3), S. 319–340.

Dean, David; Saleh, Tanim; Brock, Jon (2012): CIOs and Cloud Computing. A relationship revisited. The Boston Consulting Group, Url: https://www.bcgperspectives.com/content/articles/IT_sourcing_IT_performance_CIOs_cloud_computing/, Zugriff am 11.07.2012.

Dearden, John (1987): The Withering Away of the IS Organisation. In: *Sloan Management Review*, 28(4), S. 87–91.

Dedrick, Jason; Gurbaxani, Vijay; Kraemer, Kenneth (2003): Information technology and economic performance - A critical review of the empirical evidence. In: ACM Computing Surveys, 35(1), S. 1–28.

Deloitte; BITKOM (2011): Cloud Computing in Deutschland. Ergebnisse der Umfrage von Deloitte Consulting und BITKOM. http://www.deloitte.com /assets/Dcom-Austria/Local%20Assets/Documents/Studien/ TMT/DE_TMT_Cloud_Computing_19012011, Zugriff am 10.04.2012.

DeLone, William; McLean, Ephraim (2003): The DeLone and McLean Model of Information Systems Success: A Ten-Year Update. In: *Journal of Management Information Systems*, 19(4), S. 9–30.

Deng, Xiaodong; Doll, William; Cao, Mei (2008): Exploring the absorptive capacity to innovation/productivity link for individual engineers engaged in IT enabled work. In: *Information & Management*, 45(2), S. 75–87.

Denzin, Norman; Lincoln, Yvonna (Hg.) (2011): The Sage Handbook of Qualitative Research. Russell Sage Foundation. 4. Auflage. Los Angeles, Kalifornien: Sage Publications.

Diamantopoulos, Adamantios; Riefler, Petra; Roth, Katharina (2008): Advancing formative measurement models. In: *Journal of Business Research*, 61(12), S. 1203–1218.

Diamantopoulos, Adamantios; Winklhofer, Heidi (2001): Index Construction with Formative Indicators: An Alternative to Scale Development. In: *Journal of Marketing Research*, 38(2), S. 269–277.

Dibbern, Jens; Heinzl, Armin (2009): Outsourcing der Informationsverarbeitung im Mittelstand: Test eines multitheoretischen Kausalmodells. In: *Wirtschaftsinformatik*, 51(1), S. 118–129.

Diller, Hermann (2006): Probleme in der Handhabung von Strukturgleichungsmodellen in der betriebswirtschaftlichen Forschung. Eine kritische Einführung. In: *Die Betriebswirtschaft*, 66(6), S. 611–617.

Dillman, Don (2000): Mail and electronic surveys. The tailored design method. 2. Auflage. New York: John Wiley & Sons.

DiMaggio, Paul; Powell, Walter (1983): The iron cage revisited. Institutional isomorphism and collective rationality in organisation fields. In: *American Sociological Review*, 48(2), S. 147–160.

DiMaggio, Paul; Powell, Walter (1991): The New Institutionalism in Organisational Analysis. Chicago: University of Chicago Press.

Dosi, Giovanni (2001): The Nature and Dynamics of Organisational Capabilities. Oxford: Oxford University Press.

Drennan Matthew (1989): Information intensive industries in metropolitan areas of the United States of America. In: *Environment and Planning*, 21(12), S. 1603–1618.

Drucker, Peter (1985): The discipline of innovation. In: *Harvard Business Review*, 63(3), S. 67–72.

Duan, Xiaoxia; Deng, Hepu; Corbitt, Brian (Hg.) (2010): An Empirical Investigation of the Critical Determinants for the Adoption of E-Market in Australian Small-and-Medium Sized Enterprises. *Australasian Conference on Information Systems*, Brisbane, QLD, Australia, 1.-3. Dezember 2010.

Dunning, David; Kruger, Justin; Johnson, Kerri; Ehrlicher, Joyce (2003): Why people fail to recognize their own incompetence. In: *Current Directions in Psychological Science)*, 12(3), S. 83–87.

Durkee, Dave (2010): Why cloud computing will never be free. In: *Communications of the ACM*, 53(5), S. 62–69.

Durowoju, Olatunde; Chan, Hing; Wang, Xiaojun (2011): The impact of security and scalability of cloud service on supply chain performance. In: *Journal of Electronic Commerce Research*, 12(4), S. 243–256.

Dwivedi, Yogesh; Navonil, Mustafee (2010): It's unwritten in the Cloud: the technology enablers for realising the promise of Cloud Computing. In: *Journal of Enterprise Information Management*, 23(6), S. 673–679.

Dwivedi, Yogesh; Wade, Michael & Schneberger, Scott (Hg.) (2012): Information Systems Theory. Explaining and Predicting Our Digital Society, Vol. 1. New York: Springer-Verlag.

Eberl, Markus (2004): Formative und reflektive Indikatoren im Forschungsprozess. Entscheidungsregeln und die Dominanz des reflektiven Modells. Schriften zur Empirischen Forschung und Quantitativen Unternehmensplanung. Ludwig-Maximilians-Universität, München, Institut für Unternehmensentwicklung und Organisation.

Ebers, Mark; Gotsch, Wilfried (1995): Institutionsökonomische Theorien der Organisation. In: *Kieser, Alfred (Hg.): Organisationstheorien,* 2. Auflage, Stuttgart: Kohlhammer, S. 185-235.

Edmondson, Amy; McManus, Stacy (2007): Methodological fit in management field research. In: *Academy of Management Review,* 32(4), S. 1155–1179.

Efron, Bradley (1979): Bootstrap Methods. Another Look at the Jackknife. In: *The Annals of Statistics,* 7(1), S. 1–26.

Eisenhardt, Kathleen (1989): Agency Theory: An Assessment and Review. In: *Academy of Management Review,* 14(1), S. 57–74.

Eisenhardt, Kathleen; Martin, Jeffrey (2000): Dynamic capabilities: what are they? In: *Strategic Management Journal,* 21, S. 1105-1121.

Ellermann, Horst (2010): Die IT-Fakten der größten Unternehmen Deutschlands. Kennzahlen, Entscheider und Berater 2011. CIO Magazin. Hamburg: Verlag Tradition.

ENISA (2009): Cloud Computing. Benefits, Risks and Recommendations for Information Security. European Network and Information Security Agency. Url: www.enisa.europa.eu/activities/risk-management/files/deliverab les/cloud-computing-risk-assessment, Zugriff am 25.03.2012.

Etro, Federico (2009): The economic impact of cloud computing on business creation, employment and output in Europe. An application of the endogeneous market structures approach to a GPT innovation. In: *Review of Business and Economics,* 52(2), S. 179–208.

Eul, Marcus; Röder, Holger (2007): Wie gut ist ihre IT wirklich? IT-Fitness-Check im Unternehmen. A.T.Kearney Strategic IT Practice. Url: www.atkearney.de/content/veroeffentlichungen, Zugriff am 01.02.2010.

Eurich, Markus; Giessmann, Andrea; Mettler, Tobias; Stanoevska-Slabeva, Katarina (2011): Revenue Streams of Cloud-based Platforms: Current State and Future Directions. *17th American Conference on Information Systems,* Detroit, Michigan, 04.-07. August 2011.

Europäische Kommission (2012): Digitale Agenda. Neue Strategie zur Förderung der Produktivität europäischer Unternehmen und Verwaltungen durch Cloud-Computing. Pressemitteilung IP/12/1025. Url: europa.eu/rapid/press-release_IP-12-1025_de.htm, Zugriff am 03.02.2014.

Evans, Philip; Wurster, Thomas (2000): Blown to bits. How the new economics of information transforms strategy. Boston, MA: Harvard Business School Press.

Experton Group (2013): Marktvolumen für Cloud Computing (B2B). Statista GmbH. Url: http://de.statista.com/statistik/daten/studie/168463/umfrage/ Prognose-zum-

Marktvolumen-von-Cloud-Computing-in-Deutschland-nach-Segment, Zugriff am 11.12.2013.

Fandel, Günter; Blaga, Steffen (2004): Aktivitätsanalytische Überlegungen zu einer Theorie der Dienstleistungsproduktion. In: *Zeitschrift für Betriebswirtschaft*, Ergängung: Produktion von Dienstleistungen, S. 1–21.

Farrell, Rhonda (2010): Securing the Cloud-Governance, Risk, and Compliance Issues Reign Supreme. In: *Information Security Journal: A Global Perspective*, 19(6), S. 310–319.

Fettke, Peter (2006): State-of-the-Art des State-of-the-Art. Eine Untersuchung der Forschungsmethode "Review" innerhalb der Wirtschaftsinformatik. In: *Wirtschaftsinformatik*, 48(4), S. 257–266.

Fey, Carl; Denison, Daniel (2003): Organisational Culture and Effectiveness: Can American Theory Be Applied in Russia? In: *Organisation Science*, 14(6), S. 686–706.

Fichman, Robert (1992): Information technology diffusion. A review of empirical research. *13th International Conference on Information Systems*, Dallas, Texas, 13.-16. Dezember 1992.

Fichman, Robert (2000): The Diffusion and Assimilation of Information Technology Innovation. In: *Zmud, Robert (Hg.): Framing the domains of IT management. Projecting the future through the past*. Cincinnati, Ohio: Pinnaflex Education Resources, S. 105–129.

Fichman, Robert (2001): The Role of Aggregation in the Measurement of IT-Related Organisational Innovation. In: *MIS Quarterly*, 25(4), S. 427–455.

Fichman, Robert (2004a): Going beyond the dominant paradigm for Information Technology innovation research. Emerging concepts and methods. In: *Journal of the Association for Information Systems*, 5(8), S. 314–355.

Fichman, Robert (2004b): Real Options and IT Platform Adoption: Implications for Theory and Practice. In: *Information Systems Research*, 15(2), S. 132–154.

Fichman, Robert; Kemerer, Chris (1997): The Assimilation of Software Process Innovations. An Organisational Learning Perspective. In: *Management Science*, 43(10), S. 1345–1363.

Fichman, Robert; Kemerer, Chris (1999): The Illusory Diffusion of Innovation. An Examination of Assimilation Gaps. In: *Information Systems Research*, 10(2), S. 255–275.

Field, Andy (2009): Discovering Statistics using SPSS. Introducing Statistical Methods. 3. Auflage. Los Angeles: Sage Publications.

Fingar, Peter (2009): Dot.cloud. The 21st century business platform built on cloud computing. Tampa, FL: Meghan-Kiffer Press.

Fink, Lior; Neumann, Seev (2007): Gaining Agility through IT personnell capabilities - The mediating role of IT infrastructure capabilities. In: *Journal of the Association for Information Systems*, 8(8), S. 440–462.

Fink, Lior; Neumann, Seev (2009): Exploring the perceived business value of the flexibility enabled by information technology infrastructure. In: *Information & Management*, 46(2), S. 90–99.

Fishbein, Martin; Ajzen, Icek (1975): Belief, attitude, intention, and behavior. An introduction to theory and research. Reading: Addison-Wesley.

Fitzgerald, Brian; Wynn, Eleanor (Hg.) (2004): IT Innovation for adaptibility and competitiveness. IFIP International Federation for Information Processing. Boston: Kluwer Academic Publishers (141).

Flach, Detlev (2012): Cloud Services aus Deutschland. CIO Magazine. Url: www.cio.de/was_ist_cloud_computing, Zugriff am 12.05.2012.

Flick, Uwe (2012): Triangulation in der qualitativen Forschung. In: *Flick, Uwe, Kardoff, Ernst & Steinke, Ines (Hg.): Qualitative Sozialforschung*. Ein Handbuch. 9. Aufl. Reinbek bei Hamburg: Rowohlt-Taschenbuch-Verlag, S. 309–318

Flick, Uwe; Kardoff, Ernst von; Steinke, Ines (Hg.) (2012): Qualitative Sozialforschung. Ein Handbuch. 9. Auflage. Reinbek bei Hamburg: Rowohlt-Taschenbuch-Verlag.

Fornell, Claes; Cha, Jaesung (1994): Partial Least Squares. In: *Bagozzi, Richard (Hg.): Advanced Methods of Marketing Research*. Cambridge, Mass.: John Wiley & Sons, S. 52–78.

Fornell, Claes; Larcker, David (1981): Evaluating Structural Equation Models with Unobservable Variables and Measurement Error. In: *Journal of Marketing Research*, 18(2), S. 39–50.

Fornell, Claes; Larcker, David (1981): Evaluating Structural Equation Models with Unobservable Variables and Measurement Error. In: *Journal of Marketing Research*, 18(2), S. 39–50.

Forrest, William; Kaplan, James; Kindler, Noah (2008): Revolutionizing Data Center Energy Efficiency. McKinsey & Company. Url: www.mckinsey.com, Zugriff am 30.10.2010.

Foster, Ian (2002): What is the grid? A three point checklist. GRIDtoday, 1(6). Url: http://dlib.cs.odu.edu/WhatIsTheGrid, Zugriff am 20.10.2012.

Foster, Ian et al. (2008): Cloud Computing and Grid Computing 360-Degree Compared. *Grid Computing Environments Workshop 2008*, Austin, Texas, 12.-16. November 2008.

Fromm, Sabine (2010): Logistische Regressionsanalyse. In: *Baur & Fromm (2010): Multivariate Verfahren für Querschnittsdaten. 2. Auflage. Wiesbaden: Verlag für Sozialwissenschaften*, S. 107-158.

Fröschle, Hans-Peter (Hg.) (2009): Wettbewerbsfaktor IT. *HMD Praxis der Wirtschaftsinformatik*, 46(269). Heidelberg: dpunkt-Verlag.

Fröschle, Hans-Peter (Hg.) (2011): IT-Sicherheit & Datenschutz. *HMD Praxis der Wirtschaftinformatik*, 48(281). Heidelberg: dpunkt-Verlag.

Fröschle, Hans-Peter (Hg.) (2012): Cloud-Service-Management. *HMD Praxis der Wirtschaftsinformatik*, 49(288). Heidelberg: dpunkt-Verlag.

Fröschle, Hans-Peter; Reinheimer, Stefan (Hg.) : Cloud Computing & SaaS. *HMD Praxis der Wirtschaftsinformatik*, 47(275). Heidelberg: dpunkt-Verlag.

Fröschle, Hans-Peter; Strahringer, Susanne (Hg.) (2007): IT-Industriali-sierung. *HMD Praxis der Wirtschaftsinformatik*, 44(256). Heidelberg: dpunkt-Verlag.

Fuchs, Christoph; Diamantopoulos, Adamantios (2009): Using single-item measures for construct measurement in management research. In: *Die Betriebswirtschaft*, 69(2), S. 195–210.

Furht, Borko (Hg.) (2010): Handbook of Cloud Computing. Boston, Mass: Springer-Verlag.

Gable, Guy (2010): Strategic information systems research. An archival analysis. In: *The Journal of Strategic Information Systems*, 19(3), S. 3–16.

Gadatsch, Andreas (2006): IT-Offshore realisieren. Grundlagen und zentrale Begriffe, Entscheidungsprozess und Projektmanagement von IT-Offshore- und Nearshore-Projekten. Wiesbaden: Vieweg.

Gallivan, Michael (2001): Organisational adoption and assimilation of complex technological innovations: development and application of a new framework. In: *SIGMIS Database*, 32, S. 51-85.

Garcia, Rosanna; Calantone, Roger (2002): A critical look at technological innovation typology and innovativeness terminology. A literature review. In: *The Journal of Product Innovation Management*, 19, S. 110–132.

Gartner (2013a): Forecast Overview. Public Cloud Services, Worldwide, 2013 Update. G00248602. Url: www.gartner.com.

Gartner (2013b): Magic Quadrant for Cloud Infrastructure as a Service. G00251789. Url: www.gartner.com.

Gartner (2013c): Hype Cycle for Cloud Computing, 2013. G00252159. Url: www.gartner.com.

Gartner (2013d): Vendor Rating: Salesforce.com. G00255181. Url: www.gartner.com.

Gaskin, James (2013): Data Screening. SEM Series Part 2 Video. Url: http://www.youtube.com/watch?v=1KuM5e0aFgU, Zugriff am 30.05.2013.

Geczy, Peter; Izumi, Noriaki; Hasida, Koiti (2012): Cloudsourcing. Managing Cloud Adoption. In: *Global Journal of Business Research*, 6(2), S. 57–70.

Geelan, Jeremy (2009): Twenty-One Experts Define Cloud Computing. Url: http://cloudcomputing.sys-con.com/node/612375, Zugriff am 30.04.2012.

Gefen, David; Straub, Detmar; Boudreau, Marie-Claude (2000): Structural Equation Modeling and Regression Guidelines for Research Practice. In: *Communications of the Association for Information Systems*, 7(1), S. 1–78.

Gibbs, Jennifer; Kraemer, Kenneth (2004): A Cross-Country Investigation of the Determinants of Scope of E-commerce Use: An Institutional Approach. In: *Electronic Markets*, 14(2), S. 124–137.

Gibson, Cristina; Birkinshaw, Julian (2004): The Antecedents, Consequences, and Mediating Role of Organisational Ambidexterity. In: *The Academy of Management Journal*, 47(2), S. 209–226.

Giere, Jens; Wirtz, Bernd; Schilke, Oliver (2006): Mehrdimensionale Konstrukte. In: *Die Betriebswirtschaft*, 66(6), S. 678–689.

Glaser, Barney; Strauss, Anselm (1967): The discovery of grounded theory- Strategies for qualitative research. New York: Aldine de Gruyter.

Gläser, Jochen; Laudel, Grit (2010): Experteninterviews und qualitative Inhaltsanalyse als Instrumente rekonstruierender Untersuchungen. 4. Auflage Wiesbaden: VS Verlag für Sozialwissenschaften.

Glasersfeld, Ernst von; Köck, Wolfram (1996): Radikaler Konstruktivismus. Ideen, Ergebnisse, Probleme. Frankfurt am Main: Suhrkamp.

Goh, Kim; Kauffman, Robert (2005): Towards a theory of value latency for IT investments. *38th Hawaii International Conference on Systems Science*, Kona, Hawaii, 3.-6. Januar 2005.

Gonçalves, Vania; Ballon, Pieter (2011): Adding value to the network. Mobile operators experiments with Software-as-a-Service and Platform-as-a-Service models. In: *Telematics and Informatics*, 28(1), S. 12–21.

Goodhue, Dale; Thompson, Ronald (1995): Task-technology fit and individual performance. In: *MIS Quarterly*, 19(2), S. 213–236.

Gopalakrishnan, Shanthi; Damanpour, Fariborz (1997): A review of innovation research in economics, sociology and technology management. In: *Omega*, 25(1), S. 15.

Gordon, Joanna; Hayashi, Chiemi; Elron, Dan et al. (2010): Exploring the future or cloud computing. Riding the next wave of technology-driven transformation. World Economic Forum & Accenture. Url: http://www.weforum.org/reports/exploring-future-cloud-computing-riding-next-wave-technology-driven-transformation, Zugriff am 08.08.2013.

Gordon, Steven; Tarafdar, Monideepa (2010): The IT audit that boosts innovation. In: *MIT Sloan Management Review*, 51(4), S. 39–47.

Götz, Oliver; Liehr-Gobbers, Kerstin (2004): Analyse von Strukturgleichungsmodellen mit Hilfe der Partial-Least-Squares(PLS)-Methode. In: *Die Betriebswirtschaft*, 64(6), S. 714–738.

Grandon, Elizabeth; Pearson, Michael (2004): Electronic commerce adoption: an empirical study of small and medium US businesses. In: *Information & Management*, 42(1), S. 197–216.

Grant, Gerald; Mukerji, Bhasker (2005): Developing Dynamic IT Capabilities. Sustaining IT Advantages over Time. *In: Khosrow-Pour, Mehdi (2005): Managing Modern Organisations through Information Technology. IGI Publishing: Information Resources Management Association, USA*, S. 638-642.

Greengard, Samuel (2010): Cloud computing and developing nations. In: *Communications of the ACM*, 53(5), S. 18–20.

Greenhalgh, Trisha; Robert, Glenn; MacFarlane, Fraser et al. (2004): Diffusion of Innovations in Service Organisations. Systematic Review and Recommendations. In: *The Milbank Quarterly*, 82(4), S. 581–629.

Grembergen, Wim van; Haes; Steven de (2009): Enterprise Governance of Information Technology. Achieving strategic alignment and value. New York: Springer-Verlag.

Grover, Rajiv; Vriens, Marco (Hg.) (2006): The Handbook of Marketing Research. Thousand Oaks: Sage Publications.

Grover, Varun (1993): An Empirically Derived Model for the Adoption of Customer-based Interorganisational Systems. In: *Decision Sciences,* 24(3), S. 603–640.

Guevara, Jamie; Hall, Linda; Stegman, Eric (2011): IT Key Metrics Data 2011. Key Industry Measures. Gartner Research. Url: www.gartner.com/ doc/1495114/it-key-metrics-data, Zugriff am 10.02.2011.

Haeckel, Stephan (1999): Adaptive enterprise. Creating and leading sense-and-respond organisations. Boston: Harvard Business School Press.

Hair, Joseph; Black, William; Babin, Barry; Anderson, Rolph (2010): Multivariate Data Analysis. 7. Auflage. Upper Saddle River: Prentice Hall.

Hair, Joseph; Black, William; Babin, Barry; Anderson, Rolph (2010): Multivariate Data Analysis. 7. Auflage. Upper Saddle River: Prentice Hall.

Hair, Joseph; Sarstedt, Marko; Pieper, Torsten et al. (2012): The Use of Partial Least Squares Structural Equation Modeling in Strategic Management Research. A Review of Past Practices and Recommendations for Future Applications. In: *Long Range Planning*, 45(Special), S. 320–340.

Hamari, Juho; Koivisto, Joanna; Sarsa, Harri (2014): Does Gamification Work? A Literature Review of Empirical Studies on Gamification. *47th Hawaii International Conference on System Sciences*, Hawaii, USA, 6.-9. Januar 2014.

Hameed, Mumtaz; Counsell, Steve; Swift, Stephen (2012): A conceptual model for the process of IT-Innovation adoption in organisations. In: *Journal of Engineering and Technology Management*, 29(3), S. 358–390.

Hameed, Mumtaz; Counsell, Steve; Swift, Stephen (2012): A meta-analysis of relationships between organisational characteristics and IT innovation adoption in organisations. In: *Information & Management*, 49(5), S. 218–232.

Han, Lei (2009): Market Acceptance of Cloud Computing: An Analysis of Market Structure, Price Models and Service Requirements. Bayreuther Arbeitspapiere zur Wirtschaftsinformatik, Vol. 42. Universität Bayreuth.

Harkness, Janet (2008): Comparative Survey Research. Goals and Challenges. In: *Leeuw, Hox & Dillman (Hg.): International Handbook of Survey Methodology*. New York, London: Lawrence Erlbaum Associates, S. 56–77.

Hart, Paul; Saunders, Carol (1997): Power and Trust. Critical Factors in Adoption and Use of Electronic Data Interchange. In: *Organisation Science*, 8(1), S. 23–42.

He, Zi-Lin; Wong, Poh-Kam (2004): Exploration vs. Exploitation. An Empirical Test of the Ambidexterity Hypothesis. In: *Organisation Science*, 15(4), S. 481–494.

Heier, Hauke; Borgman, Hans; Bahli, Bouchaib (2012): Cloudrise: Opportunities and Challenges for IT Governance at the Dawn of Cloud Computing. *45th Hawaii International Conference on System Science*, Big Island, Hawaii, 04.-07. Januar 2012.

Heiser, Jay; Nicolett, Mark (2008): Assessing the Security Risks of Cloud Computing. Gartner Research. G00157782. Url: www.gartner.com, Zugriff am 10.01.2014.

Helfat, Constance; Peteraf, Margaret (2003): The dynamic resource-based view. Capability lifecycles. In: *Strategic Management Journal*, 24(10), S. 997–1010.

Helfat, Constance; Peteraf, Margaret (2003): The dynamic resource-based view: capability lifecycles. In: *Strategic Management Journal*, 24(10), S. 997–1010.

Henderson, Dave; Sheetz, Steven; Trinkle, Brad (2012): The determinants of interorganisational and internal in-house adoption of XBRL. A structural equation model. In: *International Journal of Accounting Information Systems*, 13(2), S. 109–140.

Henderson, John; Venkatraman, N. (1993): Strategic Alignment - Leveraging IT for transforming oranisations. In: *IBM Systems Journal*, 32(1), S. 472–484.

Henneberger, Matthias; Strebel, Jörg; Garzotto, Fabio (2010): Ein Entscheidungsmodell für den Einsatz von Cloud Computing in Unternehmen. In: *HMD Praxis der Wirtschaftsinformatik*, 47(275), S. 76–84.

Herbst, Nikolas; Kounev, Samuel; Reussner, Ralf (2012): Elasticity in Cloud Computing. What It Is, and What It Is Not. *10th International Conference on Autonomic Computing*, San Jose, California, 24.-28. Juni 2012.

Hevner, Alan; Salvatore, March; Park, Jinsoo et al. (2004): Design Science in Information Systems Research. In: *MIS Quarterly*, 28(1), S. 75–105.

Hildebrandt, Lutz; Temme, Dirk (2006): Probleme der Validierung mit Strukturgleichungsmodellen. In: *Die Betriebswirtschaft*, 66(6), S. 618–639.

Hill, Charles; Jones, Gareth (2010): Strategic Management. An integrated approach. 9. Auflage. Mason, Ohio: South-Western Cengage Learning.

Hoberg, Patrick; Wollersheim, Jan; Krcmar, Helmut (2012): The Business Perspective on Cloud Computing. A Literature Review of Research on Cloud Computing. *18th Americas Conference on Information Systems*, Seattle, Washington, 09.-11. August 2012.

Hofstede, Geert (2001): Culture's consequences. Comparing values, behaviors, institutions, and organisations across nations. 2. Auflage. Thousand Oaks: Sage Publications.

Homburg, Christian; Giering, Annette (1996): Konzeptualisierung und Operationalisierung komplexer Konstrukte. Ein Leitfaden für die Marketingforschung. In: *Marketing. Zeitschrift für Forschung und Praxis*, 18(1), S. 5–24.

Homburg, Christian; Klarmann, Martin (2006): Die Kausalanalyse in der empirischen betriebswirtschaftlichen Forschung. Problemfelder und Anwendungsempfehlungen. In: *Die Betriebswirtschaft*, 66(6), S. 727–748.

Hosmer, David; Lemeshow, Stanley (2000): Applied Logistic Regression. Hoboken, New Jersey, USA: John Wiley & Sons.

Hossain, Mohammad; Quaddus, Mohammed (2010): Impact of external environmental factors on RFID adoption in Australian livestock industry. An exploratory study. *14th Pacific Conference on Information Systems*, Taipei, Taiwan, 9.-12. Juli 2010.

Hsu, Pei-Fang; Kraemer, Kenneth; Dunkle, Debora (2006): Determinants of E-Business Use in U.S. Firms. In: *International Journal of Electronic Commerce*, 10(4), S. 9–45.

Huber, Frank (2007): Kausalmodellierung mit Partial Least Squares. Eine anwendungsorientierte Einführung. Wiesbaden: Gabler.

Huber, Frank; Heitmann, Mark; Herrmann, Andreas (2006): Ansätze zur Kausalmodellierung mit Interaktionseffekten. In: *Die Betriebswirtschaft*, 66(6), S. 696–710.

Huntgeburth, Jan; Steininger, Dennis; Trenz, Manuel; Veit, Daniel (2012): Cloud Computing Innovation. Schritte in Richtung einer Forschungsagenda. *Multikonferenz Wirtschaftsinformatik 2012*, Braunschweig, 29. Februar - 02. März 2012.

Iacovou, Charalambos; Benbasat, Izak; Dexter, Albert (1995): Electronic Data Interchange and Small Organisations: Adoption and Impact of Technology. In: *MIS Quarterly*, 19(4), S. 465–485.

IDC (2012a): IDCs worldwide IT cloud services taxonomy 2012. IDC. Url: www.idc.com/getdoc.jsp?containerId=233396, Zugriff am 01.03.2012.

IDC (2012b): Worldwide and Regional Public IT Cloud Services 2012-2016 Forecast. IDC. Url: www.idc.com/getdoc.jsp?containerId=236552, Zugriff am 03.10.2012.

Ifinedo, Princely (2011a): An empirical analysis of factors influencing internet/e-business technologies adoption by SMEs in Canada. In: *International Journal of Information Technology & Decision Making,* 10(4), S. 731–766.

Ifinedo, Princely (2011b): Internet e-business technologies acceptance in Canadas SMEs. An exploratory investigation. In: *Internet Research,* 21(3), S. 255–281.

Iris, Reychav; Vikas, Anand (2011): E-Learning technologies. A key to Dynamic Capabilities. In: *Computers in Human Behavior,* 27(5), S. 1868–1874.

Ives, Blake; Learmonth, Gerad (1984): The information system as a competitive weapon. In: *Communications of the ACM,* 27(12), S. 1193–1201.

IVI; BCG (2011): IT Capability Maturity Framework. Section: Managing IT like a business. Hg. v. Innovation Value Institute und The Boston Consulting Group. Url: https://ivi.nuim.ie/it-cmf/managing-it-business.

Iyer, Bala; Henderson, John (2010): Preparing for the future. Understanding the seven capabilities of cloud computing. In: *MIS Quarterly Executive,* 9(2), S. 117–131.

Iyer, Bala; Henderson, John (2012): Business Value from Clouds. Learning from Users. In: *MIS Quarterly Executive,* 11(1), S. 51–60.

Jain, Anurag (2007): Towards a systemic view of organisational dynamic IT capability. An empirical assessment. Dissertation. The University of Texas, Arlington, TX.

Jain, Leena; Bhardwaj, Sushil (2010): Enterprise Cloud Computing Key Considerations for Adoption. In: *International Journal of Engineering and Information Technology,* 2(2), S. 113–117.

Jansen, Justin; van Bosch, Frans; Volberda, Henk (2005): Managing Potential and Realized Absorptive Capacity. How Do Organisational Antecedents Matter? In: *The Academy of Management Journal,* 48(6), S. 999–1015.

Janssen, Marjin; Joha, Anton (2011): Challenges for adopting cloud-based software as a service in the public sector. *19th European Conference on Information Systems,* Helsinki, Finnland, 09.-11. Juni 2011.

Jantunen, Ari; Ellonen, Hanna-Kaisa; Johansson, Anette (2012): Beyond appearances – Do dynamic capabilities of innovative firms actually differ? In: *European Management Journal,* 30(2), S. 141–155.

Jarvis, Cheryl; MacKenzie, Scott; Podsakoff, Philip (2003): A critical review of construct indicators and measurement model misspecification in marketing and consumer research. In: *Journal of Consumer Research,* 30(2), S. 199–218.

Jaworski, Bernard; Kohli, Ajay (1993): Market Orientation. Antecedents and Consequences. In: *Journal of Marketing,* 57(3), S. 53–70.

Jeffrey, Mark; Leliveld, Ingmar (2004): Best Practices in IT Portfolio Management. In: *Sloan Management Review,* 45(3), S. 41–49.

Jensen, Michael; Meckling, William (1976): Theory of the firm. Managerial Behavior, Agency Costs and Ownership Structure. In: *Journal of Financial Economics*, 3(4), S. 305–360.

Jester, Rolf (2010): The impact of hyperdigitisation in Outsourcing 2010-2011. Gartner Research. Url: https://www.gartner.com/doc/1465849/im-pact-hyperdigitisation-outsourcing, Zugriff am 03.12.2013.

Jeyaraj, Anand; Rottman, Joseph; Lacity, Mary Cecelia (2006): A review of the predictors, linkages, and biases in IT innovation adoption research. In: *Journal of Information Technology*, 21(1), S. 1–23.

Jie, Wei; Sia, Choon Ling (2011): The process of RFID assimilation by supply chain participants in China: A technology diffusion perspective on RFID technology. *Americas Conference on Information Systems*, Detroit, Michigan, 4.-8. August 2011.

Jin, Steve (2010): SOA and Cloud Computing. Are They The Same? VMware vCloud Blog. Url: http://blogs.vmware.com/vcloud/2010/04/soa-and-cloud-computing-are-they-the-same.html, Zugriff am 01.12.2013.

Joachim, Nils; Beimborn, Daniel; Hoberg, Patrick; Schlosser, Frank (2009): Examining the Organisational Decision to Adopt Service-Oriented Architecture. Development of a Research Model. *Proceedings of the Diffusion Interest Group in Information Technology Workshop*. Phoenix, Arizona.

Joachim, Nils; Beimborn, Daniel; Weitzel, Tim (2011): Eine empirische Untersuchung des Wertbeitrages von serviceorientierten Architekturen. *10th International Conference on Wirtschaftsinformatik*, Band 2. 16.-18. Februar 2011, Zurich, Switzerland, S. 861–870.

Joachim, Nils; Beimborn, Daniel; Weitzel, Tim (2011): Eine empirische Untersuchung des Wertbeitrages von serviceorientierten Architekturen. *10th International Conference on Wirtschaftsinformatik*, 16.-18. Februar 2011, Zürich, Schweiz, S. 861–870.

Joint, Andrew; Baker, Edwin (2011): Knowing the past to understand the present. Issues in the contracting for cloud based services. In: *Computer Law & Security Review*, 27(4), S. 407–415.

Jones, Christopher; Nobis, Ralf; Röchner, Susanne; Thal, Paul (2010): Internet der Zukunft. Ein Memorandum. Institut für Strafrecht und Kriminologie, Universität Würzburg.

Jöreskog, Karl (1973): A general method for estimating a linear structural equation system. In: *Goldberger, Arthur & Duncan (Hg.) (1973): Structural equation models in the social sciences. Quantitative studies in social relations*. New York: Seminar Press, S. 85–112.

Jöreskog, Karl; Goldberger, Arthur (1975): Estimation of a Model with Multiple Indicators and Multiple Causes of a Single Latent Variable. In: *Journal of the American Statistical Association*, 70(351), S. 631–639.

Jouanne-Diedrich, Holger von (2004): 15 Jahre Outsourcing-Forschung. Systematisierung und Lessons Learned, in: *Zarnekow, Rüdiger; Brenner, Walter, Grohmann, Helmut (Hg.): Informationsmanagement*. Heidelberg: dpunkt-Verlag. S. 125-133.

Jouanne-Diedrich, Holger von; Zarnekow, Rüdiger; Brenner, Walter (2005): Industrialisierung des IT-Sourcings. In: *Strahringer, Susanne (Hg.) (2005): Outsourcing. HMD Praxis der Wirtschaftsinformatik, 41(245)*. Heidelberg: dpunkt-Verlag, S. 18-36.

Kagermann, Henning; Österle, Hubert; Jordan, John (2010): IT-Driven Business Models. Global lessons in transformation. Hoboken, N.J, Chichester: John Wiley & Sons.

Kagermann, Henning; Österle, Hubert; Jordan, John (2010): IT-Driven Business Models. Global lessons in transformation. Hoboken, N.J, Chichester: Wiley; John Wiley & Sons.

Kaiser, Henry; Rice, John (1974): Little Jiffy, Mark IV. In: *Educational and Psychological Measurement*, Vol. 34, S. 111–117.

Kaisler, Stephen; Money, William; Cohen, Stephen (2012): A decision framework for Cloud Computing. *45th Hawaii International Conference on System Science*. Big Island, Hawaii, 04.-07. Januar 2012.

Kajeepeta, Sreedhar (2012): Expanding Role of Cloud in BC/DR. Information Week. Url: http://reports.informationweek.com/abstract/2/8561/businesscontinuity/research-bc-dr-and-the-cloud.html, Zugriff am 20.11.2012.

Kamal, Mehruz (2006): IT innovation adoption in the government sector: identifying the critical success factors. In: *Journal of Enterprise Information Management*, 19(2), S. 192–222.

Kamal, Mehruz; Andre, Charles; Augustyn, Matthew (2011): Using cloud-based applications to facilitate IT adoption in Microenterprises. *6th Midwest Association for Information Systems Conference*, Omaha, Nebraska, 20.-21. Mai 2011.

Karahanna, Elena; Straub, Detmar; Chervany, Norman (1999): Information Technology Adoption Across Time. A Cross-Sectional Comparison of Pre-Adoption and Post-Adoption Beliefs. In: *MIS Quarterly*, 23(2), S. 183–213.

Karimi, Jahangir; Somers, Toni; Bhattacherjee, Anol (2009): The Role of ERP Implementation in Enabling Digital Options: A Theoretical and Empirical Analysis. In: *International Journal of Electronic Commerce*, 13(3), S. 7–42.

Katz, Michael; Shapiro, Carl (1986): Technology adoption in the presence of network externalities. In: *Journal of Political Economy*, 94(4), S. 822–841.

Katzan, Harry (2010): On an Ontological View of Cloud Computing. In: *Journal of Service Science*, 3(1), S. 1–6.

Ke, Weiling; Liu, Hefu; Wei, Kwok Kee et al. (2009): How do mediated and non-mediated power affect electronic supply chain management system adoption? The mediating effects of trust and institutional pressures. In: *Decision Support Systems,* 46(4), S. 839–851.

Kearns, Grover; Lederer, Albert (2003): A Resource-Based View of Strategic IT Alignment: How Knowledge Sharing Creates Competitive Advantage. In: *Decision Sciences,* 34(1), S. 1–29.

Kelle, Udo; Erzberger, Christian (2012): Qualitative und quantitative Methoden. Kein Gegensatz. In: *Flick, Uwe, Kardoff, Ernst & Steinke, Ines (Hg.): Qualitative Sozialforschung. Ein Handbuch.* 9. Auflage. Reinbek bei Hamburg: Rowohlt-Taschenbuch-Verlag, S. 299–308.

Kerlinger, Fred; Lee, Howard (2000): Foundations of behavioral research. 4. Auflage. Fort Worth, Texas: Harcourt College Publishers.

Kern, Thomas; Kreijger, Jeroen; Willcocks, Leslie (2002): Exploring ASP as sourcing strategy: theoretical perspectives, propositions for practice. In: *The Journal of Strategic Information Systems,* 11(2), S. 153–177.

Keuper, Frank (2010): Innovatives IT-Management. Management von IT und IT-gestütztes Management. 2. Auflage Wiesbaden: Gabler.

Khajeh-Hosseini, Ali; Sommerville, Ian; Sriram, Ilango (2010): Research Challenges for Enterprise Cloud Computing. 1st ACM Symposium on Cloud Computing, SOCC 2010. Url: http://arxiv.org/ftp/arxiv/papers/ 1001/1001.3257.pdf, Zugrif am 11.04.2012.

Kieser, Alfred; Ebers, Mark (1995): Organisationstheorien. 2. Auflage Stuttgart: Kohlhammer.

Kim, Gimum; Shin, Bongsik; Kim, Kyung Kyu; Lee, Ho Geun. (2011): IT Capabilitites, Process-Oriented Dynamic Capabilities. In: *Journal of the Association for Information Systems,* 12(7), S. 487–517.

Kim, Hee-Woong; Kankanhalli, Atreyi (2009): Investigating user resistance to information systems implementation. A status quo bias perspective. In: *MIS Quarterly,* 33(3), S. 567–582.

Kim, Won (2009): Cloud Computing. Today and Tomorrow. In: *Journal of Object Technology,* 8(1), S. 65–72.

King, John; Gurbaxani, Vijay; Kraemer, Kenneth et al. (1994): Institutional Factors in Information Technology Innovation. In: *Information Systems Research,* 5(2), S. 139–169.

King, William; He, Jun (2005): Understanding the Role and Methods of Meta-Analysis in IS Research. In: *Communications of the Association for Information Systems,* 16(32), S. 665–686.

King, William; Liu, Charles; Haney, Mark et al. (2007): Method Effects in IS Survey Research: An Assessment and Recommendations. In: *Communications of the Association for Information Systems,* 20(30), S. 457–482.

Kleinrock, Leonard (2005): A vision for the Internet. *ST Journal of Research*, 2(1), S. 4-5.

Kmieciak, Roman; Michna, Anna; Meczynska, Anna (2012): Innovativeness, empowerment and IT capability: evidence from SMEs. In: *Industrial Management & Data Systems*, 112(5), S. 707–728.

Koehler, Philip; Anandasivam, Arun; Weinhardt, Christof (2010): Customer heterogeneity and tariff biases in cloud computing. *31st International Conference on Information Systems*, Shanghai, 04.-07. Dezember 2010.

Kohli, Rajiv; Devaraj, Sarv (2003): Measuring IT Payoff - Meta analysis of Structural variables. In: *Information Systems Research*, 14(2), S. 127–145.

Kohli, Rajiv; Grover, Varun (2008): Business Value of IT: An Essay on Expanding Research Directions to Keep up with the Times. In: *Journal of the Association for Information Systems*, 9(1), S. 23–39.

Krishna, S.; Sahay, Sundeep; Walsham, Geoff (2004): Managing cross-cultural issues in global software outsourcing. In: *Communications of the* ACM, 47(4), S. 62–66.

Kriz, Alexandra; Voola, Ranjit; Yuksel, Ulku (2014): The dynamic capability of ambidexterity in hypercompetition: qualitative insights. In: *Journal of Strategic Marketing*, 22(4), S. 287–299.

Kuan, Kevin; Chau, Patrick (2001): A perception-based model for EDI adoption in small businesses using a technology–organisation–environment framework. In: *Information & Management*, 38(8), S. 507–521.

Kummer, Tyge-Frederik (2010): Akzeptanz von Ambient Intelligence in Krankenhäusern. Ein Ländervergleich zwischen Deutschland und Australien am Beispiel der Medikationsunterstützung. Lohmar: Eul Verlag.

Kutschker, Michael; Schmid, Stefan (2011): Internationales Management. 7. Auflage. München: Oldenbourg.

Lacity, Mary Cecelia; Khan, Shaji; Willcocks, Leslie (2009): A Review of the IT Outsourcing Literature. Insights for Practice. In: *The Journal of Strategic Information Systems*, 18(3), S. 130–146.

Lamnek, Siegfried (1995): Qualitative Sozialforschung. 3. Auflage. München: Psychologie-Verlagsunion.

Lane, Peter; Balaji, Koka Pathak Seemantini (2006): The Reification of Absorptive Capacity. A Critical Review and Rejuvenation of the Construct. In: *Academy of Management Review*, 31(4), S. 833–863.

Lavie, Dovev (2006): Capability Reconfiguration. An Analysis of Incumbent Responses to Technological Change. In: *Academy of Management Review*, 31(1), S. 153–174.

Lawrence, Robert (2008): Competitiveness. In: *Henderson, David (Hg.): The concise encyclopedia of economics*. Indianapolis, Indiana: Liberty Fund.

Lawson, Benn; Samson, Danny (2001): Developing innovation capabilities in organisations. A dynamic capabilities approach. In: *International Journal of Innovation management*, 5(3), S. 377–400.

Lee, Allen (1991): Integrating positivist and interpretive approaches to organisational research. In: *Organisation Science*, 2(4), S. 342–365.

Lee, Gwanhoo; Xia, Weidong (2006): Organisational size and IT innovation adoption. In: *Information & Management*, 43(8), S. 975–985.

Lee, John; Chan, Kam (2003): Assessing The Operations Innovation Bandwagon Effect. A Market Perspective On The Returns. In: *Journal of Management Issues*, 15(1), S. 97–105.

Lee, Kelley; Collin, Jeff (2005): Global Change and Health. Maidenhead, Berkshire: Open University Press.

Lee, One-Ki et al. (2009): IT impacts on operation-level agility in service industries. *17th European Conference on Information Systems*, Verona, Italy, 8.-10. Juni 2009.

Lee, One-Ki; Lim, Kai; Sambamurthy, Venkatesh (2007): IT-enabled organisation agility and firm's sustainable competitive advantage. *28th International Conference on Information Systems*, Montreal, Kanada, 9.-12. Dezember 2007.

Lee, Sangho; Kim, Soung Hie (2006): A Lag Effect of IT Investment on Firm Performance. In: *Information Resources Management Journal*, 19(1), S. 43–69.

Lee, Sangjae; Kim, Kyoung-jae (2007): Factors affecting the implementation success of Internet-based information systems. In: *Computers in Human Behavior*, 23(4), S. 1853–1880.

Leeuw, Edith de (2008): Choosing the method of data collection. In: Leeuw, Edith, Hox, Joop & Dillman, Don (Hg.): International Handbook of Survey Methodology. New York, London: Lawrence Erlbaum Associates, S. 113–135.

Leeuw, Edith de; Hox, Joop; Dillman, Don (Hg.) (2008): International Handbook of Survey Methodology. New York, London: Lawrence Erlbaum Associates.

Leimeister, Stefanie; Riedl, Christoph; Böhm, Markus; Krcmar, Helmut (2010): The Business Perspective of Cloud Computing. Actors, Roles and Value Networks. *18th European Conference on Information Systems*, Pretoria, South Africa, 06.-09. Juni 2010.

Lenox, Michael; King, Andrew (2004): Prospects for developing absorptive capacity through internal information provision. In: *Strategic Management Journal*, 25(4), S. 331–345.

Leonard-Barton, Dorothy (1992): Core capabilities and core rigidities. A paradox in managing new product development. In: Strategic Management Journal, 13(1), S. 111-125.

Levy, Yair; Ellis, Timothy (2006): A systems approach to conduct an effective literature review in support of Information Systems Research. In: *Informing Science Journal,* Vol. 9, S. 181–212.

Li, Eldon; Chen, Ja; Huang, Yuan (2006): A framework for investigating the impact of IT capability and organisational capability on firm performance in the late industrialising context. In: *International Journal of Technology Management,* 36(1), S. 209–232.

Li, Xinhui; Li, Ying; Liu, Tiancheng; Qiu, Jie; Fengchun, Wang (2009): The Method and Tool of Cost Analysis for Cloud Computing. *2009 IEEE International Conference on Cloud Computing,* Los Angeles, Californien, 06.-10. Juli 2009.

Li, Yuan; Chang, Kuo-chung (2012): A Study on User Acceptance of Cloud Computing. A Multi-Theoretical Perspective. *18th Americas Conference on Information Systems,* Seattle, Washington, 09.-12. August 2012.

Liang, Huigang; Saraf, Nilesh; Hu, Qing et al. (2007): Assimilation of enterprise systems. The effect of institutional pressures and the mediating role of top management. In: *MIS Quarterly,* 31(1), S. 59–87.

Liao, Jianwen; Kickul, Jill; Ma, Hao (2009): Organisational dynamic capabilities and innovation. An empirical examination of internet firms. In: Journal of Small Business Management, 47(3), S. 263–286.

Lichtenthaler, Ulrich (2009): Absorptive capacity, environmental turbulence, and the complementary of organisational learning processes. In: *Academy of Management Journal,* 52(4), S. 822–846.

Lim, Jee-Hae; Stratopoulos, Theophanis; Wirjanto, Tony (2011): Path Dependence of Dynamic Information Technology Capability: An Empirical Investigation. In: *Journal of Management Information Systems,* 28(3), S. 45–84.

Lin, Angela; Chen, Nan-Chou (2012): Cloud computing as an innovation: Percepetion, attitude, and adoption. In: *International Journal of Information Management,* 32(6), S. 533–540.

Lin, Hsiu-Fen; Lin, Szu-Mei (2008): Determinants of e-business diffusion: A test of the technology diffusion perspective. In: *Technovation,* 28(3), S. 135–145.

Lin, Hsiu-Fen; Lin, Szu-Mei (2008): Determinants of e-business diffusion. A test of the technology diffusion perspective. In: *Technovation,* 28(3), S. 135–145.

Lind, Mary; Zmud, Robert (1991): The influence of a convergence in understanding between technology providers and users on information technology innovativeness. In: *Organisation Science,* 2(2), S. 195–217.

Linthicum, David (2009): Defining the cloud computing framework. Url: http://cloudcomputing.sys-con.com/node/811519, Zugriff am 21.06.2012.

Lipsey, Richard; Carlaw, Kenneth; Bekar, Clifford (2005): Economic transformations. General purpose technologies and long-term economic growth. Oxford, New York: Oxford University Press.

Liu, Hefu et al. (2009): From IT Capabilities to Supply Chain Performance: The Mediating Effects of Supply Chain Agility and Absorptive Capacity. *15th Americas Conference on Information Systems,* San Francisco, Californien, USA, 6.-9. August 2009.

Low, Chinyao; Chen, Yahsueh; Wu, Mingchang (2011): Understanding the determinants of cloud computing adoption. In: *Industrial Management & Data Systems,* 111(7), S. 1006–1023.

Lucas, Henry; Goh, Jie Mein (2009): Disruptive technology: How Kodak missed the digital photography revolution. In: *The Journal of Strategic Information Systems,* 18(1), S. 46–55.

Luhmann, Niklas (1984): Soziale Systeme. Grundriß einer allgemeinen Theorie. Frankfurt am Main: Suhrkamp.

Luoma, Eetu; Nyberg, Timo (2012): Four Scenarios for Adoption Cloud Computing in China. *20th European Conference on Information Systems,* Barcelona, Spanien, 10.-13. Juni 2012.

Luthria, Haresh; Rabhi, Fethi (2009): Using Service Oriented Computing for Competitive Advantage. *5th Americas Conference on Information Systems,* San Francisco, Californien, 6.-9. August 2009.

Lyytinen, Kalle; Damsgaard, Jan (2001): What's Wrong with the Diffusion of Innovation Theory. *IFIP TC8 WG8.6 4th Working Conference on Diffusing Software Product and Process Innovations,* Banff, Canada, 7.-10. April 2002. Boston: Kluwer Academic Publishers.

Lyytinen, Kalle; Rose, Gregory (2003): The Disruptive Nature of Information Technology Innovations. The Case of Internet Computing in Systems Development Organisations. In: *MIS Quarterly,* 27(4), S. 557–596.

MacKenzie, Scott; Podsakoff, Philip; Jarvis, Cheryl (2005): The problem of measurement model misspecification in behavioural and organisational research and some recommended solutions. In: *Journal of Applied Psychology,* 90(4), S. 710–730.

Makadok, Richard (2001): Toward a Synthesis of the Resource-Based and Dynamic-Capability Views of Rent Creation. In: *Strategic Management Journal,* 22(5), S. 387–401.

Malhotra, Naresh (2006): Questionnaire Design and Scale Development. In: *Grover, Rajiv & Vriens, Marco (Hg.): The Handbook of Marketing Research.* Thousand Oaks: Sage Publications, S. 176–202.

Marinos, Alexandros; Briscoe, Gerhard (2009): Community Cloud Computing. *1st International Conference on Cloud Computing,* Peking, China, 01.-04. Dezember 2009.

Markus, Lynne (2004): Technochange management. Using IT to drive organisational change. In: *Journal of Information Technology*, 19(1), S. 3–19.

Marston, Sean et al. (2011): Cloud computing. The business perspective. In: *Decision Support Systems*, 51(1), S. 176–189.

Martens, Benedikt; Pöppelbuß, Jens; Teuteberg, Frank (2011): Understanding the cloud computing ecosystem. Results from a quantitative content analysis. *10th International Conference on Wirtschaftsinformatik*, Zurich, Switzerland, 16.-18. Februar 2011.

Martens, Benedikt; Teuteberg, Frank (2009): Why risk management matters in IT outsourcing. A systematic literature review and elements of a research agenda. *17th European Conference on Information Systems*, Verona, Italien, 08.-10. Juni 2009.

Martens, Benedikt; Teuteberg, Frank (2012): Risk and Compliance Management for Cloud Computing Services. Designing a Reference Model. *18th Americas Conference on Information Systems*, Seattle, Washington, 09.-11. August 2012.

Martens, Benedikt; Walterbusch, Marc; Teuteberg, Frank (2012): Costing of Cloud Computing Services. A Total Cost of Ownership Approach. *45th Hawaii International Conference on System Science*, Big Island, Hawaii, 04.-07. Januar 2012.

Mayer-Schönberger, Viktor; Cukier, Kenneth (2013): Big data. A revolution that will transform how we live, work and think. London: Murray.

McAfee, Andrew (2011): What every CEO needs to know about the cloud. In: *Harvard Business Review*, 89(11), S. 124–132.

McDonald, Mark (2007): The Enterprise Capability Organisation. A future for IT. In: *MIS Quarterly Executive*, 6(3), S. 179–192.

McLaughlin, Des; Peppard, Joe (2006): IT Backsourcing. From make or buy to bringing IT back in-house. *14th European Conference on Information Systems*, Göteburg, Sweden, 12.-15. Mai 2006.

Meinel, Christoph; Willems, Christian; Roschke, Sebastian; Schnjakin, Maxim (2011): Virtualisierung und Cloud Computing. Konzepte, Technologiestudie, Marktübersicht. Potsdam: Universitäts-Verlag.

Mell, Peter; Grance, Timothy (2011): The NIST Definition of Cloud Computing. Recommendations of the National Institute of Standards and Technology. U.S. Department of Commerce. Special Publication 800-145.

Melville, Nigel; Kraemer, Kenneth; Gurbaxani, Vijay (2004): Information Technology and Organisational Performance: An Integrative Model of IT Business Value. In: MIS Quarterly, 28(2), S. 283–322.

Merali, Yasmin; Papadopoulos, Thanos; Nadkarni, Tanvee (2012): Information systems strategy: Past, present, future? In: *The Journal of Strategic Information Systems*, 21(2), S. 125–153.

Merrifield, Ric; Calhoun, Jack; Stevens, Dennis (2008): The next revolution in productivity. In: *Harvard Business Review*, 86(6), S. 72–80.

Messerschmidt, Christian (2009): Adoption of Grid Computing. An empirical verification of an inter- and intra-organisational approach. *13th Pacific Asia Conference on Information systems*, Hyderabad, India, 10.-12. Juli 2009.

Messerschmidt, Christian; Hinz, Oliver (2013): Explaining the adoption of grid computing: An integrated institutional theory and organisational capability approach. In: The Journal of Strategic Information Systems, 22(2), S. 137–156.

Meuser, Michael; Nagel, Ulrike (1991): ExpertInneninterviews. Vielfach erprobt, wenig bedacht. Ein Beitrag zur qualitativen Methodendiskussion. In: *Garz, Detlef & Kraimer, Klaus (Hg.): Qualitativ-empirische Sozialforschung. Konzepte, Methoden, Analysen*. Opladen: Westdeutscher Verlag, S. 441–471.

Meuser, Michael; Nagel, Ulrike (2009): Experteninterview und der Wandel der Wissensproduktion. *In: Bogner, Alexander, Littig, Beate & Menz, Wolfgang (Hg.): Experteninterviews. Theorie, Methoden, Anwendungsfelder*. 3. Aufl. Wiesbaden: Verlag für Sozialwissenschaften, S. 35–60.

Meyer, Alan; Goes, James (1988): Organisational Assimilation of Innovations. A Multilevel Contextual Analysis. In: *Academy of Management Journal*, 31(4), S. 897–923.

Milenkovic, Milan; Robinson, Scott; Knauerhase, Rob et al. (2003): Toward Internet distributed computing. In: *Computer*, 36(5), S. 38–46.

Miles, Raymond; Snow, Charles (1978): Organisational Strategy, Structures, and Process. New York: McGraw-Hill.

Miller, Lawrence; Miller, Ruth (2012): Classifying Innovation. In: *International Journal of Innovation and Technology Management*, 9(1), S. 1–18.

Millet, Daniel Curto (2008): Perspectives on IT Innovation in Organisations. Information Systems and Innovsation Group, London School of Economics and Political Science. In: *iSChannel*, 3(3), S. 20–23.

Misra, Subhas Chandra; Mondal, Arka (2011): Identification of a company's suitability for the adoption of cloud computing and modelling its corresponding Return on Investment. In: *Mathematical and Computer Modelling*, 53(3-4), S. 504–521.

Molony, D.; Kirchheimer, E. (2011): What multinationals want. Opportunities in cloud computing. In: *Journal of the Institute of Telecommunications Professionals*, Vol. 5, S. 8–15.

Monchak, Alex; Kim, Dan (2011): Examining Trends of Technology Diffusion Theories in Information Systems, *International Conference on Information Systems*, Shanghai, China, 4.-7. Dezember 2011.

Moore, Gary; Benbasat, Izak (1991): Development of an instrument to measure perception of adopting an information technology innovation. In: *Information Systems Research*, 2(3), S. 192–222.

Moore, Gary; Benbasat, Izak (1991): Development of an instrument to measure perception of adopting an information technology innovation. In: *Information Systems Research*, 2(3), S. 192–222.

Moore, Geoffrey (2001): Crossing the chasm. Marketing and selling high-tech products to mainstream customers. New York: PerfectBound.

Moore, Geoffrey (2004): The unattainable real-time enterprise. Under the buzz Newsletter, Vol. 5, No. 1, April 2004. Url: www.tcg-advisors.com /Library/utb/utb.htm, Zugriff am 23.05.2012.

Morgan Stanley Research (2011): Cloud Computing Takes Off. Market Set to Boom as Migration Accelerates. Url: http://www.morganstanley.com/views/perspectives/cloud_computing.pdf, Zugriff am 08.09.2012.

Nagelkerke, Nico (1991): A note on a general definition of the coefficient of determination. In: *Biometrika*, 78(3), S. 691–692.

Nagm, Fouad; Cecez-Kecmanovic, Dubravka (Hg.) (2009): Assessing the business value of IT investments - Combining the market and organisational perspective. *13th International Conference on Information Systems*, Phoenix, Arizona, 15.-18. Detember 2009.

Nazir, Salman; Pinsonneault, Alain (2012): IT and Firm Agility. An Electronic Integration Perspective. In: *Journal of the Association for Information Systems*, 13(3), S. 150–171.

Neirotti, Paolo; Paolucci, Emilio (2011): Assessing the importance of industry in the adoption and assimilation of IT. Evidence from Italian enterprises. In: *Information & Management*, 48(7), S. 249–259.

Ness, Lawrence (2005): Assessing the relationships among information technology flexibility, strategic alignment, and information technology effectiveness, in: *Journal of Information Technology Management*, 16(2), S. 1-17.

Nevo, Saggi; Wade, Michael (2010): The formation and value of IT-enabled resources. Antecedents and consequences of synergistic relationships. In: *MIS Quarterly*, 34(1), S. 163–183.

Nevo, Saggi; Wade, Michael (2010): The formation and value of IT-enabled resources. Antecedents and consequences of synergistic relationships. In: *MIS Quarterly*, 34(1), S. 163–183.

Nevo, Saggi; Wade, Michael (2011): Firm-level benefits of IT-enabled resources: A conceptual extension and an empirical assessment. In: *The Journal of Strategic Information Systems*, 20(4), S. 403–418.

Nicolai, Alexander; Kieser, Alfred (2002): Trotz eklatanter Erfolglosigkeit: Die Erfolgsfaktorenforschung weiter auf Erfolgskurs. In: *Die Betriebswirtschaft*, 62(6), S. 579–596.

Niehaves, Bjoern; Plattfaut, Ralf; Sarker, Suprateek (2011): Understanding Dynamic IS Capabilities for Effective Process Change: A Theoretical Framework and an Empirical Application. *2011 International Conference on Information Systems*, Shanghai, China, 4.-7. Dezember 2011.

Niehaves, Bjoern; Plattfaut, Ralf; Sarker, Suprateek (2011): Understanding Dynamic IS Capabilities for Effective Process Change: A Theoretical Framework and an Empirical Application. *2011 International Conference on Information Systems*, Shanghai, China, 4.-7. Dezember 2011.

Nijhof, Andre; Rietdijk, Marius (1999): An ABC-analysis of Ethical Organisational Behavior. In: *Journal of Business Ethics*, 20(1), S. 39–50.

Nitzl, Christian (2010): Eine anwendungsorientierte Einführung in die Partial Least Squares (PLS)-Methode. Arbeitspapier. Universität Hamburg, Institut für Industrielles Management, Prof. Dr. Hansmann.

Nusser, Michael (2008): Internationale Wettbewerbsfähigkeit forschungs- und wissensintensiver Branchen. In: Wirtschaftsdienst. Zeitschrift für Wirtschaftspolitik, 88(9), S. 594–603.

o.V. (2012): The Cloud Computing Market. Understanding its slow take-off. Zimory GmbH. Url: http://www.eurocloud.at/fileadmin/userdaten/dokumente/cloud_market_slow_takeoff.pdf, Zugriff am 20.10.2012.

o.V. (2015): ITIL Glossar und Abkürzungen v1.2, März 2013. Url: www.itil-officialsite.com/nmsruntime/saveasdialog.aspx?lID=1182&sID= 242, Zugriff am 01.12.2013.

OASIS (2006): Reference Model for Service Oriented Architecture 1.0. OASIS (Organisation for the Advancement of Structured Information Standards) Standard. Url: http://docs.oasis-open.org/soa-rm/v1.0/soa-rm.pdf, Zugriff am 10.12.2013.

Oh, Wonseok; Pinsonneault, Alain (2007): On the assessment of the strategic value of information technology. Conceptual and analytical approaches. In: *MIS Quarterly*, 31(2), S. 239–265.

Oktemgil, Mehmet; Greenley, Gordon (1997): Consequences of high and low adaptive capability in UK companies. In: *European Journal of Marketing*, 31(7), S. 445–466.

Oktemgil, Mehmet; Greenley, Gordon (1997): Consequences of high and low adaptive capability in UK companies. In: *European Journal of Marketing*, 31(7), S. 445–466.

Olbrich, Andreas; Moser, Albert (2013): Einsatzmöglichkeiten von Cloud Computing in der Energiewirtschaft. Studie der BearingPoint GmbH und des Instituts für elektrische Anlagen und Energiewirtschaft der RWTH Aachen. Url: http://toolbox.bearingpoint.de/de/digitalisierung/news/672-cloud-computing-studie, Zugriff am 27.06.2013.

Oosterhout, Marcel van (2010): Business agility and information technology in service organisations. ERIM PhD Series in Research in Management, Vol. 19. Dissertation. Rotterdam: ERIM.

Opitz, Nicky; Langkau, Tobias; Schmidt, Nils; Kolbe, Lutz (2012): Technology Acceptance of Cloud Computing. Empirical Evidence from German IT Departments. *45th Hawaii International Conference on System Science*, Big Island, Hawaii, 04.-07. Januar 2012.

Orlikowski, Wanda; Barley, Stephen (2001): Technology and Institutions: What Can Research on Information Technology and Research on Organisations Learn from Each Other? In: *MIS Quarterly*, 25(2), S. 145–165.

Oshri, Ilan; Kotlarsky, Julia (2011): Innovation in Outsourcing. A study on client expectations and commitment. Warwick Business School. Url: http://valueofinnovation.com, Zugriff am 08.12.2012.

O'Sullivan, David; Dooley, Lawrence (2008): Applying Innovation. London: Sage Publications.

Overby, Eric; Bharadwaj, Anandhi; Sambamurthy, Venkatesh (2006): Enterprise agility and the enabling role of information technology. In: *European Journal of Information Systems*, 15(4), S. 120-131.

Owens, Dustin (2010): Securing elasticity in the cloud. In: *Communications of the ACM*, 53(6), S. 46.

Pahlke, Immanuel; Wolf, Martin; Beck, Roman; Kempf, Sebastian (2011): Business agility within IS value research - Proposing a measurement framework. *19th European Conference on Information Systems*, Helsinki, Finnland, 9.-11. Juni 2011.

Palvia, Prashant; Mao, En; Salam, A. (2003): Management Information Systems Research. What's There in a Methodology? In: *Communications of the Association for Information Systems*, 11(1), S. 289–309.

Pan, Ming-Ju; Jang, Woan-Yuh (2008): Determinants of the adoption of enterprise resource planning within the Technology-Organisation-Environment Framework. Taiwan's communications industry. In: *Journal of Computer Information Systems*, 48(3), S. 94–102.

Paschke, Joerg; Molla, Alamayehu (Hg.) (2011): Definition and Measurement of the Adaptive IT Capabilities Construct. *17th Americas Conference on Information Systems*, Detroit, Michigan, 4.-7. August, 2011.

Patten, Karen; Whitworth, Brian; Fjermestad, Jerry; Mahindra, Edward (Hg.) (2005): Leading IT Flexibility: Anticipation, Agility and Adaptability. *11th Americas Conference on Information Systems*, Omaha, Nebraska, USA, 11.-14. August 2005.

Pavlou, Paul; Sawy, Omar (2006): From IT Leveraging Competence to Competitive Advantage in Turbulent Environments: The Case of New Product Development. In: *Information Systems Research*, 17(3), S. 198–227.

Pavlou, Paul; Sawy, Omar (2008): IT enabled business capabilities for turbulent environments. In: *MIS Quarterly Executive*, 7(3), S. 139–150.

Pavlou, Paul; Sawy, Omar (2010): The Third Hand - IT-enabled competitive advantage in turbulence through improvisational capabilities. In: *Information Systems Research*, 21(3), S. 443–471.

Pelzl, Norman; Helferich, Andreas; Herzwurm, Georg (2012): Systematisierung und Klassifizierung von ASP, Grid- und Utility-Computing Wertschöpfungsketten für Cloud Computing. *Multikonferenz Wirtschaftsinformatik 2012*, Braunschweig, 29. Februar - 02. März 2012.

Pemmaraju, Kanesh (2010): Cloud Leaders act now. Sand Hill. Url: http://sandhill.com/article/cloud-leaders-act-now/, Zugriff am 20.06.2012.

Penrose, Edith (2009): The theory of the growth of the firm. 4. Auflage Oxford University Press, Oxford, New York.

Petter, Stacie; Straub, Detmar; Rai, Arun (2007): Specifying Formative Construct in Information Systems Research. In: *MIS Quarterly*, 31(4), S. 623–656.

Pierce, Jon; Delbecq, Andre (1977): Organisation Structure, Individual Attitudes and Innovation. In: *The Academy of Management Review*, 2(1), S. 27–37.

Plummer, Daryl (2011): Gartner Top Predictions for 2011: IT's Growing Transparency and Consumerisation. Url: www.gartner.com, Zugriff am 02.12.2011.

Podsakoff, Philip; MacKenzie, Scott; Jeong-Yeon Lee et al. (2003): Common Method Biases in Behavioral Research: A Critical Review of the Literature and Recommended Remedies. In: *Journal of Applied Psychology*, 88(5), S. 879.

Popper, Karl; Fleischmann, Ingeborg (1995): Objektive Erkenntnis. Ein evolutionärer Entwurf. Hamburg: Hoffmann und Campe.

Porter, Michael (1985): Competitive advantage. Creating and sustaining superior performance. New York, London: Free Press; Collier Macmillan.

Porter, Michal; Millar, Victor (1985): How information gives you competitive advantage. In: *Harvard Business Review*, 64(4), S. 149–160.

Powell, Thomas; Dent-Micallef, Anne (1997): Information Technology as Competitive Advantage: The Role of Human, Business, and Technology Resources. In: *Strategic Management Journal*, 18(5), S. 375–405.

Prahalad, C.K.; Hamel, Gary (1990): The core competence of the corporation. In: *Harvard Business Review*, 68(3), S. 79-91.

Prahalad, C.K.; Krishnan, M.S (2002): The Dynamic Synchronisation of Strategy and Information Technology. In: *MIT Sloan Management Review*, 43(4), S. 24–33.

Prahalad, C.K.; Krishnan, M.S (2008): The new age of innovation. Managing global networks to unlock customer-created value in your company. New York, London: McGraw-Hill Professional.

Prahalad, Coimbatore; Krishnan, M.S (2008): The new age of innovation. Managing global networks to unlock customer-created value in your company. New York, London: McGraw-Hill Professional.

Praxmarer, Luis (2014): Die zehn wichtigsten IT-Trends 2014. Computerwoche. Url: www.computerwoche.de/a/die-zehn-wichtigsten-it-trends, Zugriff am 25.03.2014.

Prekumar, G.; Roberts, Margaret (1999): Adoption of new information technologies in rural small businesses. In: *Omega*, 27(4), S. 467–484.

Prekumar; Ramamurthy, K. (1995): The Role of Interorganisational and Organisational Factors on the Decision Mode for Adoption of Interorganisational Systems. In: *Decision Sciences*, 26(3), S. 303–336.

Premkumar, G.; Ramamurthy, K. (1995): The Role of Interorganisational and Organisational Factors on the Decision Mode for Adoption of Interorganisational Systems. In: *Decision Sciences*, 26(3), S. 303–336.

Protogerou, Aimilla; Caloghirou, Yannis; Lioukas, Spyros (2011): Dynamic capabilities and their indirect impact on firm performance. In: *Industrial & Corporate Change*, 21(3), S. 615–647.

Purvis, Russel; Sambamurthy, Venkatesh; Zmud, Robert (2001): The Assimilation of Knowledge Platforms in Organisations. An Empirical Investigation. In: *Organisation Science*, 12(2), S. 117–135.

Pütter, Christiane (2010): Die Top Ten Offshoring-Standorte. In: *CIO Online*. Url: http://www.cio.de/knowledgecenter/outsourcing/2229962, Zugriff am 28.04.2010.

Pyke, Jonathan (2009): Now is the time to take the cloud seriously. Url: www.whitepapersdb.com/white-paper/5549, Zugriff am 02.02.2012.

Ram, Jiwat; Cui, Binyue Wu Ming-Lu (2010): The conceptual dimensions of innovation: a literature review. *International Conference on Business and Information*. Sapporo, Japan, 03.-05. Juli, 2010.

Ramdani, Boumediene; Kawalek, Peter; Lorenzo, Oswaldo (2009): Predicting SMEs adoption of enterprise systems. In: *Journal of Enterprise Information Management*, 22(1), S. 10–24.

Rao, Madhu (2004): Key Issues for Global IT Sourcing: Country and Individual Factors. In: *Information Systems Management*, 32(4), S. 16–21.

Rappa, M.A. (2004): The utility business model and the future of computing services. *IBM Systems Journal*, 43(1), S. 32-41.

Ratten, Vanessa (2012): Entrepreneurial and ethical adoption behaviour of cloud computing. In: *The Journal of High Technology Management Research*, 23(2), S. 155–164.

Ravichandran, T.; Lertwongsatien, Chalermsak (2005): Effect of Information Systems Resources and Capabilities on Firm Performance: A Resource-Based Perspective. In: *Journal of Management Information Systems*, 21(4), S. 237–276.

Rawal, Anudeep (2011): Adoption of Cloud Computing in India. In: *Journal of Technology Management in Growing Economies,* 2(2), S. 65–78.

Rebollo, O.; Mellado, D.; Fernandez-Medina, E. (2012): A Systematic Review of Information Security Governance Frameworks in the Cloud Computing Environment. In: *Journal of Universal Computer Science,* 18(6), S. 798–815.

Reddy, Mohan; Aram, John; Lynn, Leonard (2003): The Institutional Domain of Technology Diffusion. In: *Journal of Product Innovation Management,* 8(4), S. 295–304.

Reeves, Martin; Haanes, Knut; Hollingsworth, James et al. (2013): Ambidexterity. The Art of Thriving in Complex Environments. The Boston Consulting Group. Url: www.bcgperspectives.com, Zugriff am 20.02.2013.

Reinartz, Werner; Haenlein, Michael; Henseler, Joerg (2009): An empirical comparison of the efficacy of covariance-based and variance-based SEM. In: *International Journal of Research in Marketing,* 26(4), S. 332–344.

Repschlaeger, Jonas; Wind, Stefan; Zarnekow, Ruediger; Turowski, Klaus (2012a): A Reference Guide to Cloud Computing Dimensions. Infrastructure as a Service Classification Framework. *45th Hawaii Conference on System Science.* Grand Wailea, Hawaii, 04.-07. Januar 2012.

Repschlaeger, Jonas; Zarnekow, Ruediger; Wind, Stefan; Klaus, Turowski (2012b): Cloud requirement framework. Requirements and evaluation criteria to adopt cloud solutions. *20th European Conference on Information Systems,* Barcelona, Spanien, 11.-13. Juni 2012.

Repschläger, Jonas; Pannicke, Danny; Zarnekow, Rüdiger (2010): Cloud Computing. Definitionen, Geschäftsmodelle und Entwicklungspotenziale. In: *HMD Praxis der Wirtschaftsinformatik,* 47(275), S. 6–15.

Repschläger, Jonas; Zarnekow, Rüdiger (2011): Studie: Cloud Computing in der IKT-Branche. Status-quo und Entwicklung des Cloud Sourcing von KMUs in der Informations- und Kommunikationsbranche in der Region Berlin Brandenburg. Studie Cloud Computing in der IKT-Branche. Berlin: Universitätsbibliothek Technische Universität Berlin.

Ricardo, David (1817): On the Principles of Political Economy and Taxation. London: John Murray.

Riedl, Christoph; Leimeister, Stefanie; Böhm, Markus; Yetton, Phillip; Krcmar, Helmut (2010): Competing in the Clouds: A Strategic Challenge for ITSP Ltd. In: *Communications of the Association for Information Systems* 2010 (27), S. 725–742.

Rimal, Bhaskar Prasad; Choi, Eunmi; Lumb, Ian (2009): A taxonomy and survey of cloud computing. *5th IEEE International Joint Conference on INC, IMS and IDC,* Seoul, Korea, 25.-27.08.2009..

Rimal, Bhaskar Prasad; Jukan, Admela; Katsaros, Dimitrios; Goeleven, Yves (2011): Architectural Requirements for Cloud Computing Systems: An Enterprise Cloud Approach. In: *Journal of Grid Computing*, 9(1), S. 3–26.

Ringle, Christian (2004): Gütemaße für den Partial Least Squares Ansatz zur Bestimmung von Kausalmodellen. Arbeitspapiere Nr. 16. Universität Hamburg, Institut für Betriebswirtschaftslehre und Organisation.

Ringle, Christian; Sarstedt, Marko; Straub, Detmar (2012): Editor's comments. A critical look at the use of PLS-SEM in MIS quarterly. In: *MIS Quarterly*, 36(1), S. iii–xiv.

Ritze, George; Atalay, Zeynep (2010): Readings in globalization. Key concepts and major debates. Chichester: Wiley-Blackwell.

Rivard, Suzanne; Lapointe, Liette (2012): Information Technology Implementers Responses to User Resistance. Nature and Effects. In: MIS Quarterly, 36(3), S. 897–920.

Rivard, Suzanne; Raymond, Louis; Verreault, David (2006): Resource-based view and competitive strategy: An integrated model of the contribution of information technology to firm performance. In: *The Journal of Strategic Information Systems*, 15(1), S. 29–50.

Roberts, Nicholas; Galluch, Pamela; Dinger, Michael et al. (2012): Absorptive capacity and information systems research. Review, synthesis and directions for further research. In: *MIS Quarterly*, 36(2), S. 625–648.

Roberts, Nicholas; Gerow, Jennifer; Roberts, Sara (2010): A Meta-Analytic Review and Extension of the Organisational IT Assimilation Literature. Diffusion Interest Group in Information Technology, *Diffusion Interest Group in Information Technology Workshop*, St. Louis, Dezember 2010.

Roberts, Nicholas; Grover, Varun (2012a): Leveraging Information Technology Infrastructure to Facilitate a Firm's Customer Agility and Competitive Activity: An Empirical Investigation. In: *Journal of Management Information Systems*, 28(4), S. 231–269.

Roberts, Nicholas; Grover, Varun (2012b): Investigating firm's customer agility and firm performance: The importance of aligning sense and respond capabilities. In: *Journal of Business Research*, 65(5), S. 579–585.

Robertson, Thomas (1967): The Process of Innovation and the Diffusion of Innovation. In: *Journal of Marketing*, 31(1), S. 14–19.

Robertson, Thomas; Gatignon, Hubert (1986): Competitive Effects on Technology Diffusion. In: *Journal of Marketing*, 50(3), S. 1–12.

Rocha, Alvaro; Correia, Ana Maria; Tan, Felix; Stroetmann, Karl (Hg.) (2014): New Perspectives in Information Systems and Technologies. Advances in Intelligent Systems and Computing. Heidelberg, New York, London: Springer-Verlag.

Rogers, Everett (1983): Diffusion of Innovations. 3. Auflage. New York: Free Press.

Rogers, Everett (2003): Diffusion of Innovations. 5. Auflage. New York: Free Press.

Ross, Jeanne; Weill, Peter; Robertson, David (2006): Enterprise architecture as strategy. Creating a foundation for business execution. Boston, Mass.: Harvard Business School Press.

Ross, Jeanne; Westerman, George (2002): Preparing for utility computing. The role of IT architecture and relationship management. In: *IBM Systems Journal*, 43(1), S. 5–19.

Rossiter, John (2002): The C-OAR-SE procedure for scale development in marketing. In: *International Journal of Research in Marketing*, 19(4), S. 305–335.

Rothaermel, Frank; Hess, Andrew (2007): Building Dynamic Capabilities: Innovation Driven by Individual-, Firm-, and Network-Level Effects. In: *Organisation Science*, 18(6), S. 898–921.

Rouse, Margaret (2011): Definition of Automated Provisioning. Tech Target Blog. Url: http://searchcloudprovider.techtarget.com/definition/automated-provisioning, Zugriff am 20.03.2013.

Rubera, Gaia; Kirca, Ahmet (2012): Firm innovativeness and its performance outcomes. A meta-analytic review and theoretical integration. In: *Journal of Marketing*, 76(5), S. 130–147.

Ruf, Stefan; Unnerstall, Carsten; Lombardo, Mario (2012): Cloud-Computing im Spannungsfeld von Nutzen und Datenschutzgesetzen. In: *Wirtschaft & Management*, 6(3).

Salavou, Helen (2004): The concept of innovativeness: should we need to focus? In: *European Journal of Innovation Management*, 7(1), S. 33–44.

Saldanha, Terence; Krishnan, M.S (2011): Leveraging IT for Business Innovation: Does the Role of the CIO Matter? *32nd International Conference on Information Systems*, Shanghai, China, 04.-07. Dezember 2011.

Sambamurthy, Vallabh (2008): Enterprise Agilty and Information Technology Management. The Center for Leadership of the Digital Enterprise. Url: http://misrc.umn.edu/seminars/slides/2007/MISRC%20Presentation%20November% 202007BW.pdf, Zugriff am 19.01.2012.

Sambamurthy, Venkatesh; Bharadwaj, Anandhi; Grover, Varun (2003): Shaping Agility through Digital Options: Reconceptualizing the Role of Information Technology in Contemporary Firms. In: *MIS Quarterly*, 27(2), S. 237–263.

Sambamurthy, Venkatesh; Bharadwaj, Anandhi; Grover, Varun (2003): Shaping Agility through Digital Options: Reconceptualizing the Role of Information Technology in Contemporary Firms. In: *MIS Quarterly*, 27(2), S. 237–263.

Santhanam, Radhika; Hartono, Edward (2003): Issues in Linking Information Technology Capability to Firm Performance. In: *MIS Quarterly*, 27(1), S. 125–153.

Santos, Brian Dos; Peffers, Ken (1998): Competitor and vendor influence on the adoption of innovative applications in electronic commerce. In: *Information & Management*, 34(3), S. 175–184.

Saripalli, Prasad; Pingali, Gopal (2011): MADMAC: Multiple Attribute Decision Methodology for Adoption of Clouds. *4th International Conference on Cloud Computing*, Washington, DC, 04.-09. Juli 2011.

Sawy, Omar; Arvind, Malhotra; YougKi, Park; Pavlou, Paul (2010): Seeking the Configurations of Digital Ecodynamics. It Takes Three to Tango. In: *Information Systems Research*, 21(4), S. 835–848.

Saya, S.; Pee, Loo; Kankanhalli, Atreyi (2010): The Impact on institutional influences on perceived technological characteristics and real options in cloud computing adoption. *31st International Conference on Information Systems*, Saint Lous, Missouri, 12.-15. Dezember 2010.

Schikora, Sibylle (2012): Aufbruch in die Wolke. Sonderbeilage Cloud Computing. In: *Financial Times Deutschland*, 10. September 2012.

Schmitt, Patrick (2008): Adoption und Diffusion neuer Technologien am Beispiel der Radiofrequenz-Identifikation. Dissertation. ETH Zürich.

Schrader, Ulf; Hennig-Thurau, Thorsten (2009): VHB-JOURQUAL2. Method, Results, and Implications of the German Academic Association for Business Research's Journal Ranking. In: *BuR - Business Research*, 2(2), S. 180-204.

Schreyoegg, Georg (2010): Absorptive Capacity. Schlüsselfaktor der Innovationsfähigkeit. Url: www.daimler-benz-stiftung.de/cms/uploads/images/ service/downloads, Zugriff am 01.03.2012.

Schreyoegg, Georg; Kliesch, Martina (2006): Zur Dynamisierung Organisationaler Kompetenzen- Dynamic Capabilities als Lösungsansatz? In: *ZfBf Schmalenbachs Zeitschrift für betriebswirtschaftliche Forschung*, 17(6), S. 455–476.

Schryen, Guido (2010): Ökonomischer Wert von Informationssystemen. In: *Wirtschaftsinformatik*, 52(4), S. 225–237.

Schumpeter, Joseph (1950): Kapitalismus, Sozialismus und Demokratie. München: Francke.

Schumpeter, Joseph Alois (1939): Business Cycles. New York: McGraw-Hill.

Schwarz, Andrew et al. (2010): A dynamic capabilities approach to understanding the impact of IT-enabled business processes and IT-business alignment on the strategic and operational performance of the firm. In: *Communications of the Association for Information Systems*, 26(4), S. 57–84.

Schwarz, Andrew; Chin, Wynn (2007): Looking Forward. Toward an Understanding of the Nature and Definition of IT Acceptance. In: *Journal of the Association for Information Systems*, 8(4), S. 230–243:

Schwarz, Andrew; Schwarz, Colleen; Rizzuto, Tracey (2008): Examining the Urban Legend of Common Method Bias. Nine Common Errors and Their Impact. *41st Hawaii International Conference on System Sciences*, Waikoloa, Big Island, Hawaii, 7.-10. Januar 2008.

Schwarze, Lars; Müller, Peter (2005): IT-Outsourcing. Erfahrungen, Status und zukünftige Herausforderungen. In: *Strahringer, Susanne (Hg.) (2005): Outsourcing. HMD Praxis der Wirtschaftsinformatik, 41(245). Heidelberg: dpunkt-Verlag*, S. 6–17.

Seltin, N.; Keeves, J. (1994): Path Analysis with Latent Variables. In: *Husen, Torsten & Postlethwaite, Neville (Hg.): The international encyclopedia of education*. 2. Auflage. Oxford: Pergamon, S. 4356–4380.

Sengupta, Kishore; Masini, Andrea (2008): IT Agility. Striking the right balance. In: *Business Strategy Review*, 19(2), S. 42–48.

Shang, Shari; Seddon, Peter (2002): Assessing and managing the benefits of enterprise systems. The business managers perspective. In: *Information Systems Journal*, 12(4), S. 271–299.

Sharma, Rajeev; Shanks, Graeme (2011): The Role of Dynamic Capabilities in Creating Business Value from IS Assets. *17th Americas Conference on Information Systems*, Michigan, Detroit, 4.-7. August 2011.

Sher, Peter; Lee, Vivid (2004): Information technology as a facilitator for enhancing dynamic capabilities through knowledge management. In: *Information & Management*, 41(8), S. 933–945.

Shimba, Faith (2010): Cloud Computing. Strategies for Cloud Computing Adoption. Dissertation. Dublin Institute of Technology, School of Computing, Dublin, Ireland.

SICCODE (2012): Standard Industry Classification. Url: http://siccode.com, Zugriff am 31.08.2012.

Singh, R.; Mathiassen, L.; Stachura, M. E. et al. (2011): Dynamic Capabilities in Home Health. IT-Enabled Transformation of Post-Acute Care. In: *Journal of the Association for Information Systems*, 12(2), S. 163–188.

Smith, Scott; Smith, Jared; Allred, Chad (2006): Advanced techniques and technologies in online research. In: *Grover, Rajiv & Vriens, Marco (Hg.): The Handbook of Marketing Research*. Thousand Oaks: Sage Publications, S. 284–330.

Sobel, Michael (1982): Asymptotic Confidence Intervals for Indirect Effects in Structural Equation Models. In: *Sociological Methodology*, 13, S. 290–312.

Solow, Robert (1987): We'd better watch out. Book Review. New York Times, 12. Juli 1987, S. 36. Url: www.standupeconomist.com/pdf/misc/solow-computer-productivity.pdf, zuletzt aktualisiert am 15.09.2011.

Son, Insoo; Lee Dongwon (2011): Assessing a new IT service model. Cloud Computing. *15th Pacific Asia Conference on Information Systems*, Brisbane, Australien, 07.-11. Juli 2011.

Son, Insoo; Lee Dongwon (2011b): Assessing a new IT service model. Cloud Computing. *15th Pacific Asia Conference on Information Systems*, Brisbane, Australia, 07.-11. Juli 2011.

Son, Insoo; Lee, Dongwon; Lee, Jae-Nam; Chang, Young-Bong (2011a): Understanding the impact of IT service innovation of firm performance. The case of cloud computing. *15th Pacific Asia Conference on Information Systems*, Brisbane, Australien, 07.-11. Juli 2011.

Sonehara, Noboru (2011): Cloud Computing in Japan. Die Rolle der japanischen Regierung. In: *Wirtschaftsinformatik*, 53(3), S. 177–180.

Soper, Daniel (2014): Sobel Test Calculator for the Significance of Mediation. Url: www.danielsoper.com/statcalc, Zugriff am 07.04.2014.

Sotola, Rene (2011): Billing in the cloud: The missing link for cloud providers. In: *Journal of Telecommunications Management*, 3(4), S. 313–320.

Stalk, George; Hout, Thomas (1990): Competing against time. How time-based competition is reshaping global markets. New York, London: Free Press; Collier Macmillan.

Stankov, Ivo; Miroshnychenko, Yevhen; Kurbel, Karl (2012): Cloud Computing Adoption in German Internet Start-up Companies. *25th Bled eConference*, Bled, Slowenien, 17.-20. Juni 2012.

Sterling, Thomas; Stark, Dylan (2009): A High-Performance Computing Forecast. Partly Cloudy. In: *Computing in Science and Engineering*, 11(4), S. 42–49.

Stoica, Marian; Mircea, Marinela (2010): Combining business intelligence with cloud computing to delivery agility in actual economy. *14th Pacific Conference on Information Systems*, Taipei, Taiwan, 09.-12. Juli 2010.

Strahringer, Susanne (Hg.) (2005): Outsourcing. *HMD Praxis der Wirtschaftsinformatik*, 41(245). Heidelberg: dpunkt-Verlag.

Strang, David; Macy, Michael (2001): In search of excellence. Fads, success stories, and communication bias. In: *American Journal of Sociology*, 107(1), S. 147–182.

Strasser, Artur; Wittek, Michael (2012): IT-Compliance. Informatiklexikon der Gesellschaft für Informatik. Fachhochschule Hannover. Url: https://www.gi.de/service/informatiklexikon/detailansicht/article/it-compliance.html, Zugriff am 30.04.2013.

Stratopoulos, Theophanis; Lim, Jee-Hae (2010): IT innovation persistence. In: Communications of the ACM, 53(5), S. 142.

Straub, Detmar (1989): Validating Instruments in MIS Research. In: *MIS Quarterly*, 13(2), S. 147–169.

Strecker, Stefan (2009): Wertorientierung des Informationsmanagements. In: Fröschle, Hans-Peter (Hg.): Wettbewerbsfaktor IT. HMD Praxis der Wirtschaftsinformatik, 46(269). Heidelberg: dpunkt-Verlag, S. 27–33.

Subashini, S.; Kavitha, V. (2011): A survey on security issues in service delivery models of cloud computing. In: *Journal of Network and Computer Applications*, 34(1), S. 1–11.

Subramanian, Ashok; Nilakanta, Sree (1996): Organisational innovativeness: Exploring the relationship between organisational determinants of innovation, types of innovations, and measures of organisational performance. In: *Omega*, 24(6), S. 631–647.

Sultan, Nabil (2011): Reaching for the cloud. How SMEs can manage. In: *International Journal of Information Management*, 31(3), S. 272–278.

Sultan, Nabil (2012): Knowledge management in the age of cloud computing and Web 2.0. Experiencing the power of disruptive innovations. In: *International Journal of Information Management*, 33(1), S. 160-165.

Sultan, Nabil; Bunt-Kokhuis, Sylvia van de (2012): Organisational culture and cloud computing: coping with a disruptive innovation. In: *Technology Analysis & Strategic Management*, 24(2), S. 167–179.

Swanson, Burton (1994): Information Systems Innovation among Organisations. In: *Management Science*, 40(9), S. 1069–1092.

Swanson, Burton (2004): How Is an IT Innovation Assimilated. In: *Fitzgerald & Wynn (Hg.): IT Innovation for adaptibility and competitiveness*. IFIP International Federation for Information Processing. Boston: Kluwer Academic Publishers, S. 267–287.

Swanson, Burton; Ramiller, Neil (2004): Innovating Mindfully with Information Technology. In: *MIS Quarterly*, 28(4), S. 553–583.

Tallon, Paul (2007): Inside the adaptive enterprise. An information technology capabilities perspective on business process agility. In: *Information Technology and Management*, 9(1), S. 21–36.

Tallon, Paul; Kraemer, Kenneth; Gurbaxani, Vijay (2000): Executives Perceptions of the Business Value of Information Technology: A Process-Oriented Approach. In: *Journal of Management Information Systems*, 16(4), S. 145–173.

Tashakkori, Abbas; Teddlie, Charles (2010): Handbook of Mixed Methods in Social & Behavioral Research. 2. Auflage. Thousand Oaks: Sage Publications.

Taylor-Powell, Ellen (1996): Questionnaire Design. Asking questions with a purpose. Program Development and Evaluation. University of Wisconsin-Extension, USA. Url: learningstore.uwex.edu/assets/pdfs/g3658-2.pdf.

Teece, David (2007): Explicating dynamic capabilities. The nature and microfoundations of (sustainable) enterprise performance. In: *Strategic Management Journal*, 28, S. 1319–1350

Teece, David; Pisano, Gary; Shuen, Amy (1997): Dynamic Capabilities and Strategic Management. In: *Strategic Management Journal*, 18(7), S. 509–533.

Teece, David; Pisano, Gary; Shuen, Amy (1997): Dynamic Capabilities and Strategic Management. In: *Strategic Management Journal*, 18(7), S. 509–533.

Teo, Hock-Hai; Wei, Kwon; Benbasat, Izak (2003): Predicting Intention to Adopt Interorganisational Linkages. An Institutional Perspective. In: *MIS Quarterly,* 27(1), S. 19–49.

Teubner, Alexander (2006): Schlagwort IT/Business Alignment. In: *Wirtschaftsinformatik,* 48(5), S. 368–371.

Thong, James (1999): An Integrated Model of Information Systems Adoption in Small Businesses. In: *Journal of Management Information Systems,* 15(4), S. 187–214.

Thong, James; Yap, Chee-Sing (1996): Top management support, external expertise and information systems implementation in small business. In: *Information Systems Research,* 7(2), S. 248–267.

Thorenz, Lynn; Zacher, Matthias (2012): Cloud Computing. Neue Chancen für das Outsourcing. In: *Rickmann; Diefenbach & Brüning (Hg.): IT-Outsourcing. Neue Herausforderungen im Zeitalter von Cloud Computing.* Berlin Heidelberg: Springer-Verlag, S. 25-38.

Tornatzky, Louis; Fleischer, Mitchell und Chakrabarti, Alok (1990): The processes of technological innovation. Lexington, Mass: Lexington Books.

Tornatzky, Louis; Katherine, Klein (1982): Innovation Characteristics and Innovation Adoption-Implementation. A Meta-Analysis of Findings. In: *IEEE Transactions on Engineering Management,* 29(1), S. 28–43.

Troppens, Ulf; Erkens, Rainer; Müller, Wolfgang (2008): Speichernetze. Grundlagen und Einsatz von Fibre Channel SAN, NAS, iSCSI und InfiniBand. 2. Auflage. Heidelberg: dpunkt-Verlag.

Troshani, Indrit; Rampersad, Giselle; Wickramasinghe, Nilmini (2011): Cloud Nine? An Integrative Risk Management Framework for Cloud Computing. *24th Bled eConference,* Bled, Slovenien, 12.-15. Juni 2011.

Truong, Dothang (2010): How Cloud Computing Enhances Competitive Advantages. In: *The Business Review Cambridge,* 15(1), S. 59–65.

Tsai, Wei-Chen; Tang, Ling-Lang (2012): A model of the adoption of radio frequency identification technology: The case of logistics service firms. In: *Journal of Engineering and Technology Management* 29 (1), S. 131–151.

Tsang, Kwon Kuen (2012): The use of midpoint on Likert Scale. The implications for educational research. In: *Hong Kong Teachers Centre Journal,* Vol. 11, S. 121–130.

Tsotra, Danai (2010): Emergent Culture in Global IS/IT Outsourcing. Dissertationsschrift. Brunel University London, School of Information Systems, Computing and Mathematics.

Utterback, James; Acee Happy (2005): Disruptive Technologies. An expanded view. In: *International Journal of Information Management,* 9(1), S. 1–17.

Valipour, Mohammad Hadi; Amirzafari, Bavar; Maleki, Khashayar Niki; Daneshpour, Negin (2009): A brief survey of software architecture concepts and service oriented architecture. *2nd IEEE International Conference on Computer Science and Information Technology*, Peking, China, 11.08.2009.

van der Weerdt, Niels (2009): Organizational flexibility for hypercompetitive markets. Empirical evidence of the composition and context specificity of dynamic capabilities and organization design parameters. Rotterdam: Erasmus Research Institute of Management.

Vaquero, Luis et al. (2009): A break in the clouds: Towards a cloud definition. In: *SIGCOMM Computer Communication Review*, 39(1), S. 50–55.

Ven, Kris; Verelst, Jan (2012): A Qualitative Study on the Organisational Adoption of Open Source Server Software. In: *Information Systems Management*, 29(3), S. 170–187.

Venkatesh, Viswanath; Davis, Fred (2000): A Theoretical Extension of the Technology Acceptance Model: Four Longitudinal Field Studies. In: *Management Science*, 46(2), S. 186–204.

Venkatesh, Viswanath; Morris, Michael; Davis, Gordon; Davis, Fred (2003): User Acceptance of Information Technology: Toward a Unified View. In: *MIS Quarterly*, 27(3), S. 425–478.

Verona, Gianmario; Ravasi, Davide (2003): Unbundling dynamic capabilities. An exploratory study of continuous product innovation. In: *Industrial and Corporate Change*, 12(3), S. 577–606.

Vessey, Iris; Ramesh, V.; Glass, Robert (2002): Research in Information Systems: An Empirical Study of Diversity in the Discipline and Its Journals. In: *Journal of Management Information Systems*, 19(2), S. 129–174.

Visser, Penny; Krosnick, Jon; Lavraws, Paul (2000): Survey Research. In: *Reis, Harry & Judd, Charles (Hg.): Handbook of research methods in social and personality psychology*. New York: Cambridge University Press, S. 223–252.

Vitari, Claudio (2009): Sources of IT dynamic capabilities in the context of data genisis capability. *17th European Conference on Information Systems*, Verona, Italien, 8.-10. Juni 2009.

Vries, Marco; Sinharay, Sandip (2006): Dealing with missing data in surveys and databases. In: *Grover, Rajiv & Vriens, Marco (Hg.): The Handbook of Marketing Research*. Thousand Oaks: Sage Publications, S. 375–403.

Wade, Michael; Hulland, John (2004): The Resource-Based View and Information Systems Research: Review, Extension, and Suggestions for Future Research. In: *MIS Quarterly*, 28(1), S. 107–142.

Wald, Abraham (1943): Tests of statistical hypotheses concerning several parameters when the number of observations is large. In: *Transactions of the American Mathematical Society*, 54(3), S. 426–482.

Wang, Catherine; Ahmed, Pervaiz (2004): The development and validation of the organisational innovativeness construct using confirmatory factor analysis. In: *European Journal of Innovation Management*, 7(4), S. 303–313.

Wang, Catherine; Ahmed, Pervaiz (2007): Dynamic capabilities: A review and research agenda. In: *International Journal of Management Reviews*, 9(1), S. 31-51.

Wang, Ping (2009): Popular Concepts beyond Organisations. Exploring New Dimensions of Information Technology Innovations. In: *Journal of the Association for Information Systems* 10 (1), S. 1–30.

Wang, Ping (2010): Chasing the hottest IT. Effects of information technology fashion on organisations. In: *MIS Quarterly*, 34(1), S. 63–85.

Wang, William; Rashid, Ammar; Chuang, Huan-Ming (2011): Toward the trend of cloud computing. In: *Journal of Electronic Commerce Research*, 12(4), S. 238–242.

Wang, Yi; Shi, Xinping (2007): Towards a Theoretical Framework of E-Business Value Creation: the Dynamic Capabilities Perspective. *10th Pacific Asia Conference on Information Systems*, Auckland, New Zealand, 4.-6. Juli 2007.

Wang, Yu-Min; Wang, Yi-Shun (2010): Understanding the determinants of RFID adoption in the manufacturing industry. In: *Technological Forecasting and Social Change*, 77(5), S. 803–815.

Watts, Stephanie; Henderson, John (2006): Innovative IT climates: CIO perspectives. In: *The Journal of Strategic Information Systems*, 15(2), S. 125–151.

Weber, David; Kauffman, Robert (2011): What drives global ICT adoption? Analysis and research directions. In: *Electronic Commerce Research and Applications*, 10(6), S. 683–701.

Webster, Jane; Watson, Richard (2002): Analyzing the Past to Prepare for the Future. Writing a Literature Review. In: *MIS Quarterly*, 26(2), S. 13–23.

Weiber, Rolf; Mühlhaus, Daniel (2010): Strukturgleichungsmodellierung. Eine anwendungsorientierte Einführung in die Kausalanalyse mit Hilfe von AMOS, SmartPLS und SPSS. Heidelberg: Springer-Verlag.

Weill, Peter; Olson, Marorethe (1989): An Assessment of the Contingency Theory of Management Information Systems. In: Journal of Management Information Systems, 6(1), S. 59–85.

Weill, Peter; Ross, Jeanne (2004): IT Governance. How top performers manage IT decision rights for superior results. Boston, Mass.: Harvard Business School Press.

Weinhardt, Christof et al. (2009): Cloud Computing. A Classification, Business Models, and Research Directions. In: *Business & Information Systems Engineering*, 1(5), S. 391–399.

Wernerfelt, Birger (1984): A Resource-based View of the Firm. In: *Strategic Management Journal*, 5(2), S. 171–180.

Westerman, George; Curley, Martin (2008): Building IT-enabled innovation capabilities at Intel. In: *MIS Quarterly Executive*, 7(1), S. 33–48.

Wheeler, Bradley (2002): NEBIC. A dynamic capabilities theory for assessing net-enablement. In: *Information Systems Research*, 13(2), S. 125–146.

Whitten, Dwayne (2009): Adaptability in IT Sourcing. The Impact of Switching Costs. *15th Americas Conference on Information Systems*, San Francisco, Kalifornien, 06.-09. August 2009.

Wiehr, Hartmut (2011): Warum Virtualisierung und Cloud Job-Killer sind. CIO Magazine. Url: www.cio.de/knowledgecenter/server/alles_zu_virtuali sierung/hintergrund/2278889/index2.html, Zugriff am 10.04.2013.

Wilde, Thomas; Hess, Thomas (2007): Forschungsmethoden der Wirtschaftsinformatik. Eine empirische Untersuchung. In: *Wirtschaftsinforma-tik*, 47(4), S. 280–287.

Wilde, Thomas; Hess, Thomas (2007): Forschungsmethoden der Wirtschaftsinformatik. Eine empirische Untersuchung. In: *Wirtschaftsinfor-matik*, 47(4), S. 280–287.

Willcocks, Leslie; Venters, Will; Whitley, Edgar (2011): Cloud and the future of business. From cost to innovation. The Outsourcing Unit, Department of Management, London School of Economics. Url: www2.lse.ac.uk/man agement/news-and-events/news/outsourcingunit-cloud.aspx, Zugriff am 23.03.2012.

Williams, Michael; Dwivedi, Yogesh; Lal, Banita et al. (2009): Contemporary trends and issues in IT adoption and diffusion research. In: *Journal of Information Technology*, 24(1), S. 1–10.

Williamson, Oliver (1981): The economics of organisation. The transaction cost approach. In: *The American Journal of Sociology*, 87(3), S. 548–577.

Williamson, Oliver (1985): The economic institutions of capitalism. Firms, markets, relational contracting. New York: Free Press.

Willis, John (2009): Did Google's Eric Schmidt coin cloud computing? Cloud Computing Journal. Url: http://cloudcomputing.syscon/node/795054, Zugriff am 07.05.2012.

Winkler, Jessica; Dibbern, Jens; Heinzl, Armin (2007): Der Einfluss kultureller Unterschiede beim IT-Offshoring. Ergebnisse aus Fallstudien zu deutsch-indischen Anwendungsentwicklungsprojekten. In: *Wirtschafts-informatik*, 29(2), S. 95–103.

Winkler, Till; Günther, Oliver (2012): Explaining the Governance of Software as a Service Applications. A Process View. In: *Mattfeld & Robra-Bissantz (Hg.): Multikonferenz Wirtschaftsinformatik 2012*. Braunschweig, 29. Februar bis 2. März 2012. Berlin: GITO mbH Verlag, S. 599–612.

Winter, Robert; Baskerville, Richard (2007): The role of rigor and relevance in information systems research. In: *Wirtschaftsinformatik*, 47(5), S. 403–409.

Wirtschaftslexikon24 (2013). Url: www.Wirtschaftslexikon24.com, Zugriff am 30.08.2013.

Witt, Hiltrud (2008): Dynamic Capabilities im Strategischen Electronic Business-Management. Bestimmungsgrößen, Ausprägungen und Erfolgsfaktoren. Dissertation. Technische Universität Dortmund.

WKWI (2008): WI-Orientierungslisten. Wissenschaftliche Kommission Wirtschaftsinformatik im Verband der Hochschullehrer für Betriebswirtschaft e.V.. In: *Wirtschaftsinformatik,* 50(2), S. 155–163.

Woiceshyn, Jaana; Daellenbach, Urs (2005): Integrative capability and technology adoption: evidence from oil firms. In: *Industrial & Corporate Change,* 14(2), S. 307–342.

Wold, Svante; Ruhe, Axel; Wold, Hermann et al. (1984): The Collinearity Problem in Linear Regression. The Partial Least Squares (PLS) Approach to Generalized Inverses. In: *SIAM Journal of Scientific and Statistical Computing,* 5(3), S. 735–743.

World Economic Forum (2012): Sustainable Competitiveness. Url: http://www.weforum.org/content/pages/sustainable-competitiveness/, Zugriff am 20.11.2012.

Wrona, Thomas (2005): Die Fallstudienanalyse als wissenschaftliche Forschungsmethode. Working Paper Nr. 10, ESCP-EAP Europäische Wirtschaftshochschule Berlin.

Wu, Fang; Yeniyurt, Sengun; Kim, Daekwan et al. (2006): The impact of information technology on supply chain capabilities and firm performance. A resource-based view. In: *Industrial Marketing Management,* 35(4), S. 493–504.

Wu, Fang; Yeniyurt, Sengun; Kim, Daekwan et al. (2006): The impact of information technology on supply chain capabilities and firm performance. In: *Industrial Marketing Management,* 35(4), S. 493–504.

Wu, Lei-Yu (2010): Applicability of the resource-based and dynamic-capability views under environmental volatility. In: *Journal of Business Research* 63 (1), S. 27–31.

Wu, Wei-Wen (2011a): Developing an explorative model for SaaS adoption. In: *Expert Systems with Applications,* 38(12), S. 15057–15064.

Wu, Wei-Wen (2011b): Mining significant factors affecting the adoption of SaaS using the rough set approach. In: *Journal of Systems and Software,* 84(3), S. 435–441.

Wu, Xiaoran; Subramaniam, Chandrasekar (2009): New Understanding of RFID Adoption and Infusion in Retail Supply Chain. *42nd Hawaii International Conference on System Sciences,* Big Island, Hawaii, 5.-8. Januar 2009.

Xia, Jun; Tan, Justin; Tan, David (2008): Mimetic entry and bandwagon effect. The rise and decline of international equity joint venture in China. In: *Strategic Management Journal,* 29(2), S. 195–217.

Xiao, Li; Dasgupta, Subhashish (2009): Dynamic IT Capability: An Instrument Development Study. *15th Americas Conference on Information Systems,* San Francisco, Kalifornien, USA, 6.-9. August 2009.

Xiao, Li; Dasgupta, Subhashish (2009): The Effects of Dynamic IT Capability and Organisational Culture on Firm Performance. An Empirical Study. *International Conference on Information Systems*, Phoenix, Arizona, 15.-18. Dezember 2009.

Xu, Xun (2012): From cloud computing to cloud manufacturing. In: *Robotics & Computer-Integrated Manufacturing*, 28(1), S. 75–86.

Yang, Chyan; Liu, Hsian-Ming (2012): Boosting firm performance via enterprise agility and network structure. In: *Management Decision*, 50(6), S. 1022–1044.

Yang, Haibo; Tate, Mary (2012): A Descriptive Literature Review and Classification of Cloud Computing Research. In: *Communications of the Association for Information Systems*, 31(1), S. 35-60.

Yang, Shirley; Hsu, Carol (2011): The organizing vision for cloud computing in Taiwan. In: *Journal of Electronic Commerce Research*, 12(4), S. 257–271.

Ye, Hua; Kankanhalli, Atreyi (2011): Leveraging structural holes for innovation. The moderating effects of IT-enabled absorptive capabity. *15th Pacific Asia Conference on Information Systems*, Brisbane, Queensland, Australien, 7.-11. Juli 2011.

Yoo, Youngjin; Lyytinen, Kalle; Boland, Richard et al. (2010): The Next Wave of Digital Innovation: Opportunities and Challenges. A Report on the Research Workshop 'Digital Challenges in Innovation Research'. In: *SSRN eLibrary*.

Zachmann, Frank (2012): Aufbau einer funktionalen Architektur für Cloud Services. BITKOM Computing World. CeBIT 2012. Url: http://www.cloud-practice.de/sites/default/files/downloads/live/10_1220zachmann_equinix.pdf, Zugriff am 09.12.2013.

Zahra, Shaker; George, Gerard (2002a): Absorptive Capacity: A Review, Reconceptualisation, and Extension. In: *Academy of Management Review*, 27(2), S. 185–203.

Zahra, Shaker; George, Gerard (2002b): The Net-Enabled Business Innovation Cycle and the Evolution of Dynamic Capabilities. In: *Information Systems Research*, 13(2), S. 147–150.

Zahra, Shaker; Sapienza, Harry; Davidsson, Per (2006): Entrepreneurship and Dynamic Capabilities: A Review, Model and Research Agenda. In: *Journal of Management Studies*, 43(4), S. 917–955.

Zaichkowsky, Judith (1985): Measuring the Involvement Construct. In: *Journal of Consumer Research*, 12(3), S. 341–352.

Zarnekow, Rüdiger; Brenner, Walter; Pilgram, Uwe (2005): Integriertes Informationsmanagement. Strategien und Lösungen für das Management von IT-Dienstleistungen. Berlin: Springer-Verlag.

Zhang, Man; Tansuhaj, Patriya (2007): Organisational Culture, Information Technology Capability, and Performance: The Case of Born Global Firms. In: *Multinational Business Review*, 15(3), S. 43–78.

Zhang, Michael (2007): IS Support for Top Managers Dynamic Capabilities, Environmental Dynamism, and Firm Performance: An Empirical Investigation. In: *Journal of Business & Management,* 13(1), S. 57–77.

Zhu, Kevin; Kraemer, Kenneth; Sean Xu, Kenneth (2003): Electronic business adoption by European firms: a cross-country assessment of the facilitators and inhibitors. In: *European Journal of Information Systems,* 12(4), S. 251–268.

Zhu, Kevin; Kraemer, Kenneth; Xu, Sean (2006): The Process of Innovation Assimilation by Firms in Different Countries: A Technology Diffusion Perspective on E-Business. In: *Management Science,* 52(10), S. 1557–1576.

Zimmermann, Stephan; Rentrop, Christopher (2012): Schatten-IT. In: *Fröschle, Hans-Peter (Hg.) (2012): Cloud-Service-Management. HMD Praxis der Wirtschaftsinformatik, 49(288), Heidelberg: dpunkt-Verlag,* S. 60–68.

Zmud, Robert (1982): Diffusion of Modern Software Practices. Influence of Centralisation and Formalisation. In: *Management Science,* 28(12), S. 1421–1431.

Zmud, Robert; Apple, Eugene (1992): Measuring Technology Incorporation/Infu-sion. In: Journal of Product Innovation Management, 9(2), S. 148–155.

Zollo, Maurizio; Winter, Sidney (2002): Deliberate Learning and the Evolution of Dynamic Capabilities. In: *Organisation Science,* 13(3), S. 339–351.

Zukerberg, Andrew; Thurn, Dawn von; Moore, Jeffrey (1995): Practical Considerations in sample size selection for behavior coding pretests. Url: https://www.amstat.org/sections/SRMS/Proceedings/papers/1995_194.pdf, Zugriff am 30.09.2013.

Printed by Printforce, the Netherlands